suhrkamp taschenbuch
wissenschaft 2212

Eine sozialphilosophische Kritik des Rechts befragt nicht dessen Abweichen von moralischen oder naturrechtlichen Gesetzen, sondern problematisiert seine Auswirkungen auf das menschliche Zusammenleben. Daniel Loick zeigt in seinem grundlegenden und weit ausgreifenden Buch, dass und wie die Dominanz des Rechts in bürgerlichen Gesellschaften ethisch deformierte, verzerrte oder defizitäre Formen der Subjektivität und Intersubjektivität erzeugt. Dieser Juridismus lässt sich aber nicht durch eine Überwindung oder Abschaffung des Rechts, sondern nur durch dessen radikale Transformation kurieren – hin zu einem wahrhaft menschlichen, das heißt *sozialen* Recht.

Daniel Loick ist Privatdozent am Institut für Philosophie der Goethe-Universität Frankfurt am Main. Zuletzt erschien von ihm im Suhrkamp Verlag: *Nach Marx. Philosophie, Kritik, Praxis* (stw 2066, hg. zus. mit Rahel Jaeggi).

Daniel Loick
Juridismus

Konturen einer kritischen Theorie des Rechts

Suhrkamp

3. Auflage 2022

Erste Auflage 2017
suhrkamp taschenbuch wissenschaft 2212

Umschlag nach Entwürfen
von Willy Fleckhaus und Rolf Staudt
Druck und Bindung: C. H. Beck, Nördlingen
Dieses Buch wurde klimaneutral produziert:
climatepartner.com/14438-2110-1001.
Printed in Germany
ISBN 978-3-518-29812-1

www.suhrkamp.de

Inhalt

II. Genealogische Radikalisierungen: Marx und Nietzsche

III. Postjuridische Politik und Ethik

IV. Postjuridisches Recht

Einleitung: Entsetzlich rechtschaffen

Dem Recht wird in modernen Gesellschaften die Erfüllung einer ganzen Reihe von Funktionen zugemutet. Es ist das wichtigste politische Steuerungsinstrument, weil der Staat auf die Entwicklung der Gesellschaft vor allem mittels legislativer Maßnahmen Einfluss nehmen kann; es soll soziale Konflikte befrieden und Ordnung stiften, indem es einen verbindlichen Rahmen für den zivilen Verkehr bereitstellt; es soll Leib und Leben der Gesellschaftsmitglieder schützen, indem es allgemeine Sicherheit garantiert.[1] Laut der Definition von Kant, welche die prägnanteste Bestimmung des Rechts und zugleich seine entschiedenste Rechtfertigung liefert, ist das Recht »der Inbegriff der Bedingungen [...], unter denen die Willkür des einen mit der Willkür des anderen nach einem allgemeinen Gesetze der Freiheit zusammen vereinigt werden kann«.[2] Als Inbegriff der Bedingungen der Vereinigung von individueller und allgemeiner Freiheit wird dem Recht eine Bedeutung zugemessen, die heute kein anderes gesellschaftliches Interaktionsmedium für sich beanspruchen kann.

Der Anspruch des Rechts, die Rolle des wichtigsten gesellschaftlichen Integrationsmediums zu übernehmen, ist jedoch von jeher nicht unumstritten. Bei Alltagskonflikten wird versucht, den

1 Dies sind nur drei der wesentlichen Funktionsbereiche des Rechts, es ließen sich noch zahlreiche andere anführen. In seiner *Geschichte des Rechts* unterscheidet Uwe Wesel vier Hauptfunktionen: *Ordnungsfunktion*, *Gerechtigkeitsfunktion*, *Herrschaftsfunktion* und *Herrschaftskontrollfunktion* (vgl. Uwe Wesel, *Geschichte des Rechts. Von den Frühformen bis zur Gegenwart*, München 2014, S. 61). In zeitgenössischen juristischen Lehrbüchern werden diese Hauptfunktionen in der Regel noch weiter spezifiziert, so nennt etwa Rüthers im politischen Bereich: die *formale* und die *materiale Ordnungsfunktion*, die *Gestaltungsfunktion*, die *Befriedungsfunktion*, die *Konservierungsfunktion*, die *Integrationsfunktion*, die *Legitimationsfunktion* und die *Erziehungsfunktion*, im gesellschaftlichen Bereich: die *Erwartungssicherung*, die *Streitentscheidungsfunktion* sowie die *Rechtsgarantiefunktion*, die dem Schutz der Einzelnen dient (vgl. Bernd Rüthers, *Rechtstheorie*, München 2007, S. 56 ff. [§ 3]).

2 Immanuel Kant, *Die Metaphysik der Sitten*, *Werkausgabe*, Band VIII, Frankfurt/M. 1997, S. 337 [AB 33].

Rechtsweg möglichst zu vermeiden, was für ein intuitives Misstrauen gegenüber den Schlichtungskräften des Rechts spricht. Philosophische Traktate und politische Pamphlete attackieren die Ungerechtigkeit und Gewaltförmigkeit etablierter Rechtsverhältnisse. Das Theater, die Literatur, der Film und die Kunst erzählen von der Klaustrophobie bürokratischer Welten, der Ausweglosigkeit juristischer Logiken oder der Unbarmherzigkeit legaler Exekution und mobilisieren dagegen die Schönheit der Freundschaft, die Verbindlichkeit der Liebe oder die Intensität der Überschreitung. Eine der wichtigsten Figuren aus dem umfangreichen Korpus literarischer Rechtskritiken stellt der Pferdehändler Michael Kohlhaas dar, der Mitte des 16. Jahrhunderts am Ufer der Havel in Brandenburg gelebt haben soll. Der titelgebende Kohlhaas wird im ersten Satz der Novelle (1810) von Heinrich von Kleist als »einer der rechtschaffensten zugleich und entsetzlichsten Menschen seiner Zeit« vorgestellt.[3] Die Geschichte führt diesen eingangs behaupteten Zusammenhang von Rechtschaffenheit und Entsetzlichkeit vor, indem sie zeigt, dass das Einklagen eines Rechts zur Ausbildung problematischer Charaktereigenschaften führen kann. Anfangs ist Kohlhaas selbst Opfer einer Unrechtstat: Ein Junker setzt zwei von Kohlhaas gepfändete Pferde zur Feldarbeit ein und magert sie vollkommen ab, weigert sich dann aber, sie wieder in ihren urspünglichen Zustand zurückzuversetzen. Kohlhaas versucht zunächst mehrfach, seinen Anspruch bei ordentlichen Gerichten und mittels Bittschriften an den Kurfürsten geltend zu machen, was aber aufgrund des Einflusses des beklagten Junkers erfolglos bleibt. Kohlhaas wird daraufhin in der Verfolgung seiner Rechtsansprüche immer fanatischer, er versteift sich so sehr auf seine Forderung nach Schadensersatz, dass alle anderen Angelegenheiten völlig aus dem Blick geraten und ihm sein Leben schließlich völlig entgleitet. Er ist nicht mehr in der Lage, den begrenzten Wert des Streitgegenstandes zu erkennen, und setzt alles daran, den Junker zur Verantwortung zu ziehen. Kohlhaas führt einen Rachefeldzug gegen ihn, überfällt seine Burg, tötet zahlreiche Bewohner*innen und beginnt schließlich, ganze Dörfer niederzubrennen. Er überschreitet damit freilich selbst die Grenzen der geltenden Rechtsordnung, aber die Ursache des Unglücks, so heißt es im Text, liegt gerade nicht in Kohlhaas' verbrecherischer,

3 Heinrich von Kleist, *Michael Kohlhaas*, *Sämtliche Werke/Berliner Ausgabe*, Band II/1, Frankfurt/M. 1990, S. 63.

sondern in seiner *juridischen* Subjektivität: »Das Rechtgefühl aber machte ihn zum Räuber und Mörder.«[4] Wenn man dieser Diagnose Glauben schenken darf, so kann der problematische Aspekt von Kohlhaas' Handeln nicht selbst als Verletzung rechtlicher oder quasirechtlicher Ansprüche verstanden werden. Vielmehr scheint er gerade in einem *Zuviel* an Recht, an einem *zu starken* Gerechtigkeitsbegehren zu liegen: Die Entsetzlichkeit liegt ja nicht im Rechtsbruch, sondern tatsächlich in der Rechtschaffenheit. Mit was für Maßstäben lässt sich aber dann Kohlhaas' Handeln beurteilen? Um was für eine Art von »Entsetzlichkeit« handelt es sich? Und was hieße es, wenn sich herausstellte, dass das Recht die zahlreichen ihm zugeschriebenen Funktionen nur um den Preis der systematischen Erzeugung solcher »Entsetzlichkeiten« erfüllen kann?

Das vorliegende Buch versteht sich als Beitrag zu einer *sozialphilosophischen Rechtskritik*. Mit *sozialphilosophisch* ist eine Kritikstrategie gemeint, die gesellschaftliche Verhältnisse dahingehend untersucht und beurteilt, inwiefern sie ein *gutes oder gelingendes menschliches Leben als Zusammenleben* erlauben. Die Sozialphilosophie wird also nicht nur als eine philosophische Subdisziplin verstanden, die sich dem Sozialen als einem thematischen Gegenstandsbereich widmet, sondern auch als eine spezifische Perspektive, die ganz bestimmte normative Kriterien zugrunde legt.[5] Diese Kriterien erschöpfen sich dabei nicht, wie es etwa in der politischen Philosophie der Fall ist, in der Gerechtigkeit oder Stabilität von Institutionen, sondern beinhalten einen wenigstens minimalen ethischen Perfektionismus. Das Recht sozialphilosophisch zu kritisieren bedeutet demnach nicht nur, auf die Ungerechtigkeit des Rechts, also auf eine Kluft zwischen Recht und Moral oder

4 Ebd., S. 64.

5 Bereits Max Horkheimer bestimmt die Aufgabe der Sozialphilosophie als die »*philosophische Deutung des Schicksals der Menschen*, insofern sie nicht bloß Individuen, sondern *Glieder einer Gemeinschaft* sind« (Max Horkheimer, »Die gegenwärtige Lage der Sozialphilosophie und die Aufgaben des Instituts für Sozialforschung«, *Gesammelte Schriften*, Bd. 3, Frankfurt/M. 1988, S. 20-35, hier S. 20, Hervorh. i. O.). Zur Erneuerung der Begründung einer solchen von vornherein normativen Bestimmung der Sozialphilosophie vgl. Axel Honneth, »Pathologien des Sozialen. Tradition und Aktualität der Sozialphilosophie«, in: ders., *Das Andere der Gerechtigkeit. Aufsätze zur praktischen Philosophie*, Frankfurt/M. 2000, S. 11-69, sowie ausführlich Robin Celikates, Rahel Jaeggi, *Sozialphilosophie. Eine Einführung*, München 2017, insbes. Kap. 1.

zwischen positivem Recht und Naturrecht hinzuweisen, sondern es bedeutet, das Recht als strukturelles Hindernis einer gelungenen Sozialität zu exponieren. Eine sozialphilosophische Rechtskritik erscheint insofern besonders gut geeignet, den von Kohlhaas verkörperten Zusammenhang von Rechtschaffenheit und Entsetzlichkeit zu dechiffrieren, als sie die Kritik nicht selbst wieder im Namen einer andersgearteten oder höherstufigen Rechtschaffenheit vorbringen muss, sondern das »Rechtgefühl«, das Kohlhaas »zum Räuber und Mörder« macht, als sozial defizitäre Form der Subjektivität begreifen kann.

Das Defizit der Rechtssubjektivität wird hier allerdings keineswegs nur in Extremfällen wie dem spektakulären Fanatismus von Michael Kohlhaas vermutet, sondern als charakteristisches Merkmal von Subjektivität in durch die europäische Rechtskultur geprägten Gesellschaften überhaupt verstanden. Diese Analyse beruht zunächst auf der Annahme, dass das Recht als ein wesentliches gesellschaftliches Interaktionsmedium entscheidenden Einfluss auf die Subjektkonstitution hat: Die Rechtsform affiziert ganz grundsätzlich die Weise, wie wir uns zu uns selbst, zur Welt und zu anderen verhalten. Kohlhaas ist insofern nur das paradigmatische Beispiel der in westlichen Gesellschaften hegemonialen Subjektivität: Wir alle sind »entsetzlich rechtschaffen«. »Entsetzlich« ist an diesem Subjektivierungsregime, dass in ihm genau diejenigen Werte untergraben werden, zu deren Schutz das Recht eigentlich eingerichtet ist: Das europäische Recht, so soll gezeigt werden, fabriziert eine (Inter-)Subjektivität, die den Individuen eine sinnvolle Ausübung der ihnen rechtlich garantierten Freiheit gerade verstellt.

Damit ist der Maßstab der Kritik zugleich als ein *immanenter Maßstab* definiert: Anstatt abstrakte Kriterien eines guten oder gelingenden Zusammenlebens von außen festzulegen, konfrontiert eine immanente Kritik die Realität sozialer Praktiken mit den in ihnen selbst verkörperten normativen Prinzipien. Das »gute Leben« hat keine transhistorische oder transkulturelle Essenz, die von rechtsförmig verfassten Gesellschaften einfach verfehlt würde. Vielmehr hat das Recht in seinen historisch spezifischen Erscheinungsformen selbst an der Formierung von Vorstellungen über und Ansprüchen an die Qualität menschlicher Sozialität mitgewirkt, die es zugleich immer auch untergräbt. Kleists *Michael Kohlhaas* zeigt, dass das Recht, obwohl es Raub und Mord eigentlich ausschließen soll, Raub und Mord gerade hervorrufen kann – etwas nüchterner ließe sich die Grundthese dieser Arbeit so pointieren, dass das moderne Recht, obwohl es Freiheit und Gleichheit realisieren soll, Freiheit und Gleichheit behindert. Dies tut es auf eine nur sozialphilosophisch zu erfassende Weise, nämlich indem es an der Formung affektiv-habitueller Charakterdispositionen teilhat, welche die Fähigkeit zur Teilnahme am sozialen Leben untergraben, derer es zur Realisierung jener Grundwerte der Moderne bedarf. Genauer gesagt soll die Entsetzlichkeit des Rechts im Folgenden vor allem in vier Hinsichten erläutert werden: als *ideologische Täuschung*, *psychologische Deformation*, *Verlust kommunikativer Qualität* und als *politische Paralysierung*. Als Sammelbezeichnung für diese Phänomene wird hier der Begriff des *Juridismus* vorgeschlagen.

Diese sozialphilosophische Herangehensweise möchte andere zeitgenössische kritische Rechtstheorien aufgreifen, ergänzen, spezifizieren und zum Teil korrigieren. Die größten Überschneidungen gibt es mit Ansätzen, die vor allem in Anschluss an Michel Foucault die disziplinierenden und exkludierenden Effekte moderner rechtlicher Subjektivierung untersuchen. Vor allem *feministische*[6] und *post-* bzw. *dekoloniale*[7] Rechtskritiken haben darauf verwiesen, dass das moderne Recht, das der Liberalismus als universell gültige Bedingung einer gerechten Gesellschaftsordnung auszugeben versucht, in Wirklichkeit eine ganz bestimmte Subjektivität (nämlich diejenige weißer, europäischer und männlicher Besitzindividualisten) konstituiert und privilegiert und so die alltäglichen Erfahrungen und tradierten Wissensbestände subalterner Subjektivitäten systematisch ausschließen oder abwerten muss. Diese Erkenntnis soll hier dahingehend zugespitzt werden, dass diese rechtlichen Ausschließungs- und Privilegierungsmechanismen auch und vor allem die hegemoniale Subjektivität zu einer sozial defizitären Existenzweise

6 Vgl. exemplarisch Catherine MacKinnon, *Toward a Feminist Theory of the State*, Cambridge 1989, Wendy Brown, *States of Injury. Power and Freedom in Late Modernity*, Princeton 1995, und Drucilla Cornell, *The Imaginary Domain. Abortion, Pornography and Sexual Harrassment*, London/New York 1995.

7 Vgl. exemplarisch Gayatri Chakravorty Spivak, »Righting Wrongs«, in: *The South Atlantic Quarterly* 2/3 (2004), S. 523-581, Jean Comaroff, John Comaroff, »Law and Disorder in the Postcolony«, in: *Social Anthropology* 2 (2007), S. 133-152, und Walter D. Mignolo, »From ›human rights‹ to ›life rights‹«, in: Costas Douzinas, Conor Gearty (Hg.), *The Meanings of Rights. The Philosophy and Social Theory of Human Rights*, Cambridge 2014, S. 161-180.

degenerieren lassen. Eine Untersuchung der verschiedenen Verwerfungen und Verdrängungen, welche für die hegemoniale Subjektformation konstitutiv sind, kann dabei zum Teil auch auf *psychoanalytische* Rechtstheorien[8] zurückgreifen. Spezifische Facetten der Defizität von Rechtssubjektivität bestehen zum einen im privatisierenden und somit entpolitisierenden Effekt der Inanspruchnahme von Rechten, wie sie eine Vielzahl *politischer* Rechtskritiken insbesondere anhand der Menschenrechte an den Tag gebracht hat,[9] zum anderen in der Degradierung von Denken und Urteilen auf bloßes Richten, wie *ontologische* Rechtsphilosophien im Anschluss an Martin Heidegger monieren.[10] Auch Positionen, die ausgehend von der Rechtsgewaltkritik Walter Benjamins auf die grundlegende Angewiesenheit des Rechts auf *staatliche Gewalt* verweisen,[11] sind für den vorliegenden Kontext bedeutsam, weil sie eine Erklärung anbieten, auf welche Weise das Recht seine Referenz im Leben (und somit seinen zentralen Beitrag für die Subjektkonstitution) sichert. Allerdings soll wohlgemerkt das Defizit der Rechtssubjektivität nicht (oder zumindest nicht nur) darin bestehen, passiv einem repressiven Gewaltregime ausgesetzt zu sein. Vielmehr erzeugt das Recht, und zwar ebenfalls durch seine Zwangsmittel, auch egozentrische, triumphalistische, rigidisierte oder eskalative Charakterdispositionen. *Marxistische* Rechtstheorien schließlich, die sowohl in der Rechtsformanalyse von Eugen Paschukanis als auch in den Rechtstheorien

8 Vgl. exemplarisch die Beiträge in Peter Goodrich (Hg.), *Law and the Postmodern Mind: Essays on Psychoanalysis and Jurisprudence*, Ann Arbor 1998, und Eric L. Santner, »What's Left After Rights?«, in: *Law & Critique* 26 (2015), S. 105-115.

9 Vgl. exemplarisch Étienne Balibar, *Die Grenzen der Demokratie*, Hamburg 1992, Costas Douzinas, *The End of Human Rights*, Oxford 2000, Wendy Brown, Janet Halley (Hg.), *Left Legalism/Left Critique*, Durham 2002, Jacques Rancière, »Who is the Subject of the Rights of Man?«, in: *The South Atlantic Quarterly* 2/3 (2004), S. 297-310, und Christoph Menke, *Kritik der Rechte*, Berlin 2015.

10 Vgl. exemplarisch Jean-Luc Nancy, »Lapsus judicii«, in: ders., *A Finite Thinking*, Stanford 2003, S. 152-171, Giorgio Agamben, *Was von Auschwitz bleibt: Das Archiv und der Zeuge. Homo sacer III*, Frankfurt/M. 2003, und Werner Hamacher, »Vom Recht, Rechte nicht zu gebrauchen. Menschenrechte und Urteilsstruktur«, in: Cornelia Vismann, Thomas Weitin (Hg.), *Urteilen/Entscheiden*, München 2006, S. 269-290.

11 Vgl. exemplarisch Giorgio Agamben, *Homo sacer. Die souveräne Macht und das nackte Leben*, Frankfurt/M. 2002, Christoph Menke, *Recht und Gewalt*, Berlin 2012, Daniel Loick, *Kritik der Souveränität*, Frankfurt/M., New York 2012, und Andreas Fischer-Lescano, *Rechtskraft*, Berlin 2013.

der frühen Frankfurter Schule um Franz Neumann und Otto Kirchheimer noch immer wichtige Stichwortgeber finden können, sind teilweise geeignet, der Analyse rechtlicher Subjektivierung einen gesellschaftstheoretischen Rahmen zu geben, weil sie den funktionalen Zusammenhang des bürgerlichen Rechts mit der kapitalistischen Produktionsweise entlarven.[12] Diesen Ansätzen kann hier allerdings nur so weit gefolgt werden, als sie das Recht nicht zu einem bloßen Überbauphänomen oder zur Widerspiegelung der ökonomischen »Basis« herabstufen. Stattdessen soll das Recht als konstitutives Element der bürgerlichen Gesellschaft in den Blick geraten.

Methodisch steht diese Arbeit in Nachbarschaft zu neueren sozialphilosophischen Studien aus dem Umfeld der kritischen Theorie. Inzwischen scheint sich hier größtenteils die Erkenntnis durchgesetzt zu haben, dass nicht alle gesellschaftlichen Probleme und Fehlentwicklungen mit dem normativen Vokabular des Rechts und der Gerechtigkeit erfasst werden können. Phänomene wie Entfremdung, Verdinglichung, Beschleunigung, Kommodifizierung, Erfahrungsarmut, Konsumismus oder Erschöpfung sind Resultate von gesellschaftlichen Strukturen, die auch auf Ungerechtigkeit und Ungleichheit beruhen, aber es geht etwas Wesentliches verloren, wenn man diese Defizite nur als Läsionen von rechtlichen oder quasirechtlichen Ansprüchen begreift. Zur Beschreibung dieser Phänomene hat sich inzwischen der Begriff der »sozialen Pathologie« eingebürgert. Damit ist nicht nur die Relevanz der Sozialphilosophie als jener Subdisziplin bekräftigt, welche sich mit dem sozialen Gewebe als der sittlichen Substanz einer Gesellschaft beschäftigt, sondern bereits grundlegend das Paradigma des politischen Liberalismus in Frage gestellt, das systematisch die intersubjektiven Bedingungen deartikuliert, welche die Individuen überhaupt erst in die Lage versetzen, die Rolle autonomer Subjekte einzunehmen.[13] Ein wesentlicher Unterschied liegt allerdings darin,

12 Vgl. exemplarisch Ulrich K. Preuß, *Die Internalisierung des Subjekts. Zur Kritik der Funktionsweise des subjektiven Rechts*, Frankfurt/M. 1979, Nicos Poulantzas, »Aus Anlass der marxistischen Rechtstheorie«, in: Norbert Reich (Hg.), *Marxistische und sozialistische Rechtstheorie*, Frankfurt/M. 1972, S. 181-200, und Sonja Buckel, *Subjektivierung und Kohäsion. Zur Rekonstruktion einer materialistischen Theorie des Rechts*, Weilerswist 2007.

13 Zu diesen beiden Konsequenzen des Pathologiebegriffs vgl. Honneth, »Pathologien des Sozialen«.

dass diese kritischen Theorien das Recht und die liberalen Rechtstheorien zumeist als zwar unzureichend, aber dennoch berechtigt ansehen; falsch am Recht und an den liberalen Rechtstheorien sei demnach nur ihr Absolutheitsanspruch. In diesem Buch wird hingegen die radikalere These vertreten, dass das Recht, zumindest in der im Westen hegemonialen Form, nicht nur ein unzureichendes Gegenmittel, sondern vielmehr selbst eine Ursache für diejenigen Missstände ist, die von der neueren kritischen Theorie als soziale Pathologien bezeichnet werden. Adaptierte man diese begriffliche Anleihe aus dem Bereich der Medizin, so ließe sich hier von *Pathologien des Juridismus* sprechen.

Eine grundlegende Schwierigkeit für eine solche Diagnose besteht allerdings darin, dass sie sich innerhalb einer Geistesgeschichte situiert sieht, in der die Pathologisierung des Juridismus regelmäßig als Instrument der Herrschaftssicherung und Exklusion eingesetzt wurde. Denn nicht nur das Recht, auch die Rechtskritik gehört von jeher zum philosophisch-politischen Diskurs Europas. Der paradigmatische Fall ist hier die christliche Stigmatisierung des Judentums als »Gesetzesreligion«. Schon der paulinischen Rechtfertigungslehre zufolge sind diejenigen, die an der buchstäblichen Bedeutung der Gesetze festhalten, »verstockt« und somit unfähig, von Gott erlöst zu werden. Diese im Namen der Liebe formulierte Gesetzeskritik hat in der Geschichte Europas immer wieder auch eine gewalttätige Form angenommen, etwa wenn sie zur Rechtfertigung antisemitischer Pogrome und Vertreibungen Verwendung fand: Nicht zu Unrecht meinte Nietzsche, man solle Handschuhe anziehen, wenn man das Neue Testament anfasst. Auch andere marginalisierte Gruppen sind Opfer der integrierenden, bagatellisierenden oder beschlagnahmenden Effekte der Rechts*kritik* geworden. Dieser Effekt lässt sich schon an Michael Kohlhaas demonstrieren: Wenn sein Rechtgefühl ihn auch zum Räuber und Mörder machte, so kann die Kritik dieses Gefühls zur Komplizin des ursprünglichen Unrechts werden, indem sie die Empörung des Opfers beschwichtigt.

Die Erkenntnis von der mindestens potentiellen Komplizenschaft der Rechtskritik mit Herrschaft und Exklusion macht das Projekt einer kritischen Theorie des Rechts zu einer prekären Aufgabe. Sie konsultiert einen Textkorpus, der in ganz handfeste politische Interessen verwickelt ist, und sie operiert mit Begrifflichkeiten, die von jenen Interessen kontaminiert sind. Hegel, Marx und Nietzsche: An jedem einzelnen dieser Rechtskritiker lassen sich nicht nur Motiv und Gestalt einer sozialphilosophischen Rechtskritik rekonstruieren, sondern auch die spezifisch mit dieser Kritikstrategie zusammenhängenden Irrwege, Verlockungen und Gefahren identifizieren. Eine Theorie ist nur dann kritisch, wenn sie sich über ihre eigene Eingebettetheit in die Geschichte Rechenschaft ablegt; eine Theorie ist also dann kritisch, wenn sie zugleich Gesellschafts- wie Selbstkritik ist. Dieser Anforderung will die vorliegende Studie dadurch nachkommen, dass sie neben dem systematischen auch einen philosophiegeschichtlichen Anspruch verfolgt. Der philosophiegeschichtliche Anspruch besteht zum einen darin, die verschiedenen Stränge der Juridismuskritik, die sich in höchst disparaten philosophischen Positionen auffinden lassen, als solche herauszupräparieren und miteinander in einen Dialog zu bringen. Der Ertrag dieser vergleichenden Lektüre soll dann dabei helfen, überhaupt erst die begrifflichen Konturen für die systematische Analyse und Kritik rechtlicher Subjektivierung bereitzustellen und das Phänomen des Juridismus als problematisierungsbedürftiges Strukturmerkmal rechtsförmig verfasster Gesellschaften ins Bewusstsein zu rücken. Zugleich dient die Auseinandersetzung mit der Ideengeschichte zum anderen auch dazu, die in den einzelnen Theorien gespeicherten geschichtlich-politischen Frontstellungen zu markieren, um hieraus historisch informierte philosophische Schlussfolgerungen zur Vermeidung spezifischer Fallstricke ziehen zu können.

Eine politische Konsequenz, die aus der potentiellen Komplizenschaft der Rechtskritik mit dem Unrecht gezogen werden kann, besteht zum Beispiel in der Anerkennung der Bedeutung des Rechts gerade für die Subjektivität traditionell exkludierter oder unterdrückter Gruppen: Zum einen ermöglicht erst die Zuerkennung des Status als gleiches Rechtssubjekt den Einzelnen die Entwicklung von Selbstachtung und Würde, zum anderen bleibt auch der retrospektive Bezug auf die eigene Emanzipationsgeschichte als eines Kampfs um Anerkennung gleicher Rechte eine wichtige Quelle des Bewusstseins politischer Handlungsfähigkeit. Die Radikalität der Kritik rechtlicher Subjektivierung impliziert damit nicht die Forderung der Abschaffung oder Überwindung von Recht, wie sie in einigen Varianten marxistischer oder anarchistischer Gesellschaftskritik erhoben wird. Vielmehr wird hier der Vorschlag einer *radikalen Transformation von Recht* unterbreitet. Diese Transformation zielt auf die Ermöglichung anderer als »entsetzlicher« Subjektivitäten. Dafür ist es folgerichtig notwendig, ein Recht zu denken, das statt ideologisch aufklärerisch, statt psychologisch deformierend affektiv attraktiv, statt antikommunikativ kommunikativ und statt politisch paralysierend ermächtigend ist.

Rechtsphilosophisch gesehen bedeutet eine derartige Transformation des Rechts allerdings die Preisgabe eines Elementes, das für das Recht gemeinhin für konstitutiv gehalten wird: seine ethische Enthaltsamkeit. Die kategoriale Trennung von Recht und dem guten Leben lässt sich nach der Analyse und Kritik rechtlicher Subjektivierung nicht länger durchhalten: Wenn das Recht ein gutes Leben und Zusammenleben nicht nur nicht garantiert, sondern sogar systematisch untergräbt, und wenn zugleich die Überwindung oder Abschaffung von Recht ebenfalls keine besseren Bedingungen für die Entwicklung einer gelingenden (Inter-)Subjektivität bietet, so folgt daraus die Notwendigkeit der Etablierung eines *ethisch gehaltvollen Rechts*, einer *Eu-Nomie*. Die einzig verfügbare Eigenschaft des Menschen, die den Maßstab einer solchen ethischen Transformation des Rechts abgeben könnte, ohne paternalistisch oder essentialistisch zu werden, wird hier mit Hegel in der unhintergehbaren Sozialität menschlicher Subjektivität gesehen: Ein Recht, welches ein gutes oder gelingendes menschliches Leben als Zusammenleben ermöglicht, ist ein soziales Recht. Ironischerweise ist es gerade diejenige Rechtstradition, die vom philosophischen Diskurs Europas von jeher verächtlich oder unsichtbar gemacht wurde, die für eine soziale Transformation des Rechts die wichtigsten Orientierungspunkte bereitstellt, nämlich die jüdische.

Dieses Buch ist in vier Teile gegliedert. Der *erste Teil* befragt naheliegenderweise einen Philosophen, in dessen Werk die Analyse und Kritik des Juridismus bereits eine tragende Rolle spielt, nämlich *Hegel*. Hegels praktische Philosophie ist in besonderer Weise geeignet, die Spezifik einer sozialphilosophischen Kritikstrategie zu explizieren, weil sein Verständnis sozialer Freiheit und sein Begriff von Sittlichkeit ihn mit einem robusten Instrumentarium für die Diagnose »sozialer Pathologien« ausstatten. Hegels Ansatz liefert dieser Arbeit daher den kategorialen Rahmen, der dann in einem zweiten Schritt erweitert, ausbuchstabiert und korrigiert wird. Das erste Kapitel greift dem Folgenden voraus, indem es Hegels generellen Ansatz überblickshaft skizziert und dessen Besonderheit als Kritik des *Juridismus als Trennung* vorstellt. Dabei werden zunächst Hegels Annahmen zur konstitutiven Sozialität menschlicher Subjektivität in Erinnerung gerufen, um dann die unterschiedlichen Dimensionen der Trennungsfunktion des Rechts darzustellen und schließlich Hegels Therapieempfehlungen zu erläutern (1.). Die darauffolgenden Kapitel erklären diese allgemeine Kritikstrategie näher, indem sie jeweils bestimmte Aspekte mit Bezug auf einzelne seiner Werke spezifizieren. In seinem frühen Fragment *Der Geist des Christentums* glaubte Hegel noch, das Judentum als Lebensform identifizieren zu können, das alle problematischen Aspekte des Juridismus in sich vereint, weshalb den Juden auch völlig zu Recht ein unglückliches Schicksal widerfährt. Dagegen setzt er hier noch auf ganz undialektische Weise frontal die Lebensform der frühchristlichen Gemeinden, deren Mitglieder allein durch die gegenseitige innere Anteilnahme der Liebe verbunden gewesen sein sollen. Hegels Opposition kollabiert jedoch, weil er selbst die ihrerseits gewaltförmigen Effekte einer auf Liebe basierenden sozialen Integration implizit eingesteht (2.). Diese Erkenntnis, dass Rechtskritik genauso gewaltförmig sein kann wie das Recht, wird im dritten Kapitel anhand einer Lektüre verschiedener fiktionaler Bearbeitungen des Konflikts von Juridismus und Juridismuskritik weiter untersucht und dahingehend zugespitzt, dass das Recht gerade für traditionell ausgeschlossene oder unterdrückte Gruppen einen wesentlichen Katalysator für Emanzipation darstellen kann. Daraus wird schon an dieser Stelle der Schluss gezogen, die Perspektive auf eine Gesellschaft ohne Recht aufzugeben (3.). Hegel selbst hat in seinen späteren Schriften das Recht in ein wohlgeordnetes System verschiedener Sittlichkeitssphären integrieren wollen. Als »pathologisch« erscheint nunmehr nur noch die Verabsolutierung des Rechts auf Kosten anderer Sittlichkeitssphären. Als emblematisches Beispiel einer durch und durch verrechtlichten Gesellschaft gilt ihm etwa in seinen *Vorlesungen zur Philosophie der Geschichte* das römische Imperium, das er auch heranzieht, um die problematischen Momente der Rechtssubjektivität besonders plastisch darzustellen (4.). Ein besonderer Aspekt ist dabei der Verlust kommunikativer Qualität, wie Hegel in der *Phänomenologie des Geistes* auf dem Wege einer Analogisierung der Rechtssubjektivität mit den antiken Philosophien Skeptizismus und Stoizismus aufzeigen will (5.). Das *Zwischenfazit* des ersten Teils resümiert Hegel so, dass er zwar einen begrifflichen Rahmen für die Analyse des Juridismus bereitgestellt hat, aber durch seine Umstellung auf das Modell einer ganzheitlichen Sittlichkeit, in der unterschiedliche Potenzen die ihnen jeweils zugewiesene Rolle übernehmen sollen, die Ursachen für das Defizit der Rechtssubjektivität gar nicht mehr im Recht selbst suchen kann, sondern als rechtsvorgängig naturalisieren muss. Mit seiner vorschnellen Konzentration auf die Komplementierung des Rechts verspielt Hegel die Perspektive auf dessen Transformation (6.).

Der *zweite Teil* präsentiert mit Marx und Nietzsche zwei *genealogische Radikalisierungen*, die einzelne, auch schon von Hegel aufgezeigte Aspekte rechtlicher Subjektivierung aufgreifen. Sie werden als genealogisch bezeichnet, weil sie den konkreten geschichtlichen Hintergründen und Funktionsweisen spezifischer Subjektivierungsregime nachspüren. Radikaler sind sie, weil sie nicht nur andere sittliche Potenzen als Gegengewichte zum Recht etablieren wollen, sondern juridisch konstituierte Subjektformen grundsätzlich zurückweisen. Mit *Marx* lässt sich die dissoziierende Funktion des Rechts zum einen als Effekt einer politisch gewollten polizeilichen Zerschlagung von Assoziationen, zum anderen als psychologische Deformation in Form der Verbreitung »egoistischer« Einstellungen begreifen (7.). *Nietzsche* entschlüsselt die Doppelgestalt der Rechtssubjektivität als zugleich unterworfene und unterwerfende; eine Janusköpfigkeit, die sich in der affektiv-habituellen Disposition des Rechtssubjekts einerseits als schlechtes Gewissen und Schuldgefühl, andererseits als stolzer Triumphalismus niederschlägt (8.). Während Marx die freiheitstheoretischen Prämissen Hegels übernimmt, eröffnet Nietzsche mit seiner an einer transgressiven Ästhetik der Existenz orientierten Rechtskritik eine neue juridismuskritische Traditionslinie, die zu ihnen in einer grundsätzlichen Spannung steht. Den beiden Radikalisierungen gelingt es jedenfalls, die konkreten Effekte rechtlicher Subjektivierungen grundlegender und präziser in den Blick zu bekommen als Hegel. Allerdings geben sie keine Auskünfte über entweder eine Verbesserung des Rechtssystems oder über die Möglichkeit eines freien und gerechten Zusammenlebens ohne Recht. So kann das *Zwischenfazit* zum zweiten Teil lauten, dass beide Radikalisierungen zwar den von Hegel angesprochenen Kritikpunkten eine überzeugendere Fassung gegeben haben, aber ebenfalls keine Aussicht auf eine Transformation des Rechts bieten (9.).

Der *dritte Teil* behandelt mögliche Konsequenzen der sozialphilosophischen Rechtskritik für Politik und Ethik. Dabei werden die beiden von Marx und Nietzsche gesponnenen Fäden wieder aufgenommen: Während die politischen Implikationen der Juridismuskritik eher von Theoretiker*innen ausbuchstabiert werden, die sich im weiteren Sinne in der Tradition des (Post-)Marxismus verorten lassen, wird als Stichwortgeber für die ethischen Konsequenzen mit Gilles Deleuze ein Denker der nietzscheanischen Tradition konsultiert. Die *politische* Konsequenz betrifft zunächst den Politikbegriff selbst: Politisches Handeln darf nicht länger auf Handeln reduziert werden, das sich in eine juridische Währung konvertieren lässt und sich an den Staat adressiert, sondern es umfasst auch all solche Aktionsformen, die auf der Ebene der Zivilgesellschaft, der Ökonomie oder der Intimbeziehungen direkt ansetzen. Das Verhältnis solcher subinstitutioneller Politikformen zum Recht stellt sich dabei als paradox heraus: Einerseits impliziert die Entwicklung autonomer Sittlichkeitspraktiken eine Zurückdrängung des Rechts als dominantes Interaktionsmedium und die Schaffung von Möglichkeiten, auf die Inanspruchnahme von Rechten zu verzichten, andererseits erweisen sich Rechtsforderungen auch auf der Ebene der »Lebenswelt« oft als unverzichtbarer Motor emanzipatorischer Anerkennungskämpfe. Diese Paradoxie der Rechte führt dazu, dass die Akteur*innen ihre politische Aufmerksamkeit aufspreizen müssen: Sie müssen zum einen soziale Praktiken zu etablieren versuchen, die dem Rechtscode gegenüber indifferent oder inkommensurabel sind, zum anderen müssen sie eben doch auch das Recht fordern und somit seine Transformation betreiben. Diese Problematik wird anhand der Verrechtlichung der Bereiche Intimbeziehungen und Erziehung diskutiert. Als Beschreibung dieses Widerspruchs werden zunächst *Jürgen Habermas'* Theorie der Kolonisierung der Lebenswelt und *Axel Honneths* Theorie der Verabsolutierung rechtlicher Freiheit erwogen, um schließlich jedoch für *Wendy Browns* feministische Theorie der Paradoxie der Rechte als angemessenste Formulierung der Problemlage zu votieren (10.). Die *ethische* Konsequenz besteht darin, auf der Ebene der Subjektivität und Intersubjektivität selbst anzusetzen und sich um die Einübung postjuridischer Existenzweisen zu bemühen. Postjuridisch sind solche Existenzweisen, die sich der Programmierung durch das Recht zu widersetzen versuchen, das heißt Existenzweisen, die sich gegen die juridischen Zumutungen von Triumphalismus, Verschuldung und Apathie sträuben und alternative Haltungen, Einstellungen, Mentalitäten und Affektstrukturen zu erarbeiten versuchen. Elemente einer solchen postjuridischen Ethik finden sich prononciert in den Schriften von *Gilles Deleuze*, der vor allem schöpfungs- und somit lebenshemmende Effekte juridisch verstandener Urteilspraktiken beklagt. Eine postjuridische Subjektivität lässt Deleuze demgegenüber unter dem Begriff des Minoritärwerdens firmieren (11.). Das *Zwischenfazit* des dritten Teils versucht das Zusammenspiel der politischen und ethischen Relativierungen des Rechts unter dem Stichwort des *Exodus* zu pointieren. Als Auszug aus dem Juridismus repräsentieren sie eine spezifische Transformationsstrategie, die sich von anderen, traditionell juridischen Strategien wie der Reform und der Revolution abgrenzen lässt (12.).

Der *vierte Teil* bemüht sich schließlich darum, dem Marx'schen Programm eines »menschlichen« Gesetzes folgend, Grundlinien eines Verständnisses von Recht zu umreißen, das andere als entsetzliche Subjektivierungspraktiken tolerieren und initiieren kann und das daher als *postjuridisches Recht* zu bezeichnen ist. Die Konturen eines postjuridischen oder »menschlichen« Gesetzes werden dabei aus der Annahme über die Unhintergehbarkeit der Sozialität als Bedingung menschlicher Freiheit und menschlichen Wohlergehens gewonnen. Vielversprechende Anknüpfungs- und Inspirationspunkte für eine Transformation der Rechtsform bietet die jüdische Rechtstradition. Das jüdische Recht greift nämlich auf ganz andere Subjektivierungspraktiken zurück als das bürgerliche: Weil es die Gesellschaft als eine horizontale »Gemeinschaft der Interpret*innen« begreift, versteht es sich als ein Recht, das nicht den Charakter eines Imperativs, sondern den einer Lehre hat, die sich nur konfliktuell entfalten lässt. Es ist daher weder auf Triumphalismus noch auf Unterwürfigkeit, sondern auf die Sensibilität guter Leser*innen angewiesen (13.). Das letzte Zwischenfazit kann so resümieren, dass das »menschliche« Gesetz hoffen darf, die emanzipatorischen Leistungen von Rechtlichkeit, die im dritten Kapitel herausgearbeitet wurden, beizubehalten, dabei jedoch die negativen Effekte des bisherigen bürgerlichen Rechts zu überwinden (14.). Abschließend werden knapp einige Risiken einer solchen Transformation angedeutet, die vor allem in der essentiellen Angewiesenheit des postjuridischen Rechts auf diskursive Verfahren vermutet werden. Um diesen Gefahren zu begegnen, wird für eine am Modell des Exodus gewonnene *experimentelle* Transformationsstrategie plädiert (15.).

I. Juridismus – eine Annäherung mit Hegel

1. »Äußerlichkeit des Einsseins«. Juridismus als Trennung

Der Begriff des Juridismus geht von einer problematischen Dominanz des Rechts in den sozialen Beziehungen innerhalb der europäisch geprägten Kulturtraditionen aus. Aber was genau ist problematisch am Recht bzw. an der Rolle, die es im Leben der Menschen spielt? Eine *sozialphilosophische* Analyse und Kritik des Rechts grenzt sich von zwei möglichen alternativen Kritikstrategien ab: Das Recht soll weder (nur) *rechtlich* noch (nur) *moralisch* kritisiert werden. Die rechtliche Kritikstrategie, die etwa das positive Recht mit dem Naturrecht konfrontiert, stellt sich bereits auf den ersten Blick als *nicht radikal genug* heraus: Weil sie ein bestimmtes Recht nur im Namen eines anderen Rechts kritisiert, kann sie nicht die potentiellen Defizite in den Blick bekommen, die schon in der Rechtlichkeit als solcher liegen. Die moralische Kritikstrategie, die die juridischen Gesetze mit moralischen Anforderungen konfrontiert, ist *nicht sozial genug*: Sie neigt dazu, die praktische Vernunft in den Verantwortungsbereich einzelner Individuen zu stellen, und ist daher blind für die Beschädigungen, die das Recht dem Gewebe sozialer Praktiken einer Gesellschaft zufügt.

Um die Konturen einer sozialphilosophischen Kritik des Rechts herauszuarbeiten, empfiehlt es sich, zunächst denjenigen Philosophen zu befragen, der wie kein anderer die Programmatik der modernen Sozialphilosophie geprägt hat, nämlich Hegel. Nicht nur finden sich bei ihm die bis heute anspruchsvollsten Reflexionen auf die spezifischen methodologischen und normativen Prämissen eines sozialphilosophischen Vorgehens, hier zeigen sich auch schon die Negativeffekte des europäischen Rechts auf besonders prägnante Weise. Obwohl es überraschend scheinen mag, den preußischen Staatsphilosophen als einen Kritiker des Rechts zu lesen, lassen sich also gerade in Hegels Werk bereits die zentralen Motive einer sozialphilosophischen Juridismuskritik herausarbeiten, die auch für spätere Autor*innen noch paradigmatisch bleiben werden.

Die Besonderheit von Hegels Ansatz besteht darin, die Defizität des Juridismus als eine Form von *Trennung* zu erläutern. Eine übermäßige Versteifung auf das (eigene) Recht, wie man sie etwa bei Kohlhaas beobachten kann, ist für Hegel deshalb problematisch, weil ein Mensch sich so von anderen Menschen absondert, entzweit oder entfremdet. Wenn der Nachweis gelingt, dass das Recht solche Versteifungen regelmäßig und strukturell produziert, dann bedeutet das, dass es nicht oder zumindest nicht nur als Medium der gesellschaftlichen Koordination und Kooperation dient, sondern immer auch gegenläufige Tendenzen mitfabriziert. Hegel hat dieser These von dem strukturell dissoziativen Charakter des Rechts im Laufe seines Lebens unterschiedliche Fassungen gegeben, die jeweils drei Elemente beinhalten: Erstens eine Annahme über die originär soziale Natur des Menschen (ein Argument, *warum* es überhaupt problematisch ist, wenn Menschen voneinander getrennt sind), zweitens eine Analyse des Dissoziationseffekts rechtlicher Subjektivierung (ein Argument, *wie* das Recht die Trennung des Menschen vom Menschen zustande bringt) und drittens eine Therapieempfehlung für den Juridismus (ein Vorschlag, wie die Trennung *neutralisiert* werden kann).

1.1 Die Sozialität menschlicher Subjektivität

Begriffe wie Absonderung, Entzweiung oder Entfremdung machen nur Sinn, wenn sie sich auf Positionen beziehen, die miteinander »eigentlich« in einer (ursprünglichen oder sinnvollen) Beziehung der Nichtgetrenntheit stehen.[1] Zeigt jemand ein komplettes Desinteresse am Schicksal eines Liebhabers, einer Freundin oder einer Verwandten, so kann man diese Haltung nur deshalb kritisieren, weil man hier »eigentlich« ein intrinsisches Interesse am Wohl des anderen erwartet. In Bezug auf die gesamte Gesellschaft, zumindest in der Moderne, steht jedoch in Frage, inwiefern solch anspruchsvolle Verknüpfungen des eigenen Wohls mit dem Wohl der anderen überhaupt zugrunde gelegt werden können. Die mächtigsten politischen Theorien seit Beginn der Neuzeit gehen gerade von entgegengesetzten Prämissen aus: dass die Einzelnen und ihre individuellen Rechte Grundlage und Grenze legitimer politischer Macht sind und dass die Gesellschaft somit einen nur abgeleiteten und

1 Vgl. in Bezug auf den Begriff der Entfremdung Rahel Jaeggi, *Entfremdung. Zur Aktualität eines sozialphilosophischen Problems*, Frankfurt/M., New York 2005, S. 43, und Allen W. Wood, *Karl Marx*, London, New York 1981, S. 3.

darum instrumentellen Wert hat. Zu solchen »primacy-of-right«-Theorien[2] zählen nicht nur die kontraktualistischen Lehren in der Tradition von Hobbes und Locke sowie der Utilitarismus, auch die Vernunftrechtslehren von Fichte und Kant nehmen ihren Ausgang von individualistischen Prämissen.

Häufig wird der Streit über die Richtigkeit atomistischer oder sozialer politischer Theorien als ein Disput über das »Menschenbild« angesehen und zudem in eine Frage des Gemüts der Streitenden umdefiniert: Vertreter*innen eines »optimistischen« Menschenbildes gingen demnach von sozialen, die eines »pessimistischen« Menschenbildes von individualistischen Vorannahmen aus. Hegel ist aber der Meinung, dass die Unhintergehbarkeit der Sozialität menschlicher Subjektivität durchaus argumentativ entschieden werden kann. Diese Annahme hat für ihn Konsequenzen insbesondere für den Freiheitsbegriff: Wenn menschliches Leben außerhalb einer Gesellschaft nicht möglich ist, so macht es auch keinen Sinn, Freiheit als Freiheit *von* Sozialität zu verstehen. Aus der *konstitutiven* Bedeutung der Sozialität für die menschliche Subjektivität glaubt er also Rückschlüsse auf die *normative* Richtigkeit sozialer Handlungsorientierungen schließen zu können. Er bedient sich mehrerer geistesgeschichtlicher Quellen, um diese konstitutive Sozialität zu erweisen.

1. Die *theologische* Inspirationsquelle für den jungen Hegel ist eine pantheistische Naturvorstellung, wie sie von Spinoza vertreten wurde und die auch in die Vereinigungsphilosophie von Hegels Freund Hölderlin Eingang gefunden hat. Spinoza schließt aus der Unendlichkeit und Unbedingtheit Gottes, dass er identisch mit der Natur selbst sein müsse. Seine Formel »deus sive natura«[3] drückt die Überzeugung aus, dass Gott nicht eine der Welt externe Instanz oder Person ist, sondern die gesamte Natur gleichermaßen göttlich beseelt ist. Diese pantheistische Auffassung wendet Hegel *organizistisch* und *holistisch*: Die einzelnen Momente der Natur verhalten sich zueinander wie die Organe eines Organismus. Die Welt bildet ein substanzielles Ganzes, das mehr ist als die Summe seiner Teile. Hegel verwendet die Analogie zu einem menschlichen Organismus häufig, um die

2 Charles Taylor, »Atomism«, in: ders., *Philosophy and the Human Scienes. Philosophical Papers 2*, Cambridge 1985 S. 187-210, hier S. 187.

3 Baruch de Spinoza, *Ethik in geometrischer Ordnung dargestellt*, in: *Werke in drei Bänden*, Band 1, Hamburg 2006, S. 190 (IV. Einl.); passim.

Konsequenzen dieser holistischen Sichtweise zu veranschaulichen: Wenn sich ein Teil der Welt zum anderen so verhält wie ein Organ zum anderen, so ergibt sich daraus ein »Interesse« des einen Teils am Wohlfunktionieren des Ganzen und somit auch des anderen Teils. Der Schaden, der einer anderen zugefügt wird, affiziert immer auch mich selbst, da wir beide Teil desselben größeren Ganzen sind.

Zwar vermag die pantheistische Fundierung des Hegel'schen Systems heute nicht mehr zu überzeugen, schon weil sie im Kern theologisch gestützt bleibt und somit einen Gottesbezug enthält, der im säkularen Zeitalter nicht auf Zustimmung hoffen kann. Auch der Appell an eine organische Verbundenheit der einzelnen Partikel innerhalb eines übergreifenden Zusammenhangs wirkt angesichts der real erfahrbaren Zerrissenheit der modernen Lebenswelt – und auch schon der Natur selbst – abstrakt und schal. Allerdings weist der Pantheismus durchaus eine Nähe zu einem zeitgemäßen ökologischen Bewusstsein auf. So reformuliert, bedeutet die Erkenntnis der Allverbundenheit der Natur einfach einen Einspruch gegen die Anmaßung menschlicher Suisuffizienz und eine entfesselte Naturbeherrschung: Menschen entspringen der Natur und sind von ihr abhängig, deshalb schadet der Mensch, indem er der Natur schadet, auch sich selbst. Hegel hat allerdings schnell bemerkt, dass eine rein theologisch verfahrende Begründungsstrategie in der Moderne nicht mehr ausreicht, um die konstitutive Sozialität der menschlichen Subjektivität zu erweisen. Er hat sie darum schon in Jugendjahren durch andere Bezüge ergänzt, wovon die wichtigsten aus dem Fundus des Aristotelismus stammen.

2. Ein erstes *intersubjektivitätstheoretisches* Argument vermag Hegel durch eine Weiterentwicklung und Zuspitzung des aristotelischen Freundschaftsideals zu gewinnen. Aristoteles war durch eine Darstellung der normativen Struktur von Freundschaften zu einem ähnlichen Ergebnis gekommen wie der Pantheismus: Weil meine eigenen Ziele und die Ziele meiner Freundin miteinander verknüpft sind, kann man meiner Freundin nicht schaden, ohne auch mir zu schaden. Zunächst geht Aristoteles davon aus, dass es evident ist, dass Freundschaft zu den Bedingungen für Glückseligkeit zählt: »Niemand würde wählen, ohne Freunde zu leben, auch wenn er alle übrigen Güter hätte.«[4] Damit schon ist die radi-

4 Aristoteles, *Nikomachische Ethik*, Reinbek 2006, S. 251 (8.1[2.]).

kale Egozentrik der menschlichen Handlungsorientierungen, wie sie etwa in den neuzeitlichen Vertragstheorien vorausgesetzt wird, dementiert; denn das Wesen der Freundschaft widerspricht immer schon einer rein individualistischen Interpretation des guten Lebens. Für Aristoteles ist aber die Freundschaft keine »private« Angelegenheit, die von der Politik zu trennen ist. Er geht im Gegenteil davon aus, dass auch die staatliche Gemeinschaft dem Muster der Freundschaft folgt; auch die Polis dient der Verwirklichung der intrinsisch miteinander verbundenen Lebensziele der Bürger.

Hegel spitzt Aristoteles' Argument anerkennungstheoretisch zu. Für ihn ist die Anerkennung durch eine Andere nicht nur Bedingung für die Glückseligkeit des Individuums, sondern für die Identitätsentwicklung insgesamt. Die freie, das heißt nicht erzwungene Bestätigung der eigenen Selbständigkeit durch andere wird zur notwendigen Station im sozialisatorischen Prozess der Konstitution des Subjekts. Auf dieser allgemeinen Ebene erscheint Hegels Annahme von der Subjektgenese einleuchtend: Nur durch den nichtinstrumentellen Zuspruch anderer, etwa der Eltern, entwickeln sich Kinder zu eigenständigen Individuen; auf der anderen Seite ist die menschliche Subjektivität beschädigt oder gar vollkommen zerstört, wenn dieser Zuspruch eingeschränkt wird oder ausbleibt. Einsprüche wird heute allerdings die Übertragung des Modells nichtegoistischer Anteilnahme nach dem Modell der Freundschaft auf die politische Sphäre provozieren. Denn als negative Kehrseite solcher Anteilnahme erscheint mittlerweile der Paternalismus, das heißt die wohlmeinende Intervention seitens Staat und Gemeinschaft in die Lebensführung der Einzelnen. Solcher Paternalismus hat unweigerlich normalisierende und uniformisierende Effekte. Während ich eine solche Intervention durch eine Freundin nicht nur ertrage, sondern sogar wünsche, verbitte ich sie mir durch politische Instanzen. Dagegen erscheint die Kultur der Sachlichkeit und Anonymität, die vor allem das moderne Großstadtleben prägt, gerade als Befreiung aus den familial-patriarchalischen Fesseln des Feudalismus.[5] Der Kompromiss zwischen diesen beiden Anforderungen – einerseits der irreduziblen Sozialität der menschlichen

5 Vgl. für klassische Varianten dieser Position Helmuth Plessner, *Grenzen der Gemeinschaft*, Frankfurt/M. 2002, sowie Georg Simmel, »Die Großstädte und das Geistesleben«, in: *Gesamtausgabe*, Band 7, Frankfurt/M. 1995, S. 116-131.

Subjektivität Rechnung zu tragen, andererseits einen Rückzug vom Druck der Gemeinschaft zu ermöglichen – scheint in einem institutionellen Arrangement liegen zu müssen, das in Form einer funktionalen Ausdifferenzierung gesellschaftlicher Sphären beiden Ansprüchen einen angemessenen Platz einräumt. Daraus ergibt sich die Anforderung an die staatliche Gemeinschaft, dass sie, wenn sie schon selbst nicht dem Muster der Freundschaft folgt, die Möglichkeit freundschaftlicher Beziehungen unter Bürger*innen zumindest nicht beeinträchtigen darf. Hegel hat zu einem bestimmten Zeitpunkt im Begriff der Brüderlichkeit bzw. der Solidarität, wie ihn sich die Französische Revolution auf die Fahnen geschrieben hatte, eine tragfähige Aktualisierung des aristotelischen Freundschaftsideals gesehen, welche die Desintegrationstendenzen der bürgerlichen Gesellschaften einholen, abschwächen und letztlich aufheben kann.[6] Zugleich ist mit der Erkenntnis der Begrenztheit der Freundschaft als Modus sozialer Interaktion aber eine allgemeine Theorie nicht nur menschlicher Nahbeziehungen, sondern komplexer gesellschaftlicher Organisationsformen notwendig geworden.

3. Mit dem intersubjektivitätstheoretischen Argument hängt eng ein *gesellschaftstheoretisches* Argument zusammen. Hegel entwickelt seit seiner Zeit in Jena in mehreren Entwürfen ein umfassendes philosophisches System, das auch noch den temporären Rückzug vom Sozialen in ein im Ganzen nichtatomistisches Intersubjektivitätsverständnis zu integrieren in der Lage ist. Auf diese Weise gelingt es ihm, die in der Moderne starke Intuition, dass Freiheit auch als eine Freiheit des Individuums verstanden werden muss, sich den Anforderungen von Familie und Gemeinschaft entgegenzustellen, in seine eigene Konzeption mit aufzunehmen. Beides, sowohl Identität als auch Differenz mit dem Gemeinwesen, sind für ihn letztlich gleichermaßen Ausdruck einer zugrunde liegenden intersubjektiven Bezogenheit. Dies kann man sich am Beispiel einer Liebesbeziehung klarmachen: Gerade weil ich dich liebe, möchte ich, dass du frei bist, selbst wenn du dich in deiner Freiheit in einem konkreten Fall gegen mich wendest. Ähnlich verhält es sich mit der Gesellschaft: Gerade weil ich dich (als gleiches Rechtssubjekt) respektiere, möchte ich dir die Freiheit geben,

6 Vgl. dazu noch immer Andreas Wildt, »Hegels Kritik des Jakobinismus«, in: Oskar Negt (Hg.), *Aktualität und Folgen der Philosophie Hegels*, Frankfurt/M. 1970, S. 265-296.

deine eigenen Interessen zu verfolgen, auch wenn sie gegen meine eigenen Interessen gerichtet sind. In beiden Fällen wird also die Trennung in einem konkreten Fall als Teil einer übergeordneten Bezogenheit verstanden, die weiterhin intakt bleibt.[7]

Die Pointe besteht dabei darin, dass den Dimensionen gelingender Subjektivität auch gesellschaftliche Sphären »relativer« Sittlichkeit entsprechen sollen. Damit sich die Identitätsentwicklung eines Menschen überhaupt vollziehen kann, müssen sowohl die bedingungslose Liebe etwa der Eltern als auch der Respekt als gleiches Rechtssubjekt als auch die Wertschätzung für individuelle Besonderheiten zusammenkommen, wobei diesen drei Dimensionen erfolgreicher Identitätsgenese auch die drei gesellschaftlichen Sphären Familie, Recht und Staat korrespondieren.[8] Weder die Vereinigung, wie sie etwa in der von Hegel noch als »natürlich« bezeichneten Familie, noch die Entzweiung, wie sie im Recht vorkommt, sind den Subjekten nachträglich angehängt, sie werden von Hegel vielmehr von Anfang an als Dimension einer gelingenden Identitätsentwicklung erläutert.[9] Zugleich muss die Integration des Rechts und somit einer wirkmächtigen gesellschaftlichen Zentri-

7 Für Hegel nimmt diese Ausdifferenzierung den Charakter eines *Kampfes* an. Ein Konflikt, der innerhalb einer sozialen Organisation aufgrund einer individuellen Nichtübereinstimmung mit der etablierten Sittlichkeit aufritt, muss weder durch Exklusion noch durch Uniformisierung aufgelöst werden, sondern kann zum Katalysator einer stufenweisen Integration unterschiedlicher Anerkennungsformen innerhalb der Gesellschaft werden. Eine Differenz, wie sie paradigmatisch in der Figur des Verbrechers zum Ausdruck kommt, kann auf dem Wege solcher Anerkennungskämpfe in einen übergeordneten Zusammenhang einbezogen und so mit der Allgemeinheit versöhnt werden.

8 Die intersubjektivitätstheoretischen Potentiale des Hegel'schen Werkes finden sich vor allem in der so genannten »Jenaer Realphilosophie«; Hegel hat sie bereits in der *Phänomenologie des Geistes* in den Hintergrund treten lassen und durch eine substanzialistische Konzeption des »objektiven Geistes« ersetzt. Eine Detailanalyse der verschiedenen Modifikationen seines Systems kann an dieser Stelle nicht erfolgen, es geht zunächst nur um eine basale Rekonstruktion der grundlegenden Argumentationsstruktur, mit der Hegel die Sozialität der menschlichen Subjektivität zu erweisen sucht.

9 Zur Rekonstruktion der Hegel'schen Anerkennungstheorie vgl. die klassischen Studien von Axel Honneth, *Kampf um Anerkennung. Zur moralischen Grammatik sozialer Konflikte*, Frankfurt/M. 1992, und Ludwig Siep, *Anerkennung als Prinzip der praktischen Philosophie. Untersuchungen zu Hegels Jenaer Philosophie des Geistes*, Freiburg 1979.

fugalkraft für Hegel auch eine Herausforderung darstellen. Denn mit dieser Konzession an den Individualismus ist Hegel zugleich gezwungen, in das gesellschaftliche Institutionenarrangement eine Position einzubauen, die stark genug sein muss, etwaigen Verselbständigungstendenzen der relativen Sittlichkeitssphären Einhalt zu gebieten. Hegel entscheidet sich, diese Einhegungsfunktion weder einer Neukonzeption von Rechten etwa als soziale Rechte noch einer Intensivierung gesellschaftlicher Solidaritätserfahrungen zuzusprechen, sondern durch die Hypostasierung einer staatlichen Majestät garantiert wissen zu wollen. Dem entspricht schon eine architektonische Umstellung in der Sittlichkeitskonzeption selbst: Soziale Freiheit wird nicht mehr als gelingende wechselseitige Anerkennung von Subjekten verstanden, sondern als Verhältnis eines partikularen Subjekts zur Allgemeinheit. Ein horizontales hat sich so unter der Hand in ein vertikales Verhältnis verwandelt. Durch diese substanzialistische Umstellung seines Systems, die schließlich den Staat als die »Wirklichkeit der sittlichen Idee« (GPhR, S. 398 [§ 257]) begreift, geht Hegel also der intersubjektivitätstheoretischen Prämissen seines eigenen Systems verlustig.[10] Schon Marx hat kritisiert, dass diese Verdinglichung der menschlichen Sozialität im Staat letztlich selbst antisoziale Konsequenzen hat, weil auf diese Weise die Gemeinschaftspotentiale in den staatlichen Gewaltapparaten gebunden werden, während die Menschen im profanen Leben der kapitalistischen Marktgesellschaft sich nur als solipsistische Monaden begegnen.

4. Schließlich wird Hegel seine Überzeugung von der konstitutiven Sozialität des Menschen *staatstheoretisch* verdichten. Er unterschreibt vollkommen Aristoteles' Bestimmung des Menschen als *zoon politikon*. Menschen können nicht entstehen, ohne dass sich andere Menschen zusammenfinden. Die Geschlechtsverbindung unterscheidet den Menschen aber noch nicht vom Tier, erst die Sprache als Möglichkeit der Unterscheidung zwischen einem guten und einem schlechten Leben markiert den Übergang von

10 Vgl. Jürgen Habermas, *Der philosophische Diskurs der Moderne. Zwölf Vorlesungen*, Frankfurt/M. 1988, S. 54; Honneth, *Kampf um Anerkennung*, Kap. 3, sowie Michael Theunissen, »Die verdrängte Intersubjektivität in Hegels Philosophie des Rechts«, in: Dieter Henrich, Rolf-Peter Horstmann (Hg.), *Hegels Philosophie des Rechts. Die Theorie der Rechtsformen und ihre Logik*, Stuttgart 1982 S. 317-381.

einer naturwüchsigen zu einer staatlichen Gemeinschaft. Damit ist dem menschlichen Zusammenleben das Telos der Vollendung in Form der *autarkia* bereits von Anfang an eingeschrieben; dies drückt Aristoteles mit der Formulierung aus, der Staat sei »um des Lebens willen entstanden [...] und um des vollkommenen Lebens [bestehend]«.[11] Aristoteles sieht sich darum berechtigt, das Politische als zentrale Gattungsbestimmung des Menschen als solchem zu begreifen. Das heißt nicht nur, dass ein vereinzelter Mensch außerhalb der Polis, also etwa in der Wildnis, nur schwer überleben oder zumindest kein Leben in dem Sinne führen könnte, wie wir es kennen, sondern auch, dass er ohne Bezug zu anderen Menschen sein spezifisch menschliches Potential nicht ausschöpfen kann. Selbst seine individuellen Charakterzüge und seine Autonomie sind Ergebnis eines sozialisatorischen Lernprozesses, der nur in Gesellschaft stattfinden kann.[12] Aus der Bestimmung des Menschen als politischem Tier folgt für Hegel ebenso wie für Platon und Aristoteles ein Primat der Polis vor den Polis-Mitgliedern bzw. des Volks vor den einzelnen Bürgern, denn die Individuen verdanken ja ihre gesamte Existenz nur den in einer präexistierenden Gemeinschaft etablierten sozialen Praktiken. Dieses Primat versteht Hegel aber von Anfang an nicht einfach als Unterordnung der Einzelnen unter das Diktat einer eigenständigen politischen Institution; vielmehr ermöglichte es die antike Polis-Sittlichkeit, dass das Ganze gerade durch die Handlungen der Einzelnen aktualisiert und bestätigt wird, selbst wenn es sich um hochspezifische Tugenden oder exzentrische Talente handelt. Vor allem aber sieht Hegel in der relativen Unabhängigkeit unterschiedlicher gesellschaftlicher Instanzen einen Vorzug schon der antiken Polis: Ebenso wie in einem Organismus nicht alle Organe das Gleiche tun, sondern zu einem wohlgeordneten Ganzen zusammenstimmen müssen, gehört zu einem funktionierenden Gemeinwesen das ineinandergreifende, aber durchaus eigenständige Wirken der Stände und Familien.[13]

Die aristotelische Anthropologie, zumindest in ihrer schwachen

11 Aristoteles, *Politik*, Hamburg 1990, S. 4 (I.2.1252b).

12 Vgl. Taylor, »Atomism«, S. 191 ff.

13 Vgl. Ludwig Siep, »Hegels Rezeption der aristotelischen Politik«, in: ders., *Aktualität und Grenzen der praktischen Philosophie Hegels*, München 2010 S. 59-76, insbes. S. 62.

Variante als These über die irreduzibel soziale Komponente eines gelingenden menschlichen Lebens, ist im Allgemeinen unkontrovers. Aufgrund der Begrenztheit der Freundschaft als sozialem Integrationsmodus sieht sich Hegel allerdings zu der Konzession einer funktionalen Ausdifferenzierung genötigt, die er schon in der antiken Polis angelegt sieht. In Hegels Gegenwart jedoch, dem Zeitalter der sich formierenden bürgerlichen Gesellschaft und sich verschärfender kapitalistischer Klassengegensätze, wird diese Ausdifferenzierung als radikale Zerrissenheit der Lebenswelten erfahrbar. Die antike Polis-Sittlichkeit, die individuelle Differenz noch ohne Angst vor Integritätsverlust zulassen konnte, erscheint unwiderruflich verloren. Hegel will diese Entzweiungserfahrung durch Interventionen eines starken Staates einhegen, welche die auseinanderdriftenden Sphären wieder zu einem organischen Ganzen zusammenzwingen. Die subjektive Dimension dieser staatlichen Gemeinschaftsformierung ist der Patriotismus. Hegel ist der Meinung, der Staat dürfe eine Gemeinwohlorientierung seiner Bürger vor allem als Tapferkeit im Krieg erwarten und fordern; diese Tendenz verstärkt sich noch in dem Maße, in dem das intersubjektivitätstheoretische Modell der Jenaer Zeit durch eine substanzialistische Staatsphilosophie, wie Hegel sie später in Berlin vertritt, abgelöst wird. Der nicht nur ideologische, sondern auch selbstwidersprüchliche Charakter solcher Appelle liegt auf der Hand; die Erfahrung von Versöhnung, die den Menschen in ihrer Lebenswirklichkeit vorenthalten wird, wird durch Patriotismus nicht hergestellt, sondern nur vorgespiegelt – eine Fiktion, deren dramatische Wirkungsmacht durch die Jahrhunderte der nationalistischen Aufstachelung heute offensichtlich ist. Die Ironie der Hegel'schen Apotheose des Staates wurde bereits von den Linkshegelianern bemerkt:[14] Die Erkenntnis der Sozialität des Menschen hat sich

14 Marx macht in seiner *Kritik der Hegelschen Rechtsphilosophie* darauf aufmerksam, dass die Debatte um nationalistische Lösungen für kapitalistische Probleme eine spezifisch deutsche ist: »Das Verhältnis der Industrie, überhaupt der Welt des Reichtums, zu der politischen Welt ist ein Hauptproblem der modernen Zeit. Unter welcher Form fängt dieses Problem an, die Deutschen zu beschäftigen? Unter der Form der *Schutzzölle*, des *Prohibitivsystems*, der *Nationalökonomie*. Die Deutschtümelei ist aus dem Menschen in die Materie gefahren, und so sahen sich eines morgens unsere Baumwollritter und Eisenhelden in Patrioten verwandelt.« (MEW 1, S. 382)

unter der Hand in ein Argument für Politiken verwandelt, die eine Trennung der Menschen in verfeindete Völker vornehmen. Als Alternative zur *völkischen* Interpretation der menschlichen Sozialität präsentiert sich seither die *sozialistische* Interpretation, wie sie in der Losung der Arbeiter*innenbewegung von der internationalen Solidarität zum Ausdruck kommt.

Hegel hat mit diesen vier Argumentationssträngen gute Gründe für die konstitutive Sozialität der menschlichen Subjektivität formuliert. Man könnte ihn an dieser Stelle allerdings eines entweder genetischen oder naturalistischen Fehlschlusses bezichtigen: Hegel scheint vom Sein auf das Sollen zu schließen. Inwiefern aber lassen sich aus dem *deskriptiven* Nachweis, dass der Mensch sozial ist oder im Laufe seiner individuellen und geschichtlichen Entwicklung notwendig einmal war, überhaupt ethische, moralische oder politische, das heißt *präskriptive* Konsequenzen ziehen? Mit Aristoteles könnte man diese Frage teleologisch beantworten. Aristoteles ist davon überzeugt, dass alles menschliche Streben letzten Endes auf ein höchstes Gut gerichtet ist, nämlich *eudaimonia*, Glückseligkeit. Die Menschen können keine Glückseligkeit erreichen, wenn sie ständig ihrem eigenen Wesen zuwiderhandeln. Hegel übernimmt die Idee, dass Ethik die Selbstverwirklichung des Menschen bedeutet und somit nicht ohne einen Begriff dessen auskommt, was den Menschen als solchen ausmacht.[15] Für ihn kann die Glückseligkeit aber in der Moderne nicht mehr die Rolle des höchsten Gutes einnehmen; vielmehr hat sich geschichtlich die *Freiheit* als oberster Wert der modernen Welt herausgebildet. Wenn Freiheit *Selbstbestimmung* bedeutet und das *Selbst* aber irreduzibel sozial ist,

15 Vgl. Allen W. Wood, *Hegel's Ethical Thought*, Cambridge 1990, S. 30. – Das ist der Grund, warum für Hegel alle moralischen Imperative, die auf einem reinen Sollen fundiert sind, sowohl ohnmächtig als auch gewaltförmig sind, denn sie terrorisieren die Menschen mit Anforderungen, die sie nicht erfüllen können – oder nur um den Preis ihrer Selbstverleugnung. – Aristoteles' und Hegels Annahme von Ethik als Selbstverwirklichung klingt essentialistisch – und ist auch so gemeint, aber eben in dem Sinne, dass eine richtige Ethik eine Annahme über die Bedürfnisse, Wünsche, Interessen des Menschen als Menschen beinhalten muss. Allerdings kann Hegel hier einen dynamischen Begriff des Selbst zugrunde legen: Was das menschliche Selbst ist, sein kann und sein wird, ist nicht aus seinen vergangenen Gestalten feststellbar, sondern ist eben selbst Ergebnis der bewussten Selbst-Bestimmung. Zu den Implikationen der hier zugrunde gelegten schwachen Anthropologie vgl. unten Kapitel 13.1.

so muss die Reichweite der *Bestimmung* ebenfalls die Gemeinschaft mit einbeziehen: Selbstbestimmung ist *immer schon* kollektive Selbstbestimmung. Soll diese kollektive Selbstbestimmung vom Individuum nicht als extern und repressiv, sondern als eigene erfahren werden, so muss sie so beschaffen sein, dass es sich diese aneignen und mit ihr identifizieren kann: Freiheit ist, nach Hegels berühmter Formulierung, *Beisichselbstsein-im-Anderen.*[16] Ein so verfasstes gesellschaftlich Allgemeines ist für die Einzelne ebenso wenig eine Beschränkung wie für den Vogel die Luft oder den Fisch das Wasser (N, S. 492). Aus diesem Grund kann die Frage der Freiheit nicht von der Frage der Sittlichkeit getrennt werden. Freiheit hat ethische Implikationen: Ein freies Leben gibt es nur als *gutes Zusammenleben.*

Es kann daher keine Freiheit geben, die den anderen Menschen nur als Grenze und nicht auch als Bedingung der eigenen Freiheit begreift. Dies ist der Fehler des Liberalismus mit seinem *negativen Freiheitsbegriff*, wonach meine Freiheit da aufhört, wo ich deine Freiheit zu lädieren beginne.[17] Ein negativer Freiheitsbegriff hat

16 Besonders prägnant bringt Hegel sein Verständnis sozialer Freiheit in §7 der *Grundlinien der Philosophie des Rechts* zum Ausdruck. Das Individuum ist frei, heißt es dort, wenn es noch in »seiner Beschränkung, in diesem Anderen bei sich selbst sei, daß, indem es sich bestimmt, es dennoch bei sich bleibe und nicht aufhöre, das Allgemeine festzuhalten: dieses ist dann der konkrete Begriff der Freiheit, während die [...] vorigen Momente durchaus abstrakt und einseitig befunden worden sind. Diese Freiheit haben wir aber schon in der Form der Empfindung, z. B. in der Freundschaft und Liebe. Hier ist man nicht einseitig in sich, sondern man beschränkt sich gern in Beziehung auf ein Anderes, weiß sich aber in dieser Beschränkung als sich selbst. In der Bestimmtheit soll sich der Mensch nicht bestimmt fühlen, sondern indem man das Andere als Anderes betrachtet, hat man darin erst sein Selbstgefühl. Die Freiheit liegt also weder in der Unbestimmtheit noch in der Bestimmtheit, sondern sie ist beides.« (GPhR, S. 57 [§7])

17 »Wenn man sagen hört«, schreibt Hegel in der *Rechtsphilosophie*, »die Freiheit überhaupt sei dies, *daß man tun könne, was man wolle*, so kann solche Vorstellung nur für gänzlichen Mangel an Bildung des Gedankens genommen werden, in welcher sich von dem, was der an und für sich freie Wille, Recht, Sittlichkeit usf. ist, noch keine Ahnung findet. Die Reflexion, die *formelle* Allgemeinheit und Einheit des Selbstbewußtseins, ist die *abstrakte* Gewißheit des Willens von seiner Freiheit, aber sie ist noch nicht die *Wahrheit* derselben, weil sie sich noch nicht selbst zum Inhalte und Zwecke hat, die subjektive Seite also noch ein anderes ist als die gegenständliche; der Inhalt dieser Selbstbestimmung bleibt deswegen auch schlechthin nur ein Endliches.« (GPhR, S. 66 [§15]).

mit dem Recht kein Problem; dessen freiheitsverbürgende Funktion gleicht, wie Marx sagen wird, einem Zaunpfahl zwischen zwei Feldern. Hegel vertritt demgegenüber ein Verständnis von Freiheit als *sozialer Freiheit*,[18] das heißt Freiheit zur aneignenden Teilnahme an sozialen Praktiken. Wenngleich Hegel das formelle Recht (und das damit zusammenhängende Verständnis negativer Freiheit) auch als eine relative Sphäre in sein Gesamtsystem integriert, so erkennt er doch, dass das Recht die zur Selbstverwirklichung nötigen soziale Praktiken zumindest nicht aus eigener Kraft erzeugen kann oder ihre Entfaltung sogar behindert – und dass es daher komplementiert und balanciert werden muss, wenn es mit menschlicher Freiheit vereinbar sein soll.

1.2 Die Dissoziationseffekte des abstrakten Rechts

Schwieriger noch als die Überlegenheit eines sozialen über einen atomistischen Freiheitsbegriff zu erweisen, ist es zu zeigen, dass das Recht[19] einem sozialen Freiheitsbegriff nicht entsprechen kann. Recht soll (als Zivilrecht) der Kooperation und Konfliktschlichtung, (als Strafrecht) dem Schutz der körperlichen und geistigen Unversehrtheit sowie (als öffentliches Recht) der politischen Selbstbestimmung der Gesellschaftsmitglieder dienen. Wie kann man begründen, dass das Recht diesen Ansprüchen nicht oder nicht

18 Von Isaiah Berlin stammt bekanntlich die Unterscheidung zwischen »negativer« (liberaler) und »positiver« Freiheit. Der von Frederick Neuhouser geprägte Begriff der »sozialen Freiheit« ist jedoch besser geeignet, um den Kern von Hegels Freiheitsbegriff zu erfassen. Neuhouser bezeichnet soziale Freiheit treffend als das Gefühl des Individuums, »in der Welt zu Hause zu sein«. Ihm kommt zudem das Verdienst zu, die in der Sekundärliteratur häufig vernachlässigte Beziehung, in der Hegels Konzept der Sittlichkeit zu Rousseaus Idee des Gemeinwillens steht, detailliert herausgearbeitet zu haben, vgl. Frederick Neuhouser, *Foundations of Hegel's Social Theory: Actualizing Freedom*, Cambridge 2000.

19 Mit dem Begriff »Recht« ist hier jeweils die Sphäre des abstrakten Rechts gemeint (die Hegel im ersten Teil der *Grundlinien der Philosophie des Rechts* behandelt), nicht das umfassendere Konzept von Recht als »Dasein des freien Willens« (GPhR, S. 80 [§ 29]). Während Hegel im *Geist des Christentums* mit dem Gesetz das jüdische Religionsgesetz im Blick hat, verengt er seit seiner Jenaer Zeit die Sphäre des »abstrakten Rechts« vollständig auf das (römische) Privatrecht; soziale Teilhaberechte oder Grundrechte finden bei ihm keine Erwähnung.

ausreichend genügt, sondern stattdessen gegenteilige Wirkungen entfaltet – dass es Kooperation und Konfliktschlichtung (auch) blockiert, physische und psychische Unversehrtheit (auch) bedroht und politische Selbstbestimmung (auch) untergräbt?

Hegels eigene Analyse rechtlicher Dissoziationseffekte nimmt in seinen verschiedenen Schriften unterschiedliche Radikalitätsgrade an. Der junge Hegel der Frankfurter Zeit ist noch der Meinung, eine am Gesetz orientierte normative Haltung führe unweigerlich zu einer im Ganzen pathologischen Lebensform. Schon in Jena relativiert er diese Sichtweise, indem er das Recht als eine unverzichtbare Dimension intersubjektiver Anerkennung und als wesentliche Sphäre eines sittlichen Gemeinwesens integriert, eine Sichtweise, die er im Großen und Ganzen auch in seiner späten Rechtsphilosophie beibehält. Die pathologischen Effekte des Rechts interpretiert er hier folglich als Verabsolutierungen oder Vereinseitigungen, die durch staatliche Intervention eingehegt werden müssen.

1. Hegels erstes Argument bezüglich der dissoziativen Effekte des Rechts kann man *ideologiekritisch* nennen. Im Recht, meint Hegel, täuschen sich die Menschen prinzipiell über die Beschaffenheit der Bedingungen eines gelingenden Lebens und Zusammenlebens: Sie »vergessen« ihre eigene Angewiesenheit auf die Natur und die anderen Menschen und halten beides stattdessen für ein Hindernis ihrer Freiheit. Hier scheint es zunächst so, als beträfe die Ideologiekritik gar nicht das Recht, sondern die Rechts*philosophie*: Diese ist es, welche solch falsche Vorstellungen in Umlauf bringt. In der Tat bemüht sich Hegel in seinen Schriften häufig um eine detaillierte und zeitweise hochpolemische Demontage konkurrierender philosophischer Sichtweisen, im programmatischen *Naturrechtsaufsatz* etwa zum einen die »empirischen« Vertragstheorien des 17. und zum anderen die »formellen« vernunftrechtlichen Ansätze des 18. Jahrhunderts. Ein Fehler dieser Behandlungsarten ist zum Beispiel das »Absondern und Fixieren von Bestimmtheiten« (N, S. 440) – eine Subsumtionslogik, in der zufällig vorgefundene Eigenschaften des Menschen »durch empirische oder unvollkommen reflektierte Anschauung« (N, S. 441) als dem Menschen wesentliche identifiziert werden, wodurch zugleich alle anderen Eigenschaften als kontingent oder nachrangig definiert werden und so »unter die Herrschaft« (N, S. 440) der vermeintlich essentiellen Bestimmung geraten. Die Entgegengesetztheit der Menschen untereinander

zum Beispiel, die in der Welt zu beobachten ist, ist eben nicht das Ganze des menschlichen Zusammenlebens; wer, wie zum Beispiel Hobbes, diese eine Bestimmung herausgreift und zur »Natur des Menschen« verabsolutiert, subsumiert alle anderen Eigenschaften des Menschen unter diese eine, um einer externen Beherrschung durch Pflicht den »Schein der Notwendigkeit« (N, S. 441) zu verleihen, womit aber die »Totalität des Organischen« (N, S. 440) gerade verfehlt ist.

Aber für Hegel ist der ideologische Effekt des Rechts nicht erst durch irreführende Theorien über das Recht verursacht, sondern durch das Recht selbst. Man kann Hegels Philosophie in diesem Sinne als eine expressivistische Ideologietheorie verstehen:[20] Atomismus ist nicht nur eine falsche Theorie *über* die Welt, er ist Ausdruck einer falschen Praxis *in* der Welt. Dabei ist »falsch« nicht in einem normativen, sondern in einem epistemologischen Sinne zu verstehen: Das privatisierende Recht blockiert strukturell die Einsicht in die Bedingungen der menschlichen Freiheit; darum ist eine Befreiung vom privatisierenden Recht (bzw. vom privatisierenden Charakter des Rechts) nicht nur eine normative, sondern auch eine kognitive Aufgabe.

Die expressivistische Ideologietheorie Hegels kann man sich gut an der Doppeldeutigkeit des Wortes »Setzen« klarmachen. Etwas als etwas zu setzen bedeutet zum einen, etwas als etwas anzusehen – ein kognitiver Akt –, zum anderen aber auch, etwas an eine Stelle zu bringen – ein praktischer Akt. Gegen Fichte schreibt Hegel im *Naturrechtsaufsatz*: »Indem [...] (die) Äußerlichkeit des Einsseins schlechthin fixiert und als etwas absolutes Ansichseiendes gesetzt ist, so ist die Innerlichkeit, die Wiederaufbauung des verlorenen Treu und Glaubens, das Einssein der allgemeinen und der individuellen Freiheit und die Sittlichkeit unmöglich gemacht.« (N, S. 471) Das Recht *unterstellt* zum einen immer schon, dass eine Vereinigung von Individuen nur äußerlich erfolgen kann (weil es fälschlicherweise davon ausgeht, dass die Freiheit der Einzelnen immer schon der Freiheit der Anderen entgegensteht), zum anderen *erzeugt* es aber auch real eine Situation, in der eine innere Vereinigung oder

20 Zur Erläuterung eines expressivistischen Verständnisses von falschem Bewusstsein vgl. Titus Stahl, »Ideologiekritik als Kritik sozialer Praktiken. Eine expressivistische Rekonstruktion der Kritik falschen Bewusstseins«, in: Rahel Jaeggi, Daniel Loick (Hg.), *Nach Marx. Philosophie, Kritik, Praxis*, Berlin 2013, S. 228-254.

Wiedervereinigung zwischen zwei Individuen verunmöglicht wird. Die Dynamik einer solchen Äußerlichkeits-Setzung lässt sich gut anhand eines konkreten Rechtsstreits veranschaulichen: Wenn sich zwei Nachbar*innen vor Gericht wiedersehen, so ist dies der Fall, weil beide ihre Freiheit durch die andere bedroht fühlen, weil sie also die Natur ihres Zusammenlebens und somit auch die Natur ihrer eigenen Freiheit missverstehen – sie denken, ihr Einssein wäre nur äußerlich. Ist jedoch der Rechtsweg einmal eingeschlagen, so werden sie immer mehr gezwungen, auch tatsächlich eine der gegnerischen Partei entgegengesetzte Perspektive einzunehmen und konsequent zu verfolgen. Beide Prozessbeteiligte werden mentale und emotionale Hürden aufbauen, die es ihnen real verunmöglichen, den verlorenen Treu und Glauben zu restaurieren. Somit ist ihnen die Ideologie ihrer Getrenntheit praktisch geworden und die Versöhnung ihrer jeweiligen Freiheit mit der Freiheit des Anderen und also ihre Nachbarschaft als sittliches Verhältnis ruiniert. Dieses Verhältnis zu reparieren, was eben nur auf nichtjuridische Weise möglich ist, ist andersherum selbst auch eine ideologiekritische Praxis: Es verhilft den beiden Nachbar*innen dazu, die wahre Natur ihres Zusammenlebens besser zu erkennen.

2. Der ideologische Charakter der rechtlichen Absonderung bezeichnet nicht nur ein falsches Bewusstsein im Sinne einer kognitiven Täuschung, sondern auch im Sinne einer *psychologischen* Deformation. Für Hegel hat das Recht einen formativen Effekt auf die affektiv-habituelle Charakterstruktur des Menschen. Die von Hegel diagnostizierten Dispositionen lassen sich wiederum in drei Gruppen unterteilen.[21] In die erste Gruppe fallen alle psychologischen Zustände, die direkt egozentrisch und darum antisozial sind, dazu zählen »Selbstsucht«, »Sprödigkeit« oder »Eigensinn«,

21 Eine weitere Charakterdeformation, die Hegel zwar erwähnt, aber nicht ausführlich behandelt, ist ein rigoristischer Gesetzeseifer. Er ist vom Egoismus zu unterscheiden, weil es dem Eiferer nicht um die eigenen Interessen, sondern um die abstrakte Einhaltung des Gesetzes geht. Besonders gut verkörpert wird diese Form des Juridismus in der Figur des hartherzigen Inspektor Javert in Victor Hugos *Les Miserables*: Javert verbringt Jahrzehnte damit, seinen Erzfeind Valjean zu jagen, einen ehemaligen Häftling, der aus Hunger einen Laib Brot gestohlen hatte. Als am Ende Valjean in den Barrikadenkämpfen des Pariser Juniaufstands seinem eigenen Verfolger das Leben rettet, bricht für diesen sein gesamter normativer Kosmos zusammen – die erfahrene Gnade durch seinen Feind ist in der juridischen Logik nicht mehr prozessierbar, so dass Javert Selbstmord begeht.

aber auch abgeleitete Diagnosen wie »hassende Strenge« oder »selbstische Härte« sind hierunter zu rubrizieren. Marx wird solche Zustände bevorzugt mit dem Begriff des Egoismus beschreiben, und auch Nietzsches Analyse des Triumphalismus des souveränen Rechtssubjekts kann in diese Kritiktradition eingeordnet werden. In solchen Haltungen kommt die atomistische Wirkung des Rechts direkt zum Ausdruck. Als Rechtssubjekte sehen sich Menschen nicht nur zu einem prinzipiell strategisch-instrumentellen Verhalten berechtigt, sie sind zu einem solchen Verhalten im Medium des Rechts sogar gezwungen, sofern sie überhaupt rechtlich Erfolg haben wollen. Sofern das Recht ein dominantes gesellschaftliches Interaktionsmedium ist, kann Hegel hier also von einem juridischen Erlaubnis- und Einübungsverhältnis ausgehen. Durch diese egozentrischen Affekte verdrängen die Menschen, dass das, wogegen sie sich richten, eigentlich die Voraussetzungen der individuellen Eigenständigkeit sind. Sie sind problematisch, weil sie, wenn sie nicht durch entgegengesetzte Affekte beruhigt werden, zu einem dauerhaften emotionalen Rückzug von denjenigen Bedingungen führen, die für die einzelnen eigentlich unverzichtbare Bestandteile autonomer Handlungsfähigkeit und somit eines freien Lebens sind.

Die zweite Art von Affekten, die Hegel kritisiert, ist der ersten scheinbar entgegengesetzt.[22] Es handelt sich hier um Dispositionen

22 Es ist schwer vorstellbar, wie jemand zugleich egozentrisch und unterwürfig sein kann. Dennoch sollen diese Affekte vom *selben* Recht hervorgerufen worden sein. Wie ist das zu verstehen? In seiner Studie über Hegels Begriff der bürgerlichen Gesellschaft verweist Sven Ellmers auf die Studien des frühen Frankfurter Instituts für Sozialforschung, um die Koexistenz von Narzissmus und Autoritätshörigkeit zu erklären. Kapitalistische Konkurrenzbedingungen nötigen demnach die Individuen einerseits zu einer verstärkten libidinösen Ich-Besetzung, die sich aber andererseits auch in Form einer Unterordnung unter das Sicherheit versprechende Kollektiv ausdrücken kann, vgl. Sven Ellmers, *Freiheit und Wirtschaft. Theorie der bürgerlichen Gesellschaft nach Hegel*, Bielefeld 2015, S. 164. Eine ähnliche Hypothese ließe sich auch in Bezug auf das Recht aufstellen: Die vom subjektiven Recht erzeugte egozentrische Handlungsorientierung kann jederzeit in eine Unterwerfung unter das Protektorat eines Mächtigen umschlagen. – Hegels Ansatz lässt außerdem soziale Differenzierungen zu. Er erklärt zum Beispiel die dominante Mentalität einer Gruppe aus der Standeszugehörigkeit. Der produzierende Stand erlebt sich in seiner alltäglichen Lebenswirklichkeit als von der Natur abhängig, während der gewerbetreibende Stand auf sich selbst verwiesen ist; der erste wird darum mehr zur Unterwürfigkeit, der zweite mehr zur Frei-

der Autoritätshörigkeit und Submissivität. So spricht Hegel etwa von »Abhängigkeit«, »Unterordnung« oder »Unterwürfigkeit«. Auch bei diesen Effekten ist unmittelbar einsichtig, warum sie zum Recht dazugehören; Staaten können ihre Gesetze nicht (nur) durch die Macht der Gewehrläufe aufrechterhalten, sondern sind auf einen freiwilligen Gesetzes*gehorsam* der Bürger*innen angewiesen. Fehlt solchem Gehorsam das gleichzeitige Bewusstsein davon, dass das befolgte Gesetz freiheitsverbürgend ist, so gilt es gar nicht dem Gesetz, sondern der Autorität. Auch die Unterwürfigkeit hat, obwohl sie oberflächlich gesehen nicht egoistisch sein muss, antisoziale Konsequenzen. Dies gilt schon deshalb, weil gelungene Anerkennungsverhältnisse nicht in Verhältnissen von Herrschaft und Knechtschaft stattfinden können; kommt die Anerkennung nicht aus Freiheit, sondern aus Angst, so scheitert sie sowohl für den Knecht als auch für den Herrn. Dies gilt nicht nur in diadischen, sondern allgemein in gesellschaftlichen Verhältnissen, die mir von den anderen Gesellschaftsmitgliedern zugesprochene Anerkennung ist für mich entwertet, wenn ich weiß, dass sie nicht aufrichtig, sondern erzwungen ist. Auch Unterwürfigkeit verhindert es darum, das politische Leben einer Gesellschaft als ein authentisches gemeinsames Projekt zu verstehen.

Von diesen beiden Affektgruppen zu unterscheiden sind schließlich diejenigen psychologischen Zustände, die Hegel mit Begriffen der Leere, der Indifferenz oder Erfahrungsarmut bezeichnet. Wer nur noch Zugang zur »Prosa des Lebens« oder zur »Innerlichkeit« hat, wer also Zustände der Gleichgültigkeit, Apathie oder Ataraxie empfindet, der hat sich ebenfalls vom mannigfaltigen Stoff der Welt und also vom sozialen Leben innerlich zurückgezogen. Lag bei Egoismus und Autoritätshörigkeit der Zusammenhang mit rechtlicher Subjektivierung unmittelbar auf der Hand, so ist der Zusammenhang mit solchen Stimmungen, die man heute wohl am ehesten als Depressionen bezeichnen würde, nicht sofort klar. Hegel ist der Meinung, dass solche zur Indifferenz gegen die Welt neigenden Subjekte eine formale Eigenschaft des Rechts zur Eigenschaft ihres eigenen Charakters gemacht haben, nämlich die Abstraktheit. Ebenso wie das Recht allgemein bleiben muss, um

heit neigen, weshalb der Hort der Freiheit auch eher die Stadt als das Land ist (GPhR, S. 357 [§ 204]).

überhaupt Recht zu sein, gelangt auch das indifferente Bewusstsein der Rechtsperson nicht über die Ebene der Abstraktheit hinaus. Es klammert sich zum Beispiel an die Wahlfreiheit, hat aber verlernt, eine qualifizierte Wahl zu treffen; oder es klammert sich an die Redefreiheit, hat aber verlernt, eine qualifizierte Meinung herauszubilden. Hegel neigt dazu, das Problem dieser Gleichgültigkeit vor allem in der sinkenden Motivation zu suchen, für das Vaterland in den Krieg zu ziehen (das Römische Reich ist, glaubt Hegel, an der durch die Dominanz des Privatrechts generierten allgemeinen Dekadenz zugrunde gegangen), aber seine Kritik abstrakter Freiheit als psychologischer Deformation lässt sich durchaus als eine Kritik sozialen Leidens reformulieren. Die Bekämpfung solcher Leiden, von denen die Depression heute nur die am weitesten verbreitete ist, müsste dann mit der Etablierung konkreter, das heißt sozialer Freiheit einhergehen, die es den Individuen wieder erlaubt, sich gesellschaftliche Praktiken wieder als eigene anzueignen.[23]

3. Ein spezifisches Argument gegen den Juridismus, das Hegel besonders prononciert in der *Phänomenologie des Geistes* entwickelt, betrifft die Qualität der durch das Recht erzeugten *Kommunikation*. Das (Privat-)Recht entlastet individuelles Handeln von einem öffentlichen Rechtfertigungsdruck, weil rechtlich alles erlaubt ist, was nicht explizit verboten ist. Das Recht schafft so einen abgeschirmten Raum der Privatautonomie, in dem die Individuen, von den Anforderungen der Gemeinschaft unbeeindruckt, ihre jeweiligen Handlungsziele verfolgen können. Diese Abschirmung erzeugt ein Prinzip der Nichteinmischung: Alle Rechtssubjekte verfolgen ihre Interessen isoliert und unkoordiniert. Für Hegel führt genau diese Privatautonomie einerseits zur individuellen Freiheit, weil ansonsten die Loslösung des Individuums vom familialen Druck nicht zu vollziehen wäre, andererseits zersetzt sie die Qualität der Gründe, die zur Bestimmung geeigneter Handlungsziele überhaupt benötigt werden. Dieser Qualitätsverlust kommt daher, dass die rechtliche Privatautonomie als Diskurshemmnis wirkt: Rechtssubjekte haben (und nutzen) die Möglichkeit, sich Rechtfertigungsfor-

23 Axel Honneth hat diese soziale Pathologie bereits in *Leiden an Unbestimmtheit* thematisiert (Axel Honneth, *Leiden an Unbestimmtheit. Eine Reaktualisierung der Hegelschen Rechtsphilosophie*, Stuttgart 2001, S. 59) und in *Das Recht der Freiheit* prägnant dargestellt (Axel Honneth, *Das Recht der Freiheit. Grundriß einer demokratischen Sittlichkeit*, Berlin 2011, S. 169 f.).

derungen auf der Basis nichtrechtlicher Argumente zu verbitten. *Gute Gründe* sind aber niemals privativ, sondern mit und gegen andere getestet, verworfen, revidiert oder bestätigt. Rechtliche Privatautonomie führt hingegen zur Zirkulation *schlechter Gründe*: Die Rechtsperson gibt als Grund immer nur das Recht selbst an – »Ich tue das, weil ich darf.« Hinzu kommt, dass die Immunisierungsfunktion der rechtlichen Privatautonomie auch zu einer Entwertung der emotionalen und materiellen Bedingungen von Kommunikation führt; sie schließt aus, dass die Gesprächspartner*innen ein genuines Interesse aneinander und ihrer geteilten Welt entwickeln können. Hegel bezeichnet diesen kommunikativen Qualitätsverlust als »Dogmatismus«. Diesem Verständnis nach generiert die Dogmatikerin all ihre Handlungsgründe aus sich selbst heraus, ohne auf externe Impulse einzugehen. Damit wird ein authentischer argumentativer Austausch ebenso verunmöglicht wie eine Orientierung an den Bedürfnissen der anderen, jedes Gespräch verkommt zum inhaltsleeren »Gezänke«. Diskursethisch reformuliert könnte man sagen, dass auf diese Weise kommunikatives durch strategisches Handeln verdrängt wird. Setzt man voraus, dass es keinen einsamen Wahrheitsbezug gibt, sondern Wahrheit immer erst Ergebnis einer diskursiven Erörterung sein kann, so bedroht der Verlust kommunikativer Qualität zugleich die Möglichkeit von Erkenntnis als solcher.

4. Schließlich kann auch die Einrichtung eines potentiell despotischen *Staatsapparates* als atomisierend verstanden werden. Hegel ist freilich alles andere als ein Staatsfeind, im Gegenteil, den Staat begreift er als die objektive Verkörperung der Freiheit. Er lehnt jedoch eine zu starke Intervention des Staates in andere sittliche Sphären, etwa die Sphäre der Familie, ab; Staaten, die das soziale Leben direkt zu programmieren versuchen, werden unweigerlich despotisch. Ein solcher despotischer Staat, der seine eigene Existenz nur noch mittels Zwang und Gewalt aufrechterhalten kann, weil er nicht mehr mit einer entgegenkommenden Gemeinwohlorientierung seitens der Bürger rechnet, ist für Hegel zunächst selbst Effekt einer sozialen Atomisierung. Wenn die Menschen keine innerlich affirmierten Gemeinsamkeiten mehr zusammenhalten, so verhindert nur noch ein externes Band das Auseinanderfallen der Gesellschaft. Sozial desintegrierte Gesellschaften sind daher grundsätzlich stärker auf die Gewaltapparate des Staates angewiesen.

Diese Dynamik beschreibt Hegel anhand des römischen Imperators und Marx anhand der Herrschaft Louis Bonapartes: In beiden Fällen führt der Mangel an Strukturen sozialer Kommunikation zur Entstehung staatlicher Unterdrückung. Der despotische Staat ist jedoch nicht nur Effekt, sondern auch selbst wiederum Ursache für Atomisierungstendenzen. Denn wenn die Einzelnen den Staat nur noch als äußere, ihrem realen Leben entgegengesetzte Gewalt erfahren, so sind sie auch in der Verfolgung ihrer politischen Interessen auf ihre schiere Individualität zurückgeworfen.[24] Weil der Staat als Instanz für Politik, verstanden als kollektive Selbstbestimmung, ausscheidet, erscheint den Individuen nur die bürgerliche Gesellschaft als Sphäre der Freiheit – und damit gerade die Sphäre ihrer Individuierung und Isolierung. Die Atomisierungseffekte von Recht und despotischem Staat bilden so zusammengenommen eine eskalative Dynamik, in denen die im Privatrecht garantiert Freiheit einen despotischen Staat nötig erscheinen lässt, dieser somit dann als Medium politischer Partizipation ausfällt, wodurch gerade das Privatrecht als Hort der nichtstaatlichen Freiheit erscheint, was wiederum die Atomisierung vorantreibt. In keiner der beiden Instanzen, weder im Privatrecht noch im despotischen Staat, ist kollektive Selbstbestimmung wirklich möglich. Hegel glaubte allerdings noch, seine eigene Idee des Staates als Instanz substantieller Freiheit von diesem Schreckbild eines despotischen Staates trennscharf unterscheiden zu können – eine Dichotomie, die schon der junge Marx in seiner Hegelkritik überzeugend dekonstruiert hat.

1.3 Was heißt Versöhnung? Hegel'sche Therapieempfehlungen

Es ist naheliegend, dass die Lösung des Problems der Trennung in einer Aufhebung der Trennung, das heißt in einer Vereinigung oder Wiedervereinigung liegen muss. Hegel fasst den Prozess der Neu-

24 Marx hat ausführlich gezeigt, dass der Atomisierungseffekt des Staates auch ganz praktisch vollzogen wurde: Schon im Gründungsmoment der bürgerlichen Gesellschaft, der Französischen Revolution, wurden alle Rechte auf Zusammenschluss – wie das Recht auf Bildung von Gewerkschaften – und alle Rechte auf politische Kommunikation – wie die Pressefreiheit – umgehend kassiert, vgl. unten Kap. 7.

tralisierung des Getrenntseins des Menschen mit dem Begriff der *Versöhnung.*[25] Das Alltagsverständnis des Begriffs gibt schon einen Hinweis auf die Struktur, die in ihm angelegt ist: Versöhnung ist erstens ein *reziproker* und zweitens ein *innerer* Prozess. Dass er reziprok ist, heißt, dass ich mich nach einer Entzweiung nur dann versöhnen kann, wenn sich bei uns beiden etwas verändert hat, andernfalls wäre es eine einfache Resignation oder Kapitulation. Wir müssen *beide* aufeinander zugehen. Dass Versöhnung immer auch ein innerer Prozess ist, heißt, dass er sowohl rationale als auch emotionale Anteile hat; Versöhnung impliziert, dass man im Kopf und im Herzen abrüstet, von einem Zorn oder einer Vorwurfshaltung ablässt, sich auf die Andere einlässt und mentale Hürden beseitigt; gleichzeitig muss die sich so öffnende Person spüren, dass auch der Versöhnungswille der anderen authentisch und ohne geheime Vorbehalte ist. Bleibt die Einigung äußerlich oder formal, so sind wir vielleicht zu einer praktikablen Vereinbarung gekommen, aber nicht zu einer Versöhnung im Hegel'schen Sinne. Wie Hegel in der *Phänomenologie des Geistes* sagt, schafft Versöhnung ein »zur Zweiheit ausgedehnte[s] Ich« (PhG, S. 494), das heißt eine Beziehung, in der ich mich wieder ganz zu Hause weiß.

Versöhnung ist für Hegel jedoch nicht nur ein Prozess, der zwischen zwei Menschen stattfindet, sondern bezeichnet ebenso die Aufhebung der Trennung des Individuums und der Gesellschaft. Gemäß seinem sozialen Freiheitsbegriff ist Hegel der Meinung, eine gute Erziehung ziele darauf ab, das Kind zum »Bürger eines wohleingerichteten Volkes« (N, S. 508) zu machen. Bürgerin eines wohleingerichteten Volkes, bzw., wie es später heißt, eines »Staats von guten Gesetzen« (GPhR, S. 303 f. [§ 153]) zu sein, hat eine subjektive (Bürgerin sein) und eine objektive (ein wohleingerichtetes Volk/ein Staat mit guten Gesetzen) Seite (zur Einheit von subjektiver und objektiver Freiheit vgl. GPhR § 144). Die Reziprozität des Versöhnungsprozesses bleibt hier also erhalten: Einerseits muss sich das einzelne Subjekt als Teil des Staats verstehen und diesen affirmieren, andererseits muss der Staat eine solche Identifikation auch objektiv zulassen, er muss, heißt das, versöhnungs*würdig* sein.[26]

25 Für eine ausführliche Rekonstruktion des Hegel'schen Begriffs der Versöhnung vgl. Michael O. Hardimon, *Hegel's Social Philosophy: The Project of Reconciliation*, Cambridge 1994.

26 Der marxistische Einwand gegen Hegel besagt, dass die schiere Existenz des Pro-

Auf der Seite des Subjekts besteht die Versöhnungsvoraussetzung in einer kognitiven, affektiven und kommunikativen Arbeit am Selbst, die Hegel als »Bildung« bezeichnet. Als Gegenteil der Trennung befreit die Versöhnung das Subjekt von allen oben genannten Defiziten rechtlicher Atomisierung: Das versöhnte Subjekt ist der Bedingtheit der eigenen Existenz gewahr (es verfällt nicht der atomistischen Ideologie), es baut gegenüber den Anderen und der Gesellschaft keine affektiven Hürden auf (es überwindet egozentrische, unterwürfige oder indifferente Dispositionen), es prüft die Qualität der eigenen Gründe in einem intersubjektiven Kommunikationsprozess (es generiert nicht die Handlungsgründe dogmatisch aus sich selbst), und es identifiziert sich mit dem und partizipiert am politischen Gemeinwesen (und lässt somit keinen despotischen Gewaltapparat entstehen). Zugleich setzt die Versöhnung aber auch Arbeit an der anderen Seite, das heißt derjenigen der Gesellschaft voraus (wobei Hegel der Meinung war, der Weltgeist habe diese jahrtausendelange Arbeit mittlerweile abgeschlossen): Nicht jede Gesellschaftsformation ermöglicht die Aufhebung der Trennung zwischen Allgemeinem und Besonderem. Ohne sich in die müßige Diskussion um Hegels Konservatismus zu verirren, kann man zumindest feststellen, dass es Hegel nicht um eine blinde Verteidigung des Status quo, sondern nur solcher Ordnungen geht, die objektiv Freiheit ermöglichen. Dass Individuen sich selbst im anderen entdecken, darf keine Sinnestäuschung, sondern muss wahr sein. Diese objektive Wahrheit sozialer Freiheit ist für Hegel verkörpert in der Sittlichkeit: »Das *Recht der Individuen* für ihre *subjektive Bestimmung zur Freiheit* hat darin, daß sie der sittlichen Wirklichkeit angehören, seine Erfüllung, indem die *Gewißheit* ihrer Freiheit in solcher Objektivität ihre *Wahrheit* hat und sie im Sittlichen *ihr eigenes* Wesen, ihre *innere* Allgemeinheit *wirklich* besitzen.« (GPhR, S. 303 [§ 153]) Welche Rolle aber das abstrakte Recht innerhalb einer versöhnten Welt, das heißt in einer sittlichen Ordnung, spielen kann, dazu gibt Hegel wiederum konfligierende Antworten.

letariats die Versöhnungswürdigkeit der kapitalistischen Ordnung widerlegt, da die Existenz des Proletariats beweise, dass die soziale Welt auf Ausbeutung beruht, das heißt der fremden Aneignung der eigenen Arbeit, mit der es prinzipiell keine Versöhnung geben kann. Marx übernimmt freilich Hegels Idee, wonach Freiheit in einem nichtentfremdeten Verhältnis zur sozialen Welt besteht, versteht aber soziale Revolution als Voraussetzung der Herstellung solcher Freiheit.

1. Es gibt Sozialbeziehungen, die schon ihrer Struktur nach auf innere Anteilnahme angewiesen sind. Es kann keine juridisch verfasste Familie, Freundschaft oder Liebesbeziehung geben, schon weil das Recht *per definitionem* ein äußeres Verhältnis ist. Das Recht kann solche Beziehungen darum auch weder konstituieren noch konservieren noch restaurieren. Geraten solche Beziehungen in eine Krise oder drohen zu zerfallen, so ist die Inanspruchnahme von Rechtsmitteln auch kein Weg zur Versöhnung, sondern Zeichen dafür, dass sich die Natur des Verhältnisses grundsätzlich und oft irreversibel verändert hat; die Beteiligten haben ihre Beziehung von einem intimen Verhältnis in ein Verhältnis gleicher Rechtssubjekte verwandelt. Wie gezeigt, ist das Recht zudem nicht nur kein Versöhnungsmedium, sondern sogar ein Versöhnungshindernis; das Einschlagen des Rechtswegs führt in eine Eskalationsdynamik, die den Wiederaufbau des verlorenen Vertrauens aus ideologischen und psychologischen Gründen erschwert. Hegel ist darum der Meinung, dass der Einfluss des Rechts *innerhalb* solcher Beziehungen insgesamt zurückgedrängt werden sollte; zu einer rechtlichen Institution werden Ehe und Familie nur vis à vis anderen Parteien der bürgerlichen Gesellschaft, denen gegenüber die Familienmitglieder jedoch nicht getrennt, sondern als eine »Einheit« auftreten (GPhR, S. 307 ff. [§ 158 ff.]). Ein hingegen falsches Verständnis der Ehe veranschaulicht Hegel gern anhand der kantischen Ehekonzeption, die sich das Verhältnis zwischen Liebenden als wechselseitiges Eigentumsverhältnis an den Genitalien des/der anderen vorstellt. Einen empirischen Fall einer solchen Verrechtlichung des Liebesverhältnisses sieht Hegel im antiken Rom, wo der Vater ein Eigentumsverhältnis an seinen Kindern hatte. Solche Vorstellungen und Praktiken sind schlechterdings falsch, sie können nur korrigiert werden, indem die Intimbeziehungen von den Diktionen des Rechts wieder ein Stück weit befreit und andere, angemessenere Sozialbeziehungen etabliert werden (eine Aufgabe, die Hegels Ansicht nach die Reformation geleistet hat).

Der junge Hegel war noch der Meinung, dass Liebe auch für größere Assoziationen und somit vielleicht sogar für Assoziationen von Assoziationen, das heißt für die Gesellschaft, einen tragfähigen Integrationsmodus bietet. Die frühchristlichen Gemeinden, deren Mitglieder sich ihre wechselseitige Verbundenheit durch die performative Praxis des gemeinsamen Abendmahls fortwährend bestätigen, bedürfen nicht des Rechts als Mittel der Konfliktschlichtung. Das Terrain der Versöhnung bleibt hier im genuinen Sinn zwischenmenschlich, sie findet statt, indem sich die Einzelnen immer wieder ihre Verbundenheit mit den anderen und mit der Natur bewusstmachen und dementsprechend innere Barrieren, die der authentischen Vereinigung entgegenstehen könnten, abzubauen versuchen. Hegel erkennt als die größte Gefahr für eine solche Vereinigung einen Kreislauf der Abstoßung, indem die subjektive Empfindung einer Feindseligkeit durch eine Andere eine zumindest emotionale Ablehnung legitimiert, was wiederum selbst eine Haltung der Feindseligkeit erzeugt – und so letztlich den Zusammenhalt der ganzen Gruppe gefährden könnte. Das Gegengift zu dieser Gefahr ist die Vergebung, eine Art einseitiger affektiver Abrüstung, die es der Vergebenden selbst jederzeit ermöglicht, die Beziehung auch zu Personen zu affirmieren, die sich feindselig verhalten. Was in einer Intimbeziehung noch bis zu einem gewissen Grad Sinn macht (eine gelungene Freundschaft besteht auch darin, dass man die Schwächen der anderen akzeptiert, ihr gegenüber eine Art habitualisierte Nachsicht entwickelt), wird übertragen auf die Gesamtgesellschaft unmittelbar das Gefühl der Überforderung provozieren; die hier empfohlene Haltung der unbedingten Nächstenliebe erfordert von der Einzelnen ein solches Maß an Tugendhaftigkeit und Charakterstärke, dass die zur Herausbildung solcher Haltungen notwendige Bildung selbst heteronom und disziplinierend erscheinen muss und also zu einer Art ethischer Gewalt gerinnen kann. Der Grund dafür liegt im unterkomplexen Gesellschaftsbild des jungen Hegel, das der Rollendifferenzierung in modernen Gesellschaften nicht Rechnung tragen kann: Nur solche sozialen Arrangements werden heute als freiheitsverbürgend wahrgenommen, die es den Einzelnen erlauben, zu einigen Menschen liebevolle oder freundschaftliche, zu anderen aber sachliche und distanzierte Beziehungen zu unterhalten. Geht diese zweite Option verloren, so entsteht eine Formation sozialer Homogenität, die keine Differenz zulässt und die somit zugleich uniformisierend und exkludierend ist. Hegel selbst hat diese Probleme später gesehen und darum seit dem *Naturrechtsaufsatz* das abstrakte Recht als berechtigte Dimension intersubjektiver Verhältnisse und als eigene gesellschaftliche Sphäre rehabilitiert.

2. Sobald man dem Recht als einem grundsätzlich dissoziativen

Faktor überhaupt eine gesellschaftliche Berechtigung zuspricht, wird die Idee der Versöhnung schwieriger zu verstehen. Weil Versöhnung ein innerer Prozess ist, kann das Recht als äußerliche Institution selbst grundsätzlich kein Medium, sondern nur ein Hindernis für Versöhnung sein. Räumt man einem solchen Versöhnungshindernis also einen legitimen Platz ein – im Haushalt einer Gesellschaft oder im Haushalt der menschlichen Subjektivität – und hält zugleich aber an Versöhnung als geschichtlichem Ziel fest, so muss man angeben, wie dieses Hindernis wieder ausgeräumt oder neutralisiert werden kann. Hegels Antwort auf dieses Problem besteht seit dem *Naturrechtsaufsatz* nicht mehr darin, einfach eine Einheit an Stelle der Trennung zu postulieren, sondern die Trennung selbst in eine übergeordnete Einheit zu integrieren.[27] Das Recht wird nicht mehr überwunden oder abgeschafft, sondern relativiert: nämlich innerhalb einer vollen menschlichen Subjektivität zu einer von mehreren *Anerkennungsdimensionen*, innerhalb eines Gesamtarrangements gesellschaftlicher Bereiche zu einer von mehreren *Sphären* und innerhalb eines entweder geschichtlichen oder biographischen Entwicklungsgangs zu einer *Stufe*. Innerhalb dieses Gesamtarrangements der Sittlichkeit wird die durch das Recht erzeugte Trennung, wie Hegel im *Naturrechtsaufsatz* schreibt, wieder »indifferentiiert, assimiliert« (N, S. 521). Anders gesagt: Sittlichkeit garantiert die Einheit von Einheit und Differenz.

Auf der Ebene des Subjekts ist mit dieser Idee der Einheit von Einheit und Differenz die Kompetenz zur Selbstreflexivität verknüpft. Ich kann mich zu mir selbst, das heißt zu meinem eigenen Willen, in Beziehung setzen. In Hegels Analyse ist das moderne Subjekt dazu in der Lage, sich innerlich aufzuspreizen: Ich kann etwas wollen und zugleich meinen eigenen Willen reflektieren, das heißt entweder wollen, es zu wollen, oder wollen, es nicht zu wol-

27 Die Architektur dieser Einheit lässt sich schon aus der Struktur der *Grundlinien der Philosophie des Rechts* ersehen: Der erste Teil behandelt das abstrakte Recht als äußere, der zweite die Moralität als innere Freiheit, der dritte die Sittlichkeit als die Vereinigung beider. Die Sittlichkeit ist selbst wiederum unterteilt, wobei die Gliederung diesmal der Gliederung eines wohlgeordneten Gesamtsystems entspricht: Der erste Abschnitt behandelt die Familie als inneres, der zweite die bürgerliche Gesellschaft inklusive der Rechtspflege als äußeres Verhältnis, der dritte den Staat als Vereinigung beider. Das Recht kommt also zweimal vor: einmal als strukturelle Freiheitsdimension, einmal als gesellschaftliche Sphäre.

len.[28] Diese innere Spaltung ist für Hegels Versöhnungskonzeption wesentlich, da sie es ermöglicht, ein nichtunterwürfiges Einssein von vielen anders als durch die Synchronität ihrer Willen zu erklären. Wenn ich in einer WG einen Putzplan vereinbare und ich an der Reihe bin zu putzen, so will ich zwar nicht putzen, aber ich will die Vereinbarung einhalten, und somit will ich auch putzen wollen – und zwar so, dass ich weder meinen Willen einfach dem Willen der anderen oder der Autorität der abstrakten Regel untergeordnet habe, noch so, dass naiv eine allgemeine Uniformität von Wünschen und Bedürfnissen vorausgesetzt werden müsste. Ähnlich funktioniert die Selbstreflexivität des Willens in Bezug auf die ganze Gesellschaft: Die Rechtssubjekte stehen sich einerseits auf der Ebene ihrer unmittelbaren Willkür antagonistisch gegenüber, andererseits wird dieser Antagonismus durch ein übergeordnetes Einverständnis mit der sittlichen Idee und der Rolle, die das abstrakte Recht in ihr spielt, wieder beruhigt und somit aufgehoben. Diese Selbstreflexivität entspricht der Spaltung des Subjekts in *bourgeois* und *citoyen*: Einerseits können Individuen in der rechtlich abgesicherten Sphäre der bürgerlichen Gesellschaft ihre jeweils egoistischen Interessen strategisch verfolgen, andererseits machen sie sich als Staatsbürger*innen immer auch das Gesamtinteresse des Gemeinwesens zu eigen. Ein gutes Beispiel sind hier die Steuern: Als einzelner Bourgeois will ich keine Steuern zahlen, als Citoyen will ich aber zugleich den Staat, also will ich auf einer höheren Ebene doch Steuern zahlen.[29] Während für Hegel in dieser subjektiven Aufspreizung Freiheit erhalten und manifest ist, sieht Marx die Aggregation der Sozialität in die abgetrennte Sphäre des Staates gerade als deren Entwirklichung und somit als Unfreiheit an.

Hegel als Diagnostiker des Juridismus zu lesen, lässt eine spezifische Variante von Rechtskritik zum Vorschein kommen, die in der philosophischen Diskussion noch zu wenig Beachtung gefunden hat. Hegel konfrontiert das positive Recht nicht mit dem Naturrecht oder der Moral, um etwa seine Ungerechtigkeit zu er-

28 Hier ist der von Harry Frankfurt vorgeschlagene Begriff der »second-order volitions« hilfreich, eines Wollens, das sich zum eigenen Wollen verhält, vgl. Harry G. Frankfurt, *The Importance of What We Care About. Philosophical Essays*, Cambridge 1988; zur Begrenztheit dieses Modell allerdings Honneth, *Leiden an Unbestimmtheit*, S. 25 f.

29 Vgl. Hardimon, *Hegel's Social Philosophy*, S. 224 f.

weisen, sondern bringt, in den Worten von Michael Theunissen, die »soziale Unterentwickeltheit der Rechtsträger«[30] ans Licht – das heißt die soziale Unterentwickeltheit *aller* Rechtsträger*innen, *insofern* sie überhaupt Rechtsträger*innen sind. Dieses Defizit demonstriert Hegel, indem er erstens die Überlegenheit eines sozialen über einen negativen Freiheitsbegriff erweist: Wenn das Selbst nicht kontingenterweise, sondern konstitutiv sozial ist, so muss auch Freiheit als Selbstbestimmung konstitutiv sozial verstanden werden. Sie zielt auf die Etablierung intersubjektiver Verhältnisse, die vom Individuum nicht als Schranke erfahren werden, weil es sich mit ihnen identifizieren kann. Solche Verhältnisse, und das ist der zweite Schritt von Hegels Argumentation, kann das Recht aber nicht nur nicht aus eigener Kraft generieren, sondern diese werden von ihm sogar strukturell behindert. Das Recht, so Hegels Analyse, fabriziert Subjekte, die ideologisch verblendet, emotional verarmt, kommunikativ ausgedörrt und politisch passiviert sind. Freiheit können Menschen folglich drittens nur erreichen, wenn sie den Zustand jener Unterentwicklung verlassen, wenn sie sich also von der Macht juridischer Subjektivierung befreien, indem sie das Recht entweder suspendieren oder kompensieren.

Wie bislang bereits *en passant* angedeutet, ergeben sich aus Hegels Argumentationsstrategie aber auch einige spezifische Probleme. Die erste Verlockung einer jeden Diagnose juridischer Pathologien stellt die einfache Ersetzung des Rechts durch die Liebe dar, wie sie Hegel im *Geist des Christentums* vertreten hat. In der europäischen Geistesgeschichte korrespondiert die Gegenüberstellung von Gesetz und Liebe oft einer Opposition von Judentum und Christentum. In der häufig antisemitischen Imprägnierung der Kritik am Gesetz zeigt sich, dass Rechtskritik auch eine Herrschaftstechnik sein kann. Diese Erkenntnis muss in der Folge auch solche Rechtskritiken verunsichern, die selbst nicht mit theologischen Begrifflichkeiten operieren. Die systematische Seite dieser Verlockung liegt nämlich darin, dass die Suspension des Rechts einen konformistischen Homogenitätsdruck erzeugen kann, der unweigerlich zu einer Paralysierung und Pazifizierung politischer Emanzipationsbestrebungen führt. Der Zusammenbruch der Dichotomie von Gesetz und Liebe, wie ihn Hegel in seinem frühen

30 Theunissen, »Die verdrängte Intersubjektivität«, S. 345.

Fragment *nolens volens* vorführt, muss aus diesem Grund eine Herausforderung auch für kommunistische oder anarchistische Rechtskritiken darstellen, die dazu neigen, das Recht ausschließlich als repressives Unterdrückungsmittel zu sehen und die die Utopie einer Gesellschaft ohne Recht oft in einer Vorstellung sozialer Harmonie fundieren.

Hegel hat diese Argumentationsstrategie selbst aufgegeben, indem er dem Recht einen legitimen Platz in der Gesellschaft einräumt, wobei die dissoziativen Effekte des Rechts im Rahmen eines Gesamtmodells der Sittlichkeit kompensiert werden sollen. Das Problem bei dieser Umstellung liegt darin, dass Hegel Juridismus damit für etwas dem Recht Äußerliches ansieht: Nicht mehr das Recht produziert die jeweiligen Pathologien, sondern eine falsche Einstellung *zum* Recht. Dadurch vermeidet Hegel zwar die Gefahr, die Liebe als universale Forderung zu postulieren, handelt sich im Gegenzug aber eine Reihe anderer Probleme ein, die sich genau anhand der unterschiedlichen Dimensionen von Hegels eigener Juridismuskritik erläutern lassen. Weil er die Defizite rechtlicher Subjektivität nur noch vor dem Hintergrund einer Idee von Vollständigkeit oder Ganzheit dechiffrieren kann, wird seine Analyse juridischer Pathologien erstens entscheidend entschärft. Die wichtigsten und wirkmächtigsten Sedimente rechtlicher Subjektivierung wie etwa die Schuld oder der Wille erscheinen bei ihm gar nicht mehr als Resultate des Rechts, sondern werden als rechtsjenseitig oder rechtsvorgängig vorausgesetzt und als natürlich ausgegeben. Zweitens verliert auch seine Therapieempfehlung für die psychologischen Verkümmerungen, die das Recht erzeugt hat, an Plausibilität; wenn nämlich die therapeutische Funktion der Sittlichkeit nur in der Herstellung eines richtigen Mischungsverhältnisses besteht, so werden einem Übel einfach noch weitere hinzugefügt. Drittens stellt das abstrakte Recht als dominante Verkehrsform der bürgerlichen Gesellschaft die ökonomische Produktion und Reproduktion den privativ generierten Gründen der kapitalistischen Privateigentümer*innen anheim und entzieht sie so der gesellschaftlichen Deliberation. Indem er die Dissoziationseffekte des abstrakten Rechts als dem Recht inhärente Struktureigenschaft sieht, ist Hegel schließlich viertens gezwungen, eine Instanz vorzusehen, die stark genug sein muss, die rechtlich erzeugte soziale Desintegration wieder aufzufangen. Diese Instanz ist der Staat, dem er einen letztinstanzlichen Zugriff auf alle gesellschaftlichen Prozesse zusprechen muss, so dass der Unterschied zum von Hegel selbst kritisierten despotischen Staat verschwimmt. Aufgrund dieser Schwierigkeiten muss sich die sozialphilosophische Kritik des Juridismus zunächst genealogisch radikalisieren, um so ausgehend von einer besseren Analyse der rechtlichen Subjektivierung politische, ethische und rechtliche Konsequenzen zu ziehen.

2. »Hassende Strenge der Pflichtgemäßheit«. Gesetzeskritik und Antisemitismus im *Geist des Christentums*

Nach diesem kursorischen Überblick über den Gesamtzusammenhang der Kritik des Juridismus bei Hegel können nun die zentralen Aspekte seines Ansatzes mit engerem Bezug auf einzelne Schriften näher erläutert werden. Einen guten Ausgangspunkt bietet dafür der in Frankfurt verfasste, zu Lebzeiten unveröffentlichte Aufsatz *Der Geist des Christentums und sein Schicksal* (1798-1800), der das Kernstück aus Hegels theologischen Jugendschriften darstellt. Der Text behandelt nämlich keinesfalls nur religionsphilosophische Fragen. Vielmehr sind zahlreiche Motive, die für Hegels System später tragend werden sollen, hier noch in pointierterer und radikalerer Form entfaltet. In der Frankfurter Zeit hat Hegel seinen Systemgedanken noch nicht in voller Form präsentieren können, da die dialektische Methode noch unentwickelt war; die ganz unambivalente Attacke gegen die philosophischen Ansätze Kants und Fichtes sowie Hegels eigene sittlichkeitstheoretische Grundintuitionen treten dadurch umso deutlicher ans Licht. Dies hat viele Kommentator*innen veranlasst, den *Geist des Christentums* für eine besonders klare und deutliche Fassung von Hegels philosophischer Frontstellung zu halten; Wilhelm Dilthey, der die Erstedition von Hegels frühen religionsphilosophischen Studien durch seinen Schüler Nohl in Auftrag gegeben hatte, behauptet gar, Hegel habe in seinem ganzen Leben »nichts Schöneres geschrieben«.[1]

Der Text ist eine der prononciertesten Abhandlungen über das Phänomen des Juridismus, die philosophiegeschichtlich überhaupt zu finden sind. Hegel amalgamiert Moral und Recht auf eine Weise, die den inneren Zusammenhang der beiden traditionell scharf voneinander abgegrenzten Begriffe deutlich werden lässt: Verzerrend wirkt sich auf die menschliche Sozialität demnach nicht einfach eine schlechte Moral oder ein ungerechtes Recht aus, sondern jede normative Ordnung, sobald und insofern sie strukturell juri-

1 Wilhelm Dilthey, *Die Jugendgeschichte Hegels und andere Abhandlungen zur Geschichte des deutschen Idealismus,* in: *Gesammelte Schriften*, Band IV, Darmstadt 1959, S. 68.

disch gedacht ist. Allerdings wird genau in diesem Vorgehen auch unmittelbar die Problematik des Ansatzes des jungen Hegel deutlich. Denn dieser formuliert seine Kritik am kantisch-fichteschen Legalismus nicht einfach als Kritik an einem konkurrierenden philosophischen Ansatz, sondern als Analyse der Pathologien einer Lebensform. Hegel sieht »die Juden« als das »Volk« an, das alle Fehler einer rechtsförmig verfassten Sozialität in sich vereinigt. Er geht dabei in seiner Analyse immer wieder über die inhaltliche Reflexion hinaus und vermischt theologisch-philosophische Argumente mit geschichtlich-religionssoziologischen Behauptungen; das faktische Schicksal der Juden, so will Hegel damit suggerieren, ist direktes Ergebnis ihrer im ganzen verfehlten ethischen Theorie und Praxis.

Es bieten sich zunächst zwei Weisen an, der antisemitischen Verklammerung von Hegels Gedankengang zu begegnen. Die erste wäre, die im Text aufgestellte Dichotomie von Judentum und Christentum für ein der Argumentation äußeres Darstellungsmittel zu halten. In dem Fall ließe sich Hegels Argumentation ohne wesentlichen Bedeutungsverlust in ein neutrales Vokabular übersetzen. Die zweite Weise wäre, Hegels gesamtes System von seiner Judenfeindschaft kompromittiert zu sehen. In dem Fall wären auch die späteren Motive, wie sie aus der frühen Gegenüberstellung von Christentum und Judentum hervorgegangen sind, zumindest implizit oder strukturell durch sie präformiert, das betrifft mindestens den Begriff der Versöhnung, aber auch insgesamt das Projekt einer philosophischen Juridismuskritik. Beide Umgangsweisen sind zu kurz gedacht: Der stark durch den schwäbischen Pietismus geprägte junge Hegel argumentiert in der Tradition Martin Luthers, dessen Gesetzeskritik von seiner Judenfeindschaft inhaltlich nicht zu trennen ist, und er verwendet Theologeme, die in der europäischen Opposition von Christentum und Judentum viel zu lange eine tragende Rolle gespielt haben, als dass sie von ihr so einfach zu reinigen wären. Gleichzeitig aber weist sein Text über diese Opposition hinaus. Denn Hegel gibt am Ende die christliche Position preis, indem er – ob gewollt oder ungewollt – das Scheitern einer durch Liebe verbundenen Gemeinschaft vorführt. Gerade in der Exposition auch dieses Scheiterns liegt die Lektion für eine zeitgenössische Kritik des Juridismus – die sich damit jedoch in ihrem Kern verändern muss. Die antisemitischen Ausfälle im *Geist des Christentums* sind darum weder zu vernachlässigende Äußerlichkeiten noch diskreditieren sie von vornherein *jede* Form der Rechtskritik. Der Text ist vielmehr das Protokoll des Fehlgehens einer bestimmten, nämlich spezifisch christlichen Ablehnung des Gesetzes. Diesem Fehlgehen (oder dieser spezifischen Verlockung) Rechnung zu tragen bedeutet nicht nur, eine andere Therapie für die Pathologien des Juridismus zu verschreiben, sondern auch bereits der Kritik eine analytisch andere Fassung zu geben (eine Aufgabe, die Hegel selbst später in Angriff genommen hat).

2.1 Leere, Formalität, Imperativität: Das Judentum als Manifestation eines kantischen Juridismus

Hegels *Geist des Christentums* kann als Variation eines von Paulus im *Brief an die Korinther* bündig aufgestellten Grundsatzes verstanden werden: »Der Buchstabe tötet, aber der Geist macht lebendig« (2. Kor 3,6). Ganz undialektisch ist der gesamte Aufsatz anhand einer binären Dichotomie figuriert, bei der auf der einen Seite die »tötende« Buchstabentreue des Judentums und der Philosophie Kants und Fichtes,[2] auf der anderen der lebendig machende Geist des Christentums und Hegels eigene Philosophie stehen.[3] Diese sy-

2 Die Behauptung einer Affinität Kants zum Judentum, die sich aus der Zentralität des Gesetzes in der kantischen Philosophie speist, ist ein weit verbreitetes Motiv. Dieses Motiv wird nicht nur in kritischer, sondern auch in affirmativer Absicht verwendet, so hat etwa Hermann Cohen nachdrücklich auf die Übereinstimmungen der Philosophie Kants und des Judentums verwiesen (vgl. Hermann Cohen, *Innere Beziehungen der Kantischen Philosophie zum Judentum*, in: *Jüdische Schriften,* Band 1, Berlin 1924, S. 284-305); für Cohen erweist gerade diese Übereinstimmung sowohl den rationalen Kern des Judentums als auch die lebensweltliche Tragfähigkeit Kants. Problematisch an dieser Analogisierung ist jedoch, dass sie übersieht, dass sich der Juridismus der kantischen Philosophie gerade nicht am jüdischen, sondern am römischen Recht orientiert. Einige der Konsequenzen dieser Verwechslung werden unten in Kapitel 13 diskutiert.

3 Der Topos der »tötenden« Buchstabentreue steht auch im Kontext einer Abwertung der Schrift, die für den okzidentalen Diskurs prägend ist, weshalb das jüdische Gesetzesverständnis von jeher »das Andere des westlich-christlichen Gesetzesverständnisses« bildet. Auf diesen Zusammenhang (mit seinen psychoanalytischen Untiefen, die u. a. bereits Freud, Lacan, Derrida und Legendre beschäftigten) kann hier nicht in der nötigen Ausführlichkeit eingegangen werden, vgl. exemplarisch den Überblicksaufsatz zum jüdischen Rechtsverständnis und dessen Aktualität von Augsberg/Ladeur (Ino Augsberg, Karl-Heinz Ladeur, »›Der

noptische Entgegensetzung liest sich wie eine einzige Ansammlung antisemitischer Klischees, die von Grausamkeit und Feindseligkeit über Wucherei und Hinterlist bis zu Rastlosigkeit und Entwurzelung reicht und in der idiosynkratischen Gleichsetzung der Juden mit Kot (GdCh, S. 381) kulminiert.[4] Der Text, der unter dem Eindruck der Lektüre von Kants nur fünf Jahre zuvor verfasster *Religionsschrift* entstanden ist, knüpft dabei an Kants eigenen Antisemitismus an, dreht dabei jedoch die inhaltlichen Zuschreibungen genau um: Während für Kant die Juden zu einer freien Achtung des moralischen Gesetzes völlig unfähig sind, da sie auf die Befolgung von Geboten mit Zuckerbrot und Peitsche trainiert sind, Jesus hingegen emblematisch für die kompromisslose Befolgung der Moralpflichten steht,[5] kritisiert Hegel die Juden gerade für ihre weltferne Loyalität zu einem abstrakten Gesetz und stilisiert Jesus

Buchstabe tödtet, aber der Geist machet lebendig‹? Zur Bedeutung des Gesetzesverständnisses der jüdischen Tradition für eine postmoderne Rechtstheorie«, in: *Rechtstheorie* 40 (2009), S. 431-471, hier S. 462) sowie für eine dekonstruktive Kritik der Hegel'schen Buchstaben-Fetischkritik Werner Hamachers intensive Lektüre der theologischen Frühschriften Hegels: Werner Hamacher, »pleroma – zu Genesis und Struktur einer dialektischen Hermeneutik bei Hegel«, in: Georg W. F. Hegel: *»Der Geist des Christentums«. Schriften 1796-1800*, Berlin, Frankfurt/M. 1978, S. 7-333.

4 Zum Antisemitismus in der deutschen Philosophie des 18. und 19. Jahrhunderts, insbesondere im protestantisch geprägten Deutschen Idealismus, vgl. die ausführliche Studie von Micha Brumlik (Micha Brumlik, *Deutscher Geist und Judenhaß. Das Verhältnis des philosophischen Idealismus zum Judentum*, München 2000, zu Hegel insbes. S. 196-249; zu Hegels Antisemitismus auch Yirmiyahu Yovel, *Dark Riddle. Hegel, Nietzsche, and the Jews*, Cambridge 1998, und Dirk Meyfeld, »Das ›jüdische Prinzip der Entgegensetzung‹. Antisemitismus und Kantkritik in Hegels Geist des Christentums«, in: Andreas Arndt u. a. (Hg.), *Hegel-Jahrbuch 2006: Das Leben denken, Erster Teil*, Berlin 2006, S. 40-45). Brumlik bemerkt zu Recht, wie erstaunlich es ist, dass die Frage des Antisemitismus weder in Georg Lukács' – 1938 verfasster – bahnbrechender Studie zum jungen Hegel noch in Herbert Marcuses im amerikanischen Exil geschriebenem Hegel-Buch *Vernunft und Revolution* eine Rolle spielt (Brumlik, *Deutscher Geist und Judenhaß*, S. 203).

5 Kant rubriziert in seiner *Religionsschrift* den »statuarischen Glauben«, den er dem Judentum unterstellt, gar nicht unter die Religionen, sondern unter den »Religionswahn«, das heißt den »Afterdienst« (vgl. Immanuel Kant, »Die Religion innerhalb der Grenzen der bloßen Vernunft«, in ders.: *Die Metaphysik der Sitten*, Frankfurt/M. 1997, S. 838 ff.). Anders als Hegel sieht er das Christentum keinesfalls als Vollendung des Judentums, sondern als »völlige Verlassung des Judentums«, als »eine gänzliche Revolution in Glaubenslehren« (ebd., S. 792) an.

zur Verkörperung der bedingungslosen Liebe und des »Lebens«.[6] Zu der irritierenden Arbitrarität der den Juden zugeschriebenen Verfehlungen kommt noch hinzu, dass so gut wie keine der von Hegel im Textverlauf vorgebrachten Interpretationen biblisch gedeckt ist; Hegel deutet biblische Episoden um, blendet entscheidende Faktoren aus, fehlübersetzt wesentliche Begriffe oder gibt das Handlungsgeschehen ganz einfach verfälscht wieder – er konstruiert sich das Judentum so, dass es die Fehler, die er eigentlich Kant und Fichte ankreidet, besonders emblematisch repräsentiert, und greift dabei auf vorherrschende Vorurteile zurück, um seinen Kritiken eine besondere Plastizität zu verleihen. Hegel ignoriert das tatsächliche Rechtsverständnis und die tatsächliche Rechtspraxis des Judentums, mit denen er ja leicht hätte Bekanntschaft machen können, vollkommen und verzerrt sie auf geradezu bizarre Weise; seine Argumentation sagt daher nichts über das Judentum, aber viel über die Grundlagen und Implikationen einer christlich verfassten Gesetzeskritik aus.

Die aus dem jüdisch-kantischen Pflichtensystem resultierenden Beschädigungen will Hegel anhand der einzelnen Stationen des »Schicksals« der Juden rekonstruieren, dessen Protagonisten vor allem die biblischen Figuren Noah, Abraham und Moses sind. Die Geschichte Noahs – in gewisser Hinsicht der Auftakt zu Geschichte überhaupt – erzählt Hegel auf eine Weise, die bereits Adornos und Horkheimers Kritik der Naturbeherrschung in der *Dialektik der Aufklärung* ähnelt.[7] Mit der Sintflut erfahren die Menschen die Natur mit einem Mal als feindlich und zerstörerisch. Auf diese Gefahr reagiert Noah mit dem Versuch, die Natur zu beherrschen, und muss sich daher zu ihr in ein gegnerisches Verhältnis setzen. Der Bund mit Gott ist ein Vertrag, in dem Gott den Menschen zusichert, die Natur in Schranken zu halten, wenn die Menschen sich dafür auch selbst beherrschen. Durch diesen Tauschhandel wird zwar die Natur bezwungen, aber zugleich auch die Entzweiung

6 Vgl. Meyfeld, »Das ›jüdische Prinzip der Entgegensetzung‹«, S. 42.

7 Christoph Jamme pointiert dies treffend: »Der Fehler der Juden ist der Fehler der Aufklärung, wie ihn Adorno und Horkheimer analysiert haben: Emanzipation von der Natur statt Versöhnung mit ihr.« (Christoph Jamme, »›Jedes Lieblose ist Gewalt‹. Der junge Hegel, Hölderlin und die Dialektik der Aufklärung«, in: ders., Helmut Schneider (Hg.), *Der Weg zum System. Materialien zum jungen Hegel*, Frankfurt/M. 1990, S. 130-170, hier S. 148.)

von ihr fortgeschrieben. Der Versuch, Naturbeherrschung durch Selbstbeherrschung zu erkaufen, macht, so Hegel, »die durch Not abgedrungenen Feindseligkeiten zur gesetzmäßigen Herrschaft« (GdCh, S. 275). In jedem folgenden Gesetz bleibt diese ursprüngliche Entgegensetzung erhalten, denn das Prinzip der Naturbeherrschung ist nur ein »Friede der Not«, der in Wirklichkeit die Feindschaft »verewigt« (GdCh, S. 276). Hegel behandelt die Sintflut als mythisches Narrativ, nicht als historisches Ereignis, aber als Narrativ veranschaulicht sie den realen Prozess der Zivilisation, der ebenso eine geschichtliche wie eine jeweils biographisch-sozialisatorische Dimension hat; durch Gesetze beherrschen die Menschen die äußere (Wetter und Klima) ebenso wie die innere Natur (Triebe und Begierden). Noah begeht bereits den Fehler, den Hegel im nur wenige Jahre später verfassten *Naturrechtsaufsatz* (1802) dann ganz explizit Kant in Rechnung stellen wird: Wenn man ein Moralgesetz apriorisch generieren will und somit davon ausgeht, dass »das Reelle unter den Namen von Sinnlichkeit, Neigungen, unterem Begehrungsvermögen usw. [...] mit der Vernunft [...] nicht übereinstimme [...] und dass die Vernunft gerade darin bestehe, aus eigener absoluter Selbsttätigkeit zu wollen und jene Sinnlichkeit einzuschränken und zu beherrschen« (N, S. 458), so fixiert man die dissoziativen, trennenden Dimensionen der (inneren und äußeren) Natur als konstitutive Wesenseigenschaften und verkennt, vernachlässigt oder unterdrückt systematisch diejenigen Dimensionen, die in ihr selbst bereits sozial resp. »sittlich« sind.

Hegel hat in seinem Werk immer wieder Sympathien für tragische Figuren wie Sokrates und Antigone gezeigt: Scheitern ist nicht unbedingt ein Zeichen für moralische Unterlegenheit, sondern kann sogar heldenhaft sein. Den Juden verweigert er allerdings das Attribut des Heroischen, ihr Schicksal ist für ihn nämlich von Anfang an nicht tragisch, weil ihre Fehltritte nicht notwendig waren; schon von Anfang an gab es Alternativen (es kann darum, schreibt Hegel, kein Mitleid, sondern nur Abscheu erwecken [GdCh, S. 297]). Für einen anderen Umgang mit der Natur, der deren Feindseligkeit nicht perpetuiert, sondern auflöst, verwendet Hegel den Begriff der Versöhnung. Dafür stehen im *Geist des Christentums* keine christlichen, sondern zwei griechische Figuren: der gerechte Deukalion und seine Frau Pyrrha, die »die Menschen wieder zur Freundschaft mit der Welt, zur Natur einluden, sie durch

Freude und Genuss der Not und Feindschaft vergessen machten, Frieden und Liebe schlossen« (GdCh, S. 276 f.). Hegel spielt hier auf die Version der Sintflut an, die in der griechischen Mythologie erzählt wird. Deukalion befragt das Orakel, wie er nach den Verwüstungen die Erde wieder bevölkern könne, und erhält den Rat, die Knochen seiner Mutter über die Schulter zu werfen. Deukalion und Pyrrha verstehen, dass mit »Mutter« die Erde selbst gemeint ist, und werfen Steine über ihre Schultern, die sich dann in Menschen verwandeln. Gegen die (jüdische) Entzweiung von der Natur in Form von Geboten setzt Hegel die (griechische) Anamnesis der Natur als Versöhnung, ein Gewahrwerden des naturhaften Moments in der menschlichen Subjektivität selbst.

Wollte Hegel anhand von Noah zeigen, dass die gesetzesförmige Herrschaft über die Menschen eine Trennung von der Natur fortschreibt, demonstriert er an der zweiten Station des jüdischen Schicksals, für die Abraham steht, die Trennung der Menschen untereinander. Bereits der allererste Akt der Autonomie des Gründungsvaters der monotheistischen Religionen ist für Hegel ein Akt der Absonderung: Der jugendliche Abraham reißt sich von den autochthonen Bindungen, in denen er zuvor gelebt hatte, auf individualistische Weise los und wird zum heimat- und wurzellosen Nomaden. Von Beginn an besteht sein Fehler darin, seine Freiheit nicht als Freiheit *zu* neuen Beziehungen zu verstehen, sondern als Freiheit *von* Beziehungen überhaupt. Hierin setzt sich fort, was schon in der ursprünglichen Trennung von der Natur angelegt war: Die Welt ist dem Individuum entgegengesetzt und kann daher nie als freundliche, sondern immer nur als fremde und daher als feindliche behandelt werden. Nichts an der Natur selbst hat Anteil an Gott, Gott ist in der Welt genauso wie Abraham ein Fremdling. Auch die familiale Liebe wird dieser Entgegensetzung zufolge auf der Seite der Natur verortet und muss also beherrscht werden. Dafür steht besonders emblematisch die Isaak-Episode, in der Gott Abraham befiehlt, seinen einzigen Sohn zu töten, eine Aufgabe, der Hegels Abraham dank seines unterwürfigen Charakters ohne weiteres nachzukommen bereit ist; es ist für Hegel ein Leichtes, diese Geschichte so zu deuten, dass sich in diesem Moment die kalte Grausamkeit einer abstrakten Loyalität zum weltfeindlichen Gebot eines Herrschergottes gegen die Lebendigkeit der intimen sozialen Beziehung durchsetzt.

Am meisten Aufmerksamkeit widmet Hegel Moses, dem Befreier der Juden aus der Sklaverei des Pharaos und dem Gesetzgeber des Volkes Israel. Mit Moses wird für Hegel die durchgehende Konvergenz von jüdischer Religionspraktik und kantischer Moralphilosophie am deutlichsten. Der Auszug der Israeliten ist zunächst von totaler Passivität geprägt, es sind allein Gottes grausame Interventionen, von den Juden mit feiger Schadenfreude goutiert, die ihnen die Flucht ermöglichen (daher verwundert es auch nicht, dass sich Moses' Volk beim Marsch durch die Wüste immer wieder nach Ägypten zurücksehnt). Die so erlangte Freiheit ist damit zugleich als solche entwertet. Denn anders als Hegels französische Zeitgenossen haben die Juden ihre Freiheit nicht erkämpft und somit auch nicht verdient, sie bleibt ihnen äußerlich und also Unfreiheit: »Eine passive Nation, die sich selbst Gesetze gäbe, wäre ein Widerspruch.« (GdCh, S. 283) Hegel verknüpft nun die Passivität in Bezug auf das Empfangen des Gesetzes mit dessen inhaltlicher »Leere«. Inwiefern aber sind die jüdischen Gesetze »leer«, obwohl sie doch einen konkreten Regelungsgehalt haben? Weil die Juden zur Legislation unfähig sind, so Hegel, heftet sich ihre knechtische Subjektivität an die Form des Gesetzes selbst. Leer ist es also nicht, weil es keinen Inhalt hätte, sondern weil das untertänige Subjekt dem Inhalt gegenüber notwendig gleichgültig ist, weil es sein Handeln nicht auf die Anforderungen oder Bedürfnisse eines konkreten Anderen, sondern in Bezug auf die Gesetzeskonformität hin ausrichtet. Hegel will dies an den theologischen Prinzipien des Judentums selbst erkennen. Das durch die Zerstörung des Goldenen Kalbs durchgesetzte Bilderverbot macht das »unendliche Subjekt« unsichtbar, dem sich die Menschen durch die Gebote überhaupt unterwerfen, »denn alles Sichtbare ist ein beschränktes« (GdCh, S. 283);[8] so be-

8 Das ist eine aus dem Kontext gerissene Paraphrase von 2. Kor 4,16-18: »Darum werden wir nicht müde; wenn auch unser äußerer Mensch aufgerieben wird, der innere wird Tag für Tag erneuert. Denn die kleine Last unserer gegenwärtigen Not schafft uns in maßlosem Übermaß ein ewiges Gewicht an Herrlichkeit, uns, die wir nicht auf das Sichtbare starren, sondern nach dem Unsichtbaren ausblicken, denn das Sichtbare ist vergänglich, das Unsichtbare ist ewig.« Paulus verwendet Unsichtbarkeit also gerade als Charakterisierung eines nicht mehr jüdischen, sondern christlichen Glaubensverständnisses. Der Hypostasierung von Innerlichkeit und somit »Unsichtbarkeit« schließt sich Hegel ja selbst auch an. An dieser Stelle ist es also nicht eigentlich die »Unsichtbarkeit«, die Hegel am Judentum kritisiert, sondern die Leere und Unbestimmtheit, die im Bilderverbot liegt. – Hegel und

findet sich im »Mittelpunkt der Anbetung« folgerichtig auch nur ein »leere[r] Raum« (GdCh, S. 284). Auch der Sabbat, der höchste und heiligste Tag der jüdischen Woche, ist von nichts anderem als dieser Leere geprägt, die sich im Verbot zu arbeiten ausdrückt. Mit der Leerheit und Formalität hängt für Hegel die Imperativität des jüdischen Gesetzesverständnisses zusammen: Ein so inhaltlich unbestimmtes Regelsystem, das keine eigene Motivationsressourcen zu seiner Befolgung anzubieten hat, kann sich an die Subjekte nur in Form von Imperativen richten, die kategorisch, also unabhängig von Situationseinschätzungen und Folgeabwägungen, gelten. Der jüdische Gott ist für Hegel darum kein Gott der Wahrheit, kein offenbarender oder weisender Gott, sondern ein befehlender; und die Haltung zum Gesetz ist keine des inneren Glaubens oder der Erkenntnis, sondern der knechtischen Unterwerfung.

Die konstitutiven Merkmale jüdischer Normativität sind für Hegel also Leere, Formalität und Imperativität. Es ist unmöglich, bei dieser scharfen Polemik gegen die vermeintliche jüdische Rechtspraxis nicht schon an Hegels spätere explizite Kritik am kategorischen Imperativ zu denken, der mittels eines formalen Universalisierungstests jeden Blick auf die Empirie und jede Folgenabwägung aus der moralischen Abwägung verbannen will und damit dem moralischen Handeln jeden profanen motivationalen Impuls raubt. Die Pointe von Hegels Ausführungen ist nun, dass diese Form von Normativität die in ihr vorausgesetzte Entzweiung mit der Natur verkennt, ideologisch als alternativlos fixiert und dadurch selbst unethische Konsequenzen hat. Diese unethischen Konsequenzen äußern sich nicht als Divergenz etwa des Rechts und der Moral, der Religion oder des Naturrechts, sondern als Defekte der (Inter-)Subjektivität der Akteur*innen selbst. Zentraler Punkt dabei ist die Unfähigkeit zur Liebe: Indem das die Gemeinschaft verbindende Band nur als externes und somit fremdes angesehen und gesetzt wird, wird die wirkliche Verflechtung meiner eigenen Freiheit mit der Freiheit der anderen, die Vereinbarung meiner Freiheit mit dem vorgängigen Faktum der Sozialität meiner Subjektivität, verunmöglicht.

seine Freunde betrachteten sich als Teile einer »unsichtbaren Kirche«, wie Hegel im Januar 1795 aus Tübingen an Schelling schrieb (zit. nach Paul Tillich, *Vorlesung über Hegel (Frankfurt 1931/32)*, in: *Gesammelte Werke / Ergänzungs- und Nachlasswerke*, Band 8, Berlin, New York 1995, S. 81).

Jay Bernstein hat argumentiert, der zentrale Fehler der jüdischen Sozialität liege für Hegel in einer Verschiebung der »ethischen Geometrie« – an die Stelle einer horizontalen tritt eine vertikale, an die Stelle einer gleichberechtigten tritt eine unterwürfige Beziehung.[9] Entscheidender noch als diese Geometrie ist aber bei Hegel die Topologie: Falsch an der kantisch-fichteschen Rationalität und der jüdischen Lebensform ist die Vertauschung von innen und außen. Das statuarische Pflichtdenken, das in der Fetischisierung des Dienstes als solchem gipfelt, setzt an die Stelle der inneren Bindung der Liebe ein äußeres Gesetz. Das ist deshalb problematisch, weil es für Hegel kein Äußeres ohne Entgegensetzung und somit ohne Heteronomie geben kann, und zwar selbst dann nicht, wenn das Äußere, wie im Moralgesetz Kants, internalisiert ist. Wenn Freiheit und Sozialität vereinbar sein sollen, muss uns etwas anderes verbinden als ein äußeres Gesetz. Wie bei Paulus, so ist auch bei Hegel die Erlösung der Menschen ein unsichtbarer Prozess: Sie findet nur auf dem Schauplatz der Herzen statt.

2.2 Liebe, Vergebung, Versöhnung: Das frühe Christentum als Manifestation der Hegel'schen Sittlichkeit

Dem »Geist des Judentums«, dessen Hauptakteure Noah, Abraham und Moses waren, opponiert in jedem einzelnen Punkt der »Geist des Christentums«, der von Jesus repräsentiert wird. Während dem Judentum die Moralphilosophien Kants und Fichtes entsprechen, steht auf der Seite des Christentums, wie der knapp 30-jährige Hegel mit gesundem Selbstbewusstsein behauptet, freilich er selbst. Für Hegel ist Jesu Wirken dem Geist des Judentums in allen Teilen diametral entgegengesetzt: Gegen das Gebot setzt er die Liebe und die Tugend, gegen die Passivität die Aktivität, gegen die Positivität der Gesetze die immanente Normativität des Lebens, gegen die Formalität und Leere die Fülle, gegen den Imperativ das Herz, gegen die Allgemeinheit die Besonderheit, gegen die Herrschaft der Despotie die Glaubensgemeinschaft der Gemeinde, gegen die Entzweiung, Absonderung und Trennung die Versöhnung. Der neuralgische

9 Vgl. Jay Bernstein, »Love and Law. Hegel's Critique of Morality«, in: *Social Research* 2 (2003), S. 393-431.

Punkt ist auch hier die Frage nach der Unterscheidung von äußerem und innerem Band: Jedes Band, das der Ganzheit des sinnlichen Daseins des Menschen extern bleibt, behält Pflichtcharakter und deformiert somit die menschliche Intersubjektivität. Die Äußerlichkeit der Verbindung muss nicht die Gestalt staatlichen Zwangs annehmen, sondern kann, um es noch einmal zu betonen, auch internalisiert sein. Um die Heteronomie des Judentums in Freiheit zu überführen, ist es daher für Hegel nicht ausreichend, sich das Gebotene subjektiv zu eigen zu machen. Eine solche mentale Aneignung des Gebotes ist in dem kantischen Begriff der *Achtung* zum Ausdruck gebracht: Meine Freiheit soll demzufolge nicht in der Umsetzung meiner Willkür, sondern in der Akzeptanz des Gesetzes liegen, das aber auch ohne mein Zutun gilt. Eine Handlung aus Pflicht, das heißt Achtung des Gesetzes, löst aber für Hegel nicht die Fremdheit des Gesetzes auf, sie bleibt der Sinnlichkeit und Besonderheit entgegengesetzt: Durch den kantischen Universalisierungstest »ist aber die Positivität nur zum Teil weggenommen« (GdCh, S. 323). Die Achtung verlegt die Entgegensetzung zwischen Vernunft und Natur, das heißt das Prinzip der Naturbeherrschung, lediglich in das Subjekt selbst, für das nunmehr alle Körperlichkeit und alle Affektivität sich als gefährlich darstellen: für »das Besondere, Triebe, Neigungen, pathologische Liebe, Sinnlichkeit, oder wie man es nennet, ist das Allgemeine notwendig und ewig ein Fremdes« (ebd.).

Hegel argumentiert in der Linie der paulinischen Gesetzeskritik in ihrer von Luther radikalisierten Variante: Zeigten sich in der religiösen Praxis des Judentums jene Äußerlichkeit und Leere und somit eine große Anfälligkeit für Heuchelei und Prahlerei, so bestehen die Praktiken des Christentums in Innerlichkeit und Fülle, wie Hegel am Fasten und am Beten zeigen will: Beides sind Praktiken, die bei einem inneren Vorbehalt der Akteur*innen gar nicht ausgeführt werden könnten, weil sie in der vollen intentionalen Anwesenheit gerade bestehen. Analog lässt sich das auch für das Beispiel der Ehe zeigen, auch dieses soziale Institut lässt sich nicht ohne die intrinsische emotive Teilnahme der Partner*innen verwirklichen, wie Hegel wohl mit Seitenblick auf Kants juridische Ehekonzeption sagt.[10]

10 Für Kant ist die Ehe eine vertragliche »Verbindung zweier Personen verschiedenen Geschlechts zum lebenswierigen wechselseitigen Besitz ihrer Geschlechtseigenschaften« (Kant, *Die Metaphysik der Sitten*, S. 390 [§ 24]) – eine Definition,

Hegels Ziel kann natürlich nicht sein, den Zwangscharakter des äußerlich-allgemeinen Bandes zugunsten einer bloßen Summe unverbundener Besonderheiten, eines Konglomerats solipsistischer Monaden aufzusprengen. Gesucht ist eine Form der Sozialität, die der inneren Besonderheit aller Rechnung trägt, aber dennoch eine Verbindung zwischen ihnen ermöglicht, ja in der die Verbindung gerade darin besteht, die innere Besonderheit der einzelnen zur Geltung zu bringen. Diese Form von Sozialität, für die Hegel später den Namen der Sittlichkeit finden wird, erkennt er im *Geist des Christentums* in der Liebe. In der Liebe ist das Wohl des anderen mit meinem Wohl intern verknüpft, ich will das Wohl der anderen um ihrer selbst willen. Durch diese innere Verflochtenheit unserer Interessen und Bedürfnisse entfällt die Notwendigkeit eines äußeren Bandes und somit auch die Grammatik der Allgemeinheit. Der Liebende interessiert sich nicht für abstrakte Gesetze, sondern nur für die Anforderungen der Singularität der je konkreten Situation. Daher, so Hegel in Anspielung auf das Markusevangelium, schert sich Jesus nicht um das Händewaschen vor dem Brotessen, sondern darum, dass niemand hungert; er machte so, schreibt Hegel, »die unbestimmte Subjektivität, den Charakter zu einer ganz anderen Sphäre, die mit der pünktlichen Befolgung objektiver Gebote gar nichts gemein habe« (GdCh, S. 321). Anders als Kant glaubte und das Alte Testament forderte, kann Liebe nicht Gegenstand allgemeiner Gesetze werden, denn die Liebe eliminiert jeden Pflichtgedanken, »weil Pflichten eine Entgegensetzung und das Gernetun keine Entgegensetzung forderten« (GdCh, S. 325). Liebe ist für Hegel ihrem Wesen nach antijuridisch, denn als Neigung kann sie nicht ge- oder verboten werden (du kannst mich nicht zwingen, dich nicht zu lieben, ich kann dich nicht zwingen, mich zurückzulieben), sie verschließt sich allen objektiven Begründungsansprüchen (ich kann dir nicht sagen, warum ich dich liebe) und sie errichtet keinen abstrakten Gleichheitsmaßstab, sondern vereinigt Heterogenes (ich liebe dich, weil du du bist). Sie kann nur aus Freiheit kommen und findet ihre Erfüllung darum auch nur in Freiheit, so dass es »ihr Triumph ist, über nichts zu herrschen und ohne feindliche Macht gegen ein anderes zu sein« (GdCh, S. 363). Auch wenn Liebe

mit der die Gegner*innen einer juridischen Überformung der Intimbeziehungen seit jeher leichtes Spiel hatten und die Hegel in der *Rechtsphilosophie* schlicht als »Schändlichkeit« (GPhR, S. 157 [§ 75]) abfertigt.

somit eine persönliche Beziehung voraussetzt – ich kann niemanden lieben, den ich nicht kenne –, sieht Hegel die Liebe wohlgemerkt nicht nur als Merkmal einer Intimbeziehung an, die auf zwei oder zumindest wenige Personen beschränkt ist, sondern durchaus als tragfähige Integrationsressource mindestens kleiner Gruppen; insofern ist sie deckungsgleich mit der Freundschaft. Eine solche Gemeinschaft von Liebenden ist die Gemeinschaft der Jünger, die durch die Praxis des gemeinsamen Abendmahls ihre Liebe zueinander nicht nur zum Ausdruck bringen, sondern auch immer wieder performativ herstellen.

Das Verhältnis von Liebe und Gesetz ist eines der Kontradiktion, aber es ist auch eines der Komplettierung. Ohne seine Quelle zu nennen, paraphrasiert Hegel mehrfach den paulinischen Grundsatz aus dem *Römerbrief*: »Wer den anderen liebt, der hat das Gesetz erfüllt« (Röm 13,8). Paulus ersetzt im *Römerbrief* die jüdische Vorstellung der Erlösung durch gerechte (äußere) Werke durch die Idee der Errettung durch den (inneren) Glauben und hat damit nach der vorherrschenden (lutherischen) Meinung das Fundament für das Christentum als eigenständige Religion gelegt.[11] Wie Paulus, der den Brief an die Römer auf Griechisch verfasst hatte, verwendet Hegel für die Operation der Erfüllung den Ausdruck πλήρωμα, Pleroma. Darin kann man eine Vorform der Hegel'schen Idee der dreifachen Bedeutung von Aufhebung sehen: Etwas zu erfüllen heißt zugleich es sowohl zu negieren als auch es zu bewahren und auf eine neue Stufe zu heben.[12] Die Liebe »erfüllt« das Gesetz

11 Die Idee, Paulus habe durch diese Inwendung der Gerechtigkeit das Judentum entgrenzt oder gar den Universalismus »begründet«, ist bis in die Linke hinein verbreitet, vgl. etwa Alain Badiou, *Paulus. Die Begründung des Universalismus*, Berlin 2002, und Slavoj Žižek, *Das fragile Absolute. Warum es sich lohnt, das christliche Erbe zu verteidigen*, Berlin 2000. Eine Minderheitenposition innerhalb der gegenwärtig zu beobachtenden Paulus-Renaissance vertritt hingegen Giorgio Agamben, der in der Tradition Jacob Taubes' die jüdisch-messianischen Gehalte der paulinischen Gesetzeskritik akzentuiert, vgl. Giorgio Agamben, *Die Zeit, die bleibt. Ein Kommentar zum Römerbrief*, Frankfurt/M. 2006.

12 Für eine interessante, wenn auch gewagte Interpretation des systematischen Stellenwerts des Pleroma beim jungen Hegel nicht als Aufhebung oder Erfüllung, sondern als explizit politische »Unterbrechung« der Herrschaft des Rechts vgl. María del Rosario Acosta López, »›The Gorgon's Head‹. Hegel on Law and Violence in the Frankfurt Fragments«, in: *The New Centennial Review* 2 (2014), S. 29-48.

ebenso, wie der christlichen Idee nach das Neue Testament das Alte »erfüllt«. Gegen die Positivität der Gesetze setzt Jesus ein Handeln, das gerecht ist, aber nicht aus Rücksicht auf Gesetze, sondern aus innerer Bindung. Dialektisch daran ist, dass die Liebe das Gesetz erfüllt, aber nur insofern es zugleich indifferent gegen es ist: Gerechtes Handeln aus innerer Bindung macht das äußere Gesetz überflüssig und dementiert es somit. Jesu Handeln demonstriert damit »nicht die Auflösung der Gesetze, sondern sie müssen durch eine Gerechtigkeit erfüllt werden, die eine andere sei, in der mehr, die vollständiger sei als die Gerechtigkeit der Pflichtlinge: eine Gerechtigkeit der Ausfüllung des Mangelhaften der Gesetze« (GdCh, S. 326).

Die pleromatische Struktur der Liebe ist also gleichermaßen gegen zwei alternative Umgangsweisen mit dem Gesetz gerichtet, einerseits gegen die rigoristische Befolgung, andererseits gegen die anarchistische Abschaffung. Das Gesetz »Du sollst nicht töten« beispielsweise wird nicht in die Richtung aufgelöst, dass seine Gültigkeit bestritten würde, noch wird seine situationsunabhängige Gültigkeit affirmiert – bestritten wird die Form dieses Grundsatzes *als Gesetz*, der Juridismus des Tötungsverbots, dem sich Jesu »höherer Genius der Versöhnlichkeit (eine Modifikation der Liebe)« (GdCh, S. 327) als überlegen erweist. Die Gerechtigkeit, »in der mehr, die vollständiger sei«, ist somit eine Gerechtigkeit, die nicht hinter die Errungenschaften des Rechts zurückfällt, sondern über sie hinausgeht, es dadurch aber auch als solches suspendiert. Hegel hat hier freilich noch keinen Begriff einer komplexen Gesellschaft entwickelt und zieht daher auch nicht die vielfältigen Funktionen in Betracht, die das Recht in der Moderne spielt. Einklagbarkeit, Vorhersehbarkeit, Durchsetzbarkeit oder die Garantie der Rechte abwesender Dritter spielen für ihn keine Rolle. Er vergleicht Liebe und Recht allein hinsichtlich ihrer Effekte: Liebe, so stellt es sich der junge Hegel vor, hat dieselben Effekte wie das Recht, aber aufgrund anderer, noblerer Motivationen.

Erreicht wird das Pleroma des Gesetzes dadurch, dass der Widerspruch zwischen dem gesetzlich Gesollten und dem individuell Gewollten aufgehoben wird, indem also anstelle des äußeren ein inneres Band tritt. Das ist aber, wie gesagt, nicht so zu verstehen, dass sich die Individuen das äußere Gesetz zu eigen machen, denn damit würde nur die Beherrschung in das Individuum selbst verlegt.

Vielmehr ist Hegels Idee so gemeint, dass in der Liebe die sozialen Kapazitäten der realen Sinnlichkeit selbst zur Geltung kommen, dass also genau denjenigen Qualitäten des Lebens Gerechtigkeit widerfährt, die in der konventionellen politischen Philosophie und Rechtstheorie unter die vorgeblich »wesentlichen« Eigenschaften subordiniert worden waren. Die Aufhebung der Trennung von den anderen ist daher nur durch Aufhebung der Trennung von der Natur möglich. Versöhnung bedeutet bei Hegel zugleich Versöhnung zwischen Subjekt und Objekt, Vernunft und Natur, als auch der Subjekte untereinander. Der Schauplatz der Vereinigung unter den Menschen kann daher nie das von der Sinnlichkeit abgetrennte Terrain der Moral oder des Rechts sein, sondern muss auf der Ebene des »Seins« und des »Lebens« selbst stattfinden.

An dieser Stelle liegt der Einwand nahe, dass die Menschen gerade im Bereich des Sinnlichen irreduzibel voneinander getrennt sind, da die menschlichen Sinneseindrücke, Wahrnehmungen und Emotionen hochindividuell sind und zumindest nicht physisch geteilt werden können. Hegel führt seinen Begriff der Sinnlichkeit hier nicht aus und verweist stattdessen darauf, dass die Entwicklung einer sozialen Affektivität deshalb aussichtsreich erscheint, weil sie für die menschliche Subjektivität ohnehin konstitutiv ist. Er übernimmt von Aristoteles die Erkenntnis, dass es der menschlichen Existenzweise als solcher eigentümlich ist, Teil eines Gemeinwesens zu sein. Gegen den Kontraktualismus, den Apriorismus (und den Utilitarismus) wendet Hegel ein, dass Menschen nicht erst noch mit Vernunftargumenten dazu gebracht werden müssen, miteinander kooperative Beziehungen einzugehen, sondern als Menschen immer schon in das Netz intersubjektiver Verhältnisse eingeflochten sind. Das Projekt Jesu bestimmt Hegel daher als Überwindung der jüdischen Zersplitterung dieses ursprünglichen organischen Zusammenhangs und der »Wiederherstellung« des »Menschen in seiner Ganzheit« (GdCh, S. 324), die nicht auf der Ebene der Positivität ansetzen kann, sondern eine »Modifikation des Lebens« selbst anstreben muss. Anstatt ein Argument bezüglich der menschlichen Sinnlichkeit zu liefern, wendet sich Hegel hier also der Theologie zu, die ihn mit einer holistischen Weltsicht versorgt. Diesem Gedanken, den er später sittlichkeitstheoretisch ausformulieren wird, unterliegt im *Geist des Christentums* noch ein spinozistischer Pantheismus: Alles auf der Welt ist von Gott beseelt, daher ist alles auf innere Weise miteinander verbunden. Der kantisch-fichtesch-jüdische Atomismus kann vor dieser Kontrastfolie als Gottvergessenheit dechiffriert werden.

Diese Idee einer dem Leben selbst immanenten Normativität ist nur vor dem Hintergrund einer solchen holistischen Konzeption einer absoluten Substanz als Einheitsgrund aller Gegensätze aufrechtzuerhalten. Ein menschliches Leben verhält sich dann zu einem anderen, wie sich ein Teil eines Organismus zu einem anderen Teil verhält, so dass tatsächlich die Schädigung eines Teils zugleich eine Schädigung aller Teile ist. Auch ohne diese substanzialistischen Prämissen kommt hingegen Hegels Verweis auf die affektiv-emotionalen Beschädigungen aus, zu denen die engagierte Gesetzestreue führen kann. Hegel nennt hier den »Zorn der Rechtschaffenheit, eine hassende Strenge der Pflichtgemäßheit« (GdCh, S. 352), deren Empörung sich nicht gegen eine konkrete Benachteiligung oder Missachtung, sondern gegen die Rechtsverletzung als solche richtet. Wer fanatisch gesetzestreu ist, untergräbt gerade die sittliche Substanz des Gemeinwesens und damit dasjenige, zu dessen Schutz das Gesetz eigentlich errichtet worden war; und wer Vergebung verweigert, etabliert Sozialverhältnisse, die auch seine eigene Erlösung ausschließen.

Der Gegenbegriff zur »hassenden Strenge der Pflichtgemäßheit« ist nämlich die Vergebung. In seiner Hypostasierung von Vergebung geht Hegel so weit, den Rechtsverzicht auch den Verbrechensopfern zu empfehlen. Er folgt hier offensichtlich Jesu Aufforderung zur Feindesliebe, wie sie in den Evangelien gepredigt wird (etwa: »Dem, der dich auf die Wange schlägt, halte auch die andere hin; und dem, der dir den Mantel wegnimmt, verweigere auch das Hemd nicht«, Luk 6,29). Aus der Unversöhnbarkeit im Recht folgt zwingend, dass jede echte Vereinigung unter Menschen, um die es im Handeln stets gehen sollte, in einer Sphäre jenseits des Rechts zu erfolgen hat. Die Verfolgung eines Rechtsanspruchs, selbst wenn dieser berechtigt ist, ratifiziert dagegen die Legitimität eines fremden Gerichts und ersetzt nur die feindliche Macht der gegnerischen Partei durch die feindliche Macht der Richterin. Weil die tribunale Objektivierung durch das Gericht, zu der jede Rechtsanrufung führen muss, nur die Unversöhntheit prolongiert, kann der kriegerische Zirkel von Angriff und Verteidigung nur durch eine Art einseitiger Friedenserklärung unterbrochen werden: »Derjenige, der das fahren lässt, dem ein anderer feindselig sich naht, das sein zu nennen aufhört, was der andere antastet, entgeht dem Schmerz über Verlust, er entgeht dem Behandeltwerden durch den anderen oder durch den Richter, er entgeht der Notwendigkeit, den anderen zu behandeln; welche Seite an ihm berührt wird, aus der zieht er sich zurück und überlässt nur eine Sache, die er im Augenblick des Angriffs zu einer fremden gemacht hat, dem anderen.« (GdCh, S. 349) Diese Haltung, die im Laufe der Geschichte immer wieder auch als Taktik gewaltfreier Widerstandspraktiken zum Einsatz kam, wird paradigmatisch von Jesus verkörpert. Die schöne Seele, die Hegel in der *Phänomenologie des Geistes* wegen ihrer Weltabgewandtheit kritisiert, erreicht für ihn im *Geist des Christentums* gerade durch den Rückzug in die Leere eine »Aufhebung des Rechts ohne Leiden« (ebd.). Wer in der Lage ist, eine solche Disposition auszubilden, so Hegel, der ist fähig, die verlorenen lebendigen Beziehungen jederzeit wieder aufzunehmen, keine dissoziativen emotionalen Hürden stehen im Weg: Vergebung erlöst auch die Vergebende selbst. Der Preis für die Ausbildung dieser Einstellung kann allerdings so hoch sein, dass er in der Opferung der gesamten profanen Seite der eigenen Existenz besteht: In einer feindseligen Welt, in der ein Individuum ständig auf Rechtsansprüche verzichtet, ohne dass diese Askese durch Versöhnung gratifiziert wird, ist sie letztlich unlebbar.

2.3 Entsetzlich liebevoll: Das Scheitern der christlichen Juridismuskritik

Im Gegensatz zum Schicksal des Judentums ist das Schicksal des Christentums für Hegel durchaus tragisch, denn Jesu Handeln repräsentiert den »notwendigen Fehltritt eines schönen Wesens« (GdCh, S. 297). *Notwendig* ist Jesu Schicksal aufgrund der absoluten Verkommenheit der Juden: Weil sich seine Umgebung als unbekehrbar erweist, bleibt ihm keine andere Wahl, als sich gänzlich außerhalb seines Volkes zu stellen. Er entsagt dem politischen Gemeinwesen und verhält sich gegenüber dessen Gesetzen bestenfalls indifferent, er wird nie, wie Hegel es in der *Rechtsphilosophie* fordert, »Bürger eines guten Staates« (GPhR, S. 304 [§ 153], vgl. auch schon N, S. 508). Die letzte Konsequenz dieser Weltabgewandtheit ist die Retraktion in den Himmel, durch die aber die Welt wiederum leer ausgeht (vgl. GdCh, S. 402).[13] Jesu Wirken ist daher notwendig, aber es bleibt defizitär: Der *Fehltritt* liegt in der Isolation. Dasselbe Problem ergibt sich für die Jünger, die die frohe Botschaft verbreiten wollen, zugleich aber auf die Intensität persönlicher Nahbeziehungen angewiesen bleiben. Eine Gemeinschaft, die durch Liebe verbunden ist und deren Liebe durch sakramentelle Praktiken Bestätigung finden muss, ist begrenzt. Liebe spaltet: in die Liebenden und den Rest. Der Versuch aber, eine solche Liebe zu entschränken, ist selbstwidersprüchlich und muss letztlich zur Erosion oder zur Korruption der ursprünglichen Idee führen. Dies attestiert Hegel der Idee der »allgemeinen Menschenliebe«, welche die Liebe selbst in eine Forderung an die Einzelnen verwandelt. Einen solchen Verfall diagnostiziert er der christlichen Kirche, welche die Liebe als »Ideal« und somit als Positivität zu proklamieren beginnt. Die Haltung der Christen zur Liebe nimmt so einen ähnlichen Charakter an wie die der Juden zum Gesetz: Liebe erhält ein Moment der »Fremdheit« und wird somit heteronom. Von diesem Zeitpunkt an wird das Christentum zu einer »Religion«, und sein Schicksal beginnt mit dem Schicksal der Welt bewusstlos zu verschmelzen. Liebe, sagt Hegel also, kann in einer feindlichen Umgebung nur zwischen zwei Übeln wählen: entweder herrschaftlich oder isoliert zu sein.

Diese letzte Erkenntnis – dass Liebe entweder den Charakter einer Positivität oder einer Absonderung haben kann – ist für Hegels Konzeption von viel größerer Brisanz, als er sich eingestehen will. Denn sie impliziert, dass auch das Christentum von ebenden Eigenschaften gekennzeichnet ist, die eigentlich den unterlegenen Status des Judentums rechtfertigen sollten. Hegel sieht im Positivwerden der Liebe eine Verfallserscheinung, die aus der Ausbreitung des Christentums resultiert. Aus der Perspektive der Juden, welche ja, wie Hegel selbst schreibt, gegen die Liebe auf ihren ei-

13 Hier zeigt sich die deutlichste Parallele von *Der Geist des Christentums* zu Hölderlins *Empedokles*, vgl. zu diesem Zusammenhang ausführlich Christoph Jamme, »Liebe, Schicksal und Tragik. Hegels ›Geist des Christentums‹ und Hölderlins ›Empedokles‹«, in: Christoph Jamme, Otto Pöggeler (Hg.), *»Frankfurt aber ist der Nabel dieser Erde«. Das Schicksal einer Generation der Goethezeit*, Stuttgart 1983, S. 300-324; zu Hegel und Hölderlin vgl. auch Dieter Henrich, »Hegel und Hölderlin«, in ders., *Hegel im Kontext*, Frankfurt/M. 2010, S. 9-40.

genen normativen Orientierungen insistieren, zeigt sich der potentiell herrschaftsförmige Charakter der Liebe schon in einem viel früheren Stadium. In Hegels Entgegensetzung von Judentum und Christentum offenbart sich der potentielle Zwangscharakter der Liebe in Form der Konversion. Die Juden, schreibt Hegel, sind zur Versöhnung unfähig, weil sie nicht nur einzelne Individuen oder andere Völker, sondern das Göttliche selbst lästern. Das Schicksal des jüdischen Volkes bis auf den »schäbigen, niederträchtigen, lausigen Zustand, in dem es sich noch heutigentags befindet« (GdCh, S. 292), ist darum nur die gerechte Folge dieser selbstverschuldeten Unfähigkeit, die Frohe Botschaft der Liebe zu vernehmen. Schon Kant hatte im *Streit der Fakultäten* die Meinung vertreten, dass als einziges Mittel nur die »allgemeine Judenbekehrung« dieses Volk befähigen könnte, der Rechte eines bürgerlichen Zustandes würdig zu sein, ein Vorgang, für den er den Ausdruck der »Euthanasie des Judentums«[14] verwendet. Bei Hegel beinhaltet die Aufforderung zur Konversion eine ganz manifeste Gewaltandrohung: Die Juden, schreibt er, werden so lange vom Schicksal »misshandelt werden, bis sie es durch den Geist der Schönheit aussöhnen und so durch Versöhnung aufheben« (GdCh, S. 292). »Versöhnung« ist hier kein Prozess, der ein reziprokes Verständnis, Aufeinanderzugehen oder Schuldeingeständnis implizieren würde, sie ist nicht, wie Hegel später in der *Phänomenologie des Geistes* definiert, »das versöhnende *Ja*, worin beide Ich von ihrem entgegengesetzten *Dasein* ablassen« (PhG, S. 494): Von den Juden verlangt er eine einseitige und bedingungslose (theologische und politische) Kapitulation. Die Taufe als »Vollendung des Glaubens« (GdCh, S. 389) ist nicht nur die Voraussetzung für die Erlösung der Juden aus ihrem schmachvollen Schicksal, sondern auch dafür, dass sie überhaupt einen legitimen Platz in der natürlichen Ordnung beanspruchen dürfen.[15] Liebe wird zu einem Imperativ, dessen Nichtbefolgung in eine Eliminationsdrohung resultiert.

14 Immanuel Kant, *Der Streit der Fakultäten*, in: *Werkausgabe*, Band XI, Frankfurt/M. 1977, S. 321 (A81).

15 Nicht anders ist der Satz zu interpretieren, das Schicksal des jüdischen Volkes sei »das Schicksal Macbeths, der aus der Natur selbst trat, sich an fremde Wesen hing und so in ihrem Dienste alles Heilige der menschlichen Natur zertreten und ermorden, von seinen Göttern [...] endlich verlassen und an seinem Glauben selbst zerschmettert werden musste« (GdCh, S. 297).

Indem der junge Hegel die Juden als einen Sonderfall der Völker konstruiert, löst er ein systematisches Problem seiner Theorie auf rassistische Weise. Systematisch betrachtet verkörpern die Juden nämlich einfach den Fall der versagten Einsicht oder der verweigerten Gegenliebe: Wenn dieses Volk verschwindet, so verschwindet für Hegel auch die doppelte Gefahr der Absonderung und der Positivität der Liebe. Wenn aber Liebe eine Forderung ist, die nicht einklagbar ist, sondern aus Freiheit kommen muss, so stellt die Verweigerung der Gegenliebe prinzipiell eine Möglichkeitsbedingung der Liebe dar. Über eine solche Verweigerung wäre aber, wie Adorno festhält, nicht »beteuernd hinwegzugleiten«[16] – denn sie zeigt, dass sich die Angesprochene in der angebotenen Liebe nicht erkennt und dass also die Versöhnung, die Hegel voraussetzt, »nicht stattfand«. Unter solchen Bedingungen wird Versöhnung zur Ideologie, denn sie deartikuliert oder subordiniert die fortgesetzte Widerspenstigkeit derjenigen, die nicht eigentlich zurückliebt. Die Aufforderung zur Liebe kann eine beschwichtigende, beschlagnahmende, erdrückende, einengende oder verdinglichende Wirkung entfalten. Liebe, heißt das, kann äußerlich, fremd, formal und imperativisch sein, kann also genau die Eigenschaften annehmen, die Hegel am Recht kritisiert hatte. Insofern läuft jede Liebe Gefahr, zu einem Prozess beizutragen, für den Adorno in einem ganz anderen Kontext den passenden Ausdruck »erpresste Versöhnung« gefunden hat.

16 Theodor W. Adorno, *Negative Dialektik*, in: *Gesammelte Schriften*, Band 6, Frankfurt/M. 1997, S. 304. An dieser Stelle spricht Adorno nicht über die Liebe, sondern über das Recht. Allerdings ist die Gefahr, über verweigerte Zustimmung »beteuernd hinwegzugleiten«, ein allgemeines Problem für *alle* Versuche, das Besondere und das Allgemeine zu versöhnen. Für denselben Punkt in Bezug auf das Recht vgl. unten Kapitel 13.5.

3. Erpresste Versöhnung (Kritik der Juridismuskritik)

»[D]er Antisemitismus und der Anarchismus«, schreibt Sarah Kofman in ihrem Essay *Die Verachtung der Juden*, »[gehen] nicht nur aus demselben Boden hervor, demjenigen des Ressentiments, sondern sie schließen einander notwendig ein.«[1] Diese Behauptung von der notwendigen gegenseigen Implikation von Anarchismus und Antisemitismus kann Kofman aufstellen, weil sie als Hauptcharakteristikum des Anarchismus einen »Hass auf das Gesetz« identifiziert. Sie kann darauf verweisen, dass in der langen Geschichte des europäischen und insbesondere des christlichen Antijudaismus dem Judentum immer wieder die Rolle einer nur dem Buchstaben verhafteten Gesetzesreligion zugeschrieben wurde.[2] Die Figur des fanatisch gesetzestreuen Juden findet sich nicht nur in den theologischen, sondern in erstaunlicher Regelmäßigkeit auch in allen möglichen philosophischen, politischen oder literarischen Dokumenten.

Kofmans Pauschaldiagnose verweist darauf, dass die Argumentationsstrategie des jungen Hegel im philosophischen Diskurs Europas keine Ausnahme darstellt. Sie ist innerhalb einer christlichen, postpaulinischen Tradition verortet, für welche die Befolgung des Gesetzes als Rechtfertigungskriterium für menschliches Handeln grundsätzlich unzureichend ist. Schon Paulus – der zumindest der hegemonialen Interpretation zufolge mit seinen Briefen jene Tra-

1 Sarah Kofman, *Die Verachtung der Juden. Nietzsche, die Juden, der Antisemitismus*, Berlin 2002, S. 26. Kofman kommentiert hier eine Formulierung aus Nietzsches *Genealogie der Moral*, wo es heißt, die Pflanze des Ressentiments blühe »jetzt am schönsten unter Anarchisten und Antisemiten« (GM, S. 309 [II.11]).

2 Für eine Antisemitismus-sensible Kritik der Rechtskritik vgl. die Beiträge von Ino Augsberg (Ino Augsberg, »Shylocks Anspruch. Zur Kritik der Rechtskritik«, in: Jochen Bung u. a. (Hg.), *Normativität und Rechtskritik*, Stuttgart 2007, S. 257-267) und Katrin Trüstedt (Katrin Trüstedt, »Der Buchstabe und das Leben des Gesetzes in Shakespeares Kaufmann von Venedig«, in: Ino Augsberg, Karl-Heinz Ladeur (Hg.), *Talmudische Tradition und moderne Rechtstheorie*, Tübingen 2013 S. 59-82); für einen allgemeinen Überblick der Geschichte des abendländischen Antinomismus vgl. die Beiträge in Gesine Palmer u. a. (Hg.), *Torah – Nomos – Ius. Abendländischer Antinomismus und der Traum vom herrschaftsfreien Raum*, Berlin 1999.

dition der christlichen Gesetzeskritik begründet hat – schrieb die jüdische Insistenz auf der Relevanz des Gesetzes einer emotionalen Störung zu: Die Herzen derjenigen Juden, die ihre Ohren dem Evangelium verschließen, seien »verhärtet« oder »verstockt« (Röm 11.7). Bereits der Gnostiker Marcion zieht aus dem universalistischen Anspruch des Christentums die Konsequenz einer radikalen Abwertung jüdischer Differenz und formuliert die paradigmatische Verbindung von Antinomismus und Antijudaismus, die dann über ein Jahrtausend später vor allem bei Luther wieder prominent zum Vorschein kommt. Wenn schließlich etwa Alain Badiou das Gesetz mit dem Tod gleichsetzt, weil es die Subjektivierung der »Gnadenbotschaft« als Glaube nicht zulasse,[3] so zeigt sich daran, dass noch in der gegenwärtig zu beobachtenden »Paulus-Renaissance« bei Autor*innen der politischen Linken die paulinische Gesetzeskritik zwar säkularisiert wurde, der von Kofman attestierte »Hass auf das Gesetz« aber intakt bleibt.

Antisemitismus ist nicht nur ein »Beispiel« (unter anderen) für die ideologische Potenz der Liebe, sondern der *locus classicus*, an dem dieses strukturelle Problem sich exponiert. Wie Kofman gezeigt hat, besitzt der Konflikt der »Glaubensreligion« Christentum mit der »Gesetzesreligion« Judentum eine nicht nur exemplarische, sondern paradigmatische Bedeutung für das europäische Imaginäre. Allein die bis heute anhaltende Dominanz »christlicher« Motive in der Gesetzeskritik spricht somit dafür, dass Hegels Antisemitismus kein »Unfall« ist. Kofmans Beobachtung einer regelmäßigen Allianz von Antinomismus und Antisemitismus muss vielmehr jede Diagnose von »Pathologien« des Juridismus beunruhigen (zumal der Begriff der Pathologie, der aus dem Bereich des Medizinischen stammt, schon von sich aus die Gefahr einer Biologisierung mit sich führt).

Systematisch formuliert kann man diese Beobachtung als einen Hinweis darauf verstehen, dass Juridismuskritik eine Herrschaftstechnik sein kann. Es wäre aber zu einfach, diese Gefahr ausschließlich den Varianten »rechter« Juridismuskritik zu attestieren, wie sie etwa Carl Schmitt repräsentiert, der am Recht vor allem die Fesselung und Einhegung souveräner Herrschaft moniert. Dies ist nämlich überhaupt nicht die Sorge des Frankfurter Hegel; ihm ist

3 Badiou, *Paulus*, S. 95.

es mit der Idee von durch innere Zuneigung verbundenen Gemeinden eher um einen Modus sozialer Integration zu tun, der eben nicht auf staatlichen Zwang zurückgreifen muss. Kofmans These bezieht sich denn auch ausdrücklich auf den Anarchismus, das heißt auf eine dem Selbstverständnis nach gerade linke und fortschrittliche politische Bewegung. Auch die Orientierung an einem harmonischen Gemeinschaftsideal und das Streben nach differenzloser sozialer Versöhnung, so lautet dann die Lektion, die aus der verunglückten Vision des jungen Hegel zu ziehen ist, bleibt von der Gefahr der Exklusion und des Konformismus heimgesucht. Solche Utopien können in Gestalt eines sozialen Anpassungsdrucks, der in die emotional-mentale Einwilligung in präetablierte Werte resultieren soll, ein veritables Gewaltmoment beinhalten. Juridismuskritik ist in einem solchen Kontext nicht Kritik an, sondern Teil von Herrschaft. Für die kritische Theorie heißt das, dass sie zur Kritik der Juridismuskritik, dass sie zur Selbstkritik werden muss.

3.1 »Then must the Jew be merciful«. Christliche Juridismuskritik in Shakespeares *Der Kaufmann von Venedig*

Auf besonders prägnante Weise kommt die Problematik der christlichen Kritik eines jüdischen Juridismus in William Shakespeares *Der Kaufmann von Venedig* (1600) zur Darstellung.[4] Die Komödie erzählt den Konflikt zwischen Antonio, einem venezianischen Kaufmann, und dem jüdischen Geldverleiher Shylock, der von den Christen Venedigs gehasst wird und regelmäßig Spott und Anfeindungen ausgesetzt ist. Um seinem Freund Bassanio eine Hochzeit zu ermöglichen, leiht sich Antonio von Shylock Geld, das er beim baldigen Eintreffen seiner Handelsschiffe in Venedig problemlos zurückzahlen zu können glaubt. Shylock verzichtet auf Zinsen,

4 Ino Augsberg hat den *Kaufmann von Venedig* hellsichtig in den Kontext einer Kritik der Rechtskritik gestellt und auch bereits den Zusammenhang mit der paulinischen Opposition von Gesetz und Liebe rekonstruiert, um die »Gewalttätigkeit beider Vorgehensweisen« (Augsberg, »Shylocks Anspruch«, S. 266) zu erweisen. Am meisten verdanken die folgenden Überlegungen aber der brillanten Lektüre von Katrin Trüstedt, »Der Buchstabe und das Leben«.

nimmt sich stattdessen aber das Recht aus, dass er, sollte Antonio die Summe nicht zurückzahlen können, »ein Pfund Fleisch« aus dessen Körper herausschneiden dürfe. Die erwarteten Schiffe aber sind auf See verschollen, Antonio kann nicht zahlen und Shylock besteht auf der Erfüllung seines Anspruchs. Den Höhepunkt des Stückes stellt die Gerichtsverhandlung am Hof des Dogen von Venedig im vierten Akt dar. Portia, die neuvermählte Frau Bassanios, verkleidet sich als Rechtsgelehrter und will Shylock dazu bringen, auf sein Recht am Fleische Antonios zu verzichten; sie appelliert an seine »Gnade« und bietet sogar an, das Doppelte der geschuldeten Summe zu bezahlen. Shylock aber schlägt alle Angebote aus und besteht auf der ursprünglichen Vereinbarung. Schließlich gelingt es Portia, Shylock mittels einer Spitzfindigkeit zu besiegen: Er habe, argumentiert sie, zwar das Recht auf das Fleisch aus Antonios Körper, aber auf keinen Tropfen Blut. Mittels dieses Winkelzugs hat Portia nicht nur Shylocks Ansprüche abgewehrt und Antonio von seinen Schulden befreit, sondern noch mehr: Da Shylock als überführt gilt, es als Jude und somit als »Fremder« auf Christenblut abgesehen zu haben, wird nunmehr sein Vermögen konfisziert (wovon gesetzesgemäß die eine Hälfte an den Staat und die andere Hälfte an Antonio fallen soll) und sein Leben der Entscheidung des Dogen anheimgestellt. Dieser zeigt sich selbst großzügig, indem er nur die Hälfte des Vermögens konfisziert und Shylock am Leben lässt, aber nur unter der Bedingung, dass er zum Christentum konvertiert, worin der nunmehr völlig gebrochene Shylock einwilligt.

Es ist leicht zu sehen, dass sich Shakespeare mit der Figur des Shylock selbst antisemitischer Stereotype bedient. Dies ist hinreichend anhand der Darstellung des Juden als wucherndem Geldverleiher gezeigt worden; der Begriff »Shylock« selbst ist ja in der Folge zur allgemein gebräuchlichen Allegorie des gierigen Kapitalisten geworden, der sich auf Kosten ehrlicher Arbeiter*innen bereichert und auf (Mit-)Menschlichkeit keinerlei Wert legt.[5] Die

5 Selbst Marx verwendet Shylock als Negativbild, allerdings meistens nicht, wie man denken könnte, als Metapher für das Finanzkapital, sondern wie im Rahmen seiner Reportage über die *Debatten über das Holzdiebstahlsgesetz* für die Ungerechtigkeit eines staatlich durchgesetzten *ius strictum* (vgl. MEW 1, S. 141). Dies zeigt, dass die hegemoniale Konstruktion des Juden als gemeinschaftszersetzend nicht nur eine ökonomische (»raffendes Kapital«), sondern vor allem auch eine rechtliche (»hassende Strenge der Pflichtgemäßheit«) Dimension hat.

Frage des Antisemitismus hat in dem Stück aber nicht nur eine ökonomietheoretische, sondern auch eine rechtstheoretische Dimension, denn hier stehen sich paradigmatisch jene zwei Positionen gegenüber, die der postpaulinische europäische Diskurs in Judentum und Christentum verkörpert sieht: Gesetz gegen Liebe bzw. Juridismus gegen Juridismuskritik. Das Stück zeigt Shylock als Figur, die sich durch ihre Versteifung auf ihr Recht außerhalb der sittlichen Gemeinschaft stellt; es führt zugleich aber auch vor, dass dessen christliche Antipoden, die ihre Normativität aus dem Register der Liebe, Gnade und der Vergebung schöpfen, zwar das Recht, aber nicht die Gewalt unterbrechen. Portia, Antonio und die ganze venezianische Christenheit zeigen sich im Vollzug ihrer Ideale mindestens ebenso brutal wie Shylock selbst.[6]

Der Skandal, den Shylock repräsentiert, besteht in seiner Insistenz auf Differenz. Aus Perspektive der christlichen Mehrheitsgesellschaft erscheint sein Bestehen auf Antonios Fleisch »irrational«, seine Motive sind weder nach wirtschaftlichen noch nach persönlichen Kriterien nachvollziehbar. Die Frage des Dogen, warum er denn Antonios Fleisch, von dem er persönlich doch gar nichts habe, einem handfesten materiellen Gewinn vorzieht, beantwortet Shylock auf zweierlei Weise: Erstens nennt er seine Haltung eine Marotte (»humour«, IV.1.42), für die es eben genauso wenig eine Erklärung gebe wie für andere alltägliche Idiosynkrasien wie die Abneigung gegen Katzen oder das Spielen des Dudelsacks. Zweitens verweist Shylock aber auch immer wieder darauf, dass er auch gar nicht verpflichtet ist, einen Grund zu nennen: Das Recht will vom Gläubiger nicht wissen, was er mit dem ihm geschuldeten Gut anzustellen gedenkt; Shylock besteht hier einfach darauf, vor Gesetz genauso behandelt zu werden wie alle anderen auch. Die juristische Begründung autorisiert die psychologische: Die Institu-

6 Shylocks Insistieren darauf, dass in Venedig Recht gelten müsse (»If you deny me, fie upon your law/There is no force in the decrees of Venice«), ist nicht aus einer Perspektive der Stärke gesprochen, sondern der Schwäche; Shylock klammert sich an das Recht, weil alle anderen Gemeinschaftsbezüge ihm ohnehin verwehrt bleiben, wie die Schikanen und Demütigungen zeigen, die er durch die Christen erfahren hat. Das Recht ist ihm der Anker in einer Situation, in der sein Status als Mensch selbst auf dem Spiel steht (dies zeigt allein seine berühmte »Hath not a Jew eyes?«-Rede). Auf der anderen Seite machen Portia & Co, wie Ino Augsberg gezeigt hat, ihre hegemonialen Ansprüche in Form einer »Kritik« geltend (Augsberg, »Shylocks Anspruch«, S. 266).

tion des Privateigentums stellt den Gebrauch und Missbrauch einer Sache der souveränen Willkür und somit auch den Launen des Eigentümers anheim. (Den Einwand, dass das Fleisch eines anderen Menschen nicht eigentumsfähig sein könne und der Vertrag somit ohnehin sittenwidrig gewesen sei, hat Shylock stringent mit dem Verweis auf die in Venedig legale Praxis der Sklaverei widerlegt, vgl. IV.1.90). Die Handlungsmotivationen der Rechtssubjekte können opak bleiben.

Diese Opazität, die struktureller Teil des Rechts selbst ist, wird von den Christen naturalisiert. Man solle nicht vergessen, so Antonio zum Dogen, dass man es hier mit einem Juden zu tun habe: An ihn zu appellieren bringe genauso wenig, wie die Flut aufzufordern, ihre normale Höhe zu verringern, oder die Bäume zu bitten, ihre Wipfel nicht vom Wind wiegen zu lassen: »You may as well do anything most hard, / As seek to soften that – than which what's harder? / His Jewish heart.« (IV.1.78-80) Auch der Doge sucht die Ursache für den Konflikt im Herzen des Juden, auch wenn er zunächst noch optimistisch ist, ihn umstimmen zu können: Berührt von »human gentleness and love« (IV.1.25) sollten sich selbst »brassy bosoms and rough hearts of flint« (IV.1.31) zu »tender courtesy« (IV.1.33) entschließen. Das Motiv des verhärteten, versteinerten oder spröden Herzens, auf das das Wortspiel mit »heart« und »hard« verweist, geht bereits auf Paulus' *Brief an die Römer* zurück. Paulus verwendet es, um die Juden zu charakterisieren, die Jesus nicht als den Messias anerkennen wollen. Nur ein Teil der Juden werde von Gott erlöst, die anderen habe er »verstockt« (Röm 11.7). Der Ausdruck, den Luther und die meisten anderen Bibel-Übersetzer mit »Verstockung« übersetzen, heißt im Griechischen ἐπωρώθησαν (epôrôthêsan), was im Englischen für gewöhnlich mit »hardened«, verhärtet, wiedergegeben wird. Die entscheidende Konnotation des griechischen Ausdrucks ist, dass durch eine solche Verhärtung ein Fließen oder eine Durchlässigkeit verhindert wird; epôrôthêsan bezeichnet eine Resilienz gegen Ein-Flüsse.[7] Jemand, dessen Herz in diesem Sinne verstockt wurde, ist nicht einfach dickköpfig oder stur, sondern seiner Umwelt und seinen Mitmenschen gegenüber abgedichtet; er unterbricht die intersubjektive Zirkulation von Gründen und Affekten. Eine solche Weigerung, die frohe

7 Diese Übersetzung verdanke ich Thomas Telios.

Botschaft des Christentums anzunehmen, kann schon bei Paulus und stärker noch in der protestantisch geprägten Paulus-Rezeption, von der sowohl Hegel als auch Shakespeare beeinflusst waren, nur durch einen emotional-kognitiven Defekt erklärt werden.[8]

Daniel Boyarin hat luzide die Herausforderung rekonstruiert, die das Problem der fortgesetzten Insistenz auf Differenz für den christlichen Universalismus darstellt. Für das Christentum, das sich rühmt, die Mitgliedschaft in der *ecclesia* von der Beschränkung auf das »Auserwählte Volk« befreit zu haben, indem es sie an den inneren Glauben statt an äußere Werke bindet, ist eine rechtliche Form sozialer Integration als bloß äußere schlechterdings defizitär. Die »Gesetzesreligion« des Judentums wird für die Christen demnach der Repräsentant von Differenz als solcher. Gerade für ein *aufrichtiges* Vereinigungsprojekt, das sich wirklich um die innere und äußere Verbindung der Menschen bemüht, ist die andauernde Renitenz eines Teils der Menschheit nicht intelligibel. Die Liebe entzieht individuellen Launen ihre Gültigkeit; vor ihrem Urteil wird das private Handeln der Einzelnen wieder rechenschaftspflichtig. Wenn dieser Universalismus dann beansprucht, die gesamte Menschheit zu umfassen, kann eine fortgesetzte Widerspenstigkeit nur als nichtmenschlich angesehen werden,[9] wobei die Juden durch die Geschichte hindurch und kulminierend in der Shoah diesen Ausschluss aus dem Menschlichen immer wieder haben erfahren müssen. Im Stück selbst vollzieht sich die Entmenschlichung an der Darstellung Shylocks, der tierische und diabolische Züge trägt.

Wie der junge Hegel, so lösen auch Shakespeares Christen hier ein prinzipielles Problem auf rassistische Weise. Prinzipiell ist das Problem, weil jedes Integrationsprojekt, das die freiwillige emotionale Anteilnahme seiner Mitglieder zur Bedingung hat, sich der Möglichkeit der Insistenz auf Differenz stellen muss; mehr noch:

8 Die Figur des Shylock mit seinem harten Herzen hat auch im Marxismus eine entsprechende Karriere gemacht. In *Staat und Revolution* erklärt es Lenin zur Voraussetzung dafür, dass der kommunistische Staat auf allgemeinen Arbeitszwang verzichten könne, dass niemand mehr mit der »Hartherzigkeit eines Shylock bedacht [ist], nur ja nicht eine halbe Stunde länger zu arbeiten als der andere« (Wladimir I. Lenin, *Staat und Revolution. Die Lehre des Marxismus vom Staat und die Aufgaben des Proletariats in der Revolution*, Werke, Bd. 25, Berlin 1960, S. 483).

9 Vgl. Daniel Boyarin, *A Radical Jew. Paul and the Politics of Identity*, Berkely 1994, S. 204.

Erst die Möglichkeit fortgesetzter Dissidenz stellt die Garantie dafür dar, dass die Anteilnahme freiwillig und somit lebendig bleibt. »Then must the Jew be merciful« (IV.1.178), dekretiert Portia, aber als sie von Shylock nach einer Begründung dieses Anspruchs gefragt wird (»On what compulsion must I? tell me that« IV.1.179), gibt sie zu, dass Gnade eine Gabe ist und nur freiwillig geschenkt werden kann: »The quality of mercy is not strained./ It droppeth as the gentle rain from heaven.« (IV.1.180-181) Die Verallgemeinerung der Amnestie würde nicht nur die Geltung des Rechts zerstören, weil sie ihm jede Motivation zu seiner Befolgung rauben würde, sie würde auch in ihrer erlösenden Kraft entwertet. Wie die Liebe erhält auch die Gnade ihren Wert erst durch ihre Fragilität: Ich will nicht, dass mir deine Liebe garantiert ist – ich will, dass du sie mir immer wieder neu ungezwungen schenkst; ich will nicht, dass du allen und immer verzeihst – ich will, dass du nur mir im vorliegenden Fall verzeihst.[10] Aber die Bedingung der Freiwilligkeit erhebt die Möglichkeit der Verweigerung von Gnade und Liebe zur Möglichkeitsbedingung von Gnade und Liebe. Der Fehler, den die Christen Venedigs begehen, ist, nicht zu erkennen, dass Shylocks Verweigerung ihren eigenen Idealen von Liebe und Gnade erst ihren Wert verleiht. Die Bedingung nimmt unweigerlich einen prekären Status an, wenn Liebe und Gnade allumfassend, also universell gelten sollen.

Angesichts der Verweigerung von Gegenliebe hat die Liebe drei Optionen: *Kapitulation*, *Exklusion* oder *Konversion*. Letztendliche *Kapitulation,* also das Ablassen vom Anderen, ist in der romantischen Liebe die häufigste Reaktion – darin erkennt die oder der Verschmähte an, dass Zuneigung nur aus Freiheit kommen kann. Übertragen auf das Projekt der gesamtgesellschaftlichen Integra-

10 Dieses Problem ist ebenfalls schon in den paulinischen Briefen präsent. Zum einen soll die Erlösung *pas Israel*, das ganze Israel (also inklusive der Heidenchristen), umfassen. Zum anderen ist sie nicht garantiert, und zwar weder einfach durch Mitgliedschaft im Bund noch durch die Ansammlung guter Taten noch durch die Frömmigkeit (weil deine Liebe freiwillig ist und bleiben muss, kann ich sie mir nicht verdienen – weder dadurch, dass ich bereits in einer Beziehung mit dir bin, noch durch meine Taten, noch durch meine Liebe – deine Liebe ist mir inkommensurabel). Die in der *freien* Gnadenwahl ausgedrückte Souveränität Gottes muss sich darin bestätigen, dass manche eben doch nicht erwählt werden: Gott liebt Jakob, aber er hasst Esau, und zwar explizit ohne dessen Verschulden (Röm 9:14-18).

tion ist Kapitulation aber weit folgenreicher, denn eine Gesellschaft kann ja nicht nach erfolglosem Werben um Zustimmung ihrer Mitglieder ihr Glück bei anderen versuchen. Kapitulation bedeutet dann die Aufgabe der inneren Bindungen, welche die Gesellschaftsmitglieder mental und emotional zusammenführen, und die Reduktion der Gesellschaft auf einen »Not- und Verstandesstaat«.[11] Über Jahrhunderte wurde die emotional-mentale Integration der Gesellschaftsmitglieder über das Christentum organisiert, das sich von Anfang an als »katholisch«, das heißt als allgemein, verstanden hatte, ein Anspruch, der von der Reformation keineswegs aufgegeben, sondern vielmehr radikalisiert wurde. Der Universalitätsanspruch ist aber kein machtpolitisches Prinzip, das zum Ideal der Liebe hinzukommt und auf das sie problemlos verzichten könnte; es ergibt sich vielmehr unweigerlich aus dem Ziel, zum primären gesellschaftlichen Integrationsfaktor zu werden. Universalität muss nicht immer eliminatorisch durchgesetzt werden, aber sie muss missionarisch sein, denn sie kommt nicht ohne das wenigstens regulative Ideal aus, dass sich schließlich alle Menschen ihr anschließen. – Diesen Anspruch aufzugeben und auf die innere Vereinigung zu verzichten, bedeutet Rückkehr zur nur äußeren Vereinigung, also zum Recht.

Exklusion ist Folge einer völkischen Interpretation des einer Gesellschaft zugrunde liegenden Liebesideals, das heißt des Patriotismus. Es verbindet dann zwar alle, aber nur alle einer Gruppe, die ihre Integrität durch innere Homogenität garantieren will. Die Exklusion der Juden hatte man in England schon dreihun-

11 Faktisch besteht die Alternative freilich nicht nur in Zustimmung oder Zustimmungsverweigerung. Idealerweise wird eine Gemeinschaft sich zunächst bemühen, ihre Werte und Normen für ihre Mitglieder zustimmungs*fähig* zu machen, etwa indem sie einen zivilgesellschaftlichen Austausch und so den Kontakt und die Verbindung der Menschen untereinander fördert, was auch eine Veränderung der Inhalte dieser Werte und Normen selbst zur Folge hätte (schon dies war in Shakespeares Venedig, in dem Shylock in einem Ghetto wohnte, nicht der Fall). Doch damit ist das prinzipielle Problem der Möglichkeit der fortgesetzten Gemeinschaftsverweigerung nicht gelöst, da es eine *strukturelle* Möglichkeitsbedingung von Gemeinschaftlichkeit darstellt, insofern sie auch als innere Verbindung verstanden wird. (Um die Analogie mit der romantischen Liebe noch weiter zu treiben: Selbst wenn ich dem begehrten Menschen noch so viele Rosen, Aufmerksamkeit und Treue schenke, kann ich mir Gegenliebe nicht »verdienen« – die Andere bleibt mir strukturell inkommensurabel).

dert Jahre vor Abfassung des *Kaufmanns von Venedig* in Form von Massenvertreibungen vorgenommen;[12] ein Schicksal, das in den anderen Ländern des christlichen Europas nicht anders verlaufen ist und zu dessen Fortsetzung nicht zuletzt die Protagonist*innen der Reformation immer wieder leidenschaftlich aufgerufen haben (besonders prominent in Luthers Hasstirade *Von den Juden und ihren Lügen* [1543]). Dass Shakespeare diese Lösung im *Kaufmann von Venedig* nicht gewählt hat (obwohl sie dramaturgisch sicher möglich gewesen wäre), darf man als Indiz dafür verstehen, dass in einer international vernetzten Welt isolationistische Gemeinschaftsmodelle auch für eine christliche Mehrheitsgesellschaft immer unattraktiver wurden. Was im christlichen Heilsversprechen ohnehin angelegt ist und durch die Mission auch weltweit vertreten wird, die Einbeziehung *aller* Menschen in die Erlösung Gottes, ist durch globalisierte Handelsbeziehungen zumindest in einem basalen Sinne ökonomische Notwendigkeit geworden. Shylock konnte nicht einfach von den Christen vertrieben werden, weil Venedig eine Handelsstadt ist – wer vom Verkehr mit anderen abhängig ist, muss Rechtssicherheit garantieren, das sieht auch Portia ein: »It will be recorded for a precedent / And many an error by the same example / will rush into the state – it cannot be.« (IV.1.216-218).

Die *Konversion* ist die Annektierung von Differenz durch letztliche Einwilligung in das universalistische Projekt. Im Fall von Shylock ist sie durch eine Todesandrohung erzwungen. Es ereilt ihn dabei das gleiche Schicksal wie Tausende anderer Jüd*innen in Europa, die Opfer der brutalen Judenmission der katholischen ebenso wie der protestantischen Kirche wurden; eine Praxis, die von den Großkirchen erst nach dem Nationalsozialismus revidiert wurde. Wichtig ist dabei, dass die Konversion mehr ist als letztendlich äußere Akzeptanz einer faktischen Übermacht. Sie muss eine intentionale Zustimmung beinhalten, denn der Schauplatz der angestrebten Vereinigung bleibt ja das Herz. Wie Kant gezeigt hat, verlangt das Recht von seinen Subjekten nur die äußere Befolgung, nicht aber, sich das Geforderte zur inneren Triebfeder zu machen. Der Doge als Souverän Venedigs hat das Recht suspendiert, um

12 Vgl. Harold Bloom, *Shakespeare. Die Erfindung des Menschlichen. Band 1: Komödien und Historien*, Berlin 2000, S. 254.

die berechtigten Ansprüche eines Juden gegen einen Christen abwehren zu können. Aber dabei konnte es nicht bleiben, Shylock musste Christ werden – nur die Konversion ermöglicht die Aufrechterhaltung der Fiktion einer inneren Integration der Gesellschaft. Die Konversion wiederum muss von Shylock ratifiziert werden, die Christen können auf das noch so erpresste »I am content« (IV.1.389) nicht verzichten, denn anders als dem Recht ist es der Religion essentiell zu verlangen, sich das Geforderte auch zur inneren Triebfeder zu machen. Konversion ist somit die Verlockung eines *jeden* Universalisierungsprojekts, das auf die Synchronisierung der Herzen zielt.[13]

Shakespeare macht keinen Hehl daraus, dass Shylock als Christ sein Glück nicht finden wird. Sein Beruf, das Geldverleihen, ist ihm als Christ nicht mehr gestattet; schlimmer aber wiegt die Demütigung, dass er nun die Religion annehmen soll, die er so verabscheut. Dass die an solche Bedingungen geknüpfte »Gnade« die Funktion der Demütigung auch haben soll, kommt in der Selbstgerechtigkeit zum Ausdruck, mit der sich der Doge selbst gratuliert: »That thou shalt see the difference of our spirit / I pardon thee thy life before thou ask it« (IV.1.364-365). Shakespeares Komödie gesteht so ein, dass die gezeigte Versöhnung auf jeder Ebene erpresst ist und dass dies die Einheit der Menschheit somit gerade nicht bezeugt, sondern dementiert. »I am not well« (IV.1.392) – es

13 An dieser Stelle zeigt sich wiederum eine interessante Parallele des christlichen mit dem stalinistischen Integrationsprojekt. Shylocks »I am content« entspricht dann die öffentliche »Selbstkritik«, wie sie Dissident*innen regelmäßig aufgegeben wurde. Auch im realexistierenden Sozialismus musste die Uniformität der Gesellschaft durch eine »innere« Zustimmung ratifiziert werden, sei diese noch so erzwungen. Dies ist der Zusammenhang, in dem Adorno den Begriff der erpressten Versöhnung ursprünglich verwendet hat. Er beschreibt die freiwillige Unterordnung des Einzelnen unter das Diktat des Allgemeinen in einer Vorlesung anhand von Georg Lukács: »Es liegt darin ein Moment von Gewissenszwang, wie ich es am stärksten erfahren habe in der Auseinandersetzung mit dem hegelianischen Marxisten, nämlich in unserer Jugend mit Georg Lukács, der damals gerade einen Konflikt mit seiner Partei hinter sich hatte und in diesem Zusammenhang mir erzählt hat, seine Partei habe ihm gegenüber recht, obwohl er der Partei gegenüber in seinen Gedanken und Argumenten recht habe, – weil die Partei eben den objektiven geschichtlichen Stand verkörpere, während sein, für ihn und der bloßen Logik des Denkens nach, fortgeschrittenerer Stand hinter diesem objektiven Stand zurückgeblieben sei.« (Theodor W. Adorno, *Vorlesungen zur Negativen Dialektik*, Frankfurt/M. 2007, S. 31)

ist hier gerade nicht die Buchstabentreue, sondern der christliche Geist, dem es an »Lebendigkeit« mangelt.[14]

3.2 »I'm arrogant because I forgive people?« Pathologien der Vergebung in Lars von Triers *Dogville*

Die Defizite einer implizit »christlichen« Juridismuskritik gegenüber einer »jüdischen« Werkgerechtigkeit werden auch in Lars von Triers Film *Dogville* (2003) zur Aufführung gebracht. Während der *Kaufmann von Venedig* die repressive Kehrseite der Liebe als gesellschaftlichem Integrationsmodus herausgestellt hatte, demonstriert *Dogville*, wie die Liebe zur politischen Paralysierung gerade derjenigen führen kann, die sie aus freien Stücken annehmen und alltäglich leben. Der Film spielt dabei ebenfalls auf die Opposition von Judentum und Christentum an, beinhaltet darüber hinaus aber auch Implikationen für die Frage der Geschlechterverhältnisse.

Dogville erzählt die Geschichte der jungen Grace (Nicole Kidman), die auf der Flucht vor Gangstern Zuflucht in einer amerikanischen Kleinstadt sucht. Nachdem ein junger Schriftsteller und Philosoph namens Thomas Edison[15] entschieden für Grace Partei ergriffen hat, gewähren ihr die 15 Einwohner*innen der Gemeinde – »brave und rechtschaffene Leute« – tatsächlich Gastfreundschaft. Als Gegenleistung soll Grace in jedem Haushalt des Städtchens eine Stunde pro Tag mithelfen. Ab dem Zeitpunkt jedoch, an dem die Polizei (die, so heißt es, mit den Gangstern gemeinsame Sache macht) nach Grace zu fahnden beginnt, verwandelt sich das harmonische Zusammenleben zusehends in eine ausbeuterische und demütigende Erfahrung für Grace: Unter dem Vorwand, man wolle für das erhöhte Risiko entschädigt werden, verlangen ihr die Be-

14 Vgl. Trüstedt, »Der Buchstabe und das Leben«, S. 81 f. Für eine psychoanalytische Lesart der Nähe von Liebe und Tod im *Kaufmann von Venedig* vgl. Sarah Kofman, *Konversionen. Der Kaufmann von Venedig unter dem Zeichen des Saturn*, Wien 1989, S. 30 ff.

15 Tom wird schon von Anfang an als Vertreter einer christlich inspirierten Sozialmoral vorgestellt, indem er die von ihm wöchentlich organisierten Gemeindetreffen unter dem Begriff des »moral rearmament« firmieren lässt. Er bezeichnet Grace als ein »Geschenk«, an dem die Gemeinde Gastfreundschaft und Hilfe gegenüber Fremden beweisen könne.

wohner Dogvilles ein immer größeres Maß an Arbeit und Unterwerfung ab, bis sie schließlich, degradiert und in Ketten gelegt, den wiederholten Vergewaltigungen der männlichen Dorfbewohner ausgesetzt wird. Grace selbst unternimmt, abgesehen von einem halbherzigen Fluchtversuch, keine Anstrengungen, sich zur Wehr zu setzen, vielmehr scheint sie die Angriffe mit einer unfassbaren Gleichmut zu ertragen. Als am Ende Tom – sich noch immer als ihr Fürsprecher ausgebend – beschließt Grace an ihre Verfolger auszuliefern, stellt sich jedoch heraus, dass es sich bei dem Gangsterboss um ihren Vater handelt, der offenbar auf der Suche nach seiner Tochter war, um sie zur Rückkehr zu bewegen. In der Limousine des Vaters entspinnt sich eine längere Diskussion zwischen ihm und Grace: Soll man Menschen, die einem Leid antun, vergeben? Nach anfänglichem Widerstand muss Grace einsehen, dass ihr Vater Recht hat: Sie entschließt sich, sein Angebot anzunehmen, seine »Macht« mit ihr zu teilen, wenn sie dafür nach Hause zurückkehrt. Der Film endet damit, dass Grace die gesamte Stadtbevölkerung, inklusive der Kleinkinder, erschießen lässt; die Hinrichtung Toms führt sie selbst aus.

Wie im *Kaufmann von Venedig*, so werden auch in *Dogville* die stilisierten Alternativpositionen von Christentum und Judentum im letzten Akt miteinander konfrontiert. Lars von Trier bringt den mächtigen Vater in direkten Dialog mit der Tochter, die sich statt für einen gerechtigkeitsorientierten für einen gnade- und vergebungsvollen Umgang mit der Welt entschieden hatte. Man kann diese Aushandlung damit vergleichen, was passiert wäre, wenn Gott Jesus nicht am Kreuz hätte sterben lassen, sondern ihm die Wahl gelassen hätte, seine Peiniger zu bestrafen. Wesentlich ist dabei, dass das Verhältnis von Neuem und Altem Testament nicht als eine Fortschritts- oder Erfüllungsgeschichte erzählt wird. Im Gegenteil: Anders als Jesus, der sein Ideal der Feindesliebe bis zur Weltflucht treibt, entschließt sich Grace zur Umkehr in die alttestamentliche göttliche Gerechtigkeit. Dieser Sinneswandel einschließlich seiner brutalen Folgen hat einen kathartischen Effekt; die Sympathien liegen eindeutig beim Vater, dessen Auftauchen dramaturgisch eine klare Zäsur markiert, während Grace' vorherige Hypostasierung von Vergebung und Gnade nur als gleichförmiger Teil des Handlungsflusses erscheint. Es ist nur die von außen hereinbrechende Gewalt, welche die Fortsetzung der etablierten Gewalt in Dogville verunmöglicht, während sich Grace' ethische Haltung als kompatibel und sogar komplementär zu ihr erweist.

Die Umwandlung von einer männlichen zu einer weiblichen Christusfigur darf man als einen deutlichen Hinweis auf den vergeschlechtlichten Charakter dieser Opposition verstehen. Mit Bescheidenheit, Demut und Großzügigkeit vertritt Grace gerade klassisch weiblich konnotierte Tugenden und Verhaltensideale, während der Vater mit Strenge, Rigorosität und Macht eher männliche Normen repräsentiert. *Dogville* führt vor, wie Frauen durch ihre hingebungsvolle Umsorgung an der Entwicklung politischer Handlungsfähigkeit gehindert werden können. Durch die Exposition der geschlechtsspezifischen Verteilung dieser gegensätzlichen Handlungsorientierungen erweitert *Dogville* gegenüber dem *Kaufmann von Venedig* den thematischen Kontext. Der entscheidende Unterschied ist dabei, dass Shylock Liebe als heteronome Forderung erfährt, während sie von Grace freiwillig und von ganzem Herzen angenommen wird. Bei Shakespeare wird Liebe als *externe Positivität* thematisch, bei Lars von Trier als *Ideologie*.

Auf die ideologische Funktion der romantischen Liebe hat die feministische Liebeskritik aufmerksam gemacht.[16] Romantische Liebe übernimmt demnach im Kapitalismus deshalb eine wichtige Funktion, weil sie Frauen einen Grund gibt, die eigene Einsperrung in die Sphäre des Haushaltes zu akzeptieren, was die reproduktive Arbeit im Kapitalismus sicherstellt. Für eine feministische Lesart von *Dogville* spricht, dass es sich bei vielen der Arbeiten, die Grace verrichten soll, um klassische Reproduktionsarbeiten handelt. Von den Bewohner*innen werden sie anfangs als Tätigkeiten bezeichnet, die »nobody really needs«: sich um Alte und Kinder kümmern, im Haushalt helfen, aber auch im Kaufladen einspringen. Allerdings spielt sich das Problem hier nicht auf dem Terrain des Romantischen ab – es ist nicht etwa so, dass sich Grace deshalb mit den Schikanen der Dorfbewohner*innen arrangiert, weil sie Tom liebte und es deshalb als ihre Aufgabe ansähe, für ihn zu arbeiten –, sondern wirklich auf dem Terrain der christlichen Liebe

16 In diese Richtung geht eine ganze Reihe von Arbeiten, welche diesen Punkt in vielen verschiedenen Aspekten ausführlich diskutieren, vgl. besonders prägnant Silvia Federici, »Wages against Housework«, in: dies., *Revolution at Point Zero*, New York 2012, S. 15-22, und Shulamith Firestone, *The Dialectic of Sex. The Case for a Feminist Revolution*, Toronto 1971.

als Barmherzigkeit. Es ist, als folgte Grace dem Ratschlag des jungen Hegel, »das fahren [zu lassen], dem ein anderer feindselig sich naht« (GdCh, S. 349), um statt über den anderen zu richten eine generalisierte Haltung der Vergebung auszubilden. Grace durchbricht durch generalisierte Amnestie den rechtlichen Tat-Ergehen-Zusammenhang, wonach auf eine rechtswidrige Tat ein Nachteil für die Täterin folgen muss. Durch Grace' Vergebung folgt auf eine unrechte Tat nun keine Schuldzuschreibung und daher auch keine Strafe mehr. Ihre Paralysierung wird dadurch erzeugt, dass Grace sich einem Ideal der Nächstenliebe und sogar der Feindesliebe verschreibt; der entscheidende Topos ist also nicht *eros*, sondern *agape*. Im Gegensatz zur romantischen Liebe ist die Nächstenliebe nicht privat, sondern von vornherein entgrenzt, sie adressiert sich ausdrücklich an potentiell alle. Sie ist nicht (nur) eine Emotion, sondern eine spezifische Moralvorstellung, die in *Dogville* mit der Moralvorstellung des rigorosen Richtens konkurriert. Genau diese erste Haltung ist aber ebenfalls geschlechtlich markiert, denn in ihr verdichten sich all jene Handlungsorientierungen und Verhaltensideale, die sich in der traditionell weiblich codierten Sphäre der Fürsorgearbeit herausgebildet haben: Rücksichtnahme, Demut bezüglich der eigenen Ansprüche, Vergebungs- und Aufopferungswille, Großzügigkeit gegenüber den Schwächen der anderen.

Als passende Reaktion auf eine Unrechtstat folgt aus einer solchen ethischen Grundhaltung die Vergebung. Schon Grace' Name verweist auf das christliche Konzept der Gnade (lat. *gratia*, vom griechischen χαρις, *charis*) und so auf die Inkommensurabilität und Unentgeltlichkeit der göttlichen Liebe. Dieser Unentgeltlichkeit korrespondiert auch die Nächstenliebe, die in der Gottesliebe verwurzelt ist. Ebenso wie die Gottesliebe darf die Nächstenliebe nicht an eine Gegenleistung oder Vorbedingung geknüpft sein, denn dann wäre sie nichts anderes als ein vertragliches Tauschgeschäft. Man soll die Andere nicht lieben, weil sie es verdient hat, das heißt, weil sie liebens*wert* ist, sondern weil sie die Nächste ist – das gilt für jede Nächste, das heißt, man soll alle Menschen lieben. Das Neue Testament hat diese Aufforderung bis zur Feindesliebe ausbuchstabiert: Weil ich jeden Menschen lieben soll, soll ich auch meine Feindin lieben. Der affektive Charakter dieser Haltung ist dabei wesentlich: Nächstenliebe ist Liebe und nicht etwa Achtung oder Respekt, denn nur durch meine vollständige mentale und emotionale Anwesenheit kann die Liebe auch mich erlösen. Was in den paulinischen Briefen noch im Sinne der Rechtfertigungslehre fundiert ist – vor Gott zählen nicht (äußere) Werke, sondern allein der (innere) Glaube – wird häufig auch ohne den Gottesbezug reformuliert: Die Nächstenliebe wird dann als Gegensatz zur oder als Kur der allgemein vorherrschenden Gewalt angesehen: Wenn alle ihre Nächsten lieben würden, gäbe es keinen Krieg, kein Verbrechen und keine Sünde mehr. Eine ähnliche Position vertritt Grace, wenn sie die Vergebungswürdigkeit der Einwohner*innen Dogvilles allein an deren Menschlichkeit knüpft: »They are human beings«.

Sigmund Freud hat in *Das Unbehagen in der Kultur* (1930) eine pointierte Kritik der Nächstenliebe entwickelt, aus der wiederum eine Kritik der generalisierten Haltung der Vergebung und Gnade folgt. Er widerspricht dabei gerade dem Universalitätsanspruch der Liebe, den Grace für wesentlich hält (der Zumutung, den anderen lieben zu sollen, »bloß weil er auch ein Wesen dieser Erde ist, wie das Insekt, der Regenwurm, die Ringelnatter«[17]). Zentral ist dabei für Freud, dass das Gebot der Nächstenliebe eine immense Überforderung darstellt. Faktisch ist die Haltung, die hier vorausgesetzt wird, für kein menschliches Wesen zu erreichen; gerade weil Menschen an ihre Triebe und Aggressionen gebunden sind, ist das Gebot der Nächstenliebe »undurchführbar« und erzeugt »beim Einzelnen Auflehnung oder Neurose oder macht ihn unglücklich.«[18] Die Nächstenliebe überwindet darum nicht, sondern introjiziert nur die menschliche Aggressivität und errichtet mittels eines unausweichlich gewordenen Schuldbewusstseins eine subjektinterne Verfolgungsinstanz.[19] Freud weist darauf hin, dass die Arbeit der Psychoanalytikerin häufig darin besteht, das Über-Ich zu bekämpfen, weil es sich »in der Strenge seiner Gebote und Verbote zu wenig

17 Sigmund Freud, *Das Unbehagen in der Kultur*, in: *Gesammelte Schriften, Studienausgabe*, Band IX, Frankfurt/M. 2000, S. 245.

18 Ebd., S. 268.

19 Bereits Nietzsche hat die implizite Aggressivität, die im Gebot der Nächstenliebe liegt, erkannt und an den zahlreichen sadistischen Gewaltphantasien, denen etwa die christlichen Vorstellungen über die Bestrafung der Heiden im Jenseits entspringen, detailliert nachgewiesen (vgl. etwa GM, S. 283 ff. [I.15]). Nietzsche zieht daraus den Schluss, »daß man gut tut, Handschuhe anzuziehn, wenn man das neue Testament liest.« (AC, S. 223 [46])

um das Glück des Ichs [kümmert], indem es die Widerstände gegen die Befolgung, die Triebstärke des Es und die Schwierigkeiten der realen Umwelt, nicht genügend in Rechnung bringt.«[20] Analog dazu empfiehlt er die Neutralisierung des überstarken Kultur-Über-Ichs, das den Einzelnen mit undurchführbaren Forderungen konfrontiert und so die menschliche Aggressivität nicht reduziert, sondern nur verdrängt. In Bezug auf das Recht heißt das: Kritisiert man wie Grace und der junge Hegel die Haltung des Richtens, verlangt den Menschen aber die Ausbildung einer letztlich unerreichbaren Opferbereitschaft und Demut ab, so hat man nur ein Gewaltverhältnis durch ein anderes ersetzt.

Neben diesen psychoanalytischen Argumenten formuliert Freud aber auch systematische philosophische Überlegungen. Die Einwände, die vom Vater in *Dogville* gegen Grace vorgebracht werden, stehen größtenteils mit Freuds Argumentationsgang in Einklang. Dieser nennt zwei wesentliche Komplexe von Kritikpunkten: »Eine Liebe, die nicht auswählt, scheint uns einen Teil ihres eigenen Werts einzubüßen, indem sie an dem Objekt ein Unrecht tut. Und weiter: Es sind nicht alle Menschen liebenswert.«[21] Der erste Kritikpunkt ist formal, der zweite inhaltlich. Dass die universelle, das heißt bedingungslose Nächstenliebe ihrem Objekt ein Unrecht tut, verweist auf eine ihr inhärente (formale) Selbstwidersprüchlichkeit: Eine Liebe, die sich an jeden verschenkt, entwertet sich zugleich. Es kommt gewissermaßen zu einer Liebesinflation. »Meine Liebe«, wendet Freud ein, »ist etwas mir Wertvolles, das ich nicht ohne Rechenschaft verwerfen darf. Sie legt mir Pflichten auf, die ich mit Opfern zu erfüllen bereit sein muß. Wenn ich einen anderen liebe, muß er es auf irgendeine Art verdienen.«[22] Wohlgemerkt ist diese Kritik an der Liebe nicht im Namen der Liebenden formuliert (etwa, weil sie keine Garantie auf Gegenliebe hat), sondern im Namen der Geliebten: *Ihnen* wird durch die Entwertung der Liebe ein Unrecht angetan. In *Dogville* wird genau diese Problematik unter dem Motiv der Arroganz verhandelt. Die immense Selbstüberschätzung, mit der Grace glaubt, ihre Vergebung verteilen zu können, führt zu der Fiktion einer außerhalb menschlicher Schwächen stehenden moralischen Existenz, die unweigerlich mit einer Ge-

20 Freud, *Das Unbehagen der Kultur*, S. 268.
21 Ebd., S. 232.
22 Ebd., S. 245.

ringschätzung der anderen einhergeht. Der Vater (im Script »Big Man« genannt) lässt sich nicht darauf ein, dass er derjenige sei, der sich gegenüber den Mitmenschen arrogant verhalte, für ihn ist es gerade Grace, die eine herablassende Weltsicht hat.

> GRACE: So I'm arrogant; I'm arrogant because I forgive people?
>
> BIG MAN: My God! Can't you see how condescending you are when you say that? You have this preconceived notion that nobody – listen – nobody can possibly attain the same high ethical standards as you, so you exonerate them. I cannot – I cannot think of anything more arrogant than that. You my child, my dear child, forgive others with excuses that you would never in the world permit for yourself.
>
> GRACE: Why shouldn't I be merciful? Why?
>
> BIG MAN: No, no, no, you should, you should be merciful when there's time to be merciful. But you must maintain your own standards. You owe them that. You owe them that. The penalty you deserve for your transgression, they deserve for their transgressions.
>
> GRACE: They're human beings, Dad.
>
> BIG MAN: No, no, no, of course, but does every human being need to be accountable for their actions? Of course they do, but you don't even give them that chance.

Der Vater buchstabiert hier aus, warum in der unterschiedslosen Vergebung eine herablassende Haltung liegt: Erstens, weil in ihr implizit vorausgesetzt wird, dass das Gegenüber nicht in der Lage sei, einem gleichen moralischen Standard zu genügen; und zweitens, weil die anderen somit der Möglichkeit beraubt werden, für ihre Handlungen Rechenschaft abzulegen. Wichtig ist hier, dass die genannten Negativeffekte der Vergebung Resultate einer spezifischen Juridismuskritik sind: Indem das Urteil über die Welt suspendiert wird, wird den Menschen die Gelegenheit genommen, für sich selbst das Wort zu ergreifen. Dem gegenüber steht die Einsicht des späten Hegel, dass gerade in der Strafe »der Verbrecher als Vernünftiges geehrt« (GPhR, S. 191 [§ 100]) werde.

Der zweite, inhaltliche Punkt in Freuds Kritik der Nächstenliebe nimmt zur Kenntnis, dass die meisten Menschen meiner Liebe nicht würdig sind. Um dies zu zeigen, muss Freud nur auf die faktische Menschheitsgeschichte voller Feindseligkeit und Niedertracht verweisen: Dass der Mensch dem Mensch ein Wolf ist, ist für Freud unbezweifelbar empirisch bestätigt. Die entscheidende Volte ist hier, dass die Nächstenliebe gerade kein Mittel gegen das geschichtliche Gewaltaufkommen ist, sondern es vielmehr verstärkt. Hierfür geben Freud und der Vater in *Dogville* nun jeweils unterschiedliche Gründe an (die sich jedoch nicht widersprechen). Der Vater verweist auf den möglichen präventiven, pädagogischen oder sogar resozialisierenden Effekt von Strafe, der durch eine Amnestie wegfällt.

> BIG MAN: A deprived childhood and a homicide really isn't necessarily a homicide, right? The only thing you can blame is circumstances. Rapists and murderers may be the victims, according to you, but I – I call them dogs; and if they're lapping up their own vomit, the only way to stop them is with the lash.
>
> GRACE: But dogs only obey their own nature, so why shouldn't we forgive them?
>
> BIG MAN: Dogs can be taught many useful things, but not if we forgive them every time they obey their own nature.

Es ist nicht klar, ob der Vater, der immerhin selbst ein Outlaw ist, hier für die Einrichtung eines Strafrechts plädiert. Richtig ist jedenfalls seine Beobachtung, dass die Hypostasierung von Vergebung im Falle von Grace zu einer kompletten Paralysierung geführt hat, welche die in Dogville herrschende Ungerechtigkeit und Ausbeutung unangetastet ließ. Ohne das Recht direkt zu verteidigen, exponiert der Vater hier wieder die Defizite einer verkürzten Juridismuskritik, die für ihn im Verlust jeglicher Interventions- und Handlungsfähigkeit liegen.

Freud geht an dieser Stelle sogar noch weiter. Für ihn sind Liebe und Vergebung nicht nur keine geeigneten Mittel, um die herrschende Ungerechtigkeit zu durchbrechen, sondern selbst Teil und sogar Ursache einer brutalen Intoleranz gegenüber der Differenz, die in letzter Konsequenz exkludierend und eliminatorisch werden kann. Den Grund dafür sieht Freud, der im *Kaufmann von Venedig* hervorragendes Anschauungsmaterial hätte finden können, in einer der Liebe inhärenten Uniformisierungstendenz (während andere gesellschaftliche Integrationsmodi wie das Recht interne Differenzen zulassen können). Freud kontrastiert das paulinische Christentum mit dem römischen Imperium: Während das Christentum gerade aufgrund seines Anspruchs auf universalisierte Liebe alle verabscheuen musste, welche diese Liebe verweigern, konnte Rom ohne weiteres eine Vielzahl divergenter religiöser, kultureller und ethnischer Besonderheiten integrieren und ein proto-kosmopolitisches Toleranzideal herausbilden.

Wenn dem Ideal der Nächstenliebe eine Grundhaltung der Vergebung als Gnade korrespondiert, so folgt aus der Kritik an der Nächstenliebe eine Rehabilitierung der Schuldzurechnung und des Richtens. Der innere Monolog, der Grace' Urteilsspruch über Dogville vorausgeht, mobilisiert den ganzen Pathos des kantischen Rigorismus, der aufgrund des Unrechts, das einer Einzelnen widerfahren ist, die Welt aus den Angeln heben will.

The light now penetrated every unevenness and flaw in the people. And all of a sudden, she knew the answer to her question all too well. If she had acted like them she could not have defended a single one of her actions. It was as if her sorrow and pain finally assumed their rightful place. And if one had the power to put it to rights, it was one's duty to do so, not least for the human being that was Grace herself.

Die poetische Gerechtigkeit am Ende des Films trägt alle Kennzeichen, die Walter Benjamin der göttlichen Gerechtigkeit zuschreibt: Sie »vernichtet grenzenlos«, ist »entsühnend«, »schlagend« und »auf unblutige Weise letal«.[23] Aber sie richtet sich, im Gegensatz zur göttlichen Gewalt bei Benjamin, nicht gegen die Rechtsgewalt, sondern gegen die Gewalt von Liebe und Vergebung.[24] Der Film er-

23 Walter Benjamin, »Zur Kritik der Gewalt«, in: *Gesammelte Schriften*, Band II.1, Frankfurt/M. 1991, S. 179-202, hier S. 199.

24 Für eine Reflexion des moralischen Wertes des Ressentiments, das heißt der Ver-

laubt es nicht, die väterliche Intervention als Etablierung einer neuen Rechtsordnung zu verstehen – schon weil alle Bewohner*innen Dogvilles am Ende tot sind.[25] Aber er entlarvt die Problematik einer bestimmten, nämlich strukturell christlichen, an Nächstenliebe und Vergebung orientierten Kritik des Rechts und des Juridismus. Der Vorteil rechtlicher vor liebesorientierter Subjektivierung besteht demzufolge darin, dass Rechtssubjekte ein Gefühl für die unbedingte eigene Würde und für ihren Status als Gleiche entwickeln, so dass sie in die Lage versetzt werden, ihre Empörung über erlittenes Unrecht überhaupt erst zu artikulieren.

3.3 »Kriminelle Verwegenheit«. Juridismuskritik als politische Paralysierung in E. L. Doctorows *Ragtime*

Im Lichte dieser Fälle von erpresster Versöhnung erweist sich schließlich auch der Fanatismus des Michael Kohlhaas[26] als ambivalent. Seine unbedingte Treue zum abstrakten und daher allgemein geltenden Gesetz kann aus seiner eigenen Perspektive kritisiert werden: Sie ist, strategisch gesehen, irrational, denn Kohlhaas verliert durch sein Handeln viel mehr, als wenn er auf die Rückerstattung des abgemagerten Gauls einfach verzichtet hätte. Aus einer politischen Position aber offenbart genau dieser Ratschlag seine pazifizierende und somit ideologische Funktion. Kohlhaas fordert nicht mehr als die konsequente Realisierung des Versprechens, das im Recht ohnehin manifest ist, nämlich Gleichheit – das heißt, dass das Recht für einen Junker genauso gilt wie für ihn. Gerade indem

weigerung von Vergebung, im Kontext des Nationalsozialismus und im Post-Apartheid-Südafrika vgl. Didier Fassin, »On Resentment and Ressentiment. The Politics and Ethics of Moral Emotions«, in: *Current Anthropology* 3 (2013), S. 249-261. Für ein vergleichbares Argument im Kontext des postkolonialen Kanada siehe Glen Coulthard, *Red Skin, White Masks. Rejecting the Colonial Politics of Recognition*, Minneapolis 2014.

25 Das einzige Lebewesen in *Dogville*, dessen Leben von Grace verschont wird, ist der Hund – der den Namen Moses trägt.

26 Zur Kritik der Herrschaftstechnik, einen Kampf für rechtliche Gleichheit als »Fanatismus« zu brandmarken, vgl. etwa mit Bezug auf die amerikanischen Abolitionist*innen, Alberto Toscano, *Fanaticism. On the Uses of an Idea*, London, New York 2012.

Kohlhaas die universelle Bedeutung seines hochspezifischen Falls herausstellt, ist er somit auch ein Katalysator der Emanzipation.

Wenn aber Kohlhaas' Feldzug nicht nur pathologisch, sondern auch emanzipatorisch ist – oder pathologisch emanzipatorisch –, dann nimmt auch die Kritik an seinem Rechtsfanatismus einen prekären Charakter an. Auch in Kleists Novelle tritt sie in Gestalt der christlichen Nächstenliebe auf. Im Zuge der Verhandlungen mit Kohlhaas kommt es zu einem Dialog zwischen ihm und Martin Luther, den Kohlhaas gegen Ende um das heilige Sakrament der Beichte bittet. Wie Portia im *Kaufmann von Venedig*, so versucht auch Luther, soziale Versöhnung zu erpressen, und zwar indem er sie Kohlhaas zur Bedingung für die Teilnahme am religiösen Leben macht: »Der Herr aber, dessen Leib du begehrst, vergab seinem Feind.«[27] Als Kohlhaas ihn darauf hinweist, dass auch der Herr nicht all seinen Feinden vergeben habe und dass er darum wenigstens den Junker als Hauptverantwortlichen zur Rechenschaft ziehen will, antwortet Luther mit religiöser Exklusion und verweigert die Annahme der Beichte. Die Selbstwidersprüchlichkeit dieser Verweigerung ist offenkundig: Luther verlangt von Kohlhaas, der ohnehin in der strukturell benachteiligten Position ist, Gnade vor Recht walten zu lassen, während er selbst, immerhin Verwalter eines heiligen Sakraments, mit Verweis auf Kohlhaas' Verfehlungen zur gleichen Großzügigkeit nicht bereit ist.

Die potentiell ideologische Funktion der Juridismuskritik wird noch deutlicher in E. L. Doctorows Roman *Ragtime* (1975), der teilweise eine Adaption der Kleist'schen Novelle enthält. Doctorow zeichnet hier ein Panorama der Ungerechtigkeit in den USA zu Beginn des 20. Jahrhunderts. Eine der Protagonist*innen ist Coalhouse Walker, ein schwarzer Jazzpianist, der im Laufe der Geschichte erfährt, dass er mit der jungen Sarah ein gemeinsames Kind hat, um das er sich fortan kümmern will. Er beschließt, Sarah zu heiraten. Dazu kommt es aber nicht, denn eines Tages entdeckt Coalhouse, dass sein Auto von einer Gruppe rassistischer Feuerwehrmänner verunstaltet und beschädigt wird. Aufgrund seines Stolzes lässt er nicht von der Angelegenheit ab, wie ihm angesichts des guten Rufes, den die Rassisten in der Stadt genießen, allenthalben geraten wird, sondern unternimmt alles, um den Schaden

27 Kleist, *Michael Kohlhaas*, S. 157.

ersetzt zu bekommen. Nachdem ihm der rechtliche Weg schon deshalb verstellt erscheint, weil kein Anwalt bereit ist, ihn zu vertreten, greift er zu radikaleren Mitteln, etwa einen Anschlag auf die Feuerwache, bei dem auch Menschen getötet werden. Per Bekennerschreiben droht er damit, so lange Feuerwachen anzuzünden und Feuerwehrleute umzubringen, bis sein Wagen repariert wird und der Verantwortliche zur Rechenschaft gezogen wird; wiederum ohne Erfolg. Schließlich besetzt Coalhouse zusammen mit einer Gruppe Gleichgesinnter die mit Kulturschätzen vollgestopfte Bibliothek des reichen Bankiers Pierpont Morgan und droht, sie in die Luft zu sprengen. Die Morgan-Bibliothek dient im Roman mehrfach als Allegorie für die Zivilisation als solche: Sie beherbergt tausende alter Bücher, kostbarer Kunstwerke und seltener Artefakte, darunter eine Gutenberg-Bibel auf Pergament und einen fünfseitigen Brief von George Washington. Durch ihre Besetzung macht sich Coalhouse zum Agenten des buchstäblich verstandenen Grundsatzes *Fiat iustitita, pereat mundus*; seine Gerechtigkeitsauffassung ist diejenige Kants: »*Wenn die Gerechtigkeit untergeht, hat es keinen Wert mehr,* dass Menschen auf Erden leben.«[28] Wie das historische Vorbild Kohlhaas verzichtet auch Coalhouse auf jegliche weitergehende politische oder soziale Forderung und lehnt entsprechende Vorschläge der anderen Gruppenmitglieder auch konsequent ab. Es ist einzig und allein die Wiederherstellung des Wagens in seinen ursprünglichen Zustand, die er mit dieser Aktion durchzusetzen versucht. Coalhouse exponiert die universelle Bedeutung des Rechts gerade durch den hochbesonderen Charakter des Unrechts, das hier gesühnt werden soll; ein »Ford Model T mit dem spezialangefertigten Pantasote-Verdeck«[29] ist für ihn ein hinreichend großer Verlust, um sich zum Anführer einer »Provisorischen Amerikanischen Regierung« zu erklären.[30]

28 Kant, *Die Metaphysik der Sitten*, S. 453 (A 197).

29 E. L. Doctorow, *Ragtime*, Köln 2011, S. 234.

30 Sowohl Michael Kohlhaas als auch Coalhouse Walker überschreiten die Grenzen des positiven Rechts und werden faktisch zu Kriminellen. Sie können dennoch als Vertreter einer spezifisch rechtlichen Vergeltungslogik angesehen werden, insofern es ihnen ausschließlich um die öffentliche Zuerkennung eines Schadensersatzes für ihr beschädigtes Eigentum geht. Sie geben sich nicht damit zufrieden, ein neues Pferd oder ein neues Auto zu stehlen (das wäre ihnen im Zuge ihrer jeweiligen Feldzüge leicht möglich), sondern zielen darauf, in der Prozessierung

In *Ragtime* wird die Kritik an Coalhouse Walkers Sturheit, ja an seinem, wie es mehrfach heißt, »Wahnsinn«, im Namen sowohl romantischer als auch christlicher Liebe formuliert. Der Aspekt der romantischen Liebe kommt schon früh zum Zuge, als er einen Rechtsanwalt um Hilfe bittet. Für den Rechtsstreit will er das Geld verwenden, das er eigentlich für die Hochzeit mit Sarah gespart hatte. Diese Prioritätensetzung wird von allen anderen in Frage gestellt, und selbst der Anwalt, der von der Annahme des Falls ja unmittelbar profitieren würde, lehnt ab: »Haben Sie das Geld dafür? [...] Sicher wiegen Ihre Verpflichtungen Ihrer Zukünftigen gegenüber schwerer als das Verlangen nach Wiedergutmachung für eine Erniedrigung durch weiße Leute.«[31] Die noch wichtigere Besänftigungsstrategie kommt aber auch in Doctorows Kohlhaas-Adaption in Form des christlichen Versöhnungsideals zum Einsatz. Die Position der Auseinandersetzung zwischen Kohlhaas und Martin Luther nimmt hier eine Diskussion zwischen Coalhouse und dem schwarzen Bürgerrechtler Booker T. Washington ein, der von der Polizei zu Hilfe gerufen wird, um den Bibliotheksbesetzer zur Kapitulation zu bewegen.

Es scheint zunächst so, als habe die Begegnung zwischen Coalhouse und Washington einfach den Charakter einer Strategiedebatte (ähnlich etwa den Debatten, die der echte Booker T. Washington u. a. mit W. E. B. Du Bois führte). Washington steht für einen moderaten Ansatz langsamer Verbesserungen und vor allem für den Wert der Erziehung, während Coalhouse kompromisslos für sofortige Gleichheit der Schwarzen eintritt. Es ist dann aber bemerkenswert, dass Washington in seiner Ansprache vor Coalhouse und seinen Mitstreitern die pädagogische Arbeit wiederum mit dem Motiv der christlichen Gemeinschaft verknüpft:

> Mein ganzes Leben habe ich in Geduld und Hoffnung für christliche Brüderlichkeit gearbeitet. Ich hatte den Weißen zu überzeugen, dass er uns nicht zu fürchten oder zu ermorden brauchte, weil wir uns nur verbessern und uns ihm in friedlichem Genuss der Früchte amerikanischer Demokratie zugesellen wollen. Jeder N* im Gefängnis, jeder nichtsnutzige, spielende

ihres jeweilig spezifischen (und darum eigentlich beliebigen) Anspruchs zugleich die Validität der rechtlichen Gleichheit zu konstituieren oder zu restituieren.

31 E. L. Doctorow, *Ragtime*, Köln 2011, S. 196.

oder hurende Farbige ist mein Feind gewesen, und jeder Fall von verfehltem N*verhalten hat mich ein Stück meines Lebens gekostet. Was wird Ihre kriminelle Verwegenheit mich kosten![32]

Wie bei Luther, so fällt auch bei Washington die Selbstwidersprüchlichkeit dieses Appells sofort ins Auge: Die Beschwörung von »Brüderlichkeit« wird direkt im übernächsten Satz dementiert, wenn Washington kein größeres Vergehen als Unproduktivität oder vergleichsweise harmlose Laster für ausreichend erklärt, um zum Feind deklariert zu werden. Die Versöhnung, in deren Namen sich die Juridismuskritik artikuliert, ist abermals eine erpresste. Anders als im *Kaufmann von Venedig* wird sie aber in *Ragtime* nicht von den Vertreter*innen der Mehrheitsgesellschaft gefordert, sondern im Rahmen einer Auseinandersetzung unter den Unterdrückten selbst. Hier offenbart sich die spezifisch politische Dimension der Opposition von Recht und Vergebung. Juridismuskritik kann zur Neutralisierung von Gerechtigkeitsbestrebungen beitragen, indem sie radikale Kritik pazifiziert und domestiziert.

Wie schon Shylock, Grace und Kohlhaas, so antwortet auch Coalhouse Walker mit dem Verweis auf seine Zugehörigkeit zur menschlichen Gattung. Sein Gegenvorschlag an Washington ist simpel: »Dass wir […] unserer Hautfarbe dienen können, weil wir auf unserem Menschsein bestehen, und auf dem Respekt, der uns darum gebührt.«[33] Das Schicksal, das ihn ereilt, ist wie das vieler Held*innen der Gerechtigkeit in einem genuinen Sinne tragisch. So wie Sokrates oder Antigone geht er daran zugrunde, für das Richtige zu kämpfen: Er bekommt zwar ein neues Model T inklusive des spezialangefertigten Verdecks, stirbt aber beim Verlassen der Bibliothek im Kugelhagel der Polizei.

3.4 Wie ist eine kritische Theorie des Rechts (noch) möglich?

Die drei genannten Beispiele – *Der Kaufmann von Venedig*, *Dogville* und die *Kohlhaas*-Adaption *Ragtime* – inszenieren jeweils einen Konflikt zwischen Juridismus und Juridismuskritik. Beide Seiten

32 Ebd., S. 294. (Aufgrund seiner rassistischen Konnotationen wurde an dieser Stelle darauf verzichtet, im Zitat das »N-Wort« zu reproduzieren.)

33 Ebd., S. 295.

nehmen jeweils unterschiedliche Formen an: Der Juridismus tritt in Gestalt einer rücksichtslos eingeklagten Gläubigerforderung, einer rigorosen Vergeltungslogik und eines unerbittlich verfolgten Schadenersatzanspruchs auf, die Juridismuskritik in Form der Forderung nach Gnade, Nächstenliebe, Vergebung, Tugend und Mäßigung. Entscheidend ist dabei, dass in jedem dieser Fälle das Recht von einer strukturellen Position der Schwäche aus verteidigt wird (von einem Juden, einer Frau und einem Schwarzen), die Kritik am Recht aber gerade der Herrschaftssicherung einer dominanten Gruppe dient. Die drei Fälle enthüllen spezifische Gefahren oder Verlockungen, die in der Pathologisierung von Juridismus liegen und die darum der kritischen Reflexion bedürfen.

Aus einer philosophischen Lektüre dieser drei fiktionalen Fallstudien lassen sich Rückschlüsse auf den emanzipatorischen Gehalt des Rechts ziehen. In diesem Kontext geht es dabei spezifisch um den Effekt rechtlicher Subjektivierung, das heißt um die Frage, welche positiven Leistungen das moderne Recht am Subjekt erbringt.[34]

1. *Differenz und Pluralität*: Kant bestimmt in der *Metaphysik der Sitten* den Unterschied zwischen Legalität und Moralität so, dass man sich das moralische Gesetz zur inneren Triebfeder machen muss, wohingegen das Recht nur eine äußere Befolgung erfordert: »Wenn die Absicht nicht ist, Tugend zu lehren, sondern nur was recht sei vorzutragen, so darf und soll man selbst nicht jenes Rechtsgesetz als Triebfeder der Handlung vorstellig machen.«[35] Bei Kant dient die Bestimmung des Rechts als rein äußeres zunächst der Legitimierung einer Befugnis, denjenigen, der mich an der Ausübung meiner rechtlichen Freiheit zu hindern versucht, zur Einhaltung meines Rechts zu zwingen. Sie hat aber zudem die subjektivitätstheoretische Pointe, dass die Rechtsperson mental davon befreit wird, ein eigenes inneres Interesse an den Interessen der Anderen zu entwickeln. Dies entlastet die andere wiederum davon, bei der Entwicklung ihrer Bedürfnisse schon im Vorhinein auf deren potentielle Auswirkungen auf mich Rücksicht nehmen zu müssen. Die Bedürfnisse, Wünsche und Interessen der anderen sind aus meiner Perspektive, wie Kant präzise definiert, einfach

34 Die folgenden drei Punkte sind Spezifizierungen der Argumente für den emanzipatorischen Gehalt des Rechts, die bereits *en passant* in Loick, *Kritik der Souveränität*, S. 311 ff. (Fn 305-307) vorgestellt wurden.

35 Kant, *Die Metaphysik der Sitten*, S. 338 (A 35).

Willkür. Jürgen Habermas formuliert dies so, dass moderne subjektive Rechte die Individuen »gegen die Zumutungen kommunikativer Freiheit immunisieren«.[36] Eben mittels dieser Immunisierung vollzieht sich im Recht die Herauslösung autonomer Individuen aus traditionellen Rollenerwartungen. Die Ermöglichung individueller Differenz mit dem sittlichen Zusammenhang erzeugt somit wiederum eine Pluralität unterschiedlicher Handlungsorientierungen und Lebensführungen, die nicht mehr von der Homogenität traditionaler Sozialverbände uniformisiert werden können. Sich auf die schiere Äußerlichkeit der Rechtsbefolgung berufen zu können, stellt so eine ganze manifeste Schranke gegen den informellen Konformismus sozialer Konventionen dar, wie sie in nichtrechtlichen Sittlichkeitszusammenhängen wie der Familie, aber auch etwa der religiösen Gemeinde vorherrschen. Weil das Recht private Willkürfreiheit garantiert, ist Shylocks Verweigerung der Angabe von Gründen für das Einklagen seiner Forderung nach Antonios Fleisch legitim; Aufgabe des Gerichts ist es nicht, Sinn oder Unsinn einer solchen Willkür zu bewerten, sondern ausschließlich die Rechtmäßigkeit seiner Gläubigerforderung zu klären. Shylocks Insistieren darauf, im Recht zu bleiben, ist zugleich der Anspruch, außerhalb der außerrechtlichen Gemeinschaft verbleiben zu dürfen. Das Recht, heißt das, fabriziert Subjekte, die sich der Legitimität und der Möglichkeit gewahr sind, anders zu sein als die anderen.

2. *Verantwortung und Rechenschaftspflicht* [*accountability*]: Indem sie in die Lage versetzt wird, das an ihr begangene Unrecht zu vergelten, entwickelt Grace in *Dogville* erstmals eine autonome Handlungsfähigkeit. Wesentlich dafür ist die Anerkennung des Faktums, dass sie zum Opfer geworden war: »It was as if«, kommentiert der Erzähler, »her sorrow and pain finally assumed their rightful place.« Die Bestrafung der Täter erzeugt bei den Opfern von Kriminalität häufig ein Gefühl der Genugtuung; dadurch signalisiert die Gemeinschaft die Inakzeptabilität des Rechtsbruchs, wodurch die Würde des Opfers restituiert werden kann. Dies gilt insbesondere bei Gewaltverbrechen, in denen häufig das gesamte leibliche, sprachliche und emotionale Universum eines Menschen auf dem Spiel steht; hier ist es umso wichtiger, dass durch die deutliche Missbilligung des Verbrechens durch die Gemeinschaft der

36 Jürgen Habermas, *Faktizität und Geltung. Beiträge zur Diskurstheorie des Rechts und des demokratischen Rechtsstaats*, Frankfurt/M. 1992, S. 153.

Verbrecher zur Rechenschaft gezogen und das Opfer auf diese Weise wieder symbolisch inkludiert wird. Zugleich entlastet die Strafe das Verbrechensopfer davon, der Verbrecherin vergeben oder gar, wie der junge Hegel es fordert, eine generelle Grundhaltung der Vergebungsbereitschaft ausbilden zu müssen, und ermöglicht so, am als Reaktion auf die Tat ausgebildeten Affekt des Grolls, der Wut oder des Hasses festzuhalten. Die politische Dimension dieser strafrechtlichen Anerkennung (oder Nichtanerkennung) einer Unrechtserfahrung zeigt sich zudem zum Beispiel bei den Protesten gegen rassistische Polizeigewalt in den USA. Wenn unbewaffnete schwarze Menschen ohne jeden Anlass von weißen Polizist*innen getötet werden können, ohne dass auch nur Anklage gegen die Täter*innen erhoben würde, so wird dadurch signalisiert, dass das Leben schwarzer Menschen nichts zählt; der Slogan dieser Proteste lautete dementsprechend: *Black lives matter.*

Die absolute Straftheorie, wie sie von Kant und Hegel vertreten wird, besteht allerdings darauf, dass gerechtes Strafen den Strafgrund gerade nicht in der affektiven Genugtuung des Opfers und auch nicht etwa in Individual- oder Generalprävention, sondern ausschließlich in der Person der Verbrecherin selbst suchen darf. An ihr ein Exempel zu statuieren, so argumentiert Kant, würde die Verbrecherin als bloßes Mittel, nicht als Zweck an sich selbst verstehen, was gegen den kategorischen Imperativ verstößt. Die Strafe, schreibt er, »muß jederzeit nur darum wider ihn [den Verbrecher] verhängt werden, *weil er verbrochen* hat.«[37] Ganz mit Kant übereinstimmend schreibt Hegel in der *Rechtsphilosophie*, die Strafe diene nicht nur der Wiederherstellung der Rechtsordnung an sich, sondern sei auch »ein *Recht an den Verbrecher* selbst« (GPhR, S. 191 [§ 100]). Das Argument, dass die Strafe ein Recht der Verbrecherin selbst ist, vertritt auch der Vater in *Dogville* mit seinem Verweis auf die der Vergebung inhärente »Arroganz«. Die Vergeltung des begangenen Unrechts schuldet Grace demzufolge nicht nur sich selbst, sondern auch den Täter*innen (»You owe them that«). Wer der Welt generell mit einer Haltung der Amnestie gegenübertritt, beraubt die Mitmenschen der Möglichkeit, für ihr Handeln einzustehen, und versteht sie als passive Empfänger*innen der eigenen Gnade, nicht jedoch als deliberationsfähige Akteur*innen. Grace

37 Kant, *Die Metaphysik der Sitten*, S. 453 (A 197).

schuldet den Bewohner*innen also genau deshalb Vergeltung, weil sie ihnen den Respekt *personaler Zurechnung von Verantwortung* schuldet.

Hierin liegt eine postmetaphysische Reformulierung des Gedankens, dass Strafe ein Recht der Verbrecherin ist. Klaus Günther hat aus einer diskurstheoretischen Perspektive dafür argumentiert, dass die individuelle Zurechnung von Verantwortung essentiell dafür ist, dass die Individuen von der Rolle der Adressat*innen staatlicher Normen in die aktive Rolle der Staatsbürger*innen wechseln können. Wie der Vater in *Dogville* insistiert auch Günther, dass der Wert solcher Zurechnung nicht durch den Verweis auf äußere oder innere Umstände beeinträchtigt wird. Günther will am Konzept individueller Verantwortung explizit auch unter Bedingungen der Erfahrung der Kontingenz und Dezentrierung bürgerlicher Subjektivität[38] festhalten, nämlich eben als politisch-juridische *Zurechnung*. Nur eine solche Zurechnung ermöglicht es der Delinquentin, die Normverletzung nicht als Kompromittierung des ganzen Selbst, das heißt als Scham, zu empfinden, sondern es durch Sühne zu neutralisieren und so die Integrität der eigenen Persönlichkeit zu sichern. Den strafrechtlichen Schuldbegriff sieht Günther dabei an die demokratische Legitimität des Rechtssystems gebunden, so dass die Individuen nur insofern für ihre Taten verantwortlich gemacht werden, als sie sich real an der Willensbildung und Rechtssetzung beteiligen können.[39] Nur wenn die Individuen als »Staatsbürger*innen« Ko-Autor*innen des Rechts sind, kann von ihnen als »Rechtspersonen« legales Verhalten erwartet werden.[40]

38 Vgl. Klaus Günther, *Schuld und kommunikative Freiheit. Studien zur personalen Zurechnung strafbaren Unrechts im demokratischen Rechtsstaat*, Freiburg 2005, S. 117 ff.

39 Frieder Vogelmann weist darauf hin, dass Günthers Konzeption der »deliberativen Person« einen juridischen Begriff von Kommunikation zugrunde legt und dass Günther somit selbst die Tradition des Juridismus in der Philosophie fortsetzt (Frieder Vogelmann, »The Circle of Criminal Responsibility. Juridicism in Klaus Günther's Discourse Theory of Law«, in: *Archiv für Rechts- und Sozialphilosophie* 4 [2014], S. 413-428). Allerdings scheint die Idee der personalen Zurechnung von Verantwortung auch ohne Günthers stark diskursethisch geprägtes Kommunikationsverständnis verteidigbar zu sein. Versteht man sie nämlich einfach als Expression eines »individualistischen Ethos«, so kann sie ohne die rationalistischen Prämissen der Diskursethik auskommen.

40 Vgl. Günther, *Schuld und kommunikative Freiheit*, S. 225. Radikal demokratische

Eine solche Konzeption der Normadressat*innen als *aktive* Subjekte scheint immerhin einen größeren emanzipatorischen Gehalt zu besitzen als die soziologische oder neurowissenschaftliche Suche nach Entschuldigungsgründen, welche die Individuen nur als passive Produkte äußerer Determination begreifen und in der Konsequenz die individuelle Zurechnung von Verantwortung durch anonyme Überwachung und informelle Kontrolle ersetzen will.[41] Allerdings hat Günther auch wiederholt emphatisch dafür plädiert, von der *Schuldfeststellung* als symbolischem Akt der Missbilligung von Normverletzungen die *Strafe* zu unterscheiden: Deliberative Demokratien sind auf eine Konzeption individueller Verantwortung angewiesen, können bzw. sogar müssen auf die archaische Praxis staatlichen Strafens hingegen verzichten.[42]

Deliberations-, Legislations-, Interpretations- und Exekutionsformen implizieren eine spezifische Zurechnung von Verantwortung an Individuen. Individuen werden primär als Teilnehmer*innen an demokratischen Verfahren verstanden, die daher ihre Positionen und ihr Verhalten *vertreten können* müssen. Dieser spezifisch radikaldemokratische Verantwortungsbegriff kann sich unter gegenwärtigen gesellschaftlichen Bedingungen allerdings nicht nur nicht entfalten, sondern ist in besonderem Maße dafür anfällig, zur Verschleierung von Macht- und Herrschaftsstrukturen beizutragen, indem er kriminelle Devianz als Ergebnis individueller (Fehl-)Entscheidungen erscheinen lässt. Angesichts des repressiven Charakters der bestehenden Polizei-, Gerichts- und Strafinstitutionen haben Individualisierungsdiskurse einen ideologischen Charakter. Frieder Vogelmann hat überzeugend und detailliert die verheerenden diskursiven Effekte kriminologischer Responsibilisierungsstrategien dargestellt, die in einem Kontext mit parallelen Subjektivierungsprozessen etwa innerhalb des neoliberalen Arbeitsregimes stehen (Frieder Vogelmann, *Im Bann der Verantwortung*, Frankfurt, New York 2014, insbes. Kap. 4). Von Vogelmanns genealogischer Kritik des »Banns der Verantwortung« unterscheidet sich die hier vertretene Position eben dadurch, dass hier ein postkonventioneller, weil von vornherein politisch verstandener Verantwortungsbegriff in normativer Hinsicht für das personentheoretische Pendant radikal demokratisch generierten Rechts gehalten wird.

41 Vgl. etwa Klaus Günther, »Hirnforschung und strafrechtlicher Schuldbegriff«, in: *Kritische Justiz* 2 (2006), S. 116-133, sowie Klaus Günther, »Anerkennung, Verantwortung, Gerechtigkeit«, in: Rainer Forst u. a. (Hg.), *Sozialphilosophie und Kritik*, Berlin 2009, S. 269-287, insbes. S. 285 f.

42 Vgl. Klaus Günther, »Kritik der Strafe I«, in: *WestEnd. Neue Zeitschrift für Sozialforschung* 1 (2004), S. 117-132, und Klaus Günther, »Kritik der Strafe II«, in: *WestEnd. Neue Zeitschrift für Sozialforschung* 1 (2005), S. 131-141. Zur Kritik des Strafens vgl. auch Daniel Loick, »Strafe muss nicht sein. Zur Kritik des Strafrechts auf nationaler und internationaler Ebene«, in: *Zeitschrift für Menschen-*

3. *Selbstachtung und Gleichheit:* In seinem Essay »The Nature and Value of Rights«[43] diskutiert Joel Feinberg den Wert rechtlicher Subjektivierung für die Ausbildung eines positiven Selbstbezugs. Er beschreibt einen fiktiven Ort namens Nowheresville, in dem kein Mangel an Gütern herrscht und die Menschen sich fürsorglich, mitfühlend und wohltätig aufeinander beziehen, in dem allerdings niemand *Rechte* hat. Nowheresville gleicht in gewisser Hinsicht den frühchristlichen Gemeinden, wie Hegel sie im *Geist des Christentums* schildert: Die Handlungsmotivation der Individuen generiert sich nicht aus der Befolgung eines äußeren Gesetzes, sondern aus innerer Anteilnahme. Feinbergs zentrales Argument lautet, dass eine solche Gesellschaft zwar in vielerlei Hinsicht angenehm sein mag, aber die Entwicklung eines Respekts für andere ebenso wie die Ausbildung von Selbstachtung verhindert. Dabei geht es ihm wohlgemerkt nicht etwa um die Schutzfunktion des Rechts, auch nicht um seine Koordinierungs- oder Stabilisierungsleistungen, sondern ausschließlich um den Effekt des Rechts auf die moralische Mentalität des Rechtssubjekts. Der entscheidende Unterschied zwischen Nowheresville und einer rechtsstaatlich verfassten Gesellschaft ist für Feinberg, dass in Nowheresville rechtliche *Ansprüche* [*claims*] und somit auch die Aktivität des *Ansprüchestellens* [*claiming*] unbekannt sind. Die Erfahrung aber, an andere Ansprüche zu stellen, ohne sie material rechtfertigen zu müssen, ist für Feinberg für die Moralsozialisation entscheidend. Menschen entwickeln einen Sinn für ihre unbedingte Würde nur durch das Gefühl, dass andere ihnen etwas nicht aus Großzügigkeit oder Mitgefühl geben, sondern weil man es ihnen als gleiche Rechtssubjekte *schuldet.* Kohlhaas und Coalhouse Walker empfinden nicht deshalb Empörung über das Unrecht, das ihnen widerfahren ist, weil ihnen nun ein Pferd bzw. ein Auto fehlt, sondern weil ihre *Ansprüche* verletzt wurden. Es kann sogar als empörend empfunden werden, etwas aus den

rechte 1 (2012), S. 30-43. Die Entkopplung ließe sich weitertreiben; es ist zum Beispiel gar nicht klar, ob Verantwortungszuschreibungen mit einem Begriff der Schuld operieren (vgl. Daniel Loick, »Kontingente Konnektionen. Walter Benjamins Kritik der Schuld«, in: *Deutsche Zeitschrift für Philosophie* 5 (2012), S. 725-742) und ob sie notwendigerweise durch eine Richterin vorgenommen werden müssen.

43 Joel Feinberg, »The Nature and Value of Rights«, in: *The Journal of Value Inquiry* 4 (1970), S. 243-260.

falschen Gründen zu erhalten: Es macht für die Subjektivität einen Unterschied, ob man zum Beispiel als Rechtssubjekt (staatliche) Sozialleistungen bezieht oder als Bedürftiger (karitative) Spenden empfängt.

Die Erfahrung rechtlicher Würde hat auch eine eminent politische Dimension, die bei Feinberg unterbelichtet bleibt.[44] Die Praxis des *Ansprüchestellens* ist nicht nur für die individuelle Moralentwicklung, sondern auch für die Geschichte politischer Emanzipationsbestrebungen zentral. Es ist zwar wichtig, den Politikbegriff von der traditionellen Staatsfixierung zu befreien und auch solches Handeln als politisches Handeln zu begreifen, das sich nicht unmittelbar in Forderungen nach Rechten konvertieren lässt, dazu gehören etwa die Aktionsformen der Arbeiter*innenbewegung, der Frauenbewegung oder antirassistischer und post- und dekolonialer Initiativen. Nichtsdestotrotz haben sich Emanzipationsforderungen unterdrückter oder ausgeschlossener Gruppen aber regelmäßig zumindest *auch* als Forderungen nach sozialen und politischen *Rechten* und nicht etwa als Appelle an Mitmenschlichkeit und philanthropische Großzügigkeit verstanden; schon daran lässt sich ablesen, dass die Anerkennung des Status als gleiches Rechtssubjekt eine subjektive Bedeutung hat, die weit über die Erlangung materieller oder immaterieller Güter hinausgeht. Axel Honneth hat darum den Zusammenhang von Recht und Selbstachtung in den Kontext historischer Kämpfe benachteiligter Gruppen um Anerkennung als »vollwertige« Mitglieder der Gesellschaft gestellt.[45] Konsequenterweise geht es in diesen Kämpfen auch nie nur um das Erringen konkreter Einzelrechte, sondern immer auch um die Möglichkeit der Wortergreifung selbst, das heißt im weiteren Sinne um politische Handlungsfähigkeit. Die Bedeutung des Rechts für die Entwicklung von Selbstachtung ist dabei allerdings nicht transitorisch, sondern konstitutiv; der Bezug auf die eigene Emanzipationsgeschichte erlischt nicht, sobald Inklusion erreicht ist.

Mit dem Anspruch auf Anerkennung ist zudem der Anspruch auf *Gleichheit* bereits impliziert. Deklarationen von Rechten sind

44 Vgl. prägnant Andreas Wildt, »Recht und Selbstachtung, im Anschluss an die Anerkennungslehren von Fichte und Hegel«, in: Michael Kahlo u. a. (Hg.), *Fichtes Lehre vom Rechtsverhältnis*, Frankfurt/M. 1992 S. 127-172.

45 Vgl. Honneth, *Kampf um Anerkennung*, S. 186 ff. Zum »Emanzipationspotential des Rechts« vgl. ferner Buckel, *Subjektivierung und Kohäsion*, S. 309 ff.

dabei nicht nur Instantiierungen, sondern überhaupt erst Artikulationsmedien solcher Gleichheitsforderungen. Der prägnanteste Fall solcher politischen Manifestationen von Gleichheit sind Menschenrechtserklärungen[46] – wie Coalhouse Walker insistiert, gebührt uns Respekt allein deshalb, »weil wir auf unserem Menschsein bestehen«.

Diesen drei Begriffspaaren – Differenz und Pluralität, Verantwortung und Accountability, Selbstachtung und Gleichheit – einen emanzipatorischen Charakter zuzusprechen heißt nicht, dass sie nicht anfällig für Ambivalenzen, Kooptierungen oder ironische Umschläge wären. Vielmehr sollte eine kritische Theorie des Rechts soziologisch informiert und daher gerade sensibel sein für die problematischen Effekte der gegenwärtigen Gestalten dieser Kategorien sowie für die Rolle, die sie zur ideologischen Rechtfertigung von Herrschafts- und Unterdrückungsmechanismen spielen. Differenz und Pluralität treten unter kapitalistischen Bedingungen in Form von Indifferenz und Beliebigkeit auf, Verantwortung und Accountability in Form strafrechtlicher Responsibilisierung, Selbstachtung und Gleichheit in Form chauvinistischer Verachtung und eskalativer Konkurrenz. Dass all diese Begriffe also gegenwärtig häufig in verstellter Form vorkommen, heißt aber nicht, dass sie nicht auch im Rahmen eines »menschlichen« Gesetzes eine positive Funktion übernehmen könnten (vgl. unten Kapitel 13). Die Voraussetzung dafür ist, sie von vornherein in den Kontext politischer Emanzipation zu stellen, das heißt ihre Legitimität aus ihrer Bedeutung für die Ermächtigung ausgeschlossener oder subordinierter Gruppen herzuleiten. Für die Theorie ergibt sich dann die Aufgabe anzugeben, wie die »positiven« Eigenschaften des Rechts erhalten werden können, ohne auch seine »negativen« Effekte fortzuschreiben. Eine erste Antwort auf diese Herausforderung besteht darin, die Ursachen des europäischen Juridismus nicht im Recht als solchem zu suchen, sondern nur historisch spezifisch in einer *bestimmten* Form und einem *bestimmten* Inhalt des Rechts. Daraus folgt dann auch, als Kur für den Juridismus nicht die Überwindung oder Abschaffung von Rechtlichkeit zu verschreiben, sondern eine formale und inhaltliche Transformation des Rechts anzustreben. Der nachfrank-

46 Zum egalitären Potential der Menschenrechtsdeklarationen vgl. Rancière, »Who is the Subject«, Balibar, *Die Grenzen der Demokratie*.

furterische Hegel hat zum Projekt der Diagnose und Kritik, nicht jedoch zu dem der emanzipatorischen Transformation des Rechts etwas beizutragen.

4. »Prosa des Lebens«: Der römische Geist und das Prinzip der Rechtspersonalität in den *Vorlesungen zur Philosophie der Geschichte*

Hegel hat die Unzulänglichkeit seines Frankfurter Modells selbst erkannt. Bereits zwei Jahre nach Abfassen des Textes zum *Geist des Christentums* gibt er in Jena in seinem Aufsatz *Über die wissenschaftlichen Behandlungsarten des Naturrechts* (1802) dem Verhältnis von Recht und Liebe eine konzeptionelle Neufassung. Deren Pointe besteht darin, dem *Recht* als dissoziativ-privativem Moment der Gesellschaft einen legitimen Platz einzuräumen, diesen aber zugleich funktional zu begrenzen. An die Stelle der pantheistisch aufgefassten Idee des *Lebens* und seines Ausdrucks in der *Liebe* tritt im *Naturrechtsaufsatz* erstmals der Begriff der »absoluten« *Sittlichkeit*, der unterschiedliche Sphären »relativer Sittlichkeit« in sich integrieren kann. Übergriffen im Namen der Liebe, wie sie Shakespeares venezianische Christen gegen Shylock vollziehen, kann so ein wirksamer Riegel vorgeschoben werden: Innerhalb von Hegels neuem Gesamtsystem kann Shylocks Insistieren darauf, innerhalb des Rechts verbleiben zu wollen, angesichts der ihm feindlich gesinnten Umgebung durchaus als legitim angesehen werden.[1] Allerdings hat Hegel mit dieser Konzession an das Recht seine grundsätzliche Kritik keineswegs aufgegeben, sondern nur modifiziert. Die Neufassung seiner Diagnose lässt sich gut anhand seiner Darstellung der römischen Gesellschaft und ihrer Defizite begreifen.

1 Die Umstellung von der Kritik am Judentum auf die Kritik Roms geht mit einer Integration des Rechts als »Moment« oder »Stufe« des sittlichen Ganzen einher. Das zeigt sich schon darin, dass Hegel in der *Vorrede* der *Rechtsphilosophie*, in der er sich polemisch von allerlei Strömungen seiner Zeit abgrenzt, nur Spott für diejenigen Ansätze übrig hat, die sich dem Begriff des Volkstümlichen anbiedern und dabei einem »Haß gegen das Gesetz« verfallen. Seine Beschreibung dieser Ansätze liest sich wie eine Zusammenfassung seiner eigenen, 20 Jahre zuvor dargelegten Position: »Die Form des Rechten als einer *Pflicht* und als eines Gesetzes wird [...] als ein *toter, kalter Buchstabe* und als eine *Fessel* empfunden; denn es erkennt in ihm nicht sich selbst, sich in ihm somit nicht frei, weil das Gesetz die Vernunft der Sache ist und diese dem Gefühle nicht verstattet, sich an der eigenen Partikularität zu wärmen.« (GPhR, S. 20 [Vorrede])

4.1 Integration durch Entzweiung. Die Neufassung der Sozialität als Sittlichkeit im *Naturrechtsaufsatz*

Dem komplizierten Begriff der Sittlichkeit, der für Hegels ganzes philosophisches System tragend werden sollte, verleiht er zum ersten Mal in seinem *Naturrechtsaufsatz* von 1802 Kontur. Um das Spezifische seiner Rechtskritik zu verstehen, ist es vor allem bedeutsam, dass die Sittlichkeit – ebenso wie die Liebe – eine Einheit herstellt, diese Einheit aber so auffasst, dass sie – anders als die Liebe – eine Trennung integriert. Der Charakter dieser Neuausrichtung lässt sich bereits anhand des Verhältnisses zur Natur rekonstruieren: Bildeten im *Geist des Christentums* die mythischen Figuren Deukalion und Pyrrha als Vorbilder einer anamnetischen Versöhnung mit der Natur den diametralen Kontrapunkt zur noahischen Naturbeherrschung, so wählt Hegel im *Naturrechtsaufsatz* die – ebenfalls griechische – *Orestie* als Sinnbild eines erlösenden Naturverhältnisses. In der *Orestie* von Aischylos geht es darum, dass eine Gewalttat eine Kette von Rachereaktionen auslöst, die schließlich durch die Göttin Athene unterbrochen wird: Agamemnon opfert seine Tochter Iphigenie und wird dafür von seiner Frau Klytemnestra umgebracht, die wiederum von ihrem Sohn Orest getötet wird. Die Rachegöttinnen, die zunächst als Erinnyen, später als Eumeniden benannt werden, fordern den Tod Orests als Strafe für den Muttermord, während der Gott Apoll auf Freispruch plädiert, da Orest ja seinerseits den Tod seines Vaters nicht hätte ungesühnt lassen können. Es kommt zu einem Gerichtsprozess auf dem Heiligen Berg, der aber unentschieden ausgeht. Die Pattsituation wird schließlich von Athene aufgelöst, die Orest freispricht. Entscheidend ist hier, dass Athene den unendlichen Kreislauf von Gewalt und Gegengewalt nur zu unterbrechen vermag, indem sie den unterirdischen Rachegöttinnen, den Erinnyen, »ihren Sitz jetzt in der Stadt« (N, S. 496) anbietet. Versöhnung besteht nicht mehr in der Überwindung der Differenz zur Natur, sondern »in der Erkenntnis der Notwendigkeit und in dem Rechte [...], welches die Sittlichkeit ihrer unorganischen Natur und den unterirdischen Mächten gibt, indem sie ihnen einen Teil ihrer selbst überlässt und opfert« (N, S. 494). Weil die Versöhnung zwischen den Menschen von gleicher Art ist wie die Versöhnung der Menschen mit der Natur, ist im Ausgang des Gerichtsprozesses gegen Orest zugleich die Struktur von Sittlichkeit vorgezeichnet. Die Erinnyen repräsentieren nicht nur die »unorganische Natur«, sondern eben auch die »Mächte des Rechts, das in der Differenz ist« (N, S. 495), während Apoll, der sich auf die Seite Orests geschlagen hatte, als »Gott des indifferenten Lichts« (ebd.) bezeichnet wird. Der Ausgang des Prozesses, könnte man also sagen, schafft einen Kompromiss zwischen Trennung (Differenz) und Vereinigung (Indifferenz), indem beiden ein legitimer Platz im Rahmen eines übergeordneten Ganzen eingeräumt wird. Die »relative Sittlichkeit« des Rechts wird von der »absoluten Sittlichkeit« nicht insgesamt negiert, sondern ihre Berechtigung wird anerkannt.

In die Terminologie von *Der Geist des Christentums* gebracht heißt das, dass der jüdisch-kantische Juridismus und die christliche Liebe sich nicht mehr frontal gegenüberstehen, sondern einander komplementieren. Hegel erkennt, dass auch der temporäre Rückzug von der Verbindung mit den anderen seine Berechtigung hat. Er relativiert seine Vorstellung allgemeiner »Vereinigung« zur Integration, indem er zugesteht, dass auch Entzweiung und Privation in einem sittlichen Gemeinwesen »einen Platz haben«. Möglich wird diese Erlaubnis des Rückzugs, weil er nicht die Form einer strikten Entgegensetzung zum Sozialen behält, sondern auf einer höheren Ebene wieder »indifferentiiert, assimiliert« (N, S. 521) wird. So gelingt es Hegel, das Besondere (und das Absondere) im Allgemeinen aufzuheben: es zu bewahren, zu negieren und auf eine höhere Stufe zu heben.

Zudem hat die Aufhebung des Besonderen im Allgemeinen nicht nur eine funktionale, sondern auch eine temporale Bedeutung. Hegel erläutert den rechtmäßigen »Platz« der Differenz auch als Stadium einer Entwicklung. Diese Entwicklung kann dabei wiederum entweder geschichtliche oder individuell-biographische Form annehmen; der Rückzug vom Sozialen hat jeweils eine Berechtigung, aber nur als zeitlich begrenzte Episode innerhalb eines übergeordneten Entwicklungsgangs. So, wie sich die Legitimität eines Teils funktional aus dem Ganzen ergibt, wird die Legitimität einer »Stufe« retrospektiv vom Ende her verständlich. Versöhnung ist auch hier also nicht mehr Eliminierung, sondern Akzeptanz der Entzweiung.

Hegel bezeichnet das als die »Aufführung der Tragödie im Sittlichen, welche das Absolute ewig mit sich selbst spielt« (N, S. 521)[2] – tragisch an dieser Aufführung ist, dass die ursprüngliche Idee der Versöhnung als einer differenz-, also restlosen Vereinigung fallen gelassen werden muss: »Gesellschaften dieses Typs«, schreibt Christoph Menke prägnant, »*integrieren* sich nur so, dass sie sich auf unversöhnliche Weise *entzweien*.«[3] Es ist an dieser Stelle aber wichtig festzuhalten, dass die Verwendung der Formulierung »ewig« durch Hegel hier irreführend ist, denn diese Tragödie ist gerade keine ewige, sondern eine spezifisch moderne Erscheinung.[4] In der Moderne ist der organische Zusammenhang der Polis ruiniert. Mit der Integration der politischen Ökonomie und des Rechts vollzieht Hegel somit auch einen »realistischen Zug«:[5] Er erkennt, dass das Ideal der antiken Polis-Sittlichkeit realistischerweise nicht mehr wiederhergestellt werden kann. Die »unterirdischen Mächte« erweisen uns zwar auch einen wichtigen Dienst – etwa weil sie uns eine Rückzugsmöglichkeit vom Terror familiärer Liebe anbieten und auf diese Weise das Recht der Einzelnen auf Individualität berücksichtigen –, aber diese Funktion wird nur deshalb benötigt, weil die Identität von Allgemeinheit und Besonderheit bereits zerbrochen ist. Die Mächte der Differenz sind faktisch einfach zu stark geworden, als dass man anders noch mit ihnen fertigwerden könnte.

Hegel stellt also nicht mehr eine »wahre« (liebeorientierte) einer »falschen« (rechtsorientierten) Lebensform entgegen. Der Idee einer Integration von Indifferenz und Differenz im Begriff der Sittlichkeit zufolge entstehen soziale Dysfunktionalitäten und ethische Defizite immer dann, wenn eine der Sphären des Gemeinwesens beginnt, sich von dem ihr zugewiesenen Platz zu emanzipieren und zu einer gesellschaftlichen Dominante zu werden. Das Recht hat die Reflexion um seine Grenzen zur Legitimationsbedingung: Prätendiert es mehr zu sein, als es ist, oder beansprucht es gar eine

2 Vgl. zur ausführlichen Interpretation dieses Motivs Christoph Menke, »›Anerkennung im Kampfe‹. Zu Hegels Jenaer Theorie der Ausdifferenzierung moderner Gesellschaften«, in *Archiv für Rechts- und Sozialphilosophie*, 4.1991, S. 493-507.

3 Ebd., S. 496.

4 Zu den tragödientheoretischen Hintergründen Hegels vgl. außerdem ausführlich Christoph Menke, *Tragödie im Sittlichen. Gerechtigkeit nach Hegel*, Frankfurt/M. 1996.

5 Rolf-Peter Horstmann, »Über die Rolle der bürgerlichen Gesellschaft in Hegels politischer Philosophie«, in: Manfred Riedel (Hg.), *Materialien zu Hegels Rechtsphilosophie*, Band 2, Frankfurt/M. 1975, S. 276-311, hier S. 279 ff.

Subordination anderer »Potenzen«, so wird es »gänzlich aus seiner Wahrheit gerissen« (N, S. 517). Hegel veranschaulicht das wieder mit einer Analogie zu einem Organismus: Die einzelnen Organe haben alle ihre Funktion und somit ihre Berechtigung, aber wenn ein Organ sich zum Hauptzweck macht und alle anderen Körperfunktionen dieser einen untergeordnet werden, dann verliert es diese Berechtigung und es muss zwangsläufig zu Krankheit und Tod kommen. Den einzelnen Momenten oder Sphären der Sittlichkeit ist aber von sich aus eine solche Verabsolutierungsgefahr latent. Hegel nennt als Beispiele für solche Phänomene rechtlicher Hybris etwa das Völkerrecht, in dem sich die profane Vertragsidee des bürgerlichen Rechts eine Herrschaft über die in den Völkern repräsentierte sittliche Majestät anmaßt, das Staatsrecht, in dem die Polizei totalitär auf das Leben des Einzelnen durchgreift und die bürgerlichen Freiheiten vernichtet, sowie das »Eindrängen« von Moralität in das Rechtssystem, welches dem »gänzliche[n] Verlust der Idee einer sittlichen Organisation« (N, S. 519) gleichkäme.

Dieser den einzelnen Sittlichkeitsmomenten inhärenten Verabsolutierungstendenz kann die Sittlichkeit nur entgegenwirken, indem sie diese immer wieder an ihren abgeleiteten Status und somit an ihre Grenzen »erinnert«. Diese Erinnerung hat dabei nicht den Charakter eines philosophischen Mahnens und Warnens, sondern stellt eine materielle Intervention des Staates in das freie Spiel der Sittlichkeitssphären dar. Der Staat sistiert die Verabsolutierungsaspirationen der einzelnen Potenzen, indem er sie ausbalanciert und auf diese Weise die jeweiligen Negativeffekte neutralisiert. Im Extremfall kann dafür auch die Formierung der Gesellschaft durch einen Krieg notwendig sein. Die Mobilisierung aller gesellschaftlichen Bereiche im Kriegsfall und ihre Unterordnung unter den Staat führt dann dazu, dass die Sittlichkeit deren »wuchernde Ausdehnung und ihr Selbstorganisieren dadurch zerstört, dass sie die in einzelnen Momenten alle konfundiert, sie in sich gezogen darstellt und aus der Einheit wiedergeboren, mit der Erinnerung an dieser Abhängigkeit und mit dem Gefühl ihrer Schwäche, wenn sie für sich sein wollen, wieder hinausgehen lässt« (N, S. 520).

Bereits im *Naturrechtsaufsatz* geht mit dieser Neukonzeption der Rechtskritik eine Verschiebung von Hegels geophilosophischer Frontstellung einher. Nicht mehr die Juden, sondern die Römer verkörpern für ihn nun besonders eklatant die pathologischen Effekte einer Verabsolutierung des Rechts in Form der radikalen Verdrängung alternativer sozialer Integrationsweisen. Auch diese Neuausrichtung ist politisch nicht ganz unproblematisch.[6] Hegel gehört zu den Wegbereitern einer überaus einflussreichen rechtspolitischen Bewegung zu Beginn des 19. Jahrhunderts, der es darum ging, der auf dem römischen Recht basierenden französischen Rechtstradition, die 1804 ihre bedeutendste Kodifikation im *Code Civil* finden sollte, eine gleichrangige, spezifisch germanische Rechtsauffassung entgegenzusetzen. Politisch entspricht diese Opposition dem Einigkeits- und Eigenständigkeitsstreben Deutschlands, das sich von dem revolutionären, positivistischen und formalistischen Recht Frankreichs abzugrenzen bemühte. Aus dieser Frontstellung stammt die Identifikation des römisch-französischen Rechts mit einer rationalistischen, individualistischen und kompetitiven Lebensform, der man eine im Volk verankerte, gemeinschaftsorientierte und lebensnahe Rechtskonzeption entgegenstellen wollte. Diese Auseinandersetzung fand ihre prominenteste Austragung innerhalb der Historischen Rechtsschule im so genannten Kodifikationsstreit zwischen »Romanisten« und »Germanisten«.[7] Beide Fraktionen waren sich in der Ablehnung vernunft- oder naturrechtlicher Rechtsbegründungen einig und wollten das Recht verstärkt an die spezifischen Sitten und Bräuche rückbinden, die Ausdruck im Gewohnheitsrecht fanden. Die Vertreter der Historischen Rechtsschule verwendeten später den Hegel'schen Begriff des Volksgeists, um diese Orientierung am historischen »Bewusstsein des Volkes« zu beschreiben. Während die Romanisten um Carl Friedrich von Savigny für eine Übernahme des römischen Rechts für Deutschland plädierten, stritten Germanisten wie Jacob Grimm, Anton Friedrich Justus Thibaut und Otto von Gierke für eine Kodifikation mittelalterlicher germanischer Rechtsquellen als eigenes deutsches Recht. In seiner *Rechtsphilosophie* schlägt sich Hegel deutlich auf die Seite der Germanisten und polemisiert scharf gegen Savigny, wenn er es für einen »der größten Schimpfe« erklärt, einer gebildeten Nation die Fähigkeit abzu-

6 Ich danke Klaus Günther dafür, mich auf diesen Punkt energisch hingewiesen zu haben.

7 Zu Hegel und der Historischen Rechtsschule vgl. den Überblick von Christoph Mährlein, *Volksgeist und Recht. Hegels Philosophie der Einheit und ihre Bedeutung in der Rechtswissenschaft*, Würzburg 2000.

sprechen, ein Gesetzbuch zu machen (GPhR, S. 363 [§ 211]). Diese schon bei Hegel ausgeprägte antirömische Grundhaltung zieht sich in der deutschen Philosophie bis zu Heidegger hin und spielte auch in der nationalsozialistischen Rechtsideologie eine tragende Rolle.

Wie Hegels Ausfälle gegen das Judentum, so sind auch viele seiner Beschreibungen der römischen Antike historisch nicht zu halten.[8] Zwar kommt er mittlerweile immerhin ohne rassistische Zuschreibungen aus, verfolgt aber weiterhin die Strategie, bestimmte Phänomene, die er eigentlich an gesellschaftlichen Tendenzen seiner eigenen Gegenwart beobachtet, in die Vergangenheit rückzuprojizieren, um deren Defizität zu erweisen. Als römischen »Geist« bezeichnet Hegel dabei nicht nur Mentalitäten oder Denkweisen, sondern das ganze Konglomerat aus Institutionen des Rechts, der Moralität und des Staates. Hegel legt dabei eine kryptosoziologische Annahme zugrunde: Schlechte gesellschaftliche Institutionen werden zu einer Erosion des sozialen Zusammenhangs und damit letztlich zum Untergang dieser Welt führen. So zweifelhaft seine Argumentationsstrategie ausgerechnet in Bezug auf Rom auch ist – Kurzlebigkeit gehört ja nicht gerade zu den Markenzeichen des römischen Imperiums –, durch die Stilisierung der römischen Welt als einer durch und durch verrechtlichten Gesellschaft gelingt es Hegel, die formale Struktur des römischen Rechts und ihre Folgen für die menschliche (Inter-)Subjektivität plastisch vorzuführen. Besonders pointiert beschreibt er den römischen Geist, dessen Verwerflichkeit er im *Naturrechtsaufsatz* nur kurz erwähnt, in seinen zwischen 1820 und 1830 mehrfach gehaltenen *Vorlesungen zur Philosophie der Geschichte*. In den geschichtsphilosophischen Vorlesungen wird jedoch auch bereits deutlich, dass Hegels eigener, protestantisch-germanistischer Lösungsvorschlag nicht funktionieren kann: der Atomismus des Rechts lässt sich nicht dadurch überwinden, dass man ihn durch den Konformismus der Liebe ergänzt.

8 Zur Kritik an Hegels Theorie des römischen Rechts als historisch nicht akkurat vgl. Michel Villey, »Das römische Recht in Hegels Rechtsphilosophie«, in: Manfred Riedel (Hg.), *Materialien zu Hegels Rechtsphilosophie*, Band 2, Frankfurt/M. 1975, S. 131-151.

4.2 Abstraktheit, Privatheit, Universalismus: Rom als Gründungsstätte der Rechtssubjektivität

Juridismus ist kein Ergebnis individueller (Fehl-)Entscheidungen, sondern, etwa wie die Marx'sche Entfremdung, Resultat sozialer Dynamiken: Wenn er auftritt, betrifft er immer mehrere. Hegel situiert den Juridismus innerhalb jener spezifischen gesellschaftlichen Konstellationen, die er »Welten« nennt und deren Abfolge die Menschheitsgeschichte bildet. Dem liegt die geschichtsphilosophische Annahme zugrunde, dass verschiedene »Völker« nacheinander welthistorische Signifikanz erlangen. Die Welt eines Volkes wird von einer Vielzahl von Koordinaten bestimmt, unter anderem durch hegemoniale kulturelle Deutungsmuster, normative Horizonte, ein Set erlaubter und verfügbarer Affekte und Emotionen, eine epistemologische Ordnung und ein spezifisches politisches Institutionendesign, die sich jeweils ebenso auf individuelle Mentalitäten und Handlungsorientierungen auswirken wie auch Entsprechungen in Kunst und Religion finden. Der für die Ausbildung der Rechtssubjektivität entscheidende Umschlag findet für Hegel in der Antike statt, genauer gesagt im Übergang von der griechischen zur römischen Welt.

In der griechischen Polis herrschte Hegel zufolge noch eine Harmonie zwischen den Individuen und der sittlichen Gesamtheit: »Griechenland ist die Substanz, welche zugleich individuell ist« (VPhG, S. 277). Diese Harmonie ist nicht die bruchlose Identität der älteren, rein naturwüchsigen patriarchalen Gemeinschaften; vielmehr beheimatet sie schon genuin selbstständige, das heißt individuelle Akteur*innen, von deren Handlungen und Verstrickungen das griechische Theater ja auch so vielfältig erzählt. Die griechische Polis zeichnet sich aber gerade dadurch aus, dass die Gemeinschaft und die Einzelnen gegenseitig ineinander ihre Verwirklichung finden konnten: Die Individuen konnten die Betätigung in der Polis als Ausdruck ihrer Individualität verstehen, und die Polis konnte in den Kapriolen der Einzelnen Gestalten sittlicher Schönheit erblicken. Auf diese Weise konnte die Polis die Einzelnen tolerieren und sie durch Spiele und Wettkämpfe sogar noch dazu ermuntern, sich auch der Ausbildung und Pflege durchaus extremer Züge ihrer Individualität hinzugeben, ohne dadurch die Integrität des sittlichen Gesamtzusammenhangs zu riskieren.[9] Aus dieser freien Allianz von Allgemeinheit und Besonderem ergibt sich, dass die angemessene (und mögliche) Staatsform die Demokratie ist. Da die Einzelnen miteinander und mit der Polis organisch verbunden sind, können die Geschicke des Staates in die Hände der Bürger gelegt werden, deren individuelle Unterschiede sich nicht in Form dissoziativer privater Konkurrenz äußern, sondern, um ein beliebtes Motiv Hannah Arendts aufzurufen, wie in einem Konzert zusammenstimmen.

Der Grund dafür, dass diese Situation zu einem bestimmten Zeitpunkt nicht mehr tragbar war, liegt in der Entstehung tragischer Konflikte zwischen unterschiedlichen normativen Ordnungen, für die paradigmatisch der Konflikt zwischen Antigone und Kreon in Sophokles' Tragödie steht. Antigone will ihren Bruder Polyneikes bestatten, König Kreon jedoch verbietet das Begräbnis, weil Polyneikes gegen seine Stadt Theben Krieg geführt hatte. Tragisch ist der Konflikt, weil beide Recht (und somit beide Unrecht) haben: Antigone musste ihren Bruder begraben und das göttliche gestützte Gesetz der Familie befolgen, Kreon musste sie verurteilen und so das weltliche Gesetz schützen. (Eine ähnliche tragische Konstellation bildet der Prozess gegen Sokrates: Sokrates musste seine Lehren verbreiten, aber ebenso musste er verurteilt werden.) Beide Seiten sind im Recht und im Unrecht zugleich, beide fühlen sich schuldig dafür, das Richtige getan zu haben. Solche Konflikte sind aber nicht als Streitigkeiten zwischen zwei Individuen, auch nicht als Streit zwischen Individuum und Gemeinschaft zu verstehen, sondern als Kollisionen zwischen zwei gleichermaßen konstitutiven Sphären oder »Prinzipien« griechischer Sittlichkeit.[10] Unter diesen Bedingungen musste das Bündnis zwischen Individualität und Polis zerbrechen und der nächsten Stufe der Realisierung des

9 »Eine solche sittliche Organisation«, schreibt Hegel bereits im *Naturrechtsaufsatz* als Beschreibung der griechischen ›göttlichen Komödie‹, »wird so z. B. ohne Gefahr und Angst oder Neid einzelne Glieder zu Extremen des Talents in jeder Kunst und Wissenschaft und Geschicklichkeit hinaustreiben und sie darin zu etwas Besonderem machen, ihrer selbst sicher, daß solche göttlichen Monstruositäten der Schönheit ihrer Gestalt nicht schaden, sondern komische Züge sind, die einen Moment ihrer Gestalt erheitern.« (N, S. 497)

10 Hierüber herrschte in der Sekundärliteratur häufig Konfusion. Für eine besonders klare Darstellung vgl. hingegen Terry Pinkard, *Hegel's Phenomenology. The Sociality of Reason*, Cambridge 1996, S. 137 ff.

Geistes Platz machen, nämlich dem Imperium der Römer, das seine auch nach weltgeschichtlichem Maßstab imponierende Stabilität gerade daraus gewinnt, dass es unter der universellen Herrschaft des Rechts eine Vielzahl persönlicher, aber auch ethnischer Partikularitäten zu integrieren in der Lage ist – aber um den Preis der sittlichen Substanz.

War die griechische Welt wesentlich durch eine integrale Sittlichkeit bestimmt, so ist die römische im Wesentlichen durch das Recht dominiert. Das Recht durchdringt alles, von den Götterbildern und den Kunstwerken über die Institutionen bis zu den intimsten Erfahrungen des Individuums. Das römische Recht ist dabei seiner Struktur nach durch mehrere Eigenschaften definiert, die für Hegel problematische Auswirkungen auf die (Inter-)Subjektivität der Einzelnen und für die soziale Welt haben: Es ist erstens *abstrakt*, zweitens *privativ* und drittens *universell.* Die problematischen Entwicklungen, die daraus folgen, sind erstens die *Leere* hinsichtlich ethisch-ästhetischer Handlungsorientierungen, zweitens ein kompetitiver *Atomismus*, aus dem notwendig politischer *Despotismus* folgt, und drittens eine *Kolonisierung* der Lebenswelt, die deren sittliche Verfassung zerstört. Problematisch sind diese Dynamiken erstens *ethisch*, weil sie das zum Gelingen intimer Nahbeziehungen notwendige zwischenmenschliche Vertrauen erodieren lassen, zweitens *epistemologisch*, weil sie kommunikative Bedingungen unterminieren, deren es zum Austausch guter Gründe bedarf, und drittens *politisch*, weil sie letztlich eine selbstzerstörerische Wirkung auf den sozialen Zusammenhang insgesamt entfalten.

Abstraktheit, Privatheit und Universalismus implizieren einander. Diese gegenseitige Implikation ist darin begründet, dass das römische Recht aus der Vielzahl empirisch ungleicher Menschen rechtlich gleiche Rechtssubjekte machen muss. Dies setzt eine ungeheure Transformation der gesellschaftlich hegemonialen Subjektivität voraus. Um eine solche Verwandlung zustande bringen zu können, dürfen die einzelnen Menschen einander nicht länger in ihrer jeweiligen besonderen Exzentrik begegnen, sondern müssen eine Form finden, sich zu begegnen, insofern sie einander gleichen. Die Form, in der sie einander als Gleiche begegnen, ist die der Person, ein Begriff, den das römische Recht aus dem Bereich des Theaters übernimmt. *Persona* leitet sich ab von der Maske: Eine Maske verdeckt die Einzel- und Unebenheiten des Gesichts und macht ihre Träger*innen dadurch gleich. Daraus folgt, dass sich zwischen der existenzialen Ganzheit des besonderen Individuums, wie es konkret in der Welt existiert (*homo*), und seinem juristischen Avatar (*persona*) ein Abstand eröffnet. Dieser Abstand bietet die Möglichkeit, erstens einigen Menschen den Schutz vorzuenthalten – Frauen, Kinder und Sklaven waren keine Rechtssubjekte, sondern wurden unter die Kategorie der Sachen (*res*) rubriziert[11] – und zweitens gesellschaftlichen Entitäten Personenstatus zuzusprechen, ohne dass sich hinter ihnen ein einzelner Mensch verbirgt (*persona ficta*).[12] Die Institution der Personalität erzeugt einen Raum, in dem die einen den anderen Gemeinschaftsmitgliedern in gewissem Sinne unzugänglich sind. Darum haben es die Römer, wie Hegel sagt, stets mit einem »Geheimen zu tun« (VPhG, S. 352). In der Öffentlichkeit begegnen sich folglich die Menschen nicht mehr unter Einsatz ihrer gesamten existenzialen Präsenz; die Römer, schreibt Robert Bernasconi treffend, waren vielmehr weltgeschichtlich das erste Volk, das es zur Tugend erklärt hat, die politischen Arenen nur noch maskiert zu betreten.[13]

11 Exklusion bildet von Anfang an den Kern des römischen Rechts. Diese Exklusion hat wohlgemerkt nicht nur Einfluss auf die Subjektivität der Ausgeschlossenen, sondern auch auf die der Rechtssubjekte selbst. Für eine prägnante kritische Darstellung der Geschichte des »souveränen Subjekts« seit Rom und den Zusammenhang mit Rassismus und *white privilege* vgl. die Studie von Chad Kautzer, *Radical Philosophy. An Introduction*, Boulder 2015, Kap. IV.

12 In der Realität traten freilich diese Konstrukte nicht gleichzeitig auf, sondern wurden erst im Laufe einer langen Rechtsgeschichte entwickelt. Als Rechtsbegriff hatte die Person in Rom eigentlich noch nicht den spezifischen Geltungsgehalt, den Hegel ihr zuschreibt; zur vollen Blüte gelangt die Rechtspersönlichkeit erst in der Neuzeit mit dem Kontraktualismus. Für einen allgemeinen Überblick vgl. Manfred Fuhrmann, »Person. Von der Antike bis zum Mittelalter«, in: Joachim Ritter u. a. (Hg.), *Historisches Wörterbuch der Philosophie*, Band 7, Basel 1989, S. 269-282.

13 Robert Bernasconi, »Persons and Masks: The Phenomenology of Spirit and its Laws«, in: Drucilla Cornell u. a. (Hg.), *Hegel and Legal Theory*, London, New York 1991, S. 78-94, hier S. 83.

4.3 Rechtspersonalität als abstrakte Freiheit und konkrete Unfreiheit

Die Maskierung ist eine Form von Freiheit. Diese rechtliche Freiheit darf man sich aber noch nicht etwa im modernen Sinne als Abwehrschranke gegen die Interventionen des Staates vorstellen, die es den Einzelnen ermöglicht, ihre eigenen Präferenzen und Meinungen im geschützten Bereich der Privatsphäre zu entwickeln und auszuüben. Grund- und Freiheitsrechte sind eine moderne Errungenschaft und ihrer Anlage nach immer schon auf die politische Sphäre bezogen; sie sind, wie Habermas sagt, mit dem Prinzip der Volkssouveränität »gleichursprünglich«. Der Freiheitsgehalt liegt für Hegel auch nicht im Gut der Sicherheit, die etwa durch Maßnahmen des Strafrechts Leib und Leben der Einzelnen vor den Übergriffen ihrer Mitmenschen schützt; auch dieser Gedanke setzt bereits die vollständige Verdrängung der Idee vom Menschen als *zoon politikon* voraus und ist erst neuzeitlicher Natur. Der Kern des römischen Rechts ist weder das öffentliche Recht noch das Strafrecht, sondern das Privatrecht. Der Grund, warum das römische Recht Freiheit ermöglicht, liegt für Hegel dementsprechend allein im Eigentum, also darin, dass Menschen auf legitime Weise andere vom Gebrauch einer Sache ausschließen können. Eigentum als von allen gemeinschaftsbezogenen Nutzenerwägungen emanzipierte Privatwillkür ist für Hegel die Voraussetzung für Selbstverwirklichung, denn das einzelne Subjekt gibt sich, wie Hegel in den *Grundlinien der Philosophie des Rechts* zeigt, erst »in den Sachen ein Dasein« (GPhR, S. 91 [§ 34]). Die in der Möglichkeit des Eigentumserwerbs gegebene Freiheit ist für ihn keineswegs ein kontingenter und beliebiger Inhalt eines bestimmten Rechts, sondern konstitutiv für die Genese des Subjekts selbst und somit der Kern der Existenzberechtigung von Recht als solchem.[14]

Es ist dabei aber nicht so, dass das römische Recht den Einzelnen die Möglichkeit von Selbstverwirklichung *als Individuen* eröffnen würde. Im Gegenteil, ihre Individualität wird durch die Personalität immer zugleich verdeckt. Waren die Tugenden der Einzeln in der griechischen Polis noch, wie Hegel sagt, »sittliche Kunstwerke« (VPhG, S. 339), so müssen die römischen Rechtsper-

14 Zur Kritik der Hegel'schen Eigentumsbegründung vgl. Daniel Loick, *Der Missbrauch des Eigentums*, Berlin 2016, S. 45-72.

sonen von diesen konkreten Kaprizen absehen, zumindest *insofern* sie Rechtspersonen sind. Denn *insofern* Menschen Rechtspersonen sind, behandeln sie auch andere nur als solche. Sie schulden einander nicht mehr als das, was ihnen rechtlich zusteht, und sie interessieren sich füreinander auch nicht in anderen Hinsichten. Marx wird wenig später die Subjektform, welche die kapitalistische Produktionsweise den Individuen aufzwingt, als »Charaktermaske« bezeichnen. Ein entscheidender Effekt der Maskenhaftigkeit liegt in der Indifferenz gegenüber den Bedürfnissen der anderen: Im Kapitalismus können deine Bedürfnisse nie der Grund meiner Produktion werden, ich produziere immer nur, um meine eigene Subsistenz zu sichern. Deine Nachfrage, so Marx, ist somit immer nur »ein unbefriedigtes Streben deinerseits, ein nicht vorhandner Einfall für mich« (MEW Erg.-Band, S. 461). Diese Gleichgültigkeit gegen den *homo* hinter der *persona* ist auch schon für Hegels Personentheorie kennzeichnend. Die Formel »ohne Ansehen der Person« bedeutet eigentlich »ohne Ansehen des Menschen«, das heißt »*nur* in Ansehen der Person«. Es gibt keine Pflichten für Personen, außer diejenige, die anderen als Personen zu achten, das heißt weder moralische noch politische, noch ästhetische Pflichten – all diese Obligationen, sofern Menschen sie verspüren, entstammen Domänen diesseits der Rechtsmaskierung.[15]

Rechtspersonalität bedeutet jedoch nicht nur Indifferenz gegen andere, sondern auch Subordination der nichtrechtlichen Elemente innerhalb der Rechtsperson selbst. Alle Subjektanteile, die nicht mit der abstrakten Persönlichkeit vereinbar sind, müssen überwunden, untergeordnet oder verdrängt werden, damit es sich im Medium des Rechts bewegen kann: sein Unbewusstes, seine Animalität und seine Körperlichkeit. Diese physischen, affektiven und vitalen Subjektanteile sind in den Denk- und Handlungszusammenhängen des Rechts nicht intelligibel und müssen daher unter den disziplinierenden Zugriff der »autonomen« Rechtsperson gebracht werden. Der Intensität und Ganzheit der konkreten Existenz des Menschen kann man darum unter den Auspizien der Rechtspersonalität gar nicht begegnen.[16] Roberto Esposito hat jüngst prägnant

15 Zu einem Überblick von Hegels Kritik an der Abstraktheit vgl. Alan Brudner, »Hegel and the Crisis of Private Law«, in: Drucilla Cornell u. a. (Hg.), *Hegel and Legal Theory*, London, New York 1991, S. 127-173, insbes. S. 135 f.

16 Dies hat in einem Text, den sie 1942 im englischen Exil geschrieben hat, beson-

herausgearbeitet, dass das Konstrukt der Rechtspersonalität somit untrennbar mit einem Selbst- und Weltverhältnis verbunden ist, das auf der Beherrschung und Meisterung des »Unpersönlichen« basiert – mit potentiell eliminatorischen Konsequenzen.[17]

Wie genau vermag es aber das römische Recht, diese Transformation menschlicher Subjektivität zu bewirken? Abstraktion ist als solche noch nicht kritikwürdig. Sie gehört ja zum Denken als solchem elementar dazu, schon weil der sprachliche Begriff immer von einer einzelnen Sache absieht und ihn mit anderen Dingen auf einen gemeinsamen Nenner bringt.[18] Für den Umgang mit

ders eindrücklich Simone Weil herausgearbeitet. Sie kommt zu dem Schluss, dass nicht die Person, sondern nur das Unpersönliche am Menschen, seine Körperlichkeit und Seele, »heilig« sind. Der Begriff der Person bleibt für Weil in einem römischen Missbrauchsrecht fundiert und kann daher Angriffe auf den Menschen nicht nur nicht begrenzen, sondern sogar befördern. Hitler hat daher für Weil die Idee des römischen Rechts nur konsequent ausbuchstabiert. Demgegenüber fordert sie eine radikale Abkehr vom Begriff der Person und eine Hinwendung zum »Unpersönlichen«, zu demjenigen anonymen Anteil der menschlichen Subjektivität, der sich jeder Äquivalenz und jeder Kommensurabilität entzieht (vgl. Simone Weil, »Human Personality«, in: dies., *An Anthology*, New York 1986, S. 69-98, insbes. S. 81 f.; dazu Daniel Loick, »Subjektive Rechte und subjektive Bedürfnisse. Menschlichkeit und Recht bei Marx, Weil und Esposito«, in: *Rechtsphilosophie. Zeitschrift für die Grundlagen des Rechts*, 1, 2017, S. 44-53).

17 Vgl. Roberto Esposito, *Person und menschliches Leben*, Berlin 2010, sowie Roberto Esposito, »Person, Human, Thing«, in *Third Person,* Cambridge 2012, S. 64-103; dazu Daniel Loick, »Immunität und Ansteckung. Roberto Espositos Kritik des Sicherheitsdenkens«, in: Rüdiger Voigt (Hg.), *Sicherheit versus Freiheit. Verteidigung der staatlichen Ordnung um jeden Preis?*, Wiesbaden 2012, S. 25-43. – Dem Recht ist daher unweigerlich ein Überschuss eingeschrieben. Vor allem literarische Figuren sind zum Sinnbild dieses Exzesses geworden. So hat etwa Eric Santner Kafkas Figur Odradek als Symbol für all jene Elemente des menschlichen Lebens interpretiert, die innerhalb einer juridischen Ordnung nicht intelligibel sind (vgl. Santner, »What's Left after Rights?«). Christoph Menke hat als Beispiel eines nicht mehr rechtsfähigen Menschen den Richter Adam aus Kleists *Der zerbrochne Krug* angeführt, der gar nicht ans Recht, sondern immer nur ans Essen denkt – er ist zu zerstreut, um Rechtssubjekt zu sein, und wird am Ende des Stückes darum auch von Gerichtsrevisor Walter aus dem Recht entlassen (vgl. Menke, *Recht und Gewalt*, S. 77 f.).

18 Eine radikale Kritik an der sprachlichen Abschneidung des Besonderen hat Adorno in der *Negativen Dialektik* vorgelegt. Er analogisiert die Sprache dabei mit dem abstrakten Tauschprinzip, das von der Besonderheit einer einzelnen Sache absieht. Aber auch Adorno erkennt in der Abstraktion des Rechts das

anderen Menschen bedeutet Abstraktion auch die Fähigkeit, von der Egozentrik der eigenen Interessen und Bedürfnisse abzusehen und auch die Perspektive der Anderen einnehmen zu können. Abstraktionsfähigkeit, heißt das, ist konstitutiver Teil jeder Form der sozialen Existenz. Daraus könnte man schließen, dass allein aus der Tatsache, dass Menschen andere Menschen nur als Personen behandeln, insofern sie selbst Personen sind, noch nicht folgt, dass ihnen alle anderen Wege der Bezugnahme verbaut sind; es kann ja sein, dass ich zu einigen Menschen nur in einem Verhältnis als Rechtsperson, zu anderen im Verhältnis als Liebende, Mitbewohner oder Geschäftspartnerin stehe – aus diesen Verhältnissen folgen dann jeweils unterschiedliche Verpflichtungen. Die Problematik der Rechtspersonalität kann also noch nicht in der abstrakten Denkweise als solcher liegen.

Von Marx stammt im Kontext seiner Arbeitswerttheorie der Begriff der Realabstraktion, der auch für den Zusammenhang der Rechtspersonalität hilfreich sein kann.[19] Die Realabstraktion heißt so, weil sie keine gedankliche, sondern eben eine reale Abstraktionsbewegung bezeichnet. Die Abstraktion, die der Rechtspersonalität zugrunde liegt, ist nämlich kein kognitiver, sondern ein *praktischer* Vorgang: Es wird nicht einfach eine Vielzahl von Besonderheiten unter eine gemeinsame Kategorie gefasst, ihre jeweilige konkrete Gestalt aber unangetastet gelassen (so dass auch Zusammenfassungen hinsichtlich anderer Kriterien möglich bleiben), sondern die einzelnen Entitäten werden *praktisch* vereinheitlicht und somit in ihrem Dasein *faktisch* amputiert (keine andere Zusammenfassung hat dieselbe Relevanz wie die Uniformisierung der Menschen als Rechtspersonen – die Menschen sind nicht auf dieselbe Art Personen, wie sie Brillenträgerinnen, schwarzhaarig oder Heavy-Metal-Liebhaber sind). Die besondere Bedeutung der Rechtsform für die Subjektform ergibt sich aus der zentralen Bedeutung des Rechts

»Urphänomen irrationaler Rationalität«, weil es »jede nicht präformierte Erfahrung des Spezifischen« verunmögliche (Adorno, *Negative Dialektik*, S. 304).

19 Die Übertragung von Kategorien der Marx'schen Arbeitswertlehre auf das Recht stammt von Eugen Paschukanis. In seinem Hauptwerk *Allgemeine Rechtslehre und Marxismus* analogisiert er das Rechtssubjekt mit dem Warenwert: Beide Kategorien abstrahieren von einer konkreten Mannigfaltigkeit und reduzieren eine »zoologische« Individualität auf eine leere Abstraktheit (Eugen Paschukanis, *Allgemeine Rechtslehre und Marxismus*, Freiburg 2003, S. 114-119).

für gesellschaftliche Integration, die andere Sozialisationsinstanzen – nach Hegels Diagnose zumindest in Rom – übertrumpft. Dem Recht gelingt es so, die Menschen zu einer Form von Abstraktion zu bewegen, die ihre eigenen Besonderheiten und die ihrer Mitmenschen zugleich praktisch vernachlässigt. Man kann sagen, die Abstraktheit der Person lässt eine schwache oder »dünne« Konzeption vom menschlichen Sein hegemonial werden: Wer Rechtsperson ist, ist »weniger« »voll«, das heißt, er hat weniger Erfahrungen, Handlungsoptionen, Ansichten zur Verfügung als eine Person, deren Bedürfnisse, Interessen und Fähigkeiten in mehreren Hinsichten ausgebildet sind.[20]

Diese Form der Verknappung der Subjektivität auf die Rechtspersonalität nennt Hegel »Innerlichkeit«. Eine so verstandene Innerlichkeit gibt es erst seit dem römischen Recht, weil erst durch das Aufsetzen der personalen Maske öffentliche Exposition und private Authentizität auseinanderfallen. Innerlichkeit ist also nicht etwa der Ausdruck für eine Art romantischer Empfindsamkeit, in der den Menschen in ihrem Inneren eine Fülle von Sentimenten und Sensationen offensteht, sondern im Gegenteil eine Form von Erfahrungsarmut und Sinnverlust, die Hegel als »die *Prosa* des Lebens« bezeichnet (VPhG, S. 350). Mit der Konstruktion der Maske als Interaktionsmedium ist dabei nicht nur eine prosaische Innerlichkeit, sondern auch eine prosaische Äußerlichkeit verbunden, die Hegel als »Sprödigkeit« bezeichnet. Spröde werden die Individuen, weil ihre Bedürfnisse, Ansichten und Absichten privat sind, das heißt für die anderen im Dunkeln bleiben. Beides zusammen, den Rückzug der Einzelnen in ihre Innerlichkeit und die Opazität dieser Innerlichkeit, konstituiert den Prozess, der seit Hegel *Atomisierung* genannt wird: Die Gesellschaft ist gebildet aus einer Summe äußerlich gleicher, einander abstoßender und nicht durch innere Verpflichtungen verbundener Partikel.

20 In eine ähnliche Richtung geht eine Kritik Nietzsches, die er in einem Aphorismus in *Menschliches, Allzumenschliches* formuliert: »Es ist noch wenig, wenn man in Bezug auf Rechte und Eigenthum ein Muster-Mensch ist […] man ist dann immer erst eine ›juristische Person‹, mit jenem Grad von Moralität, deren sogar eine ›Gesellschaft‹, ein Menschen-Klumpen fähig ist.« (MA, S. 688 f. [II.303]) Wer den Rasen nicht betritt, weil ein Schild ihm das verbietet, ist für Nietzsche noch nicht in vollem Sinne ein Mensch, »lebt noch nicht«, weil die Kategorie der Rechtsperson nicht dazu in der Lage ist, die notwendige existenziale Intensitätserfahrung zu erzeugen.

Das römische Recht ist seiner Struktur nach allgemein. Dies liegt schon in der Semantik von Rechtstexten als solchen begründet, die sich nur auf generalisierungsfähige Gegenstände beziehen dürfen; der Ausdruck »abstraktes Recht« ist daher im Grunde eine Tautologie. Abstrakt ist das formelle Recht deshalb, weil im Gesetz keine Namen stehen: Es regelt nicht das Verhältnis von Daniel zu den Eheleuten Vogel, sondern das des Mieters zum Vermieter. Abstrakt-formelles Recht bleibt daher, wie Hegel nicht müde wird zu betonen, »leer«. Gerade in dieser Abstraktion liegt die Gleichheit: Prinzipiell jeder kann die Position der Mieterin oder Vermieterin einnehmen. Das römische Recht ist gleich, weil es abstrakt und formal ist – wäre es konkret und inhaltlich bestimmt, wäre es ungleich und somit kein Recht. Hegel behauptet nun, dass diese logisch-semantischen Eigenschaften von Rechtstexten in Rom zu einer realen sozialen Dynamik geworden sind. Die Gestalt, welche die semantische Universalität des Rechts praktisch angenommen hat, ist die einer Kolonisierung von Lebenswelten. Die im Recht liegende Indifferenz gegen die Besonderheit des einzelnen Menschen und gegen seine jeweilige Willkür wird dabei auf eine Weise wirksam, dass sie auch auf Bereiche durchgreift, die vorher nicht rechtlich reguliert waren. Hegels Beispiel für diese Kolonisierung ist regelmäßig die Verrechtlichung von Liebe und Familie. In den *Vorlesungen über die Philosophie der Geschichte* kreidet er den Römern genau die gleiche Juridifizierung von Intimbeziehungen an, die er in seiner Jugendschrift zum *Geist des Christentums* noch den Juden zum Vorwurf gemacht hatte: Ebenso, wie Abraham ein Fremder ist, der sich von seiner eigenen Familie losgerissen hat, entstammen die Gründer Roms, Romulus und Remus, nicht der Wiege einer sittlichen Verbindung (sie wurden, wie es die Legende will, von einer Wölfin gesäugt). Ebenso, wie Abraham aus bedingungsloser Loyalität mit dem abstrakten Imperativ Gottes bereit ist, seinen eigenen Sohn Isaak zu opfern, so sprechen auch die Römer mit »entarteter« Härte dem Familienverhältnis einen rechtlichen Charakter zu, indem sie die Frauen und Kinder juristisch als das Eigentum des Familienvaters definieren, über das er wie über seine anderen Sachen frei verfügen kann. Und schließlich: Ebenso, wie die Juden für den jungen Hegel zur Liebe ganz unfähig sind und sich deshalb an das abstrakte Gesetz klammern, haben die römischen Männer ihre Frauen nicht »durch freies Werben und Zuneigung« erlangt, sondern mussten sie den Sabinern stehlen. »Dieser Anfang des römischen Lebens«, resümiert Hegel,

in verwilderter Rohheit, mit Ausschluß der Empfindungen der natürlichen Sittlichkeit, bringt das eine Element desselben mit sich, die Härte gegen das Familienverhältnis, eine selbstische Härte, welche die Grundbestimmungen der römischen Sitten und Gesetze für die Folge ausmachte. Wir finden also bei den Römern das Familienverhältnis nicht als ein schönes freies Verhältnis der Liebe und der Empfindung, sondern an die Stelle des Zutrauens tritt das Prinzip der Härte, der Abhängigkeit und der Unterordnung. Die Ehe hatte eigentlich in ihrer strengen und förmlichen Gestalt ganz die Art und Weise eines dinglichen Verhältnisses; die Frau gehörte in den Besitz des Mannes (in manum conventio), und die Heiratszeremonie beruhte auf einer coemtio, in der Form, wie sie auch bei jedem andern Kaufe vorkommen konnte. (VPhG, S. 348)

Diese Verrechtlichung der Familienverhältnisse hat hier also keineswegs den Sinn, allen Menschen den Status von Rechtssubjekten und somit auch den damit verbundenen Schutz zuzusprechen, sondern ermöglicht und legitimiert die willkürliche Verfügung über die Familienmitglieder seitens des *pater familias*. Diese Rechtsförmigkeit der Familie hat aber nicht nur für diejenigen, die durch sie zu Rechtsobjekten degradiert werden, negative Konsequenzen, sondern auch für die Rechtssubjekte selbst. Denn durch die Verrechtlichung der Liebe werden liebevolle, das heißt bedürfnisorientierte Bezugsformen durch zwangsförmige verdrängt. Das Resultat ist die Ausbildung einer, wie Hegel sagt, »selbstischen Härte«, das heißt eines autoritären Charakters, der nach oben buckelt und nach unten tritt (»Knecht auf der einen Seite, Despot auf der andern«). Hegels Antipode ist hier – wie schon im *Geist des Christentums* – klarerweise Kant und seine kontraktualistische Vorstellung von der Ehe.

Fasst man Hegels Überlegungen aus seinen geschichtsphilosophischen Vorlesungen zusammen, so sieht man, dass sich für ihn in Rom jede der konstitutiven *formalen* Eigenschaften des Rechts in eine *reale* soziale Dynamik verwandelt hat: Abstraktheit hat die Form der Leere, Privation die Form des Atomismus und Universalität die Form der Kolonisierung von Lebenswelten angenommen. Aus dieser Dynamik ergibt sich, dass die Freiheitspraxis, die das Recht ermöglicht, selbstwidersprüchlich ist: Sie läuft letztlich auf die Negierung von Freiheit hinaus. Diese autodestruktive Tendenz rechtlicher Freiheit demonstriert Hegel anhand des Umschlagens von Atomismus in Despotismus, das heißt von Recht in Unrecht.

4.4 Der Zusammenhang von Atomismus und Despotismus

Hegel beschreibt das römische Recht als sowohl atomistisch als auch kolonialisierend. Es initiiert eine Bewegung, die zwar allgemein, dabei aber vereinzelnd ist. Aus dieser das soziale Leben insgesamt durchdringenden Dissoziation folgt die Notwendigkeit des Einsatzes rechtlichen Zwangs. Da die Individuen spröde sind, das heißt einander abweisen und sich auch nicht länger auf das Gemeinwesen als geteiltes Projekt beziehen, in dem sie ihr eigenes Wesen verwirklichen können, müssen sie von außen, das heißt gewaltförmig zusammengehalten werden. Der Zwang ist daher kein *konstitutives* Merkmal von Recht, sondern funktionales Erfordernis einer *spezifischen* geschichtlichen Situation, in der den Individuen keine ausreichenden außerrechtlichen Bindungsressourcen zur Verfügung stehen, mit denen sie die dissoziativen Effekte des Rechts kompensieren oder gar suspendieren könnten. In Rom, behauptet Hegel, ist die sittliche Substanz irgendwann so stark zerfressen, dass *nur noch* Zwang das Auseinanderfallen des Staates verhindert, weil *gar keine* gemeinsamen Bezugspunkte mehr existieren.

War die der griechischen Polis adäquate Regierungsweise noch demokratisch, so wird sie im römischen Staat despotisch. Der Gipfelpunkt des Zusammenspiels von Atomismus und Despotismus ist schließlich das Kaisertum, das mit der Blüte der Entwicklung des Privatrechts zusammenfällt. Die Individuen als Rechtspersonen herrschen im Rahmen ihrer Privatwillkür absolut, lassen aber zugleich die öffentliche Sache, die *res publica,* vollkommen »verwesen« (VPhG 384).[21] Das eine folgt aus dem anderem: Wer im

21 Marx nimmt diese Figur des Zusammenspiels von Vereinzelung und Despotismus in seine Erklärung des Bonapartismus auf. Louis Bonaparte vertritt die Klasse der Parzellenbauern, deren voneinander isolierte Subjektivität nur autoritär und von oben vereinigt werden kann. Die Universalität, in deren Namen die Bourgeoisie angetreten war, kann sich aufgrund dieser realen Atomisierung nicht als »Gemeinsames«, sondern nur als »Allgemeines« verstehen, das zum

Privaten immer nur herrschaftsförmige Interaktionsmuster einübt, ist auch im Öffentlichen nicht in der Lage, gemeinsam mit anderen zu handeln und zu gestalten.[22] Indem die Privatrechtssubjekte aber zulassen, dass ihnen eine äußere Instanz mit absoluter Gewalt gegenübersteht, verfangen sie sich zugleich in einem »Widerspruch«, denn sie hypostasieren den unbedingten Wert ihrer Privatwillkür, erlauben aber zugleich deren ebenso bedingungslose Negation.[23] Durch das Prinzip der abstrakten Personalität, schreibt Hegel,

> sind die Individuen als Atome gesetzt; zugleich aber stehen sie unter der harten Herrschaft des Einen [des Imperators, D. L.], welche als monas monadum die Macht über die Privatpersonen ist. Dies Privatrecht ist daher ebenso ein Nichtdasein, ein Nichtanerkennen der Person, und dieser Zustand des Rechts ist vollendete Rechtlosigkeit. Dieser Widerspruch ist das Elend der römischen Welt. Das Subjekt ist nach dem Prinzipe seiner Persönlichkeit nur zu dem Besitze berechtigt, und die Person der Personen zum Besitz aller, so daß das einzelne Recht zugleich aufgehoben und rechtlos ist. (VPhG, S. 387)

Aus der bemerkenswerten Beobachtung, dass im Herzen des Privatrechts eine »vollendete Rechtlosigkeit« herrscht, weil sich die Menschen, indem sie sich als Rechtspersonen zu einem Dasein als schiere Eigentümer degradieren lassen, zugleich die Tyrannei einer unbegrenzten staatlichen Herrschaft einhandeln, lässt sich auch der Umkehrschluss ziehen: Umso voller, vielseitiger und reicher, das heißt umso sozialer, kommunikativer und kooperativer die faktische Existenz des Menschen ist, desto weniger bedarf er einer staatlichen Autorität, wodurch gerade jene »Rechtlosigkeit« des Individuums überwunden werden könnte – eine Konsequenz, vor der der Staatsdenker Hegel selbst zurückschreckte.

Besonderen nicht anders als mittels der Gewalt in Beziehung treten kann, vgl. MEW 8, S. 198 f.

22 Daher sind nicht nur Frauen, Kinder und Sklaven unfrei, sondern auch die Familiendespoten selbst, wie Hannah Arendt – allerdings mit Bezug bereits auf die griechische, nicht erst die römische Herrschaft des Familienvaters – zeigt, vgl. Hannah Arendt, »Was ist Autorität?«, in: dies., *Zwischen Vergangenheit und Zukunft*, München 2000, S. 159-200, hier S. 171.

23 Am deutlichsten manifestiert sich diese Ironie politisch in bestimmten Strömungen der US-amerikanischen Republikaner: Hier geht ein hyperindividualistisches Konzept von Rechten eine paradoxe Verbindung mit einer exzessiven Investition in staatliche Zwangsmittel, insbesondere den Verteidigungshaushalt, ein.

5. »Dogmatismus« und »Langeweile«: Das kommunikative Defizit der Rechtssubjektivität in der *Phänomenologie des Geistes*

In den *Vorlesungen über die Philosophie der Geschichte* hat Hegel einen allgemeinen universalgeschichtlichen Abriss gegeben, dem er die Gestalt einer Abfolge welthistorisch signifikanter Völker und ihrer Welten verleiht. In der *Phänomenologie des Geistes* (1807), seinem in Jena verfassten ersten Hauptwerk, untersucht er näher die Feinstruktur einer im Wesentlichen juridisch verfassten Subjektivität. Der methodische Unterschied liegt hier darin, dass Hegel das Recht nicht erst als soziales Faktum hinnimmt und in einem zweiten Schritt dessen Auswirkungen auf die Subjektivität untersucht, sondern es von vornherein aus der Entwicklungsperspektive des Subjekts, das heißt im Rahmen der Genese des Geistes behandelt. Zudem formuliert Hegel in der *Phänomenologie* eine spezifische Kritikstrategie, die in seinen anderen Entwürfen unterbelichtet bleibt. Er betrachtet das Recht hier als verfehlte Kommunikation: Das juridische Konstrukt der Rechtsperson, so seine These, führt unweigerlich zu einer *Zirkulation schlechter Gründe*.

Im nur fünf Seiten umfassenden Kapitel zum *Rechtszustand* führt Hegel die Stationen der Rechtssubjektivität in Analogie zu denen des Selbstbewusstseins ein. Wie schon im *Geist des Christentums*, so folgt er auch hier der Methode, die Defizite einer Lebensform anhand der Fehler philosophischer Ansätze zu veranschaulichen. War für den Frankfurter Hegel das Judentum die praktische Verwirklichung der Philosophie Kants, so analogisiert er in der *Phänomenologie* das Rechtsbewusstsein mit den antiken Philosophien Stoizismus und Skeptizismus (sowie mit dem »unglücklichen Bewusstsein«, das aber an dieser Stelle ausgeklammert wird). Damit will Hegel jedoch wohlgemerkt kein Problem der griechischen Philosophie suggerieren, vielmehr stilisiert er Stoizismus und Skeptizismus zu Kennzeichen einer gerade römischen Subjektivität – beide Ansätze sind zwar, behauptet Hegel, als philosophische Schulen in Griechenland entwickelt worden, zu sozial signifikanten oder gar paradigmatischen realen *Lebensformen* werden sie aber erst in Rom.[1] Sie sind also nicht nur (falsche) philosophische Ansätze, sondern stellen eine Entwicklungsstufe sowohl der Geschichte der Moderne als auch jedes in ihr existierenden Selbstbewusstseins dar. Bereits Descartes hatte ja gezeigt, dass das Denken durch den radikalen Zweifel hindurchgehen muss, um zur Gewissheit seiner selbst und Gottes zu gelangen – aber es darf beim Zweifel eben nicht stehenbleiben. Hegels Argument ist also folgendermaßen aufgebaut: (1) Die römische Rechtssubjektivität ist strukturell den Philosophien von Stoizismus und Skeptizismus analog, (2) Stoizismus und Skeptizismus können philosophisch widerlegt werden, (3) damit kann auch das Defizit der römischen Rechtssubjektivität erwiesen werden.

5.1 Der Stoizismus des Rechtssubjekts

Am Stoizismus (der eine ethische Position darstellt) hebt Hegel die ethischen, am Skeptizismus (der eine erkenntnistheoretische Position darstellt) die erkenntnistheoretischen Defizite hervor. In der Rechtssubjektivität ist beider vereint: Sie verstellt den Individuen

1 In der *Phänomenologie des Geistes* nennt Hegel keine Namen von Philosophen, die jene Ansätze vertreten haben. Es wird meistens davon ausgegangen, dass er mit Stoizismus und Skeptizismus bereits die griechischen Philosophen Zenon, Pyrrhon und Diogenes vor Augen hatte (exemplarisch Jean Hyppolite, *Genesis and Structure of Hegel's Phenomenology of Spirit*, Evanston 1974, S. 185). Dafür spricht, dass Hegel bereits in seinem Jenaer Artikel *Verhältnis des Skeptizismus zur Philosophie* auch auf diese frühen Formen eingeht und etwa den Vorsokratiker Parmenides als Skeptiker in Reinform ansieht (VSP, S. 229). Es gibt aber auch Interpret*innen, welche die beiden Ansätze erst in Rom, bei Philosophen etwa wie Seneca und Marc Aurel verorten, die auch über bedeutenden politischen Einfluss verfügten (vgl. etwa Mitchell Franklin, »The Significance of Stoicism in Roman Law in the Development and Outcome of Hegel's Theory of Alienation«, in: *Acta Juridica* 1 [1958], S. 246-259; Gillian Rose, *Hegel Contra Sociology*, London 1981, S. 160). Skeptische Positionen haben in der römischen Antike vor allem Cicero und Sextus Empiricus vertreten. Entscheidend ist für Hegel aber der römische Import griechischer Ideen: Die Griechen haben sie entwickelt, in Rom wurden sie paradigmatisch. – Zu besonders hilfreichen Abhandlungen zu Stoizismus, Skeptizismus und dem unglücklichen Bewusstsein vgl. Pinkard, *Hegel's Phenomenology*, sowie Franco Chiereghin, »Freedom and Thought: Stoicism, Scepticism, and Unhappy Consciousness«, in: Kenneth R. Westphal (Hg.), *The Blackwell Guide to Hegel's Phenomenology of Spirit*, Chichester 2009, S. 55-71.

ein gutes Leben, weil sie konstitutive Dimensionen des menschlichen Gedeihens verdrängt, und führt zu falschem Bewusstsein, weil sie für gute Gründe blind ist. Das »unglückliche Bewusstsein«, mit dem Hegel die Ansätze früher christlicher Philosophien bezeichnet, markiert bereits den Ausgang aus dieser defizitären Konstellation, da es sich der eigenen Unwesentlichkeit immerhin gewahr ist. Aber auch wenn Hegel die Negativeffekte des Rechtszustands anhand antiker und (früh)christlicher Philosophien beschreibt, sein Gegner bleibt noch immer Kant: Er ist derjenige Denker, der eine zivilrechtlich angelegte, das heißt im Kern »römische« Rechtsphilosophie mit einer Moralphilosophie, die Neigungen abwertet, und einer theoretischen Philosophie, die den aus sinnlicher Wahrnehmung gewonnenen Daten misstraut, verbindet. Die Rechtsperson, die Hegel vor Augen steht, ist ein konsequentes kantianisches Subjekt, das heißt, sie ist *ausschließlich* und durch und durch Rechtsperson.[2]

Person zu sein heißt Stoikerin zu sein. Sowohl die stoische Haltung als auch die Existenz als Rechtsperson ist durch eine Entsagung von Weltlichkeit gekennzeichnet. Im Aufbau der *Phänomenologie* folgte der Stoizismus im Rahmen der Entwicklung des Selbstbewusstseins auf die Erfahrung von Herrschaft und Knechtschaft. Das stoische Selbstbewusstsein hat durchaus eine Form von Freiheit erreicht, indem es sich von der Realität und somit auch von allen Verhältnissen von Herrschaft und Knechtschaft unabhängig gemacht hat. Im *Geist des Christentums* hatte Hegel Jesus noch durchaus dafür bewundert, dass er sich aus einer feindlichen Umgebung zurückgezogen hat und so seine Ideale vor Kompromittierung durch die Welt schützte. Aber in der *Phänomenologie* trägt Hegel nun der Tatsache Rechnung, dass diese Freiheit eben den Preis der eigenen Existenz hat und somit zugleich eine Unfreiheit darstellt. Denn indem die Stoikerin Herrschaft und Knechtschaft für irrelevant erklärt, enthält sie sich sowohl der Befriedigung, zu herrschen, als auch der Selbstverwirklichung durch Arbeit, wie sie der Knecht erfährt; die Stoikerin verzichtet ja gerade auf alle leib-

2 Zu einer ausführlichen Rekonstruktion der Entstehung des »desengagierten Subjekts« in der Moderne, das seine Wahrheit und Wesentlichkeit nicht mehr aus transsubjektiven Normen, sondern aus der eigenen Innerlichkeit schöpft, vgl. insbes. mit Bezug auf Descartes und Locke Charles Taylor, *Quellen des Selbst. Die Entstehung der neuzeitlichen Identität*, Frankfurt/M. 1996, Kap. 8 und 9.

lich-sinnlichen Erfahrungen und reduziert ihre ganze Existenz auf das »Denken«. Durch ihre Indifferenz lässt sie so auch Herrschafts- und Knechtschaftsverhältnisse weiterbestehen.

Was aber ist das Problem am Stoizismus? Könnte man nicht die Entscheidung, die eigene denkerische Existenz höher zu schätzen als alle sinnlichen Erfahrungen, als exzentrischen, aber legitimen Lebensentwurf akzeptieren? Hegels Ziel ist es aufzuzeigen, dass die stoische Haltung zunächst zu einer Gleichgültigkeit gegen die Qualität ethischer Gründe führt und sich schließlich in einem Selbstwiderspruch verfängt. Die proklamierte Inhaltsleere führt nämlich unter der Hand dazu, dass sich doch ein Inhalt einschleicht, denn mit der Abkehr von der Mannigfaltigkeit der Welt wird unweigerlich das Denken selbst zum letzten verbleibenden Inhalt und somit fetischisiert. »Der Stoizismus«, schreibt Hegel, »ist darum in Verlegenheit gekommen, als er, wie der Ausdruck war, nach dem *Kriterium* der Wahrheit überhaupt gefragt wurde, d.h. eigentlich nach *einem Inhalte* des *Gedankens selbst.* Auf die Frage an ihn, *was* gut und wahr ist, hat er wieder das *inhaltslose* Denken selbst zur Antwort gegeben; in der Vernünftigkeit soll das Wahre und Gute bestehen.« (PhG, S. 158) Das Denken wird somit zu einem Gegebenen, das heißt selbst zu einem fremden, zu einem Schicksal. Indem sich das Subjekt auf sein eigenes Denken zurückgezogen hat, um sich von der Heteronomie der Welt zu befreien, ist das Denken selbst zur Heteronomie, zu einem Gefängnis geworden. Mit kantischen Begriffen gesagt: Wenn das »Ich denke, das alle meine Vorstellungen muss begleiten können« selbst nicht mehr von Vorstellungen begleitet wird, so wird es sich selbst zur einzigen Bestimmung. Diese »Sichselbstgleichheit des Denkens« (ebd.) bringt es nie zu irgendetwas anderem als zur bloßen Form ohne Inhalt und letzten Endes nur zur »Langeweile« (ebd., S. 159).

Das Recht, so hatte Kant in seiner *Rechtslehre* insistiert, verlangt von den Einzelnen nicht, es sich zur inneren Triebfeder zu machen, sondern nur, es äußerlich zu befolgen.[3] Daraus folgt eine ethische Enthaltsamkeit des Rechts, die zugleich die Voraussetzung dafür ist, dass die Einzelnen ihre jeweiligen (unterschiedlichen) Vorstellungen vom Guten verfolgen können. So wird nun deutlich, worin Hegel die Parallele zwischen Stoizismus und Rechtspersonalität

3 Kant, *Die Metaphysik der Sitten*, S. 324 (AB 15).

sieht: Wie die Stoikerin, so ist auch die Rechtsperson ein von der konkreten Mannigfaltigkeit der Welt abgewandtes Wesen. Hegel beschreibt dies so:

> Die Persönlichkeit ist also hier aus dem Leben der sittlichen Substanz herausgetreten; sie ist die wirklich geltende Selbstständigkeit des Bewußtseins. Der unwirkliche Gedanke derselben, der sich durch Verzichttun auf die Wirklichkeit wird, ist früher als stoisches Selbstbewußtsein vorgekommen; wie dieses aus der Herrschaft und Knechtschaft, als dem unmittelbaren Dasein des Selbstbewußtseins, so ist die Persönlichkeit aus dem unmittelbaren Geiste [...] hervorgegangen. Was dem Stoizismus nur in der Abstraktion das An-sich war, ist nun wirkliche Welt. Er ist nichts anderes als das Bewußtsein, welches das Prinzip des Rechtszustands, die geistlose Selbstständigkeit, auf seine abstrakte Form bringt; durch seine Flucht aus der Wirklichkeit erreichte es nur den Gedanken der Selbstständigkeit; es ist absolut für sich dadurch, daß es sein Wesen nicht an irgendein Dasein knüpft, sondern jedes Dasein aufgegeben, und sein Wesen allein in die Einheit des reinen Denkens setzt. (PhG, S. 355 f.)

Diese Beschreibung ist zunächst verwirrend. Hegel sagt, der Stoizismus sei »Verzichttun auf die Wirklichkeit«, und er sagt gleichzeitig, der Rechtszustand sei die »wirkliche Welt«. Dennoch ist damit nicht gemeint, das Recht habe sozusagen die Defizite des Stoizismus geheilt, indem nun dasjenige wirklich ist, was vorher unwirklich war. Der Vorgang, den Hegel beschreibt, muss vielmehr dialektisch verstanden werden: Das Recht verwirklicht eine unwirkliche Wirklichkeit. Hegel will sagen, dass der Wirklichkeitsverzicht, der dem Stoizismus nur eine theoretische, innere Haltung war, nun in der sozialen und politischen Welt manifest geworden ist. Eine Rechtsperson zu sein bedeutet also, wirklich und unwirklich zugleich zu sein: Man ist wirklich, weil die soziolegale Entität, als die man sich empfindet, tatsächlich existiert, aber man ist zugleich unwirklich, weil diese Existenzweise nichtsdestotrotz eine Abwendung von der Fülle des sinnlichen Materials in der Welt bedeutet.

Wie im Stoizismus liegt auch im Recht zwar keine Überwindung von Herrschaft und Knechtschaft, aber dennoch eine Form von Freiheit. Auch das Recht lässt die ihm äußerlichen (»ökonomischen«) Verhältnisse intakt – den Fortbestand von Herrschaft und Knechtschaft in Form zum Beispiel von Klassengegensätzen –, aber es ermöglicht auch – nun »wirklich« – eine Form von Innerlichkeit und eröffnet so die Möglichkeit der Gleichgültigkeit gegenüber jenen Herrschaftsverhältnissen. Die Form, in der das Recht die Innerlichkeit »verwirklicht«, welche die Stoikerin als subjektive Haltung antizipiert hatte, ist die Privatwillkür hinter der Maske der Rechtspersonalität. Auf diese Weise ist rechtliche Freiheit der stoischen Freiheit analog: Sie ermöglicht einen Rückzug ins Private um den Preis der Weltlichkeit. Der Freiheitsgewinn ist durch einen Sittlichkeitsverzicht erkauft. Das Individuum als Rechtsperson ist »weder an ein reicheres oder mächtigeres Dasein des Individuums als eines solchen, noch auch an einen allgemeinen lebendigen Geist geknüpft, sondern vielmehr an das reine Eins seiner abstrakten Wirklichkeit oder an es als Selbstbewußtsein überhaupt« (PhG, S. 356). »Reicher« und »mächtiger« sind hier ethisch perfektionistische Begriffe: Am formalen Recht kritisiert Hegel, dass es den Menschen keinen Zugang zur Intensität und Fülle erlaubt, die ein gutes Leben ausmachen, sondern ihn auf die farb- und geschmacklose Wirklichkeit ihrer schieren Personalität reduziert. Personen mangelt es *per definitionem* an einem Kriterium des Wahren und Guten – hätten sie eine solche Vorstellung, wären sie immer schon mehr als nur Personen. Die philosophischen Begründungen von Stoizismus und abstraktem Recht gleichen sich somit auch in ihrer tautologischen »Langweiligkeit«: Auf die Frage nach dem Kriterium von Rechtlichkeit antwortet (zumindest die liberale) Rechtsphilosophie immer nur sich selbst: In der Rechtlichkeit soll das Wahre und Gute liegen.

5.2 Der Skeptizismus des Rechtssubjekts

Die gleiche Operation – Nachweis einer Analogie und somit Ermöglichung einer philosophischen Kritik – führt Hegel auch beim Skeptizismus durch. Wesentlich für das skeptische Selbstbewusstsein ist eine Vergessenheit der eigenen Existenzvoraussetzungen: Weil er ja die Außenwelt negiert, setzt sich der Skeptiker als Quelle seiner Freiheit ständig selbst voraus; das skeptische Selbstbewusstsein erfährt »seine eigene Freiheit als durch es selbst gegeben und erhalten« (PhG, S. 161) und deartikuliert den Entwicklungsgang und die sozialen Bedingungen seiner Existenz. Auch hier diagnostiziert Hegel einen Selbstwiderspruch, der darin besteht, dass das skeptische Selbstbewusstsein die Signifikanz des Äußeren leugnet, zugleich aber weiter innerhalb der Welt existiert. Indem es seine Verankerung in der Welt vergisst, verliert es auch sich selbst, denn die eigene Existenz wird so zu einem Zufälligen, Einzelnen und Unwesentlichen. Hegels Kritik am Stoizismus war *ethisch*: Durch ihre Indifferenz gegenüber ethischen Gütern ist der Stoikerin ein gelungenes Leben versperrt. Seine Kritik am Skeptizismus, welcher die Radikalisierung oder »Realisierung« (PhG, S. 159) des Stoizismus ist, ist *wahrheitstheoretisch*: Der Skeptiker ist blind gegen gute Gründe, weil ihm alles Äußere nichts gilt und er sich zugleich in dieser Negation beständig performativ widerspricht; er bringt es darum nie zu mehr als zur »Faselei« und jede Auseinandersetzung mit ihm ist nicht mehr als ein »Gezänke« (PhG, S. 162). Der Skeptiker kann, wie es in den *Vorlesungen zur Geschichte der Philosophie* heißt, alle Streitfragen immer nur »dogmatisch« (VGPh II, S. 259) lösen, weil er seine Kriterien immer nur aus sich selbst generiert.

Die Analogie von Skeptizismus und Recht liegt in der Kriterienlosigkeit, die sich aus der Abstraktion ergibt. Abstraktion ist, wie oben erwähnt, für das Recht konstitutiv, es kann kein nichtabstraktes Recht geben. Der damit verbundene Wegfall qualifizierender Kriterien führt zu einer radikalen Beliebigkeit gegenüber dem Inhalt sowohl der Beschaffenheit der Rechtsträgerin als besonderem Wesen als auch dessen, worauf sich ihr Wille richtet. So wie das skeptische Selbstbewusstsein bis zur Selbstwidersprüchlichkeit jedes Kriterium verloren hat, um seine Geltungsansprüche und Begierden zu rechtfertigen, da es ja die Bedeutung der Welt schlechterdings negiert, so hat sich auch die Rechtssubjektivität von der Substanz und dem Inhalt der sittlichen Gemeinschaft emanzipiert und sich so in ein Dasein verwandelt, dessen Realität nur ein »zufälliges Dasein und wesenloses Bewegen und Tun [ist], welches zu keinem Bestand kommt« (PhG, S. 355).

Man kann sich diesen Zusammenhang folgendermaßen klarmachen. Eine sinnvolle Diskussion basiert auf dem Austausch von Argumenten. Wenn A einen Geltungsanspruch erhebt und B diesen bestreitet, kann A sich auf ihre Redefreiheit berufen. Eine solche Berufung immunisiert A sowohl gegen allen materialen Rechtfertigungsanforderungen als auch gegen jegliche Verantwortungsübernahme. Ein Rückzug auf die Rechtsgarantie kann in einer Situation, in der die Redefreiheit bedroht ist, sinnvoll sein; Hegel bestreitet ja nicht prinzipiell den freiheitsverbürgenden Charakter von Rechten. Sogar das ostentative, rein strategische Insistieren auf der eigenen Redefreiheit, dem es vordergründig gar nicht um ein »sinnvolles Gespräch«, sondern nur um eine politische Intervention geht, kann unter bestimmten Umständen gerechtfertigt sein. Nichtsdestotrotz darf es bei einer solchen rein rechtlichen Begründung der eigenen Rede nicht bleiben: Um in ein wirkliches Gespräch einzutreten, muss A den Bereich des Rechts verlassen und den angegriffenen Geltungsanspruch nicht rechtlich, sondern argumentativ reparieren.[4] Ansonsten degeneriert das Gespräch, wie eine Diskussion mit einem Skeptiker, zum »Gezanke« und zur »Faselei«.[5] Aus einer feministisch sensibilisierten Perspektive ließe sich Hegels Kritik am Dogmatismus juridifizierter Kommunikationsformen noch weitertreiben. Eine genuin *undogmatische*, das heißt eine der Welt und den Nächsten zugewandte Kommunikation, müsste eine Haltung der Aufmerksamkeit nicht nur für die Argumente der anderen, sondern auch für ihre Bedürfnisse und Besonderheiten entwickeln und somit Verantwortung nicht nur für das intellektuelle Resultat der gemeinsamen Deliberation, sondern auch für die materielle und emotive Reproduktion der Kommu-

4 Ähnlich argumentiert Axel Honneth in *Das Recht der Freiheit*, vgl. dazu ausführlicher unten Kapitel 10.2.

5 Für Christoph Menke ist die Möglichkeit der »Degeneration von Individualität in Idiotie« (Christoph Menke, »Das Nichtanerkennbare. Oder warum das moderne Recht keine ›Sphäre der Anerkennung‹ ist«, in: Rainer Forst u. a. (Hg.), *Sozialphilosophie und Kritik*, Frankfurt/M. 2009, S. 87-108, hier: S. 105) ein strukturelles Kennzeichen von subjektiven Rechten insgesamt. Das liegt daran, dass subjektive Rechte zum einen zur Teilnahme an sozialen Praktiken befähigen sollen, zum anderen aber das »Ob und Wie der Befähigung ins Belieben des Einzelnen« (ebd., S. 99) stellen müssen. Menke spielt hier auf die ursprüngliche griechische Bedeutung des Ausdrucks »Idiot« als »Privatmann« an. – Mit Hegel lässt sich die in den subjektiven Rechten ermöglichte Privatisierung der Vernunft näher als ein spezifischer Verlust *kommunikativer* Kompetenz bestimmen. Solche Verfallserscheinungen kann man heute zunehmend beobachten. Wer demonstrativ in der Nähe von Kindergärten sein Recht ausübt, Waffen zu tragen, oder wer dem Benzin in seinem Auto absichtlich umweltschädliche Zusätze beimischt, um Umweltaktivist*innen zu ärgern, handelt nicht *ohne* Gründe, sondern aus *schlechten* Gründen: Die Legitimität solchen Handelns wird nicht mit in der Sache liegenden Argumenten, welche mit Gegenargumenten bestritten werden könnten, sondern ausschließlich mit juristischen Argumenten behauptet, welche eine äußere Einmischung von vornherein ausschließen.

nikationsbedingungen übernehmen. Ein solches nichtjuridisches Kommunikationsmodell müsste dann auch nonverbale Formen der Zuwendung und Sorge mit einschließen.

Hegel selbst geht einen Schritt in diese Richtung, wenn er meint, aus den Struktureigenschaften des Rechts und der Rechtsperson auch auf eine affektive Grunddisposition des juridischen Menschen schließen zu können. Das abstrakte Recht verwirklicht genau diejenigen Haltungen, die Stoizismus und Skeptizismus propagierten: Entsprechend der Erfahrung der eigenen Unwesentlichkeit wird das Rechtssubjekt apathisch und ataraktisch. Während viele Gegenwartsdiagnosen Phänomene wie Unentschlossenheit, Antriebslosigkeit oder den ständigen Aufschub von Entscheidungen und Handlungen einer postmodernen Konsumkultur ankreiden, ist Hegel der Meinung, solche Haltungen resultierten daraus, dass Rechtspersonen die strukturelle Eigenschaft des Rechts zu einer Eigenschaft des Charakters machen. Axel Honneth hat diese Disposition ein »Leiden an Unbestimmtheit« genannt, das heißt die Unfähigkeit, unter den Auspizien des abstrakten Rechts überhaupt eine soziale Sensibilität oder eine qualifizierte persönliche Präferenz auszubilden.[6]

Hegel begnügt sich in der *Phänomenologie* damit, apathische Stimmungen als Resultat der Erfahrung der Unwesentlichkeit des Individuums zu beschreiben. Mithilfe zeitgenössischer Gesellschaftstheorien lässt sich dieser Befund spezifizieren. Allgemeine Indifferenz kann dann als Resultat des Zusammenspiels von Souveränität und Unvermögen begriffen werden, das für die Rechtssubjektivität kennzeichnend ist. Schon Walter Benjamin beschreibt den Effekt der »Antithese zwischen Herrschermacht und Herrschvermögen« in seinem *Trauerspielbuch* als Melancholie des Tyrannen: Fürsten werden in ihrer Kreatürlichkeit durch die ihnen zugeschriebene Souveränität strukturell überfordert, was sich in ihrer Subjektivität dann als »Entschlußunfähigkeit« niederschlägt.[7] Für

6 Honneth entwickelt dieses Motiv aus einer Lektüre der *Grundlinien der Philosophie des Rechts* (Honneth, *Leiden an Unbestimmtheit*). Für die Diagnose des Leidens an Unbestimmtheit ließe sich, so sollte hier gezeigt werden, aber möglicherweise in der *Phänomenologie* eine noch bessere Textgrundlage finden.

7 Walter Benjamin, *Ursprung des deutschen Trauerspiels*, in: *Gesammelte Schriften*, Band 1, Frankfurt/M. 1991, S. 250; vgl. dazu auch Daniel Loick, »Herrschermacht und Herrschvermögen. Walter Benjamins Kritik der Entscheidung«, in: Christine

Alain Ehrenberg, der sich auf Nietzsches Begriff des »souveränen Individuums« bezieht (vgl. unten Kap. 8), hat sich seit den 1960er Jahren durch die Norm der Eigenverantwortung und Initiative dieses Zusammenspiel von Unfähigkeit und Souveränitätszumutung demokratisiert, das zuvor den »Ausnahmemenschen« vorbehalten war. Diese verallgemeinerte »Kultur der Autonomie« stellt für Ehrenberg einen Grund für die Zunahme der Diagnose depressiver Erkrankungen dar. Depression ist die Pathologie »des Menschen, der glaubt, der Autor seines eigenen Lebens zu sein, während er doch Subjekt im doppelten Sinne ist: Souverän und Untertan bleibt«.[8] Hegels apathische Rechtssubjekte können insofern als Vorläufer*innen von Ehrenbergs depressiven Verantwortungssubjekten verstanden werden.

Rechtsperson zu sein, so lässt sich resümieren, bedeutet zugleich Stoikerin und Skeptiker zu sein. Eine Vorstellung vom Menschen aber, dessen ethische und epistemologische Ansprüche dermaßen auf den Hund gekommen sind und dessen emotionale Verfassung derart dürftig ist, stellt laut Hegel eine Beleidigung dar: »Das Bewußtsein des Rechts erfährt darum in seinem wirklichen Gelten selbst vielmehr den Verlust seiner Realität und seine vollkommne Unwesentlichkeit, und ein Individuum als eine *Person* bezeichnen ist Ausdruck der Verachtung.« (PhG 357)

5.3 Ironien der rechtlichen Subjektivierung

Rom, meint Hegel, hat die Freiheit mit Mitteln verwirklicht, die sie in Wirklichkeit zugleich untergraben. Diesen Prozess kann man als *Ironie der Geschichte* begreifen: Das abstrakte Recht hat den Individuen das Heraustreten aus der Polis ausgerechnet auf eine Weise ermöglicht, die diese Eigenständigkeit zugleich entwertet. Wie ist das zu verstehen? Für Hegel hat die Ironie des Juridismus zwei Dimensionen: eine *ethische* und eine *politische*. Die *ethische* liegt darin, dass die Loslösung des Subjekts aus der Polis zur inneren Freiheit

Blättler, Christian Voller (Hg.), *Walter Benjamin – Politisches Denken. Probleme moderner Staatlichkeit*, Baden-Baden 2016, S. 97-110.

8 Alain Ehrenberg, *Das erschöpfte Selbst. Depression und Gesellschaft in der Gegenwart*, Frankfurt/M., New York 2004, S. 277.

durch die Preisgabe der konkreten Individualität erkauft ist. Durch die Möglichkeit des Eigentumserwerbs können die Einzelnen ihr Selbst verwirklichen, aber diese Selbstverwirklichung ist gleichzeitig ruiniert, weil ihnen die Kriterien abhandengekommen sind, nach denen sie die nur formale Freiheit inhaltlich füllen könnten. Im Gegensatz zur Individualität ist die Persönlichkeit abstrakt, ihr ist es *per definitionem* nie »um ein konkret geistiges, in sich reiches Leben zu tun« (VPhG, S. 340). Das faktische Resultat dieser ethischen Enthaltsamkeit ist die Verbreitung von Apathie, Ataraxie und Entscheidungsunfähigkeit als psychisch-emotive Grunddispositionen.

Die *politische* Ironie liegt darin, dass die Menschen im abstrakten Recht die Verwirklichung persönlicher Freiheit suchen, zugleich aber gezwungen sind, eine politische Macht zu akzeptieren, die diese Freiheit immer zugleich negiert. Da die Menschen als Rechtspersonen auch gegen einander indifferent sind, haben sie keine intrinsische Motivation, zum Gelingen des Polisprojekts beizutragen, und müssen mit Zwang zu einer mindestens basalen Konformität bewegt werden, da sonst die vollständige Auflösung der Gesellschaft droht. Der imperiale Staat wird so zum funktionalen Erfordernis. In der *Phänomenologie* beschreibt Hegel diesen Zusammenhang als Konfusion der Vielheit abstrakt Gleicher in der Einheit eines fremden und äußeren »Punktes«, den er dort den »Herrn der Welt« nennt (womit er den römischen Imperator vor Augen hatte). In ihm erkennen sich die Einzelnen nicht und können seine Perspektive nicht übernehmen, sie handeln nicht, wie noch in der Polis, »in concert«, sondern sind »als Personen für sich und schließen die Kontinuität mit anderen aus der absoluten Sprödigkeit ihrer Punktualität aus, sie sind also in einem nur negativen Verhältnisse wie zueinander so zu ihm, der ihre Beziehung oder Kontinuität ist« (PhG, 358). Indem das Individuum sich objektiv an der fremden Punktualität stößt, wird also genau die Freiheit verspielt, welche die unendliche Innerlichkeit eigentlich erreichen sollte: »Die rechtliche Persönlichkeit erfährt also, indem der ihr fremde Inhalt sich in ihr geltend macht – und er macht sich in ihnen geltend, weil er ihre Realität ist –, vielmehr ihre Substanzlosigkeit.« (PhG, S. 358 f.)[9]

9 Im viel diskutierten Abschnitt »Die absolute Freiheit und der Schrecken« in der *Phänomenologie* ergänzt Hegel seine Kritik an der Auflösung des Sittli-

Die ethische und die politische Ironie haben zusammen auch einen praktischen Effekt: Rechtliche Freiheit ist in letzter Konsequenz autodestruktiv. Wie im *Geist des Christentums*, so hält Hegel auch hier an seiner Überzeugung fest, dass aus einer ethisch-moralisch-politischen Verfehlung ein fatales Schicksal folgt. Das römische Weltreich war daher, so will er suggerieren, von Anfang an dem Untergang geweiht (eine bemerkenswerte Behauptung, wenn man bedenkt, dass es Hegels Idealpolis Athen gerade mal auf 60 Jahre brachte (492-431 v. u. Z, vgl. VPhG, S. 323), das *imperium romanum* hingegen auf sagenhafte 1000). Den Grund für den schleichenden Verfall Roms sieht Hegel darin, dass mit dem Verlust ethischer Bindungen und der Erfahrung des politischen Despotismus, die sich zur Zeit des Kaisertums noch verstärkt, auch die Bereitschaft der Bürger sinkt, für das politische Gemeinwesen ihr Leben aufs Spiel zu setzen. Das Verschwinden von Heroismus ist für ihn Begleiterscheinung der Degenerierung des Politischen.

Die Geschichtswerke, auf die sich Hegel in seiner Analyse am meisten stützt, sind Montesquieus *Considérations sur les causes de la grandeur des Romains et de leur décadence* von 1734 und Edward Gibbons epochales Werk *Decline and Fall of the Roman Empire*, das in insgesamt sechs Bänden zwischen 1776 und 1788 erschienen war. Gibbon bietet ein Ensemble mehrerer Ursachen für den Untergang des römischen Reiches an, wobei es damals als besonders skandalös galt, dass er dabei der Entstehung des Christentums eine Mitschuld gab: Da sie das Absolute nicht im Diesseits, sondern im Jenseits erwarten, sind die Christen gegenüber der Welt und ihrem Schicksal gleichgültig geworden. Ein solches Desinteresse am Staat

chen durch das abstrakte Recht um ein revolutionstheoretisches Argument: Revolutionär*innen, die sich auf eine abstrakte Allgemeinheit berufen, ohne dass dieses der sittlichen Lebenswirklichkeit bereits entspräche, verharren entweder in einem bloßen Meinen, oder sie werden unweigerlich zu Terrorist*innen (vgl. dazu Jürgen Habermas, »Hegels Kritik an der französischen Revolution«, in: ders., *Theorie und Praxis. Sozialphilosophische Studien*, Frankfurt/M. 1963, S. 128-147). Die Freiheit, die auf diese Weise verwirklicht wird, ist ebenso entwertet wie die des abstrakten Rechts in Rom: Die individuelle Existenz wird in ihr bedeutungslos. Absolute Freiheit ist zugleich ein Schrecken, weil eine partikulare Perspektive in ihre keine substanzielle Verwirklichungsmöglichkeit findet. Es ist daher kein Wunder, dass auch eine solche Gesellschaft ihre politische Sphäre verwesen lässt, da sie von den »politischen Nullität[en]« (N, S. 494) der Mitglieder der Bourgeoisie dominiert wird, denen es immer nur um ihr Privatinteresse geht.

ist für Hegel im Allgemeinen Kennzeichen des spätrömischen Zeitgeistes. Er übernimmt von Gibbon die Idee, dass öffentliche Moral vor allem als Truppenmoral ein Faktor von politischer Stabilität ist, wobei er für den Rückzug ins Private mehrere Varianten zuzulassen scheint: Dieser kann sich entweder als christliche Demut (ich bete zu viel, um zu kämpfen), wirtschaftliche Raffgier (ich akkumuliere zu viel, um zu kämpfen) oder konsumistische Dekadenz (ich feiere zu viel, um zu kämpfen) ausdrücken.

Dass ein Prozess ironisch misslingt, heißt aber nicht, dass man ihn gleich ganz sein lassen sollte. Hegel gibt einen *historischen* und einen *systematischen* Grund dafür an, warum das abstrakte Recht trotz seiner Negativeffekte nicht abgeschafft (auch nicht dem »Absterben« anheimgestellt) werden sollte. Der *historische* Grund lautet, dass ein Zurück zur organischen Harmonie zwischen Subjekt und Gemeinschaft in der Moderne unmöglich geworden ist. Die Polis ist unwiederbringlich verloren, weil die rechtlichen und ökonomischen Zentrifugalkräfte *faktisch* zu stark geworden sind, um sie noch einholen zu können: Darum erscheinen heute Forderungen, den politischen Gesamtzusammenhang ohne Zwang aufrechtzuerhalten, so »unrealistisch«. Der *systematische* Grund lautet, dass das Recht eine konstitutive Sphäre der Freiheit und eine elementare Dimension einer gelingenden Entwicklung von Identität ist.[10] Erst die rechtlich garantierte Innerlichkeit und somit die Möglichkeit des Eigentumserwerbs macht Menschen zu Subjekten, die sich in den Sachen verwirklichen und die sich gegenseitig als in den Sachen verwirklichende anerkennen können. Diese eigenständige Begründung *für* die Notwendigkeit des abstrakten Rechts, die angesichts der ausführlichen Polemik gegen juridische Formen von Intersubjektivität in der *Phänomenologie* und in den geschichtsphilosophischen *Vorlesungen* vielleicht noch wie ein Lippenbekenntnis wirken könnte, skizziert Hegel im *Naturrechtsaufsatz* und den Jenaer Systementwürfen und systematisiert er schließlich in den *Grundlinien der Philosophie des Rechts*. Deren ganzer erster Teil ist der Begründung des abstrakt-formellen Rechts gewidmet, wobei im Mittelpunkt der Beweis der Bedeutung des Eigentumserwerbs

10 Dieser Punkt und die damit zusammenhängenden Problematiken sind Gegenstand sehr zahlreicher Abhandlungen geworden, im spezifischen Kontext der *Phänomenologie des Geistes* vgl. insbes. William Desmond, »Hegel, Legal Status and Otherness«, in: *Cardozo Law Review*, 5-6 (1988/89), S. 1713-1726.

steht: Nur indem Menschen Eigentum erwerben können und die anderen als Eigentümer*innen anerkennen, ist eine Verwirklichung des freien Willens möglich. Als das erste »Rechtsgebot« versteht Hegel darum den Imperativ *»sei eine Person und respektiere die anderen als Personen«* (GPhR, S. 95 [§ 36]) – und zwar, obwohl er noch einige Zeilen zuvor die Behauptung widerholt hat, jemanden als Person zu bezeichnen, sei ein Ausdruck von Verachtung (GPhR, S. 95 [§ 35]).[11]

Hegel trägt diesem Widerspruch Rechnung, indem er seine eigene Ironiediagnose als »dialektisch« interpretiert. Das abstrakte Recht wird innerhalb einer dialektischen Auffassung von Sittlichkeit zu einer »Stufe« eines Entwicklungsgangs und zu einem »Moment« oder einer »Potenz« des wohlbalancierten Gesamtsystems einer Gesellschaft relativiert. »Jede Stufe der Entwicklung der Idee der Freiheit«, schlussfolgert Hegel schließlich in der *Rechtsphilosophie*, »hat ihr eigentümliches Recht, weil sie das Dasein der Freiheit in einer ihrer eigenen Bestimmungen ist.« (GPhR, S. 83 [§ 30]) Zu gesellschaftlichen Problemen kommt es demnach also nur dann, wenn eine der Sphären die Begrenztheit ihres Status »vergisst« und einen Herrschaftsanspruch über die anderen Sphären erhebt.

Mit der Idee der Berechtigung, aber Begrenztheit des Rechts gelingt es Hegel, die liberalen Theorien sowohl zu kritisieren als auch

11 Auch in der *Rechtsphilosophie* bleibt für Hegel Persönlichkeit ein grundsätzlich defizitärer Modus des Menschlichen. Denn als Person sind meine Wünsche »zufällig« und darin fremdbestimmt, das heißt unfrei. Zudem erscheint es mir, als könne ich meinen Willen nur *gegen andere* realisieren, ich bin also in der Heteronomie des Triebes zugleich asozial. Von dem Makel solcher Zufälligkeit ist mein Wollen erst dann befreit, wenn ich mich zu meinem eigenen Wollen zu verhalten beginne, wenn ich mein Wollen als Teil eines substanziellen Ganzen will. Dafür muss ich aber über die Unmittelbarkeit des juridischen »Ich will aber« hinausgehen und mein Wollen selbst reflektieren – und somit meine schiere Personalität überwinden (zu Hegels Begriff der Person vgl. Michael Quante, »›Die Persönlichkeit des Willens‹ als Prinzip des abstrakten Rechts. Eine Analyse der begriffslogischen Struktur der §§ 34-40 von Hegels Grundlinien der Philosophie des Rechts«, in: Ludwig Siep (Hg.), *G. W. F. Hegel, Grundlinien der Philosophie des Rechts*, Berlin 2005, S. 73-94; Ludwig Siep, »Personbegriff und praktische Philosophie bei Locke, Kant und Hegel«, in: ders., *Praktische Philosophie im Deutschen Idealismus*, Frankfurt/M. 1992, S. 81-115). Der erste echte »Mensch«, der in der *Rechtsphilosophie* auftritt, das heißt das erste Wesen mit konkreten Bedürfnissen, das die Abstraktheit der Rechtspersonalität in Frage stellt, ist darum auch der Verbrecher (vgl. Theunissen, »Die verdrängte Intersubjektivität«, S. 346).

zu übernehmen – sie sozusagen im berühmten dreifachen Sinne aufzuheben. Er muss dafür aber behaupten, es sei prinzipiell möglich, das abstrakte Recht »der *Form* nach« zu verwenden, *ohne* dass es ein Regime universeller »Verachtung« etabliert, das heißt *ohne* den Pathologien des Juridismus zu verfallen. In den geschichtsphilosophischen *Vorlesungen* heißt es dementsprechend:

> Wenn sie [die Römer, D. L.] uns damit ein großes Geschenk, der Form nach, gemacht haben, so können wir uns dessen bedienen und es genießen, ohne zum Opfer dieses dürren Verstandes zu werden, ohne es für sich als ein Letztes der Weisheit und der Vernunft anzusehen. Sie sind die Opfer gewesen, die darin gelebt, aber für andere haben sie eben damit die Freiheit des Geistes gewonnen, nämlich die innere Freiheit, die dadurch von jenem Gebiete des Endlichen und des Äußerlichen frei geworden ist. (VPhG, S. 351)

Um nicht selbst Opfer des rechtlichen, nämlich »dürren« Verstandes zu werden, sollten die Negativeffekte des Juridismus aber durch die anderen konstitutiven Sphären kompensiert werden. Weil für die gelingende Entwicklung personeller Identität in der Moderne mehrere unterschiedliche Sittlichkeitsdimensionen zusammenkommen müssen, wird das Fehlen oder die Unterordnung einer oder mehrerer dieser Potenzen zum Scheitern des individuellen Lebensentwurfes führen, ebenso wie das Fehlen oder die Unterordnung von einer oder mehreren gesellschaftlichen Sittlichkeitssphären zur Dysfunktionalität des Gesellschaftskörpers führt.[12] Problematisch ist die Dominanz der Rechtsform (aber auch die der Moralität) genau dann, wenn sie andere konstitutive Formen der zwischenmenschlichen Bezugnahme verdrängt. Durch eine Kolonisierung beispielsweise der Familie durch juridische Interaktionsmuster wird der sittliche Zusammenhang untergraben, weil sich so affektiv-habituelle Charakterdispositionen (»selbstische Härte«) herausbilden, welche die Partizipation an sozialen Praktiken unterminieren.

Die Hegel'sche Therapie für die Pathologien des Juridismus besteht danach nicht in der Überwindung und eben auch nicht in der Veränderung des Rechts, sondern in einer reflexiven Vergegen-

12 Für den neuesten Versuch einer Aktualisierung dieses Modells vgl. Honneth, *Das Recht der Freiheit.*

wärtigung *aller* Stufen und Momente relativer Freiheit, die nur zusammengenommen das Ensemble der sozialen Bedingungen einer gelingenden Selbstverwirklichung ausmachen. Ist dies individuell zunächst als der geistige Nachvollzug des eigenen Entwicklungsgangs hin zur »affirmativen Freiheit« (GPhR, S. 298 [§ 149]) zu verstehen, korrespondiert damit gesellschaftlich ein institutionelles Gesamtarrangement, in dem jede der einzelnen Sittlichkeitsdimensionen die ihr angemessene Rolle spielt.

6. Zwischenfazit: Hegels Depotenzierung des Rechts und der Rechtskritik

Im Wesentlichen hat Hegel die Idee »absoluter Sittlichkeit« als einer Einheit von konfligierenden Sphären »relativer Sittlichkeit«, wie er sie in der *Naturrechtsschrift* erstmals präsentierte, bis zur *Rechtsphilosophie* beibehalten.[1] Die Aufgabe der philosophischen Kritik ist für Hegel nunmehr, die Gesetzgebung daran zu erinnern, dass sie lediglich »abhängiges Moment *einer* Totalität [ist], im Zusammenhange mit allen übrigen Bestimmungen, welche den Charakter einer Nation und einer Zeit ausmachen; in diesem Zusammenhange erhalten sie ihre wahrhafte Bedeutung sowie damit ihre Rechtfertigung« (GPhR, S. 35 [§ 3]). Dies gibt seiner Kritik am Juridismus als einer sozialphilosophisch defizitären Form der Intersubjektivität eine gegenüber seinen theologischen Frühschriften neue Fassung, da er den defizitären Charakter rechtlicher Beziehungen nicht mehr einfach aus deren unglücklichem Schicksal ableiten kann. Vielmehr ergibt sich das inkriminierte Defizit erst vor der Kontrastfolie eines wohlbalancierten Gesamtsystems, dessen Bedeutung Hegel sowohl identitäts- als auch gesellschaftstheoretisch erläutert hat.

Der Vorteil der Hegel'schen Vollständigkeitskonstruktion ist es, dem individuellen Rückzug von der Sozialität einen legitimen Platz zuweisen zu können, ohne eine im Ganzen atomistische Gesellschaftsauffassung vertreten zu müssen. Allerdings werden hier auch die Grenzen des Ansatzes deutlich. Mit der Umstellung von der Gegenüberstellung von Recht und Liebe zur Integration von Differenz und Indifferenz in ein übergeordnetes Gesamtsystem gehen nämlich Schwierigkeiten einher, die sich bei genauerer Analyse als genau jene entpuppen, die Hegel selbst dem abstrakten Recht in Rechnung gestellt hatte. Die von ihm verschriebene Kur der Pathologien des Juridismus muss daher erfolglos bleiben. Das abstrakte Recht, wie Hegel es als Potenz eines sittlichen Lebens

1 Zu dem Unterschied der Konzeptionen des Naturrechtsaufsatzes und der späteren Entwürfe vgl. hingegen Manfred Riedel, »Hegels Kritik des Naturrechts«, in: ders., *Studien zu Hegels Rechtsphilosophie*, Frankfurt/M. 1970.

entwirft, bleibt *ideologisch*, erzeugt weiterhin *dissoziative affektive Dispositionen*, ist *antikommunikativ* und fabriziert schließlich einen *potentiell despotischen Staatsapparat*. Denn erstens wird durch diese Umstellung auf das Vollständigkeitsmodell die Analyse des rechtlichen Dissoziationseffekts entscheidend entschärft: Der europäische Juridismus ist nun nicht mehr Ergebnis falscher rechtlicher Subjektivierungsprozesse, sondern falscher Einstellungen *zum* Recht. Hegel setzt diese Einstellungen als rechtsvorgängig voraus und naturalisiert sie. Zweitens ist die Komplementierung des Rechts durch andere gesellschaftliche Interaktionsweisen ohnehin nicht geeignet, die problematischen psychologischen Effekte rechtlicher Subjektivierung zu vermeiden, denn wenn das Recht selbst nicht strukturell verändert, sondern nur ergänzt wird, werden nur einem Problem noch weitere hinzugefügt. Drittens entzieht die Akzeptanz des abstrakten Rechts als Interaktionsmedium der bürgerlichen Gesellschaft den gesamten Bereich der gesellschaftlichen Produktion und Reproduktion der kollektiven Deliberation. Und schließlich handelt sich Hegel viertens somit die Notwendigkeit einer dem sozialen Leben externen Instanz ein, welche die Verabsolutierungsbestrebungen des abstrakten Rechts verhindert, indem sie es beständig an seinen Platz zurückverweist. Diese Instanz nimmt bei ihm den Charakter eines dominanten und somit potentiell despotischen Staates an.

1. Kritikwürdig ist die Rechtsform für den Hegel der *Rechtsphilosophie* dann und nur dann, wenn sie andere konstitutive Formen der zwischenmenschlichen Bezugnahme verdrängt. Durch eine Kolonisierung beispielsweise der Familie durch juridische Interaktionsmuster, wie sie in Rom zu beobachten war, wird der sittliche Zusammenhang untergraben, weil sich so affektiv-habituelle Charakterdispositionen herausbilden, welche die Teilnahme an sozialen Praktiken unterminieren. Diese Verdrängung schlägt sich dann auch in der individuellen Subjektivität nieder, wobei Hegel auch hier die Metaphorik der Vollständigkeit verwendet. Besonders deutlich wird dies in einer Bemerkung in der *Rechtsphilosophie*, in der er das Resultat von Juridismus als »Beschränkung« und als »Eigensinn« bezeichnet: »Hat jemand kein Interesse als sein formelles Recht, so kann dieses reiner Eigensinn sein, wie es einem beschränkten Herzen und Gemüte oft zukommt; denn der rohe Mensch [ver]steift sich am meisten auf sein Recht, indes der groß-

artige Sinne darauf sieht, was die Sache sonst noch für Seiten hat.« (GPhR, S. 96 [§ 37]) Hegel nimmt im Begriff der »Versteifung« seine ältere Kritik am Phänomen der »hassenden Strenge« wieder auf, deutet es aber vor der Kontrastfolie eines ausbalancierten Ganzen: Kritisiert wird ein *Mangel* vor dem Hintergrund einer Annahme von *Vollständigkeit*. Problematisch ist nicht, ein Interesse an seinem formellen Recht zu haben, sondern *nur* dieses Interesse zu haben und andere Aspekte auszublenden. Die normative Orientierung des juridischen Subjekts ist nun nicht mehr *falsch*, sondern *unvollständig*.

Diese Bemerkung offenbart auch schon die argumentative Schwäche dieses Bildes. Hegel kann die Einseitigkeit und Versteifung nicht mehr dem Recht selbst anlasten, denn offenbar erlaubt es auch angemessenere, abwägendere oder ausgeglichenere Umgangsweisen. Vielmehr liegt der Fehler nunmehr in den rechtsvorgängigen Charaktereigenschaften des Rechtssubjekts: Ein »roher Mensch« versteift sich auf das Recht, während ein »großartiger Sinne« es richtig zu dosieren weiß.[2] Ob eine gesellschaftlich etablierte Rechtsordnung solche Pathologien erzeugt, liegt dann gar nicht an der Rechtsordnung selbst, sondern an den allgemeinen Einstellungen und Verhaltensweisen, die in dieser Gesellschaft in Umlauf sind und Hegemonie erlangen. Damit aber ist die Analyse rechtlicher Subjektivierungsprozesse zum einen um einen entscheidenden Grad entschärft, zum anderen werden die Ursachen des Juridismus mystifiziert.

Besonders gut lässt sich diese Verklärung anhand eines zentralen Schlüsselbegriffs in Hegels Theorie der Rechtssubjektivität

2 Axel Honneth moniert an dieser Passage darum richtigerweise den »charakterologischen« Einschlag (Honneth, *Leiden an Unbestimmtheit*, S. 58 ff.). Honneth gelingt es in seinem eigenen Ansatz zwar, Hegels Analyse gesellschaftstheoretisch zu plausibilisieren, ohne auf solche charakterologischen Versatzstücke zurückgreifen zu müssen. Allerdings basiert auch seine Analyse auf einer Idee »gelingender« Identitätsentwicklung, die auf einem Bild von »Vollständigkeit« basiert; seine eigene Aufnahme dieses Motivs bleibt dabei mit Folgeschwierigkeiten behaftet, die mit der Adaption der Vollständigkeitsmetaphorik zusammenhängen. Dies macht Honneths Rede vom »Ausnahme«charakter des Rechts deutlich (Honneth, *Das Recht der Freiheit*, S. 153); pathologisch sind rechtliche Interaktionen nicht *per se*, sondern nur, wenn sie über den Bereich des Angemessenen hinaus verstetigt werden. Der Preis für die Adaption dieser Figur ist, dass Juridismus für etwas dem Recht selbst Äußerliches angesehen werden muss.

nachvollziehen, nämlich dem Begriff des Willens. In der *Rechtsphilosophie* wird der Wille als »nähere Stelle und Ausgangspunkt« (GPhR, S. 46 [§ 4]) des Rechts und somit als die Wirklichkeit der Freiheit bestimmt. Der Wille ist Dreh- und Angelpunkt der gesamten *Rechtsphilosophie*, denn er markiert den Unterschied zwischen Geistigem und bloß Materiellem und begründet somit allererst die Möglichkeit von Freiheit. In der konstitutiven Bedeutung des Willens für die Legitimität des Rechts ist auch die zentrale Stellung des Eigentums innerhalb des Systems der Rechte begründet; denn erst mit der Etablierung von Verhältnissen, die es den Rechtssubjekten erlauben, die anderen auf legitime Weise von der Verwendung eines Gegenstandes auszuschließen, ist für Hegel die Möglichkeit gestiftet, den eigenen Willen überhaupt in der Welt zu entäußern und somit seine Freiheit zu realisieren. Wesentlich für Hegels Willensbegriff ist allerdings die Unterscheidung zwischen dem Willen an sich und dem Willen für sich. *An sich* ist der Wille ein biologischer Teil der *conditio humana*, es ist der Wille, der den Menschen vom Tier unterscheidet, das nur einen Instinkt besitzt. Aber anfangs ist der Wille nur ein Potential, unentwickelt; erst in einem weiter fortgeschrittenen (biographischen und geschichtlichen) Stadium reflektiert der Wille denkend auf sich selbst und wird so auch zum Willen *für sich.* Die Sklav*innen waren zwar Menschen und insofern willensfähig, aber sie dachten ihre Freiheit noch nicht und konnten sie daher auch nicht wollen. Hegel will durch den Kunstgriff der Konstruktion eines Willens an sich vor dem tatsächlichen geschichtlichen Auftauchen von Willensäußerungen die biologische mit der historischen Willenstheorie vereinbaren. So konstruiert er ein Phänomen als natürlich, das in Wirklichkeit erst Ergebnis der faktischen Einrichtung von Rechtsstrukturen ist.[3] Er geht also genauso vor wie die Naturrechtslehren, die er so vehement kritisiert: Er sondert eine einzelne Eigenschaft, die er am

3 Neben der *ideologischen* Auffassung, das Recht als Konsequenz des Willens, und der *genealogischen* Auffassung, den Willen als Konsequenz des Rechts zu begreifen, gäbe es noch eine dritte Alternative, nämlich den Willen als rechtsvorgängig, aber sozial zu verstehen. Dies käme möglicherweise der marxistischen Position am nächsten, für die andere gesellschaftliche Sphären wie die Ökonomie für die Entstehung der Affektstruktur des Subjekts wichtiger sind. Diese Auffassung vermeidet zwar die Naturalisierung, die Hegel vornimmt, unterschätzt aber die Wichtigkeit des Rechts als gesellschaftlicher Kohäsionsfaktor, vgl. dazu unten Kap. 7.1.

empirischen Rechtssubjekt beobachtet, ab, fixiert sie als wesentlich und hypostasiert sie zum rechtsvorgängigen Naturstoff.[4] Eine solche Naturalisierung vertauscht Ursache und Wirkung und ist, wie Hegel selbst ja bereits wusste, *ideologisch*.[5]

Um eine solche Naturalisierung zu vermeiden, muss Hegels Analyse des Juridismus materialistisch gewendet werden. Durch eine genealogische Analyse können zum einen die rechtlichen Subjektivierungsprozesse in den Blick geraten, die den individuellen Willen als psychologisches Sediment überhaupt erst erzeugen, zum anderen können die zumindest latent gewaltförmigen Anteile, die in der spezifisch europäischen Willenssubjektivität liegen, ans Licht gebracht werden. So zielen etwa Marx' politische Analyse der rechtlichen Erzeugung »egoistischer« Handlungsorientierungen (vgl. unten Kapitel 7) ebenso wie Nietzsches Kritik des juristischen Verantwortungsbegriffs als Effekt einer »socialen Zwangsjacke« (vgl. unten Kapitel 8) auf eine solche Denaturalisierung des Willens und auf die Ermöglichung postjuridischer ethischer Einstellungen

4 In der »Kritik der Gewalt« zeigt Walter Benjamin einen ähnlichen ideologischen Zug an den Naturrechtslehren auf. Für Benjamin wird im Naturrecht die Gewalt als »Naturprodukt« konstruiert, als »ein Rohstoff, dessen Verwendung keiner Problematik unterliegt, es sei denn, dass man die Gewalt zu ungerechten Zwecken missbraucht« (Benjamin, »Zur Kritik der Gewalt«, S. 180). Ähnlich geht Hegel in Bezug auf den Willen vor: Dieser ist ihm ein Naturstoff, dessen Umsetzung nur dann problematisch ist, wenn er ungerecht ist – damit verunmöglicht er die soziale Analyse und Kritik des Willens *als solchem*.

5 Ebenso wie Hegel die Existenz des Willens als natürlich voraussetzt, muss er auch in Bezug auf einen defekten oder defizitären Willen auf naturalistische oder charakterologische Erklärungen zurückgreifen. »Der Charakterlose«, schreibt er zum Beispiel, »kommt nie zum Beschließen. Der Grund des Zauderns kann auch in einer Zärtlichkeit des Gemüts liegen, welches weiß, dass im Bestimmen es sich mit der Endlichkeit einlässt, sich eine Schranke gibt und die Unendlichkeit aufgibt [...] Ein solches Gemüt ist ein totes, wenn es auch ein schönes sein will. [...] Durch das Beschließen allein tritt der Mensch in die Wirklichkeit, wie sauer es ihm auch wird, denn die Trägheit will aus dem Brüten in sich nicht herausgehen, in der sie sich eine allgemeine Möglichkeit beibehält.« (GPhR, S. 64 [§ 13]) So kunstvoll Hegel hier das Phänomen der Unentschlossenheit und des Zauderns darstellt, so schwach ist seine Ursachenerklärung: Ob jemand zum Beschluss fähig oder unfähig ist, wird als Frage des »Gemüts« schlicht vorausgesetzt und soll mit dem Recht selbst gar nichts zu tun haben, wodurch Hegel der ganzen Idee einer kritischen Analyse rechtlicher Subjektivierungsprozesse die entscheidende Pointe raubt.

(wenngleich auch diese Kritiken jeweils unterschiedliche Stoßrichtungen haben).

2. Hegel formuliert eine Pathognostik der psychischen Struktur des modernen Rechtssubjekts. Er analysiert das Auftreten affektiver Deformationen, die sich vor allem unter Begriffe der Egozentrik und der Versteifung, der Unterwürfigkeit und Autoritätshörigkeit sowie der Apathie und Ataraxie rubrizieren lassen. Eine »therapeutische Wirkung«[6] schreibt er demgegenüber der Sittlichkeit zu: Die Menschen werden, wenn sie sich nicht länger einseitig auf ihre Rolle als Rechtssubjekte kaprizieren, ein reicheres, freieres und glücklicheres Leben führen. Dabei hält er aber an der kantischen Definition der Legalität fest: Das Recht allein hat keine Kapazitäten, juridische Pathologien zu kurieren, es kommt lediglich auf das richtige Mischungsverhältnis mit anders gearteten sozialen Beziehungsweisen an. Hegel verschreibt daher eine Komplementierung rechtlicher durch nichtrechtliche Interaktionsweisen. Der Ort der Therapie liegt also selbst nicht im Recht, sondern außerhalb. Hegel glaubt, dass die Individuen im Zuge ihrer Entwicklung die Kompetenz entwickeln, je nach Situation auf unterschiedliche Verhaltensregister zurückzugreifen. Entsprechend ist in der Architektur des Systems der Sittlichkeit, die er in der *Rechtsphilosophie* präsentiert, das abstrakte Recht auf einen Unterpunkt der bürgerlichen Gesellschaft zusammengeschrumpft.

Es ist aber mehr als zweifelhaft, ob die von Hegel verschriebene Kur das von ihm diagnostizierte Leiden mildern kann, denn mit der Umstellung auf die Vollständigkeitskonzeption hat er im Grunde nur einem Übel zwei weitere hinzugefügt. Zur bürgerlichen Gesellschaft, in der das abstrakte Recht seinen Platz hat, treten die familiale Liebe, deren pathologische Gestalt bereits im *Geist des Christentums* offenbar geworden war, sowie die staatliche Gewalt hinzu, deren potentiell despotischen Charakter Hegel in seinen geschichtlichen Analysen herausgearbeitet hatte. Keine dieser Sphären hat sich in ihrer jeweiligen Gestalt verändert: Das Recht bleibt positiv und damit äußerlich, leer, fremd, formal und trennend, so dass es weiterhin eine versteifte, unterwürfige oder entleerte Subjektivität fabriziert; die Liebe bleibt isoliert und exklusiv oder verwandelt sich, sobald sie als Forderung proklamiert

6 Honneth, *Leiden an Unbestimmtheit*, passim.

wird, selbst in eine positive Ordnung; der Staat wird dermaßen substanzialistisch konzipiert, dass schwer zu begreifen ist, wie die Bürger*innen ihn überhaupt als Medium ihrer Anerkennung verstehen können sollen. Zwischen diesen Sphären mental hin und her wechseln zu können bzw. ihnen als Sozialisationsinstanzen gleichermaßen ausgesetzt zu sein, löst keines dieser Probleme. Wenn es nämlich richtig ist, dass das Subjekt für eine gelingende Entwicklung persönlicher Integrität auf keine der diversen Sittlichkeitsdimensionen verzichten kann, so kann es eine von den »Pathologien« der Moderne erlöste Intersubjektivität nur dann geben, wenn all diese Sphären selbst strukturell so verändert werden, dass in *jeder* von ihnen eine freie Anerkennung der anderen möglich wird.[7]

Für das Recht heißt das, dass es *selbst* seinem Inhalt und seiner Struktur nach so verändert werden muss, dass es sich der Produktion von Juridismus enthält. Das heißt zum einen, dass es nichtjuridische ethische Einstellungen, Haltungen und Affektstrukturen neben sich dulden muss (vgl. unten Kapitel 11). Um zugleich die Erfahrung zu ermöglichen, von den anderen Gesellschaftsmitgliedern als autonomes Subjekt anerkannt zu werden und somit sich selbst gegenüber eine positive Einstellung entwickeln zu können, darf es dabei allerdings zum anderen seinen Charakter *als Recht* nicht verlieren. Das Recht muss also, heißt das, sowohl Recht als auch sittlich gehaltvoll sein: eine Eu-Nomie. Tatsächlich finden sich Ansätze eines solchen eunomischen Rechtsverständnisses ausgerechnet in derjenigen Rechtstradition, die Hegel in seinen Frühschriften so vehement verachtet: der jüdischen.[8] Viele jüdische Philosoph*innen haben nachzuweisen versucht, dass das unter Diasporabedingungen entwickelte jüdische Recht auf die Hegel'sche Definition der Sittlichkeit als eines »wahrhafte[n] lebendige[n], nicht unterwürfige[n] Einssein« (N, S. 449) sehr gut passt. Schon

7 Für Hegel verändert sich durch das Zusammenspiel der Sphären zwar auch die Gestalt der einzelnen Sphären selbst: Die Liebe wird in Form der Ehe rechtlich abgesichert, im Patriotismus wird der Staat emotional gestützt, die Korporationen verkörpern ein anteilnehmendes Wirtschaften, etc. Dies ändert aber nichts daran, dass die jeweiligen Sphären, auch wenn sie ineinander hineinragen, nicht *strukturell* transformiert wurden.

8 Yirmiyahu Yovel hat überzeugend dafür argumentiert, dass es an Hegels bleibendem »Christozentrismus« liegt, dass er die Möglichkeit eines strukturell veränderten Rechts auch in der nachfrankfurter Zeit niemals wirklich in Erwägung zieht, vgl. Yovel, *Dark Riddle*, S. 97.

ein ganz oberflächlicher Blick auf diese reiche Rechtstradition zeigt jedenfalls, dass das jüdische Recht ganz andere Subjektivierungsprozesse initiiert als das römische (vgl. unten Kapitel 13.4 und 13.5).

3. In der *Phänomenologie des Geistes* hatte Hegel die moderne Rechtssubjektivität mit den Geisteshaltungen von Stoizismus und Skeptizismus analogisiert. Die Möglichkeit des Rückzugs auf den Standpunkt des Rechts führt unweigerlich zur Zunahme von Dogmatismus, das heißt der Neigung, die eigenen Handlungen entweder gar nicht mehr für rechtfertigungsbedürftig zu halten oder aber die Handlungsgründe immer nur aus der Legalität des eigenen Handelns selbst zu generieren. Werden die Rechtssubjekte davon entlastet, ihre Handlungsgründe intersubjektiv zu bewähren, so bringt dies zunehmend schlechtere Gründe in den Umlauf des öffentlichen Diskurses. Eine solche Verwesung der politischen Sphäre glaubt Hegel sowohl im römischen Kaiserreich durch die Tendenz eines Rückzugs ins Private als auch in der bürgerlichen Gesellschaft Frankreichs durch die Dominanz der »politischen Nullitäten« der Bourgeoisie diagnostizieren zu können.

Autor*innen wie Theunissen, Habermas und Honneth haben prägnant kritisiert, dass die intersubjektivitäts- und kommunikationstheoretischen Potentiale, die beim frühen Hegel angelegt waren, in seinem Spätwerk verloren gegangen sind. In Bezug auf das Phänomen des durch das Recht erzeugten Dogmatismus der Rechtssubjekte lässt sich zeigen, dass diese Verdrängung eines kommunikativen durch ein substanzialistisches Sittlichkeitsmodell auch mit der Integration des abstrakten Rechts zusammenhängt. Bereits Marx hat diesen Aspekt klar gesehen: Im abstrakten Recht sind sich die Menschen als Menschen, das heißt mit ihren konkreten Bedürfnissen und Interessen, vollkommen gleichgültig; die in der Rechtssphäre vorherrschende Anerkennung bleibt daher eine einseitige, eine amputierte Anerkennung.

Ebenso wenig aber, wie die affektiven Deformationen des Rechts durch Hinzunahme anderer, ihrerseits problematischer Interaktionsformen therapiert werden können, kann der antikommunikative Effekt des Rechts durch Addition weiterer sittlicher Potenzen sistiert werden. Denn den verschiedenen sittlichen Handlungsregistern sollen bei Hegel ja unterschiedliche gesellschaftliche Sphären korrespondieren: Während in der bürgerlichen Gesellschaft egoistische Handlungsorientierungen vorherrschen dürfen, ist in intimen Nahbeziehungen wie der Familie und der Freundschaft eine liebevolle Zuwendung angebracht, im Staat hingegen ein patriotisches Zutrauen. Nur im Privatrecht ist ein Kommunikationsabbruch und eine Verweigerung von Handlungsverpflichtungen möglich, in den beiden anderen Sphären ist eine subjektiv affirmative Haltung zu den anderen bzw. zum Gemeinwesen gefordert. Mit dieser Aufteilung ist aber immer schon ein spezifischer Gegenstandsbereich definiert und somit festgelegt, was innerhalb der verschiedenen Sphären überhaupt *Thema* von Kommunikation werden kann. Die Sphärentrennung dient also immer auch dazu, bestimmte Gegenstände gerade der Kommunikation – und somit auch der Erkennbarkeit durch die Einzelnen – zu entziehen. Die bürgerliche Gesellschaft umfasst im weiteren Sinne alle Fragen der Arbeit und der Eigentumsverhältnisse einer Gesellschaft, das heißt all jene menschlichen Tätigkeiten, denen Hegel selbst eine fundamentale Bedeutung für die Freiheit des Menschen als solchem zuspricht – gerade in dieser Sphäre sollen sich die Menschen aber nur als Personen und mit der damit einhergehenden strukturellen Indifferenz gegen die konkrete Individualität der anderen begegnen, das heißt gerade nicht als Menschen. Die Delegation der Kommunikabilität in die anderen Sittlichkeitssphären entzieht somit den gesamten Bereich der menschlichen Produktion, Zirkulation und Konsumtion von Waren der gemeinsamen Deliberation und Entscheidung und stellt sie den privativen, also schlechten Gründen der Besitzer*innen von Produktionsmitteln anheim.

Die marxistische Antwort auf die Privatisierung der Vernunft in der Sphäre der bürgerlichen Gesellschaft besteht in einer Vergesellschaftung der Produktion. Durch die Intervention des Feminismus wurde diese Erweiterung kommunikativer Spielräume selbst wiederum um den Bereich der vorher unsichtbaren Reproduktionsarbeit erweitert. Bestand das Prinzip des Privatrechts darin, Produktion und Reproduktion zu Privatangelegenheiten zu erklären, so lautet die Strategie des Marxismus und des Feminismus, das Private zu politisieren. Durch diese Politisierung soll die Ökonomie unter kollektive Deliberation und Disposition gebracht und somit ein wechselseitiges Interesse an den tatsächlichen Interessen und Bedürfnissen, das heißt der konkreten Individualität der anderen Menschen, ermöglicht werden. Dabei ergibt sich allerdings die Herausforderung, dass diese Form der Politisierung nicht selbst wieder juridisch verfasst sein darf. Die Arbeiter*innen- und die Frauenbewegung haben für die Sphären der Arbeit und der Familie darum postkonventionelle politische Kampfformen entwickelt (vgl. unten Kapitel 10).

4. Weil Hegel als die Ursache des Juridismus ein Ungleichgewicht oder eine Vereinseitigung begreift, sieht er die Lösung in der Herstellung eines Gleichgewichts oder einer Vielseitigkeit. Erhebt eine der abhängigen Sphären Anspruch auf eine ihr unangemessene gesellschaftliche Stellung, hatte Hegel im *Naturrechtsaufsatz* geschrieben, so solle die Sittlichkeit sie zurechtweisen und mit einem »Gefühl der Schwäche« (N, S. 520) wieder entlassen. Er muss somit in seiner Sittlichkeitsarchitektur eine Instanz vorsehen, die stark genug ist, eine solche Korrektur zu vollziehen. Diese Instanz muss notwendigerweise eine gegenüber der Gesamtgesellschaft herausgehobene Stellung einnehmen; nur eine mit ausreichenden Machtkapazitäten ausgestattete Institution kann es mit den gewaltigen Zentrifugalkräften der bürgerlichen Gesellschaft, aber auch mit der traditionalen Trägheit der Familie überhaupt aufnehmen. Diese Instanz ist bei Hegel der Staat. Indem er dem Staat die Bedeutung zuspricht, den »Gang Gottes in der Welt« (GPhR, S. 403 [§ 258]) zu repräsentieren, zeichnet er ihn bekanntlich mit der höchstmöglichen Dignität aus. Aufgabe der Bürger*innen ist es folglich, den Staat »wie ein Irdisch-Göttliches zu verehren« (GPhR, S. 434 [§ 272]).

Der Begriff des Staates ist freilich eines der meistdiskutierten und umstrittensten Elemente in Hegels philosophischem Werk. Bereits der junge Marx hat sich in seiner *Kritik der Hegelschen Rechtsphilosophie* vor allem am einschlägigen dritten Abschnitt des dritten Teils der *Rechtsphilosophie* gerieben und damit der nachfolgenden Diskussion die Vorzeichen gesetzt. Marx erkennt, dass die Hegel'sche Staatskonstruktion auf einer metaleptischen Verkehrung von Ursache und Wirkung beruht: Hegel tut so, als seien Familie und bürgerliche Gesellschaft abhängige Momente des vorgängigen Staates, während sie in Wirklichkeit dessen Voraussetzung und Grundlage bilden. Während die in der alltäglichen Lebenswirklichkeit, das heißt in Familie und bürgerlicher Gesellschaft, gemachten Erfahrungen auf diese Weise zu einer nur »*imaginären* Tätigkeit« (MEW 1, S. 206) degradiert und so entwirklicht werden, wird die Beziehung zum Staat als erste und wesentliche gesetzt. Dies hat den

Effekt einer *Entpolitisierung* von Familie und bürgerlicher Gesellschaft: Indem die Menschen ihre Sozialität ausschließlich im Staat manifestiert sehen, verstehen sie sich zugleich in den anderen gesellschaftlichen Bereichen als unpolitisch und somit als vereinzelt und isoliert. Durch die Konzentration der Sittlichkeit im Staat, heißt das, wird der Atomismus in der bürgerlichen Gesellschaft *erzeugt*. Es ist leicht zu sehen, dass die Kritik des jungen Marx am reifen Hegel genau dem Muster der Kritik Hegels am römischen Imperator folgt. Hegel hatte nachzuweisen versucht, dass die Dominanz des Privatrechts im antiken Rom dazu geführt hat, dass die Bürger nur noch durch tendenziell despotischen Zwang zusammengehalten werden konnten, wodurch ausgerechnet das Recht wieder als Sphäre der Freiheit erscheinen musste, so dass die Überstrapazierung von Zwangsmitteln die gesellschaftliche Desintegration sogar noch verstärkt hat. Sobald Hegel nun aber selbst das Privatrecht als konstitutive Sphäre der Freiheit akzeptiert, gerät er in genau die gleiche Spirale, die er anhand der Entwicklung des römischen Reichs aufgezeigt hatte. Die Apotheose des Staates ist kein Unfall, der vom Rest des Sittlichkeitskonzeptes zu trennen wäre, sondern geht mit der Integration des Rechts als Dissoziationsfaktor logisch einher. Mit der Einführung einer derart aufgeladenen Staatsinstitution muss allerdings die Dichotomie, die Hegel zwischen einem despotischen und einem sittlichen Staat zieht, kollabieren.

Marx schlussfolgert aus dem Atomisierungseffekt der staatlichen Souveränität, dass die Entgegensetzung von Staat und Gesellschaft zurückgenommen werden muss. Um der politischen Organisation den heteronomen Charakter zu nehmen, insistiert er, muss Versöhnung *wirklich* stattfinden, statt ideologisch hypostasiert zu werden. In den 22 Jahren, die Marx' Notizen vom Erscheinen von Hegels *Rechtsphilosophie* trennen, ist der Repräsentationsanspruch des Monarchen lächerlich geworden. Um eine nichtheteronome politische Organisation zu bezeichnen, wählt Marx stattdessen den Namen der *Demokratie*: Erst in der Demokratie ist die Selbstbestimmung des Volkes realisiert und somit Inhalt und Form der Versöhnung zur Deckung gebracht. Dies meint Marx, wenn er schreibt, die Demokratie sei »das aufgelöste *Rätsel* aller Verfassungen«: »Hier ist die Verfassung nicht nur *an sich*, dem Wesen nach, sondern der Existenz, der Wirklichkeit nach in ihren wirklichen Grund, den *wirklichen Menschen*, das *wirkliche Volk*, stets zurückgeführt und als sein *eigenes* Werk gesetzt.« (MEW 1, S. 231) Demokratische Selbstbestimmung ermöglicht es den Menschen, den Staat wirklich als Ausdruck ihrer Freiheit zu verstehen, anstatt dass er ihnen rein äußerlich gegenübersteht.[9] Sie werden nicht mehr in die dissoziative Sphäre des Rechts gedrängt, wenn sie ihre Freiheit verwirklichen wollen. Politische Freiheit ist dabei immer schon soziale Freiheit und somit, im Sinne der von Hegel und Marx geteilten Bestimmung des irreduzibel sozialen Charakters menschlicher Subjektivität, *menschliche* Freiheit. »Der Mensch«, resümiert Marx, »ist nicht des Gesetzes, sondern das Gesetz ist des Menschen wegen da, es ist *menschliches Dasein*, während in den andern [nicht-demokratischen Staatsformen] der Mensch das *gesetzliche Dasein* ist. Das ist die Grunddifferenz der Demokratie.« (MEW 1, S. 231; vgl. unten Kapitel 13.1)

9 Dem entspricht eine intersubjektive statt einer substanzialistischen Konzeption von Sittlichkeit. Habermas entwirft ein solches Modell als »höherstufige Intersubjektivität der ungezwungenen Willensbildung in einer unter Kooperationszwängen stehenden Kommunikationsgemeinschaft«, das heißt als »demokratische Selbstorganisation« (Habermas, *Der philosophische Diskurs der Moderne*, S. 54).

II. Genealogische Radikalisierungen: Marx und Nietzsche

7. »Isolierte, auf sich zurückgezogene Monaden«. Marx' politische Kritik der Absonderung

Das Programm von Marx besteht darin, die Spannung von partikularer und universeller Freiheit revolutionär aufzulösen. Durch die Überwindung des Kapitalismus wird eine Verbindung von Allgemeinem und Besonderem möglich, ohne dass sich das Besondere dem Allgemeinen einfach unterordnet. Eine »Assoziation freier Menschen«, wie sie Marx vorschwebt, ermöglicht es so den Einzelnen *wirklich,* was Hegel nur ideologisch hypostasierte: im anderen bei sich selbst zu sein.

Das entscheidende Hindernis der Verwirklichung sozialer Freiheit ist für Marx eine Produktionsweise, die den Einzelnen ein Desinteresse an den konkreten Bedürfnissen der anderen aufzwingt. Marx ergänzt hier Hegels Kritik der Rechtspersonalität um eine ökonomische Analyse. Hatte Hegel gezeigt, dass das *abstrakte Recht* durch die in ihm garantierte Willkürfreiheit eine gegenseitige Opazität von Handlungsgründen erzeugt, so kritisiert Marx, dass es gerade die Bedingungen *kapitalistischer Produktion* sind, unter denen sich die rechtlich ermöglichte soziale Zentrifugalkraft entfalten kann. Es ist aber nicht so, als würden Hegel und Marx einfach unterschiedliche Ursachen für die gesellschaftliche Dissoziation ausmachen (Hegel das Recht, Marx den Kapitalismus). Marx spricht vielmehr dem Recht eine irreduzible Bedeutung für die Erzeugung von Privateigentumsverhältnissen zu. Das moderne Recht und der Kapitalismus sind keine getrennten Sphären, sondern konstituieren einander: Ohne das moderne Recht kann es ebenso wenig den Kapitalismus geben, wie es ohne den Kapitalismus zur Herausbildung des modernen Rechts hätte kommen können. Daher spielt auch für Marx das Recht eine wesentliche Rolle bei der Organisation der Trennung des Menschen vom Menschen.[1] Es gilt aber, das Recht in seinem funktionalen Zusammenhang mit der

1 Robert Fine argumentiert dafür, mit Hegel die ideellen, mit Marx die materiellen Dissoziationsformen in der Moderne zu untersuchen. Wenngleich dieser Vorschlag einige Attraktivität besitzt, unterschätzt er den Beitrag, den Marx' eigene Gesellschaftskritik genuin für die Rechtstheorie leisten kann (vgl. Robert Fine, *Political Investigations. Hegel, Marx, Arendt,* London 2001, Kap. 5).

vorherrschenden ökonomischen Form zu begreifen. Dies bedeutet zudem, Recht nicht länger ahistorisch als »das abstrakte Recht« zu beschreiben, sondern die Spezifik des modernen, das heißt des bürgerlichen Rechts herauszuarbeiten.

Dieser Fokus auf den funktionalen Zusammenhang des Rechts mit der kapitalistischen Ökonomie führt auch dazu, dass Marx einen anderen Lösungsvorschlag unterbreitet als Hegel: Während Hegel das abstrakte Recht lediglich um weitere Sittlichkeitspotenzen ergänzen wollte, ist Marx der Meinung, eine wahrhaft freie, das heißt kommunistische Gesellschaft könne »den engen bürgerlichen Rechtshorizont« (MEW 19, S. 21) ganz überschreiten, weil sie der Sicherung einer Privateigentumsordnung nicht mehr bedarf. Diese Perspektive hat wiederum bereits Auswirkungen auf die Analyse. Gerade weil Marx nicht darauf angewiesen ist, das Recht für eine spätere Integration in eine sittliche Gesamtarchitektur zu retten, muss er den Atomismus nicht als etwas dem Recht vorgängiges naturalisieren, sondern kann ihn radikaler erfassen und schonungsloser darstellen, als Hegel es vermochte.

Ebenso wie Hegel sieht Marx die Französische Revolution als das zentrale geschichtliche Ereignis an, in dem sich die bürgerlich-kapitalistische Gesellschaft mittels einer Adaption römischer Rechtsinstitute eine strukturell atomistische Ordnung gibt. Zentral ist für Marx dabei die Erklärung der Menschen- und Bürgerrechte, die er in seinem Aufsatz zur so genannten »Judenfrage« (1843) einer ausführlichen Lektüre unterzieht. Er geht dabei von einem Befund aus, der direkt aus der Feder Hegels stammen könnte: Die bürgerliche Gesellschaft »läßt jeden Menschen im andern Menschen nicht die Verwirklichung, sondern vielmehr die Schranke seiner Freiheit finden.« (MEW 1, S. 364) Von marxistischen Interpret*innen wurde das »Lassen« in diesem Satz meistens passiv verstanden, als eine *permissive* Funktion der bürgerlichen Gesellschaft und ihres Rechts: Das Recht lässt, indem es *zulässt.* Marx' ideologiekritische Intervention besteht dann darin aufzuzeigen, dass das Recht, obwohl es »eigentlich« eine Verbindung der Menschen untereinander ermöglichen sollte, gegen die durch den Kapitalismus erzeugte atomistische Subjektivität nichts unternimmt, sondern diese vielmehr erlaubt, duldet und auch noch legitimiert. Marx spricht aber dem Lassen neben der permissiven auch noch eine *direktive* Dimension zu: Das Recht lässt, indem es *veranlasst.* Diese Funktion des Rechts ist aktiv; das Recht ist nicht einfach der nachträgliche Ausdruck oder das ideologische Resultat von Atomismus und Egoismus, sondern stellt sie auch mit her. Die Trennungsfunktion des Rechts lässt sich dabei genauer als spezifisches Subjektivierungsregime erläutern, das wiederum zwei Dimensionen hat: eine *polizeiliche* und eine *psychologische.* Durch das Zusammenspiel dieser beiden Dimensionen, sagt Marx, erzeugt die Rechtsform eine deformierte oder verzerrte Intersubjektivität, die andere, qualitativ bessere Formen der zwischenmenschlichen Bezugnahme strukturell blockiert.

Hegels Lösung, das Recht nicht zu verändern, sondern nur zu ergänzen, ist zum Scheitern verurteilt, weil sie den Atomismus des Rechts nicht im Kern angreift. Marx' eigenes Projekt war darum eben nicht die Ergänzung oder gar Realisierung, sondern die Überwindung bürgerlicher Rechtsformen.[2] Wie sich herausstellen wird, macht er dabei aber einen ähnlichen Fehler wie Hegel, nämlich die eigenständige Transformations*bedürftigkeit* ebenso wie die Transformations*fähigkeit* des Rechts zu verkennen.

7.1 Das Trennende des Rechts

Marx nimmt in der »Judenfrage« die polemische Auseinandersetzung mit dem Junghegelianer Bruno Bauer um die Emanzipationsbestrebungen der deutschen Juden zum Anlass einer grundsätzlichen und radikalen Analyse und Kritik des liberalen Rechtsstaates.[3] Die Revolutionen in Amerika und Frankreich haben eine politische Emanzipation vollzogen, indem sie den Feudalismus praktisch

2 Die Frage, ob Marxist*innen für oder gegen das bürgerliche Recht und insbesondere die Menschenrechte sein sollten, ist von jeher innerhalb der internationalen Marxdiskussion hoch umstritten. Die einzelnen Positionen können hier nicht *en détail* rekonstruiert werden, vgl. exemplarisch die Debatte, die Anfang der 1980er Jahre in der Zeitschrift *Praxis International* geführt wurde: zu einer ablehnenden Haltung Lukes (Steven Lukes, »Can a Marxist Believe in Human Rights?«, in: *Praxis International* 4 [1981], S. 334-345), zu einer ambivalenten Haltung McBride (William L. McBride, »Rights and the Marxian Tradition«, in: *Praxis International* 1 [1984], S. 57-74), zu einer bejahenden Haltung Cornell (Drucilla Cornell, »Should a Marxist Believe in Rights?«, in: *Praxis International* 1 [1984], S. 45-56). – Marx' Beitrag zu einer spezifisch *sozialphilosophischen* Kritik des Rechts ist bislang allerdings noch nicht ausreichend gewürdigt worden.

3 Vgl. zu dieser Kritik ausführlicher Loick, *Kritik der Souveränität*, hier S. 156-167.

überwunden und einen bürgerlichen Staat errichtet haben. Marx begrüßt diese Emanzipation, weist aber zugleich darauf hin, dass sie auch eine Kehrseite hat, nämlich die Etablierung einer gesellschaftlichen Trennung, die es vorher nicht gab. Diese Trennung ist doppelter Natur: Zum einen ist sie eine Trennung des Menschen von der Sozialität, die ihn eigentlich konstituiert. Während, so Marx, in der naturwüchsigen Feudalgesellschaft der soziale Charakter aller Angelegenheiten des Lebens unmittelbar offenbar ist, ist die Politik in der bürgerlichen Gesellschaft auf die abstrakte Ebene des Staates beschränkt, während der Verkehr des Marktes und die Beziehungen der Familie vorgeblich unpolitisch sind. Durch diese binäre Einteilung in öffentlich/gemeinschaftlich und privat/individuell werden zudem auch die einzelnen Menschen voneinander getrennt. Auf der Ebene des »Unpolitischen«, der eigentlichen bürgerlichen Gesellschaft, die auch die Gesetze des Hauses im antiken Sinne, die Ökonomie, umfasst, entfällt jede Verflechtung ihrer Interessen und Perspektiven mit anderen. Der gesamtgesellschaftliche Zusammenhang wird ihnen unverfügbar und unüberschaubar. Da ihnen alle Ressourcen der kollektiven Handlungskoordination fehlen, sind sie gezwungen, ihre eigenen Ziele rein solipsistisch zu verfolgen.

Von zentraler Bedeutung sind für Marx in diesem Zusammenhang die Menschenrechte, eine der zentralen Errungenschaften der politischen Emanzipation gegen das Ancien Régime. Sie sollen von den einzelnen gebraucht werden können, um ihre Interessen *gegen* den Staat und die anderen Gesellschaftsmitglieder durchsetzen zu können oder um sich *vor* diesen zu schützen. Marx behauptet aber nun, dass diese Rechte auf eine entgegengesetzte Weise wirksam werden: Sie bewegen die Menschen zu Beziehungsweisen und Handlungsorientierungen, die diese zuvor noch nicht ausgebildet hatten. Durch die Menschenrechte werden Menschen, so Marx, zu Menschenrechtssubjekten *degradiert* und damit auf spezifische Weise *segregiert*. Wie hat man es sich aber genau vorzustellen, dass die Menschenrechte die Menschen passivieren und dadurch voneinander trennen? Wie »schaffen« die Menschenrechte das?

In seiner *Kritik der Rechte* (2015) hat Christoph Menke den groß angelegten Versuch einer systematischen Neuinterpretation und Revitalisierung der Marx'schen Rechtskritik unternommen. Seinen Ausgangspunkt nimmt er bei dem von Marx konstatierten »Rätsel«, dass die französischen Revolutionär*innen ihrer Forderung nach

Gleichheit ausgerechnet die Form von Rechten gegeben haben. Rätselhaft ist dies deshalb, weil mit der Erklärung der Menschenrechte Politik und Entpolitisierung zusammenfallen: Einerseits erkämpft die bürgerliche Revolution die Möglichkeit der demokratischen Gestaltung der Gesellschaft, andererseits delegiert sie die konkrete Ausgestaltung des neu gewonnenen Freiheitsspielraums wieder an die Einzelnen. Die Rechtsform ermächtigt die Individuen, entmächtigt dabei aber die Politik. Die Französische Revolution ist daher, wie Menke treffend schreibt, »Politik zum letzten Mal«.[4] Um die konkrete Funktionsweise der Selbstentmächtigung der Politik durch die Rechtsform genauer zu erläutern, ist es aber, so Menke, nicht ausreichend, den Inhalt konkreter Gesetze oder Rechtskataloge zu untersuchen, vielmehr ist es die spezifische *Form* moderner Rechte als subjektive Rechte, welche die bürgerliche Gesellschaft als Summe voneinander isolierter Subjekte hervorbringt.

Die wesentliche Operation subjektiver Rechte sieht Menke in der Naturalisierung des Wollens der Rechtssubjekte. Anders als in den vormodernen europäischen Gesellschaften, die dem Recht einfach die Funktion der gerechten Verteilung der Teile zusprachen, behandeln subjektive Rechte den Willen der Individuen als rechtsvorgängige »faktische« Ansprüche, in die sie nicht mehr eingreifen dürfen. Damit erlauben sie beliebige Inhalte und Weisen der Bestrebungen der Rechtssubjekte, ohne diese selbst noch verändern zu können. Diese Naturalisierung ist zugleich eine Privatisierung; subjektive Rechte stellen die Art und Weise ihrer Inanspruchnahme unter die individuelle Willkür des Rechtssubjekts, die selbst nicht weiter rechtfertigungsbedürftig ist. Die subjektiven Rechte emanzipieren so die Präferenzen der Individuen von allen sittlichen, ethischen oder ästhetischen Qualifikationen: Das Wollen eines Rechtssubjekts ist nicht deshalb berechtigt, weil es etwas Gutes oder Vernünftiges will, sondern allein deshalb, weil es das Wollen eines Rechtssubjekts ist.[5] Das paradigmatische subjektive Recht ist hier das moderne Eigentumsrecht, das den Gebrauch eines Gegenstandes der souveränen Disposition Einzelner unterstellt. Erst durch die Etablierung subjektiver Rechte in der Moderne kommt so die Immunisierungsfunktion geschichtlich voll zum

4 Menke, *Kritik der Rechte*, S. 8.

5 Vgl. hierzu ausführlich ebd., S. 198-225.

Durchbruch, die Hegel bereits in der Maskierungsfunktion des römischen Konstrukts der Rechtsperson angelegt sah: Erst das bürgerliche Recht erhebt die Autorisierung des positiven Eigenwillens zu seinem legitimatorischen Grund (vgl. oben Kapitel 4.3 sowie zu Nietzsche unten Kapitel 8.2).

Menke beschreibt diesen resignativen Rückzug der Politik von der Möglichkeit einer öffentlichen Gestaltung des Sozialen als ontologischen Umbruch: »Die Normativität der bürgerlichen Rechte besteht in der Hervorbringung vor- und außernormativer Faktizität.«[6] Mit seiner Rechtsformanalyse kann Menke erklären, wie es zu der Verkehrung der Menschenrechte von Anspruchsinstrumenten, die Subjekte gebrauchen können, in Subjektivierungsinstanzen, die Subjekte erst formt, kommen kann. Die Stratifikation des Sozialen durch die Menschenrechte *erzeugt* menschliche Präferenzen, deren gesellschaftliche Ursachen es zugleich ideologisch verdeckt. Menkes Erläuterung ist jedoch hinsichtlich der effektiven Funktionsweisen des rechtlichen Subjektivierungsregimes ergänzungsbedürftig. Sie verzichtet auf eine genauere Darstellung der konkreten historischen Operationen, durch die das Recht seine Referenz im sozialen Leben sichert: Wie genau sedimentiert sich das Recht in den menschlichen Aktions- und Interaktionsweisen, in der menschlichen Subjektivität und Intersubjektivität? Wie genau *veranlasst* das Recht einen Menschen dazu, in einem anderen Menschen nie die Verwirklichung, sondern nur die Schranke der eigenen Freiheit zu sehen? Um diese Fragen besser beantworten zu können, ist ein Blick in Marx' Essay weiterhin hilfreich. Marx verweist hier – wie gerade schon gesagt – zum einen auf die *polizeilichen*, zum anderen auf die *psychologischen* Effekte subjektiver Rechte.

1. Die historischen Menschenrechte sind Marx zufolge die Rechte der Menschen als und nur als *Bürgerrechte*, das heißt, sie bestehen für Mitglieder der bürgerlichen Gesellschaft. Die schon im Titel der französischen Menschenrechtserklärung implizierte Gleichsetzung von Mensch und Bürger ist für Marx schon deshalb problematisch, weil dadurch etwas Wichtiges am Menschen vernachlässigt oder verfälscht wird. Denn indem die Menschen deklarieren, ein Mensch sei ein Bürger, geben sie einen historischen Zustand

6 Ebd., S. 10.

als einen natürlichen aus.[7] Dies ist die allgemeinste Formulierung der Einsicht vom ideologischen Gehalt der Menschenrechte: Sie bringen anthropologische Vorstellungen in Umlauf, nach denen der Mensch an sich die gleiche Gestalt hat wie der Mensch der kapitalistischen Gesellschaft, das heißt wie ein »auf sich, auf sein Privatinteresse und Privatwillkür zurückgezogenes und vom Gemeinwesen abgesondertes Individuum« (MEW 1, S. 366).

Es ist jedoch gar nicht dieser ideologische Punkt, der Marx primär interessiert. Ihm geht es vor allem um eine praktische, das heißt faktische Verwandlung des Menschen durch die Menschenrechte: Die Menschen werden durch die Menschenrechte in ihrem Menschsein amputiert. Marx klagt also, um dies noch einmal zu betonen, die bürgerliche Gesellschaft gerade nicht dafür an, dass in ihr die Menschenrechte nicht gelten oder weil sie sie untergraben würde, sondern im Gegenteil: Menschenrechte sind für ihn nicht Teil der Lösung, sondern Teil des Problems, und zwar gerade weil sie wirksam sind. Die Französische Revolution hat sie von einem naturrechtlichen in ein positivrechtliches Gebilde verwandelt, sie hat sie realisiert. Der erste problematische Aspekt ihrer Realisierung ist für Marx nun, dass sie als positives Rechtsinstitut auf einen souveränen Staat als ihren Durchsetzungsagenten verweisen. Anders als Naturrechte benötigen positive Rechte demnach Zwangsmittel, die in der bürgerlichen Gesellschaft im Wesentlichen polizeiliche Mittel sind. Marx beschreibt die Polizei als Ergebnis der Auflösung ständischer Verbindungen und der Einrichtung der bürgerlichen Gesellschaft als Konglomerat monadischer Rechtspersonen.[8] Paradigmatisch steht hierfür das Rechtsgut der Sicherheit, welche die

7 Vgl. bereits Andrea Maihofer, *Das Recht bei Marx. Zur dialektischen Struktur von Gerechtigkeit, Menschenrechten und Recht*, Baden-Baden 1992, sowie Brown, *States of Injury*, S. 109 ff.

8 Diesen Zusammenhang von Individualismus und Polizei beschreibt schon Hegel im *Naturrechtsaufsatz*. Durch die Zersplitterung der Einzelnen, wie sie klassische Naturrechtstheorien vornehmen, kann das sie verbindende Band nur als ein äußeres und externes gedacht werden, so dass für solche Formen des Rechts letztlich »nur Herrschen und Gehorchen« (N, S. 448), nicht aber ein freies sittliches Zusammenstimmen aller möglich ist. In letzter Konsequenz kann dies zur Tyrannei eines Polizeistaates führen: »So könnte auch das Staatsrecht sich als solches aufs Einzelne schlechthin beziehen und als eine vollkommene Polizei das Sein des Einzelnen ganz durchdringen wollen und so die bürgerliche Freiheit vernichten, was der härteste Despotismus sein würde.« (N, S. 519)

französische Konstitution von 1793 in ihrem zweiten Artikel zum »natürlichen und unabdingbaren Recht« erhebt. »Die Sicherheit«, schreibt Marx, »ist der höchste soziale Begriff der bürgerlichen Gesellschaft, der Begriff der Polizei, daß die ganze Gesellschaft nur da ist, um jedem ihrer Glieder die Erhaltung seiner Person, seiner Rechte und seines Eigentums zu garantieren. [...] Durch den Begriff der Sicherheit erhebt sich die bürgerliche Gesellschaft nicht über ihren Egoismus. Die Sicherheit ist vielmehr die *Versicherung* ihres Egoismus.« (MEW 1, S. 365) Indem Sicherheit zum Menschenrecht erhoben wird, wird die Polizei mit der höchsten Dignität ausgezeichnet, die innerhalb dieser Legitimationsordnung denkbar ist. Da aber das staatliche Zwangsrecht gerade nicht den Souverän, sondern die Untertanen bindet – alles andere würde den Begriff der Souveränität auch *ad absurdum* führen –, ist die in den Menschenrechten gegebene Versicherung des Egoismus – »Versicherung« als Bestätigung und als Bürgschaft, als Konfirmation und als Assekuranz – eine Versicherung nicht gegen den Staat, sondern ausschließlich gegen die anderen: Sicherheit erzeugt Polizei als Band gegen die anderen. Marx weist also darauf hin, dass sich mit der Einrichtung der Polizei somit unter der Hand das Subjekt-Objekt-Verhältnis des Rechts verkehrt hat: Aus einem Anspruchsrecht der Bürger*innen werden Anspruchsrechte an bzw. gegen die Bürger*innen.

Diese Verkehrung rekonstruiert Marx nicht nur systematisch, sondern auch historisch. Damit die Zersetzung ständischer Verbindungen zu voneinander getrennten Atomen historisch möglich war, bedurfte es einer rechtspraktischen Vorbereitung. Denn dass Menschen überhaupt in der Lage sind, sich als individuelle, geschäftsfähige Einzelsubjekte ohne traditionale Bindungen zu begreifen, ist nicht selbstverständlich; die Dissoziierung der Menschen war ein mühseliger und extrem gewaltförmiger Prozess. Im Kapitel zur »so genannten ursprünglichen Akkumulation« im *Kapital* beschreibt Marx genauer, wie die Bourgeoisie diese Aufgabe erledigt hat: Zu Beginn der kapitalistischen Produktionsweise wurden seit dem 16. Jahrhundert vor allem in England »große Menschenmassen plötzlich und gewaltsam von ihren Subsistenzmitteln losgerissen und als vogelfreie Proletarier auf den Arbeitsmarkt geschleudert« (MEW 23, S. 744). Dieses Projekt wird vorwiegend mit Hilfe von *Gesetzen* verfolgt: Steuerpolitiken und legale Enteignungen von Gemeineigentum und Kirchengütern vernichten alle alternativen Subökonomien und Allmenden, so genannte *Enclosure Acts* zwingen Menschenmassen zur Abwanderung in die Städte, ein steuerpolitisch und militärisch konsolidierter Staatsapparat wird zur umfassenden Kolonisierung befähigt.

Solche Prozesse sind dabei keineswegs Relikte feudaler Verhältnisse, die mit der Einrichtung einer aufgeklärten Gesellschaft verschwunden wären; das junge bürgerliche Recht hat nicht nur alte Assoziationen zerschlagen, es konnte auch keine neuen zulassen. In Frankreich und England wurden unmittelbar nach der Revolution all jene Rechte suspendiert, die zur politischen Teilhabe hätten berechtigten können. Ganz deutlich ist dies beim Recht der Arbeiter*innen, eigene Koalitionen und Gewerkschaften zu gründen. Marx protokolliert:

> Durch Dekret vom 14. Juni 1791 erklärte sie [die französische Bourgeoisie, D. L.] alle Arbeiterkoalition für ein »Attentat auf die Freiheit und die Erklärung der Menschenrechte«, strafbar mit 500 Livres nebst einjähriger Entziehung der aktiven Bürgerrechte. Dies Gesetz, welches den Konkurrenzkampf zwischen Kapital und Arbeit staatspolizeilich innerhalb dem Kapital bequemer Schranken einzwängt, überlebte Revolutionen und Dynastiewechsel. (MEW 23, S. 769 f.)

Auch in England kam es noch zu Marx' Zeit zu richtiggehenden Kampagnen gegen Arbeiterkoalitionen, ein Parlamentsakt von 1871 bekämpft das Assoziationsrecht der Arbeiter*innen mit Mitteln des Strafrechts (»An act to amend the criminal law relating to violence, threats and molestation«, »Ein Gesetz zur Ergänzung der Kriminalgesetzgebung über Gewaltakte, Bedrohung und Belästigung« [MEW 23, S. 768 f.]).

Man könnte an dieser Stelle einwenden, dass diese Gesetze gerade nicht die Form von Menschenrechten hatten, dass vielmehr die Menschenrechte als Schranke solcher Eingriffe seitens des Staates in die Freiheit der Menschen dienen könnten. Marx antwortet darauf auf zweierlei Weise, zum einen historisch, zum anderen systematisch. Erstens kann er darauf verweisen, dass historisch gesehen die Menschenrechte gerade nicht dazu gedient haben, staatliches Handeln einzuschränken. Die französischen Revolutionär*innen, denen die Einrichtung des bürgerlichen Staates zu verdanken ist, waren angesichts realpolitischer Bedrängnisse vielmehr sofort bereit, ausgerechnet dasjenige zu opfern, was den ursprünglichen Zweck der gesamten Revolution abgab: die bürgerliche Freiheit, wie sie in den Menschenrechten repräsentiert sein sollte, wozu etwa das Briefgeheimnis und die Pressefreiheit gehören. Marx insistiert aber darauf, dass diese bereitwillige Opferung der Rechte im Namen der Rechte kein Zufall ist, keine praktische Verirrung, sondern strukturell zur Funktionsweise eines Staatsapparates gehört. Die Exekutivgewalt hat ihrer Verfasstheit nach die Tendenz, sich von ihren eigenen Legitimationsgrundlagen zu emanzipieren und zur gesellschaftlichen Dominante zu werden. Der Kulminations- und Umschlagpunkt dieses Prozesses ist für Marx dann ein permanenter Ausnahmezustand und die Ersetzung der revolutionären Losung »Liberté, egalité, fraternité« durch die »unzweideutigen Worte Infanterie, Cavallerie, Artillerie« (MEW 8, S. 148).

Das zweite Argument von Marx für seine Behauptung, dass Menschenrechte keine Abwehrrechte gegen den Staat, sondern selber staatlich sind, dass sie polizeiliche Aktivität nicht begrenzen, sondern bedingen, bezieht sich gerade auf den Charakter der Menschenrechte als subjektive Rechte. Gerade insofern die Menschenrechte *Anspruchsrechte* sind, erfordern sie staatliche Disziplinierung, weil sie die Produktion rechtsfähiger Subjekte voraussetzen. Dies zeigt Marx wieder anhand der »so genannten ursprünglichen Akkumulation«. Er beschreibt, dass die Erziehung und Sozialisation, Anlernung und Einübung der für die bürgerliche Rechtsgesellschaft notwendigen Fähigkeiten, Kenntnisse und Verhaltensweisen ebenfalls ein historisch neuer und langwieriger Prozess war. Die so genannte ursprüngliche Akkumulation ist dabei für Marx kein einmaliger, am Anfang des Kapitalismus stehender Akt (wie es seine eigene Formulierung von der »Erbsünde« des Kapitalismus nahelegt). Er geht vielmehr davon aus, dass die Grundlagen der bürgerlichen Gesellschaft reproduziert werden müssen. Die juridische Subjektivierung ist daher nicht nur ein historischer, sondern auch ein biographischer Vorgang. Es ist daher Michel Foucaults genealogische Analyse in *Überwachen und Strafen,* die als die detaillierteste Beschreibung der ursprünglichen Akkumulation gelesen werden kann. Der Machttyp der Disziplin ist für Foucault historisch neu und genau zur Zeit der ursprünglichen Akkumulation entstanden; er zeichnet sich vor allem dadurch aus, dass er die Stationen des menschlichen Lebens als eine Abfolge von Einschließungsmilieus

(Schule, Militär, Fabrik, Gefängnis, Hospital) orchestriert, die strukturell einem panoptischen Prinzip folgen und so eine durchgehende Überwachung erlauben (für Marx wie Foucault ist der Utilitarist Jeremy Bentham, der Erfinder des Panoptikums und selbst ein Kritiker der Menschenrechte, die emblematische Figur dieser Epoche).

Das Disziplinierungsregime entsteht für Foucault in der Neuzeit zum einen aufgrund seiner kapitalistischen Effektivität, zum anderen aufgrund der Veränderung der politischen Verhältnisse. Wie Marx hat Foucault die Einrichtung gleicher Rechte als ironischen Prozess beschrieben, in dem die Zunahme an Freiheit und Selbstbestimmung durch intensivierte Herrschaft erkauft wurde:

> Die allgemeine Rechtsform, die ein System prinzipiell gleicher Rechte garantierte, ruhte auf jenen unscheinbaren, alltäglichen und physischen Mechanismen auf [...]. Die wirklichen und körperlichen Disziplinen bildeten die Basis und das Untergeschoss zu den formellen und rechtlichen Freiheiten. [...] Die »Aufklärung«, welche die Freiheiten entdeckt hat, hat auch die Disziplinen erfunden.[9]

Damit eine Rechtsperson zustande kommen kann, ist für Marx und Foucault eine Formung und Programmierung menschlicher Lebensformen nötig, die bis in die Affektstruktur, den Habitus und die Physiognomie reichen. Foucaults ausführlicher Bericht über die Veränderungen von Sitzordnungen, die Strukturierung des Tagesablaufs oder die Architektur der Erziehungsanstalten sind Protokolle der »Fixierung des Einzelnseins«, das heißt der *Absonderung* und der *Beschränkung* des Menschen.[10]

Es gibt also, so Marx, einen internen Zusammenhang von Menschenrecht und Polizei. Dadurch ist das Menschenrecht nicht einfach ein Anspruchsrecht der einzelnen Individuen an den Staat,

9 Michel Foucault, *Überwachen und Strafen. Die Geburt des Gefängnisses*, Frankfurt/M. 1994, S. 285.

10 Silvia Federici kommt das Verdienst zu, den »Kampf gegen den rebellischen Körper«, auf dem die Entstehung des Kapitalismus basiert, in zahlreichen Facetten rekonstruiert und insbesondere seinen Zusammenhang mit rassistischen und sexistischen Zuschreibungen herausgestellt zu haben. Allerdings interessiert sich Federici vor allem für die Umwandlung des Körpers in Arbeitskraft, wobei sie die Fabrikation von Rechtssubjektivität vollkommen ausblendet; vgl. Silvia Federici, *Caliban und die Hexe. Frauen, der Körper und die ursprüngliche Akkumulation*, Wien 2012, insbes. S. 163-201.

sondern ruft auch einen Staat an, durch den die Einzelnen wiederum zu politischen Objekten werden: Die Subjekt-Objekt-Struktur hat sich verkehrt. Statt, wie Marx es schon in der *Kritik der Hegelschen Rechtsphilosophie* gefordert hatte, das Gesetz menschlicher zu machen, werden die Menschen durch Disziplinierung auf das Recht fixiert. Indem sich der Mensch Menschenrechte gibt, heißt das, ergreifen diese gewissermaßen von ihm Besitz; denn indem die Menschen diese Rechte als Menschenrechte deklarieren, sagen sie etwas darüber aus, was der Mensch ist, sein soll und sein kann, und taxieren sie also eine bestimmte Form der Interaktion, die Rechtsform, als die dem Menschen adäquate. Was sich als Vehikel der Menschen ausgibt, mindestens elementare Ansprüche an ihr Gemeinwesen zu stellen, wird so umgekehrt zum Instrument des Gemeinwesens, die Menschen auf eine bestimmte Form festzulegen: In und durch die Menschenrechte ist der Mensch auf die Wahrung der in ihnen repräsentierten Rechtsgüter verpflichtet.[11]

2. Damit geht eine zweite, *psychologische* Trennungsdimension des Rechts einher. Der Begriff der Psychologie muss dabei in einem weiten Sinne verstanden werden, er bezieht sich hier nicht nur auf psychische Gehalte in voneinander isolierten Entscheidungssituationen, sondern bezeichnet grundsätzliche Handlungsorientierungen, Welthaltungen und Mentalitäten. Bei Marx selbst firmiert die Psychologie, welche das Recht voraussetzt und erzeugt, unter dem Begriff des »Egoismus«. »Egoistisch« ist eine Handlungsorientierung, bei der die Menschen ihre individuellen Ziele und Interessen ohne Rücksicht auf die Ziele und Interessen anderer verfolgen. Christoph Menke verkennt den Status dieses Begriffs, wenn er Marx mehrfach einen Kategorienfehler unterstellt, indem er behauptet, der Egoismus sei »überhaupt keine rechtstheoretische oder gesellschaftskritische Kategorie (sondern eine moralische)«.[12] Die Pointe von Marx' Rechtskritik besteht jedoch gerade darin, dass die Rechtsform eine spezifische Subjektform konstituiert, was eben auch moralische Einstellungen und Haltungen umfasst. Es

11 Vgl. Hamacher, »Vom Recht, Rechte nicht zu gebrauchen«, insbes. S. 269-273.

12 Menke, *Kritik der Rechte*, S. 10, vgl. auch später S. 234. – Eine ähnliche Vernachlässigung der genuin moralgenetischen Leistungen des subjektiven Rechts kann man Wendy Brown vorwerfen, die am Egoismus vor allem dessen ideologischen Charakter hervorhebt, den sie im Wesentlichen in der Entpolitisierung sieht (Brown, *States of Injury*, S. 111 ff.).

geht ihm gerade darum, vorherrschende moralische Praktiken auf gesellschaftliche und rechtliche Praktiken zurückzuführen.

Der Egoismus, den die bürgerlich-kapitalistische Ordnung erzeugt, lässt sich einerseits als Ergebnis einer allgemeinen Konkurrenz begreifen, welche die Menschen dazu zwingt, ihre Interessen auf Kosten anderer durchzusetzen, zum anderen aber eben auch als Ergebnis der rechtlichen Struktur, wie sie in etwa in der französischen Menschenrechtserklärung kodifiziert wurde. Das Zusammenspiel zwischen ökonomischem und rechtlichem Egoismus kommt prägnant in Marx' Formulierung aus dem *Kapital* zum Ausdruck, wonach der Kapitalismus »Garten Eden der angebornen Menschenrechte« sei, welche Marx als »Freiheit, Gleichheit, Eigentum, Bentham« benennt. Der Eigenname Benthams steht emblematisch für eine Subordination und Verleugnung der menschlichen Sozialität und damit der *conditio humana* als solcher: »Bentham! Denn jedem [...] ist es nur um sich zu tun. Die einzige Macht, die sie zusammen und in ein Verhältnis bringt, ist die ihres Eigennutzes, ihres Sondervorteils, ihrer Privatinteressen.« (MEW 23, S. 190) Den dieser notwendig auf Egoismus angewiesenen Ordnung zugrunde liegenden liberalen Freiheitsbegriff charakterisiert Marx in der »Judenfrage« so: »Die Freiheit ist also das Recht, alles zu tun und zu treiben, was keinem andern schadet. Die Grenze, in welcher sich jeder dem andern *unschädlich* bewegen kann, ist durch das Gesetz bestimmt, wie die Grenze zweier Felder durch den Zaunpfahl bestimmt ist. Es handelt sich um die Freiheit des Menschen als isolierter auf sich zurückgezogener Monade.« (MEW 1, S. 364) Die Menschenrechte gehen für Marx also vom Menschen als antisozialem Wesen aus und fabrizieren daher eine antigesellschaftliche Gesellschaft, eine asoziale Sozialität, weil diese auf der systematischen Verdrängung oder Subordination menschlicher Dependenz beruht.

Marx steht hier rückhaltlos in der Tradition Hegels, wenn er davon ausgeht, dass diese dem Recht entsprechende, »egoistische« Subjektivität eine auch ethisch defizitäre ist, weil sie andere, bessere Formen der Intersubjektivität ausschließt. Hegel sah sich zu einer perfektionistischen Theorie des menschlichen Gattungswesens berechtigt und dazu, den liberalen Freiheitsbegriff in einem anspruchsvollen Sinne als *verfehlt* oder als *falsch* zu verstehen. Die negative Freiheitskonzeption, wonach Freiheit in der Freiheit *von der* anderen besteht, ist demnach eine nur abstrakte Freiheit und somit Unfreiheit (so wie Robinson auf seiner Insel nicht der freieste, sondern der unfreieste aller Menschen ist). Freiheit kann nur verwirklicht werden als eine Freiheit zur und mit der anderen, in einer Gesellschaft, in der meine Ziele und die Ziele der anderen intern miteinander verflochten sind.[13] Marx übernimmt das soziale Freiheitsverständnis von Hegel und geht davon aus, dass Menschen ihre Freiheit nur als sittliche Wesen und also nicht in Konkurrenz zueinander verwirklichen können. Daraus ergibt sich, wie Michael Quante formuliert hat, ein »intrinsischer Wert menschlicher Dependenz«.[14] Der »Wert« der Dependenz ist dabei nicht in einem instrumentellen Sinne zu verstehen, als könnte man sich für oder gegen die eigene Abhängigkeit von anderen erst noch entscheiden. Vielmehr expliziert Marx mit Hegel, dass Freiheit nur als Affirmation von Abhängigkeit *richtig verstanden* ist. Bei Marx folgt also aus der Dependenz*explikation* eine Dependenz*deklaration*. Daher ist Egoismus nicht nur eine unsympathische oder unethische, sondern eine im epistemologischen Sinn *falsche* Welthaltung, denn im Egoismus wird die originäre Abhängigkeit des Menschen vom Menschen verkannt oder verdrängt.[15]

Marx radikalisiert allerdings Hegels freiheitstheoretische Kritik, indem er sie auf eine grundsätzliche Infragestellung der Rechtsform

13 Zum Marx'schen Freiheitsbegriff und dessen hegelianischen Hintergründen vgl. exemplarisch Daniel Brudney, *Marx' Attempt to Leave Philosophy*, Cambridge 1998; zu den normativen Grundlagen der Marx'schen Kapitalismuskritik den Sammelband Emil Angehrn, Georg Lohmann (Hg.), *Ethik und Marx. Moralkritik und normative Grundlagen der Marxschen Theorie*, Frankfurt/M. 1986, ferner die Studien Allen E. Buchanan, *Marx and Justice: The Radical Critique of Liberalism*, Totowa 1982, und Wood, *Karl Marx*.

14 Michael Quante, »Das gegenständliche Gattungswesen. Bemerkungen zum intrinsischen Wert menschlicher Dependenz«, in: Rahel Jaeggi, Daniel Loick (Hg.), *Nach Marx. Philosophie, Kritik, Praxis*, Berlin 2013, S. 69-88. Vgl. auch Frederick Neuhouser, »Marx (und Hegel) zur Philosophie der Freiheit«, in: Rahel Jaeggi, Daniel Loick (Hg.), *Nach Marx. Philosophie, Kritik, Praxis*, Berlin 2013, S. 25-47, und Andrew Chitty, »Menschliche Anerkennung und wahres Eigentum beim jungen Marx«, in: Rahel Jaeggi, Daniel Loick (Hg.), *Nach Marx. Philosophie, Kritik, Praxis*, Berlin 2013, S. 48-68.

15 Wendy Brown hat gezeigt, dass die abendländische Vorstellung von Autarkie, welche der Rechtssubjektivität zugrunde liegt, zudem eine strukturell maskulinistische ist, vgl. Wendy Brown, *Manhood and Politics. A Feminist Reading in Political Thought*, Totowa, 1988, insbes. Kap. 10.

zuspitzt. Für Marx können die Absonderungseffekte des Rechts zu einer universell segregierenden und parzellierenden Stratifikation des Sozialen gerinnen. Schon Hegel hatte ja vor der Gefahr der Verselbständigung und in letzter Konsequenz Verabsolutierung einzelner sittlicher Potenzen gewarnt. Anders als Hegel meint, sind Marx zufolge aber nicht alle sittlichen Sphären gleichermaßen von dieser Gefahr betroffen, da das Recht als einziges Interaktionsmedium der Gesellschaft zwangsbewehrt ist, weshalb ihm im Fall kollidierender Ansprüche stets die letztinstanzliche Entscheidungskompetenz zukommt. In seinen Notizen zur *Kritik des Hegelschen Staatsrechts* hat Marx dieses Problem bereits ganz genau erkannt: Die Äußerlichkeit der staatlich exekutierten Zwangsgesetze kann nur so verstanden werden, »daß ›Gesetze‹ und ›Interessen‹ der Familie und der Gesellschaft den ›Gesetzen‹ und ›Interessen‹ des Staats im Kollisionsfall weichen müssen, ihm untergeordnet sind, ihre Existenz von der seinigen abhängig ist oder auch sein Wille und seine Gesetze ihrem ›Willen‹ und ihren ›Gesetzen‹ als eine Notwendigkeit erscheint!« (MEW 1, S. 203 f.) Aus diesem Grund kann es überhaupt nur zu einer grundsätzlichen Prägung der Psychologie durch das Recht kommen: Mit der Entstehung der bürgerlichen Gesellschaft setzt sich das Recht gewissermaßen als universelle Währung durch, in die auch alle anderen Beziehungen konvertiert werden. Die *polizeiliche* ermöglicht und erfordert also die *psychologische* Trennungsfunktion des Rechts. Jene Konvertierung findet dabei nicht erst in dem Moment statt, in dem zwei Parteien vor Gericht ziehen; vielmehr ist, wie Foucault gezeigt hat, die Sozialisation und Erziehung in rechtsförmigen Gesellschaften schon von Beginn an auf die Produktion judikabler Subjekte ausgerichtet. Die bemerkenswerten emotionalen und affektiven Investitionen, die Menschen in die Rechtsform tätigen, können überhaupt nur erklärt werden, wenn der konstitutiven Bedeutung, welche die Rechtsform für die Subjektivierung hat, Rechnung getragen wird. Deshalb scheidet für Marx auch die Hegel'sche Lösung aus, das Recht durch andere Sittlichkeitssphären zu komplementieren und seine Defizite so zu kompensieren: Es ist unrealistisch zu glauben, familiale Liebe oder soziale Wertschätzung könnten für die Ausbildung des menschlichen Charakters eine entscheidende Rolle spielen, solange die Gesellschaft den Diktionen des bürgerlichen Rechts unterworfen bleibt.

Hegel hatte Sittlichkeit als »nicht unterwürfiges Einssein« definiert (N, S. 449). Die Vereinbarkeit von Nichtunterwürfigkeit und Einssein wird bei ihm dadurch hergestellt, dass er der individuellen und der sozialen Freiheit zwei unterschiedliche institutionelle Positionen zuweist, die beide innerhalb eines übergreifenden Gesamtsystems zusammenstimmen. Marx ist dagegen der Meinung, dass soziale Freiheit erst in einer kommunistischen Gesellschaft verwirklicht werden kann. Solange die bürgerliche Gesellschaft mit ihrer auf Privatkonkurrenz basierenden Ökonomie und ihrem atomisierenden Recht überhaupt existiert, kann die gesellschaftliche Entfremdung nicht beseitigt werden.[16] Allerdings schwebt Marx keineswegs eine Verdrängung oder Unterordnung des Individuums unter die Gemeinschaft vor, vielmehr will er die Möglichkeit der Differenz bereits in den Gemeinschaftsbegriff selbst integrieren: Die Gemeinschaft ist von vornherein kein Hindernis, sondern die Ermöglichungsbedingung individueller Freiheit. »Erst in der Gemeinschaft mit Andern«, so schreibt Marx ebenso analytisch wie programmatisch in der »Deutschen Ideologie«,

> hat jedes Individuum die Mittel, seine Anlagen nach allen Seiten hin auszubilden; erst in der Gemeinschaft wird also die persönliche Freiheit möglich. In den bisherigen Surrogaten der Gemeinschaft, im Staat usw. existierte die persönliche Freiheit nur für die in den Verhältnissen der herrschenden Klasse entwickelten Individuen und nur, insofern sie Individuen dieser Klasse waren. [...] In der wirklichen Gemeinschaft erlangen die Individuen in und durch ihre Assoziation zugleich ihre Freiheit. (MEW 3, S. 47)

Das Bedingungsverhältnis ist aber nicht einseitig: Die Individuen verwirklichen sich nur durch die Gemeinschaft, aber die Gemein-

16 Frederick Neuhouser hat konzise rekonstruiert, wie Hegel und Marx den Konflikt zwischen sozialer und liberaler Freiheit in der bürgerlichen Gesellschaft verstehen (vgl. Neuhouser, »Marx (und Hegel)«). Für Neuhouser ist es vor allem eine empirische Frage, ob innerhalb ein und derselben Gesellschaftsordnung sowohl ein sozialer als auch ein liberaler Freiheitsbegriff verwirklicht werden können. Dieser starke Akzent auf die Frage der Kompatibilität von Freiheitsbegriffen ist aber etwas irreführend, denn Marx hält liberale Freiheit für in der sozialen Freiheit impliziert (wie Neuhouser selbst anführt, vgl. ebd., S. 42 f.). Entscheidend ist vielmehr, ob in ein und derselben Gesellschaft sowohl soziale Freiheit als auch abstraktes Recht verwirklicht werden können.

schaft verwirklicht sich auch nur durch die Individuen. Genauer gesagt, verwirklicht sich eine kommunistische Gemeinschaft nur durch die Individuen *als Individuen*; die Besonderheit und Differenz der Einzelnen darf im Zuge der Vergemeinschaftung nicht verloren gehen. Dem hegelianisch-marxistischen Begriff sozialer Freiheit zufolge ist die Achtung menschlicher Dependenz ein Wert an sich; es geht dem Kommunismus daher darum, Bedingungen zu etablieren, unter denen die Einzelnen ein nichtegoistisches Interesse an den Bedürfnissen der anderen entwickeln können, das heißt an der anderen als *besondere*. Im *Kommunistischen Manifest* wählen Marx und Engels für diese emphatische Affirmation von Dependenz eine explizit staatskritische Formulierung, wenn sie den Kommunismus als »Assoziation« bezeichnen, »worin die freie Entwicklung eines jeden die Bedingung für freie Entwicklung aller ist« (MEW 4, S. 482).[17]

Um eine solche Assoziation einzurichten, muss für Marx die Absonderung der politischen Sphäre von der gesellschaftlichen Sphäre aufgehoben werden. Die Verbindung der Menschen muss in ihrem »wirklichen« Leben, das heißt in der Unmittelbarkeit der

17 Es ist offensichtlich, dass in den bisherigen Versuchen, den Kommunismus in größerem Maßstab zu realisieren, dieser Anspruch verfehlt wurde. Es mag zunächst naheliegen, den Grund dafür in der Unterdrückung des Individuums in den realsozialistischen Gesellschaften zu suchen: Während das bürgerliche Recht die Individuen voneinander absondert, sind sie im sozialistischen Recht miteinander zu einem Kollektivsubjekt amalgamiert. Diese Interpretation *verharmlost* aber die Katastrophen der realsozialistischen Rechtspolitik. Denn im realsozialistischen Recht ist nicht einfach das bürgerliche, atomistische Monadensubjekt subordiniert, sondern auch und gerade der Mensch als Gattungswesen; nur aus dieser Perspektive lässt sich die politische und moralische Anmaßung des Realsozialismus überhaupt in ihrer vollen Bedeutung ermessen. In gewisser Hinsicht wiederholt der Realsozialismus den Fehler, der auch Hegel schon zu seiner berüchtigten Apotheose des Staates veranlasst hatte: Die Identität von besonderem Willen und objektiv Gutem wird von außen herangetragen und nicht frei affirmiert. Die autoritären staatssozialistischen Regime waren also entgegen einer weit verbreiteten Auffassung nicht zu marxistisch und zu wenig hegelianisch, sondern genau umgekehrt. (Von diesem fatalen Missverständnis ist auch die einflussreiche Polemik gekennzeichnet, die Claude Lefort ausgehend von der Erfahrung des Totalitarismus gegen Marx vorbringt, vgl. stellvertretend für zahlreiche ähnlich argumentierende Kritiken Claude Lefort, »Menschenrechte und Politik«, in: Ulrich Rödel [Hg.], *Autonome Gesellschaft und libertäre Demokratie*, Frankfurt/M. 1990, S. 239-280).

gesellschaftlichen Produktion und Reproduktion, vonstattengehen und nicht in der abgetrennten Sphäre des Staates. Weil Marx mit Hegel das nichtegoistische Interesse an der anderen als inhärente Eigenschaft des Gattungswesens bestimmt, kann er diese Art der Emanzipation als »menschliche Emanzipation« bezeichnen. Die menschliche Emanzipation setzt diejenigen Sozialitätspotentiale frei, die bislang in den staatlichen Gewaltapparaten aggregiert waren. Damit das möglich ist, müssen staatlich-rechtliche Mechanismen folglich nicht ausgeweitet, sondern »zurückgenommen« werden (ein Hinweis, aus dem allein sich eine grundlegende Kritik am Staatssozialismus formulieren ließe). Eine solche Re-Appropriation des kommunitären Aspekts des menschlichen Lebens fordert Marx programmatisch gegen Ende seiner Skizze zur »Judenfrage«:

> Erst wenn der wirkliche individuelle Mensch den abstrakten Staatsbürger in sich zurücknimmt und als individueller Mensch in seinem empirischen Leben, in seiner individuellen Arbeit, in seinen individuellen Verhältnissen, Gattungswesen geworden ist, erst wenn der Mensch seine »forces propres« als *gesellschaftliche* Kräfte erkannt und organisiert hat und daher die gesellschaftliche Kraft nicht mehr in der Gestalt der *politischen* Kraft von sich trennt, erst dann ist die menschliche Emanzipation vollbracht. (MEW 1, S. 370)

Marx fasst also ein gelingendes menschliches Zusammenleben in Gesellschaft – das Hegel als Sittlichkeit bezeichnete – nicht mehr als ein richtiges Mischungsverhältnis verschiedener Sphären. Die menschlichen *forces propres* als gesellschaftliche Kräfte zu erkennen und zu organisieren bedeutet vielmehr nicht nur eine Komplementierung, sondern eine Veränderung des Zusammenspiels der Sphären selbst – bis hin zur möglichen vollständigen Auflösung der Sphärentrennung insgesamt. Am Ende der gesellschaftlichen Organisierung der menschlichen *forces propres* avisiert Marx jedenfalls explizit die Möglichkeit, dass »der enge bürgerliche Rechtshorizont ganz überschritten werden« (MEW 19, S. 21) kann, weil das Recht als eigene Sphäre schlicht überflüssig geworden ist. Die positiven Funktionen, die bislang das Recht übernommen hatte, sollen dann im sozialen Zusammenleben selbst unmittelbar verankert sein.

Marx' Kritik an Hegel überzeugt sowohl konzeptionell als auch empirisch. Konzeptionell, weil sie Hegels Widerspruch auflöst, das abstrakte Recht zwar als Hindernis der Selbstverwirklichung erkannt zu haben, es aber dennoch weder überwinden noch verändern zu wollen. Empirisch, weil heute klar ist, dass Hegel die Zentrifugalkraft der bürgerlich-kapitalistischen Gesellschaft dramatisch unterschätzt hat. Dennoch bleibt auch Marx' eigene Kritik am Recht hinsichtlich seiner *Zielvorstellung*, seiner *Transformationstheorie* und seiner *historischen Analyse* an einigen Stellen klärungs- oder revisionsbedürftig.

1. Bekanntermaßen sagt Marx nicht viel darüber, wie er sich die Gesellschaftsstruktur des Kommunismus genau vorstellt. Sie scheint aber Ähnlichkeit mit derjenigen Gesellschaft zu haben, die Joel Feinberg sich als Nowheresville ausmalt (siehe oben Kap. 3.4). Selbst in einem solchen Zustand, so lautete Feinbergs Gegenargument, in dem kein Mangel besteht (in dem also »die Springquellen genossenschaftlichen Reichtums voller fließen« [MEW 19, S. 21]) und in dem sich die Menschen mit gegenseitigem Wohlwollen begegnen, fehlt etwas Wesentliches, weil die Individuen ohne Rechte kein Gefühl der Selbstachtung ausbilden können. Daniel Brudney hat versucht, Marx' Vorstellung des Kommunismus gegen diesen Einwand zu verteidigen.[18] Im Kommunismus, so Brudney, könnten sowohl die expressive Funktion des Rechts, die grundlegende Gleichheit der Gesellschaftsmitglieder zu artikulieren, als auch die Herstellung eines Gefühls, für die Gesellschaft bedingungslos wertvoll zu sein, vom Produktionsprozess selbst generiert werden: Die Individuen ziehen die zur gelingenden Identitätsentwicklung notwendige Bestätigung bereits aus dem selbstbestimmten Füreinandertätigsein. Dabei würde sich freilich auch die Gestalt und der Sinn des Selbstwertgefühls verändern, eben weil die Individuen sich gegenseitig nicht mehr als Rechtssubjekte, sondern als Bedürfniswesen anerkennen.

Die Lösung, gesellschaftliche Anerkennungsbeziehungen auf die Produktionssphäre zu konzentrieren, bleibt allerdings aus zwei Gründen unzureichend. Erstens beruht sie auf einem ökonomistischen Bild vom Menschen und vom menschlichen Zusammenleben: Menschen werden auf ihren Status als Produzierende und zwischenmenschliche Bedürfnisse auf Bedürfnisse nach den Produkten der anderen reduziert. Sowohl unproduktive Menschen als

18 Daniel Brudney, *Marx' neuer Mensch*, in: Hans-Christoph Schmidt am Busch, Christopher F. Zurn (Hg.), *Anerkennung*, Berlin 2009, S. 169-173.

auch Menschen, die auf exzentrische oder erratische Weise produktiv sind – deren Produktion nicht auf ein Bedürfnis seitens der anderen trifft –, haben in einer solchen Gesellschaft keinen Grund, sich anerkannt zu fühlen, sofern es in ihr nicht auch noch Deklarationen von Rechten gibt.[19] Die Menschenrechte legen demgegenüber tatsächlich ein sehr viel »menschlicheres«, nämlich vielseitigeres und unbestimmteres Bild vom Menschen zugrunde, weil sie dem Menschen ein Mindestmaß an Achtung unabhängig von seinem Produktivsein zusprechen. Zweitens blendet Brudney die politischen Auseinandersetzungen aus, die zur Einrichtung einer kommunistischen Gesellschaft überhaupt erst führen können. Wie Marx selbst einräumt, waren die Menschenrechte zu bestimmten geschichtlichen Zeitpunkten Vehikel solcher Emanzipationsbestrebungen. Das Gefühl der Achtung und Würde ergibt sich aus einem *Kampf* um Anerkennung, und dieser Kampf ist historisch gesehen ein Kampf um schrittweise Erweiterung gleicher Rechte und nicht einer um eine Erweiterung von Wohlstand und Wohlwollen. Die Geschichte etwa der Frauenbewegung oder der Bürgerrechtsbewegung zeigen, dass die Gewissheit, solche Rechte erstritten zu haben, das heißt der retrospektive Bezug auf die eigene Emanzipationsgeschichte, auch im Zustand erreichter Rechtsgleichheit noch eine essentielle Quelle der Selbstachtung bleibt.

2. Marx' Vorstellung davon, wie diese Assoziation eingerichtet werden kann, beruht auf starken geschichtsphilosophischen Prämissen. Hatte Hegel liberale und soziale Freiheit institutionell getrennt, trennt Marx sie historisch: Die *politische Emanzipation*, welche die liberale Freiheit verwirklicht hat, versteht er als teilweise, das heißt unvollständige Emanzipation, die erst durch die *menschliche Emanzipation*, welche die soziale Freiheit verwirklichen wird, vollendet werden kann. Angesichts der Heterogenität sozialer Herrschaftsformen, der Vielzahl politischer Kämpfe sowie der Ungleichzeitigkeit emanzipativer Prozesse erscheint es jedoch inzwischen unplausibel, alle gesellschaftlichen Unterdrückungsverhältnisse auf einmal überwinden zu können. Wendy Brown hat ausbuchstabiert, dass in Ermangelung eines teleologischen Geschichtsmodells, das eine Kompensation der Defizite der poli-

19 Auf diese Probleme weist Brudney selbst hin, vgl. ebd. S. 177 ff. Vgl. außerdem Daniel Brudney, »Gemeinschaft als Ergänzung«, in: *Deutsche Zeitschrift für Philosophie* 2 (2010), S. 195-220.

tischen Emanzipation durch eine umfassende menschliche Emanzipation in Aussicht stellt, eine Kritik der paradoxen Effekte der politischen Emanzipation als solcher (also nicht nur ihrer Unvollendetheit) unaufschiebbar geworden ist. Marx' Kritik des Rechts affiziert dann auch den »strategischen« oder »provisorischen« Einsatz von Rechten als Mittel; jeder solche Einsatz muss bedenken, dass die Inanspruchnahme von Rechten immer auch mit der Intensivierung von Isolierung und Disziplinierung einhergehen kann.[20] Daraus muss aber nicht folgen, die Inanspruchnahme von und den Kampf um Rechte(n) zu unterlassen. Wenn aber das Recht einerseits ein Artikulationsmedium politischer Gleichheit ist und andererseits ein Instrument sozialer Kontrolle, so muss emanzipatorische Politik auch das Recht selbst zum Gegenstand machen; sie muss die Artikulationsbedingungen der eigenen Forderungen mitreflektieren und transformieren. Eine solche Politik beinhaltet zum einen eine Einklammerung und Deprivilegierung der Rechtssphäre als Medium politischer Veränderung, zum anderen betrifft sie die Form und den Inhalt des Rechts selbst, in dem sie etwa dessen atomisierende und disziplinarische Momente zurückdrängt oder neutralisiert (vgl. unten Kapitel 11).

3. Hegel wollte das Recht ergänzen, Marx es überwinden, keiner von beiden wollte es *transformieren*. Dass keiner von beiden die Transformationsfähigkeit des Rechts erkannte, hat einen systematischen Grund. Hegel muss die Verengung des Rechts auf das Privatrecht vornehmen, weil nur so die Notwendigkeit der Komplementierung durch andere Potenzen zu rechtfertigen ist; hätte das Recht selbst schon einen sozialen Charakter, so wäre die Einrichtung des Staates, der die Zentrifugalkräfte der bürgerlichen Gesellschaft in einem zweiten Schritt wieder einfängt, gar nicht zu begründen. Das gleiche gilt für Marx: Wäre das Recht wenigstens potentiell

20 Vgl. Brown, *States of Injury*, S. 115-120. Besonders pointiert wurden die domestizierenden, pazifizierenden und integrierenden Effekte von Rechten im Kontext der US-amerikanischen *identity politics* reflektiert. Queer-Theoretiker*innen haben die schon von Marx bemerkte verdeckte Verwandlung von Rechtssubjekten in Rechtsobjekte beispielsweise anhand von Antidiskriminierungsgesetzen aufgezeigt: Was dem Schutz vor rassistischer oder sexistischer Benachteiligung dienen soll, kann auch dazu führen, dass prekäre Identitäten fortgeschrieben, internalisiert und zementiert werden, vgl. exemplarisch Richard T. Ford, »Beyond ›Difference‹. A Reluctant Critique of Legal Identity Politics«, in: Wendy Brown, Janet Halley (Hg.), *Left Legalism/Left Critique*, Durham 2002, S. 38-79, hier S. 63).

dazu in der Lage, soziale statt antisoziale Kräfte freizusetzen, so wäre die Überwindung des Rechts als notwendig dissoziierendem Faktor nicht mehr zwingend erforderlich. Sowohl Hegel als auch Marx begehen aufgrund ihrer jeweiligen politischen Projekte einen analytischen Fehler, denn durch ihre reduktionistischen Rechtsbegriffe verkennen sie die Umkämpftheit und somit auch die Offenheit des modernen Rechts, sie verkennen also seine grundlegende *politische* Logik.

Ebenso wie Hegel hält auch Marx die Sicherung des Erwerbs von privatem Eigentum für das essentielle Charakteristikum des bürgerlichen Rechts. Étienne Balibar hat demgegenüber auf die Bedeutung der sozialen Staatsbürgerschaft hingewiesen, das heißt auf ein Rechtsinstitut, das sich gerade nicht in der Sicherung von Privateigentum erschöpft.[21] Die Kritik an den bloß formellen Freiheiten des Liberalismus und dementsprechend der Kampf um eine Erweiterung des Begriffs der Rechte und der ihm zugrunde liegenden Universalität um eine soziale Komponente hat die bürgerliche Gesellschaft von Anbeginn an geprägt, nicht zuletzt durch die Aktionen der Arbeiter*innenbewegung, der Marx selbst verbunden war. Die Einrichtung des Sozialstaats und damit einhergehend die Gewährung sozialer Rechte – das Recht auf Arbeit, Bildung, kulturelle Teilhabe – prägt damit den Charakter der bürgerlichen Gesellschaft ebenso wie die private Konkurrenz und der Atomismus. Das Sozialrecht beinhaltet dabei zahlreiche Elemente, die den von Hegel und Marx aufgezeigten Desintegrationstendenzen gerade entgegenwirken, so dass man davon ausgehen muss, dass Sozialrecht und Privatrecht sich gegenseitig balancieren und einhegen. Der Sozialstaat ist dabei keineswegs nur positiv zu sehen, er kann beispielsweise auch eine völkische, nationalistische und somit exkludierende Interpretation erfahren. Balibar geht es nicht um eine nostalgische Verherrlichung wohlfahrtstaatlicher anstelle privater Rechte, sondern darum aufzuzeigen, dass der Begriff der Rechte prinzipiell umkämpft ist.[22] Es kann, heißt das, zumindest potentiell auch ein ganz anderes Recht geben als das Recht kapitalistischer

21 Vgl. Balibar, *Die Grenzen der Demokratie*; vgl. außerdem Étienne Balibar, *Gleichfreiheit. Politische Essays*, Berlin 2012.

22 Die Einsicht in die Umkämpftheit des Rechts als eigenständiger Sphäre ist bereits ein zentrales Motiv in der langen Tradition der marxistischen Rechtskritik, vgl. zuletzt ausführlich Buckel, *Subjektivierung und Kohäsion*.

Gesellschaften, ein ganz anderes Recht als dasjenige isolierter Privatmonaden.[23]

Das Ergebnis aus allen drei Kritikpunkten an Marx' Sichtweise – an seiner Zielvorstellung, seiner Transformationstheorie und an seiner Diagnose und Kritik – war jeweils, dass das Recht transformiert werden muss. Es sollte erstens *nicht abgeschafft* werden, weil es eine konstitutive Bedeutung für eine gelingende Identitätsentwicklung trägt, es sollte zweitens *nicht unverändert in Anspruch genommen* werden, weil seine domestizierenden Effekte nicht mehr durch eine umfassendere Emanzipationsaussicht neutralisiert werden, und eine Analyse schon der bürgerlichen Rechtsformen hat seine mindestens potentielle *Veränderungsfähigkeit* auch herausgestellt.

Ausgehend von der Erkenntnis einer fundamentalen mensch-

23 Auch Menke hat den »Kampf ums Recht« in der bürgerlichen Gesellschaft anhand des Antagonismus von Privatrecht und Sozialrecht beschrieben (vgl. Menke, *Kritik der Rechte*, S. 266-307). Das Sozialrecht, so Menke, gehört ebenso notwendig zur bürgerlichen Gesellschaft wie das Privatrecht. Die Reduktion des Rechts auf das Privatrecht ist für ihn erstens rechtstheoretisch falsch und zweitens politisch problematisch. Rechtstheoretisch falsch ist sie, weil die bürgerliche Gesellschaft nicht allein durch die Produktionsverhältnisse bestimmt ist, sondern auch durch Partizipationsverhältnisse, Verhältnisse gleicher Teilhabe. Politisch problematisch ist, dass Marx die Bedeutung von Auseinandersetzungen um das Recht für den Klassenkampf unterschätzt – nur darum kann er sozialistische Forderungen nach Rechten, wie etwa die nach »sozialistischen Grundrechten«, als eine »Albernheit« abtun. Wie Balibar, so geht es auch Menke nicht darum, einfach die sozialen gegen die privaten Rechte auszuspielen. Auch das Sozialrecht dient nämlich der Durchsetzung von Herrschaft, indem es die Individuen diszipliniert und normalisiert – nur eben »sozialer« Herrschaft. Kritisiert man das Privatrecht zugunsten des Sozialrechts, so kommt man nur vom Regen des Atomismus in die Traufe der Normalisierung. Menke spitzt hier Balibars Diagnose einer Ambivalenz zu einer tragischen Aporie zu: Es gibt zwischen der Ausbeutung des Privatrechts und der Normalisierung des Sozialrechts immer nur ein »Hin-und-Her« oder »Auf-und-Ab« (ebd., S. 304). Der Hinweis auf die potentiell normalisierenden Effekte des Sozialrechts ist richtig, weil er die autoritäre Dimension des Sozialstaats herausstellt und auf diese Weise die politische Wachsamkeit erhöht. Den Konflikt der beiden Rechtsformen aber immer nur als Umlauf zwischen zwei gleichermaßen schlechten Herrschaftsformen zu figurieren, wird der Einsicht der politischen Umkämpftheit des Rechts selbst nicht gerecht. Denn Kampf heißt Kontingenz, und daraus folgt, dass man unterschiedliche Rechtsformen und Rechtsinhalte hinsichtlich ihres emanzipatorischen Gehalts durchaus qualifizieren kann.

lichen Verwiesenheit und gegenseitigen Abhängigkeit, das heißt ausgehend von der Annahme der Überlegenheit eines sozialen Freiheitsbegriffs, stellt die Suspendierung rechtlicher Dissoziationseffekte das praktische Ziel solcher politischen Kämpfe um Inhalt und Form des Rechts dar. Eine Politik sozialer Rechte kann dafür eintreten, eben diejenigen Rechte zu befördern und zu vermehren, die Rechte auf Assoziationen und Koalitionen, auf Inklusion und Partizipation sind. Ein solches Projekt scheint Balibar mit seiner Idee der *egaliberté* zu verfolgen, einer emanzipatorischen Menschenrechtskonzeption, die Freiheit und Gleichheit als intern miteinander verknüpft versteht. Gleichzeitig fordert sie, aus dem Recht und aus dem Menschenrecht all diejenigen Rechte zu entfernen oder einzuschränken, die jenem Recht auf Sozialität widersprechen oder seine Inanspruchnahme verhindern: Das sind vor allem die Vertragsfreiheit und das Recht auf Privateigentum (»das Recht, willkürlich, ohne Beziehung auf andre Menschen, unabhängig von der Gesellschaft, sein Vermögen zu genießen und über dasselbe zu disponieren« [MEW 1, S. 365]) als diejenigen Rechte, welche die Sprengung der sozialen Bande durch private Aneignung des gesellschaftlich Produzierten am krassesten rechtlich garantieren, und das Recht auf Sicherheit, insofern es zur Legitimierung und Reproduktion staatlicher Strafen und Disziplinierungen verwendet werden kann.

All diese Transformationen, so radikal sie auch sein mögen, reichen jedoch nicht aus, um der essentiellen menschlichen Sozialität Rechnung zu tragen und soziale Freiheit zu verwirklichen, wenn das Recht nicht auch *seiner Form nach* verändert wird. Eine Formveränderung des Rechts müsste nicht nur die Angewiesenheit des Rechts auf Mittel des Zwangs und der Gewalt zur Disposition stellen, sondern auch auf grundlegend anderen Subjektivierungspraktiken beruhen, indem es auch in seinen Interpretations- und seinen Exekutionsvollzügen kommunikative Prozesse unter den Individuen initiiert (vgl. unten Kapitel 13.4 und 13.5). Und zwar müssten dies solche Praktiken sein, die eben das Subjekt, indem sie es rechtlich binden, zugleich vom Recht befreien. Dies wäre eine neue, nichtdirektive und nichtpermissive, sondern *deaktivierende* Form des Lassens: Das Recht lässt, indem es *unterlässt.*

8. »Bleiernes Missbehagen« und »stolzes Wissen«. Nietzsches Genealogie der unterwerfend-unterworfenen Rechtssubjektivität

Marx' Analyse des Atomismus der bürgerlichen Gesellschaft hat Hegels Diagnose des Juridismus radikalisiert, bleibt dabei aber am selben normativen Bezugspunkt orientiert: der gesellschaftlichen Realisierung sozialer Freiheit. Knapp ein halbes Jahrhundert später begründet Friedrich Nietzsche hingegen eine Tradition, deren Prämissen mit dem Hegel'schen Ansatz in den allermeisten Punkten schlechterdings unvereinbar sind. Dies betrifft schon grundsätzlich Nietzsches Ablehnung der dialektischen Methode und jeglichen System- und Totalitätsdenkens; ein Ideal wie das der Versöhnung oder gar die Marx'sche Vorstellung des Kommunismus muss Nietzsches Denken daher gänzlich fremd bleiben. Seine eigene Rechtskritik ist vielmehr an Idealen orientiert, die mit denjenigen von Hegel und Marx nicht nur nicht übereinstimmen, sondern ihnen sogar direkt zu widersprechen scheinen: Begriffe wie Trennung, Absonderung, Entfremdung oder Entzweiung haben für Nietzsche ihren skandalösen Charakter vollkommen verloren; um der Uniformität und der Kalkulierbarkeit der Rechtsgesellschaft zu entkommen, ist im Gegenteil gerade eine Überschreitung im Sinne einer heroischen Sprengung etablierter Sozialität nötig.

Dennoch hat Nietzsche mit seiner *Genealogie der Moral* (1887) eine historische Analyse vorgelegt, die für das Projekt einer kritischen Theorie des Juridismus außerordentlich informativ ist. Nietzsche verfolgt hier nämlich eine Argumentationsstrategie, die philosophiegeschichtlich nahezu einzigartig ist: Insbesondere die Zweite Abhandlung seiner Streitschrift lässt sich als *perfektionistische Kritik des Rechts* verstehen, das heißt als eine Kritik, die das Recht nicht hinsichtlich seiner Gerechtigkeit oder Moralität, sondern hinsichtlich seiner Verwirklichung eines »guten Lebens« bewertet. Das Recht, so lautet Nietzsches Reformulierung der Hegel'schen Pathognostik, ist zu seinem Funktionieren auf die Fabrikation einer spezifischen Subjektivität angewiesen, die es den Einzelnen verunmöglicht, ihre ethisch-ästhetischen Potentiale auszuschöpfen. Diese Lesart beinhaltet drei Thesen – eine systematische und zwei interpretatorische –, die philosophisch umstritten sind: Erstens, dass es eine perfektionistische Kritik des Rechts überhaupt geben kann und dass eine solche Kritik nicht unweigerlich einen Kategorienfehler begeht, weil sie ethisch-ästhetische mit juridischen Kategorien vermischt; zweitens, dass Nietzsche nicht die gesamte Zivilisationsgeschichte, sondern spezifisch die römische Antike als geschichtlichen Zeitpunkt der Juridifizierung der menschlichen Subjektivität analysiert; und schließlich drittens, dass das von Nietzsche mit dem Begriff des »souveränen Individuums« bezeichnete römische Rechtssubjekt von ihm nicht als Vorläufer des »Übermenschen« gefeiert, sondern als ethisch und ästhetisch unzulänglich kritisiert wird. Plausibler wird diese Lesart aber, wenn man genauer analysiert, wie Nietzsche, der hier dem Bremer Rechtswissenschaftler Albrecht Hermann Post folgt, sich die Ablösung autonomer Individuen vom sittlichen Polisverband vorstellt, deren wesentliches Vehikel das römische Obligationenrecht ist. Diese Herauslösung vollzieht sich für Nietzsche in Form der paradoxen Fabrikation einer unterwerfend-unterworfenen Rechtssubjektivität, deren Doppelgestalt sich in der psychosomatischen Struktur des Rechtssubjekts ebenfalls auf doppelte Weise niederschlägt. Phänomene von Triumphalismus und schlechtem Gewissen stellen sich dabei als notwendig miteinander verzahnte, konstitutiv zusammengehörige Dimensionen der römischrechtlichen Mentalität heraus. Nietzsches Perspektive der Überwindung dieser hegemonialen Subjektformation, die er sowohl unter dem Titel der Gnade als »Selbstaufhebung der Gerechtigkeit« firmieren lässt, als auch in Form einer Vision alternativer Existenzweisen beschwört, die der juridischen Subjektivität überlegen sind, ist hingegen von der Konzeption her elitistisch und maskulinistisch, so dass sein eigener Ansatz letztlich selbst lebensfeindlich bleibt.

8.1 Noch einmal: Rom als Gründungsstätte der Rechtssubjektivität

Nietzsches *Genealogie der Moral* ist ein *locus classicus* der Kritik von Normativität. Kaum ein anderer Text der Philosophiegeschichte hat die gesamte moralische Ordnung des Abendlandes einer so radikalen und schonungslosen Revision unterworfen. Kennzeichnend für Nietzsches Vorgehen ist dabei die Konfrontation sittlich-normativer mit individuellen Orientierungen, durch die er das Defizit bestimmter vorgefundener Sozialphänomene hinsichtlich der Verwirklichung des ethisch-ästhetischen Potentials des Menschen ermisst. Es ist jedoch begründungsbedürftig, diesen Ansatz in den spezifischen Kontext einer Kritik des Rechts zu stellen, denn Nietzsche verfolgt ein systematisch und historisch weitaus ambitionierteres Projekt, das die Entwicklung unserer fundamentalen normativen Bezugspunkte als koextensiv mit der Natur- und Kulturgeschichte des Menschen sieht. Das Äquivalenzprinzip etwa, das er der ökonomisch-rechtlichen Kategorie der Schuld zugrunde liegen sieht, beherrscht für Nietzsche bereits »das allererste Denken des Menschen« (GM, S. 396 [II.8]), und die Formierung eines Charakters, der zur geschäftlichen Transaktion als solcher überhaupt fähig ist, verortet er in einer »vorhistorischen« (GM, S. 293 [II.2]) Zeit. Hinzu kommt, dass Nietzsche nicht davor zurückschreckt, den von ihm so dramatisch beschriebenen Deformationen keine geschichtliche und auch nicht nur eine philosophische, sondern eine evolutionär-biologische Bedeutung zuzuschreiben, etwa wenn er die Herausbildung des schlechten Gewissens für ein Ereignis von ebenso großem Rang hält wie die Entwicklung vom Wasser- zum Landtier (vgl. GM, S. 322 [II.16]).

Aber die These von der funktionalen Bedeutung der Moral für die Zivilisation kennt auch für Nietzsche durchaus Zäsuren und Etappen. Betrachtet man nämlich genauer seine psychologischen, sozialhistorischen und rechtstheoretischen Quellen und Referenzen, so wird deutlich, dass Nietzsche durchaus nicht jede Form der Normativität, auch nicht jede »Mnemotechnik« oder jedes »Versprechen«, gleichermaßen kritisiert, sondern eine ganz bestimmte Form gesellschaftlicher Integration und deren Auswirkungen auf die psychosomatische Disposition des Menschen vor Augen hat. Wenn auch nicht *der einzige*, so doch zumindest *ein wichtiger* Termin dieser ontogenetischen Prägung ist die römische Antike (wobei zugegebenermaßen auch diese Datumsangabe nicht sehr spezifisch ist, wenn man bedenkt, dass die Herrschaft des römischen Reiches mehr als tausend Jahre andauerte). Die Herrschaft der Römer sieht Nietzsche der ressentimentalen Sklavenmoral der Juden und der Christen als eminent überlegen an – das *imperium romanum* ist, wie er im *Antichrist* (1888) sagt, »die grossartigste Organisations-Form unter schwierigen Bedingungen, die bisher erreicht worden ist, im Vergleich zu der alles Vorher, alles Nachher Stückwerk, Stümperei, Dilettantismus ist« (AC, S. 245 [58]) – aber auch ihre Form der Vergesellschaftung kritisiert er vor dem Hintergrund einer noch besseren, das heißt »großzügigeren«, »vornehmeren« oder »gesünderen« Existenzweise. Bereits in seinem frühen Buch *Die Geburt der Tragödie* (1872) beschreibt er diese Ambiguität des römischen Imperiums als »grossartigste[n], aber auch erschrecklichste[n] Ausdruck« (GT, S. 133 [21]) äußerster Verweltlichung.

Die *Genealogie der Moral* lässt sich als eine Nahaufnahme des Prozesses der Organisation der psychosozialen Ökonomie des Menschen durch das Recht lesen. Die elementare Bedeutung Roms für die Entwicklung der europäisch geprägten Subjektivität, die andere geschichtliche Großereignisse überdauert hat und bis heute fortwirkt, zeigt sich dabei nicht nur rechts- oder geistes-, sondern auch sozialgeschichtlich. Rom wird nicht nur dafür Anerkennung gezollt, mit dem Zwölftafelgesetz (ca. 450 v. u. Z. – das einzige juridisch-politische Dokument, das Nietzsche in der *Genealogie der Moral* explizit erwähnt) und später mit dem justinianischen *Corpus Iuris Civilis* (529) die Grundlagen des noch heute geltenden Zivilrechts gelegt zu haben. Vielmehr wird von Nietzsche in Rechnung gestellt, dass Rom im Laufe seiner langen Geschichte eine faktische Durchdringung der lebensweltlichen Wirklichkeit und der realen Praktiken der Menschen durch das Privatrecht erzeugt hat, die eine fundamentale juridische Imprägnierung ihrer Subjektstruktur plausibel erscheinen lässt.

Diese Hypothese ist vor allem deshalb weniger skandalös, als es zunächst den Anschein haben mag, weil sie mit den Erkenntnissen der rechts- und rechtskulturgeschichtlichen Forschung durchaus in Einklang steht. Nietzsche selbst war mit der Rechtswissenschaft seiner Zeit bestens vertraut.[1] Bedeutende Einflüsse stammen vor allem

1 Einen Überblick über einige von Nietzsches Einflüssen bieten David S. Thatcher, »Zur Genealogie der Moral. Some Textual Annotations«, in: Ernst Behler u. a. (Hg.), *Nietzsche-Studien. Internationales Jahrbuch für die Nietzsche-Forschung*, Band 18, Berlin, New York 1989, S. 587-599, und Werner Stegmaier, *Nietzsches »Genealogie der Moral«*, Darmstadt 1994, S. 238 ff.; zum Einfluss von Jhering vgl. Henry Kerger, *Autorität und Recht im Denken Nietzsches*, Berlin 1988; zu Nietzsches strafrechtstheoretischen Quellen Lukas Gschwend, »Nietzsche und die Strafrechtswissenschaft des 19. Jahrhunderts«, in: Kurt Seelmann (Hg.), *Nietzsche*

aus den Schriften der »Historischen Rechtsschule« um Friedrich Carl von Savigny und später Rudolf von Jhering, die durchaus als Vorläufer der Rechtssoziologie angesehen werden können. Bei Savigny und Jhering konnte Nietzsche lernen, dass das positive Recht als gesellschaftliches Integrationsmedium sich nicht aus naturrechtlichen oder theologischen Legitimationsbemühungen, sondern aus den konkreten lebensweltlichen Anforderungen dessen ableiten lässt, was Savigny den »Volksgeist« nennt. Dies bedeutet nicht, dass jeder Rechtstext trivialerweise die bestehenden sittlichen Werte und Normen einer bestimmten Gemeinschaft widerspiegelt, vielmehr ist das Recht, zugespitzt gesagt, das formalisierte Resultat sozialer und politischer Machtkämpfe, das dann seinerseits normerzeugend wirkt. Ganz im Gegensatz zu Hegel positioniert sich Nietzsche hier auf der Seite der »Romanisten«, die nicht nur von der anhaltenden römischen Prägung des europäischen Rechts ausgehen, sondern auch entschieden von dessen rationaler Überlegenheit gegenüber den volkstümlichen germanischen Rechtsquellen überzeugt sind. Es gilt also zu beachten, dass Nietzsches Rechtsauffassung sich nur vordergründig in die antilateinische Grundstimmung der deutschen Philosophie des 19. Jahrhunderts einfügt – zwar kritisiert er die römische Rechtsmentalität durchaus grundlegend, er hält sie aber immer noch für weitaus besser als alle deutschen (und auch alle christlichen) Alternativen.

Für die *Genealogie der Moral* gingen jedoch vor allem von den rechtsanthropologischen und -ethnologischen Arbeiten des Bremer Rechtswissenschaftlers Albrecht Hermann Post entscheidende Impulse aus. Das Projekt Posts besteht darin, empirische Methoden auf das Gebiet der Rechtswissenschaft zu übertragen und auf diese Weise eine ethnologisch-komparative Rechtsgeschichte zu entwi-

und das Recht. Vorträge der Tagung der Schweizer Sektion der Internationalen Vereinigung für Rechts- und Sozialphilosophie, Stuttgart 2001, S. 127-150; zur systematischen Diskussion des Zusammenhangs von Mnemotechnik und Recht Hubert Thüring, »Das Gedächtnis als Grund und Abgrund des Rechts bei Friedrich Nietzsche«, in: Kurt Seelmann (Hg.), *Nietzsche und das Recht. Vorträge der Tagung der Schweizer Sektion der Internationalen Vereinigung für Rechts- und Sozialphilosophie*, Stuttgart 2001 S. 57-76; zu den zeitgenössischen Debatten um den Begriff der Verantwortung Frieder Vogelmann, »Verantwortung als Subjektivierung. Zur Genealogie einer Selbstverständlichkeit«, in: Andreas Gelhard u. a. (Hg.), *Techniken der Subjektivierung*, München 2013, S. 149-161.

ckeln. Bereits in seinem Buch *Bausteine für eine allgemeine Rechtswissenschaft auf vergleichender ethnologischer Basis* (1880) rekonstruiert Post – eingestandenermaßen hypothetisch – die Entwicklung der modernen Rechtssubjektivität. Der entscheidende erklärungsbedürftige Schritt ist dabei, wie die Umstellung von der bruchlosen Identifikation der Individuen mit ethnisch oder verwandtschaftlich definierten Gemeinschaften, wie sie in so genannten »primitiven« Gesellschaften zu finden war, hin zur autonomen Persönlichkeit, wie sie bis heute die europäischen Selbstverhältnisse prägt, erfolgen konnte. Während ältere, familial organisierte Verbände weder individuelle Verbrechen noch individuelle Schuld kannten, verbindet die heute geltende Idee der Rechtssubjektivität die legale Gewährung von Handlungsspielräumen für die Einzelnen mit persönlichen Pflichten. Diese Herauslösung von Einzelnen aus den »ethnisch-morphologischen Bildungen«, die Post als »eins der interessantesten Probleme einer allgemeinen vergleichenden Rechtswissenschaft« bezeichnet,[2] vollzieht sich für ihn mittels der juristischen Konstruktion einer individuellen Zurechnung straf- oder haftbaren Verhaltens. Nicht mehr der (blutsverwandtschaftliche) Verband, sondern die Personen sind nun für ihr eigenes Handeln verantwortlich. Mit der Entwicklung der individuellen Verantwortung geht auch die Instituierung des Staates als über den Streitparteien stehende dritte Position einher, die sich nach und nach als eine eigenständige »objektive«, das heißt nicht von der Befangenheit der Parteien kompromittierte Strafinstanz konsolidiert. Das heutige deutsche Recht definiert (zivilrechtliches) Verschulden bzw. (strafrechtliche) Schuld nicht mehr einfach als rechtswidriges Verhalten, sondern als »Vorwerfbarkeit« (ein Rechtsbegriff, der wohlgemerkt nicht mit Vorsatz zu verwechseln ist) und bezieht somit die Subjektivität des Täters ebenso wie die Umstände der Tat in das Urteil mit ein.[3] Post erinnert aber daran, dass etwa der strafrechtliche Grundsatz *nulla poena sine culpa* keineswegs selbstverständlich

2 Albrecht H. Post, *Bausteine für eine allgemeine Rechtswissenschaft auf vergleichend-ethnologischer Basis,* Band 1, Oldenburg 1880, S. 75.

3 Im deutschen Recht ist das Schuldstrafrecht festgelegt in Art. 103 Abs. 2 GG und im Strafrecht verankert in § 46 Abs. 1 Satz 1 StGB. Das Gleiche gilt für das Zivilrecht; die Voraussetzung für einen Schadensersatzanspruch ist nach § 276 BGB nicht das einfache Verursachen, sondern das Verschulden eines Schadens im Sinne des »Vertretenmüssens« der Verantwortlichkeit.

ist, denn ältere Rechtsgemeinschaften haben den Verursacher des Schadens unabhängig davon gestraft, ob ihm die Tat im modernen Sinne vorwerfbar ist. Sie kannten weder Fahrlässigkeit oder Absicht noch Konstruktionen wie die Strafbarkeit des Versuchs oder (Un-) Zurechnungsfähigkeit. Die Entwicklung von einer Bestrafung des Verursachers hin zur Bestrafung des (im heutigen Sinne) Schuldigen, die zunächst mit der Einräumung strafmildernder Umstände begann, beschreibt Post als langwierig und ungleichzeitig; die Vollendung dieses Prozesses sieht er aber eindeutig im »römischen Recht«,[4] das den europäischen Rechtssystemen noch immer zugrunde liegt. Seinen subjektiven Niederschlag findet dieses römische Rechtsregime im Konstrukt der »Verantwortlichkeit«, deren Entstehung und Funktion sich Nietzsche in der Zweiten Abhandlung der *Genealogie der Moral* widmet, in der es dem Titel gemäß um »Schuld, schlechtes Gewissen und Verwandtes« gehen soll.

8.2 Das unterwerfend-unterworfene Rechtssubjekt

Nietzsche ist wie die neuzeitlichen Kontraktualisten der Meinung, dass es für die Stabilität einer Gesellschaft wesentlich ist, dass ihre Mitglieder miteinander und mit ihren politischen Institutionen Verpflichtungen eingehen und diese auch einhalten. Anders als die Kontraktualisten setzt Nietzsche aber nicht einfach »fertige« Individuen voraus, die in einem fiktiven Naturzustand in vertragliche Beziehungen eintreten, sondern zeigt die affektiv-habituellen Subjektivierungspraktiken auf, welche die gesellschaftsvertragsfähigen Individuen überhaupt erst erzeugen. Hierfür steht die berühmte Formulierung zum Auftakt der Zweiten Abhandlung, die »Natur« habe sich hinsichtlich des Menschen die Aufgabe gestellt, »[e]in Thier heran[zu]züchten, das *versprechen darf*« (GM, S. 291 [II.1]). Die Fabrikation eines zum Versprechen autorisierten Tieres findet statt, bevor es zu einer Gesellschaft in einem emphatischen Sinne überhaupt kommen kann (darum ist diese Arbeit »vorhistorisch«), aber sie muss bei der Beurteilung der Gesellschaftsform mit berücksichtig werden. Anstatt den Prozess dieser Fabrikation auszublenden, wie es die Vertragstheoretiker machen, geht es Nietz-

4 Post, *Bausteine für eine allgemeine Rechtswissenschaft*, S. 237.

sche darum, die entstehenden Kosten genau aufzulisten und in Rechnung zu stellen: Obwohl kontraktuelle Obligationen für die politisch-sozialen Institutionen des Abendlandes wesentlich sind, so will Nietzsche suggerieren, werden den Menschen in den auf diese Weise erzeugten normativen Ordnungen ein im perfektionistischen Sinne verstandenes »gutes« oder mindestens ein »besseres« Leben versperrt.[5]

Es ist zu Recht darauf hingewiesen worden, dass sich die textuellen Strategien genealogischer Kritik von anderen Formen der Kritik oft durch hyperbolische Darstellungsverfahren und drastische Rhetorik unterscheiden. Die Pointe solcher Texte besteht nicht nur in der argumentativ-rationalen Überzeugung der Leserin, sondern auch in der suggestiven Erzeugung eines kritischen »Wahrheitseffekts«, indem sie durch die dramatisierte Präsentation der unbewussten Genese eingespielter oder naturalisierter Kategorien deren Kontingenz ans Licht bringen.[6] Nietzsches *Genealogie der Moral* ist eingestandenermaßen keine empirische Untersuchung, sondern eine philosophische Hypothese – eine hochspekulative Narration zur plastischen Rekonstruktion unseres gemeinhin unhinterfragten moralischen Selbstverständnisses. Aber sie beinhaltet realhistorische Thesen, die durchaus empirisch verifiziert oder falsifiziert werden können, insofern ist ihr Anspruch höher als etwa derjenige der hypothetischen Vertragstheoretiker Hobbes oder Locke.[7] Den Prozess, den die Kontraktualisten nicht beschrieben, sondern nur vorausgesetzt haben, hat Post realgeschichtlich nachvollzogen. Die Herauslösung des einzelnen Individuums aus der autochthonen Gemeinschaft durch das positive Recht ist genau der Vorgang, den Nietzsche als die Fabrikation des »souveränen Individuums« bezeichnet. In der historischen Verortung dieses Prozesses folgt Nietzsche im wesentlichen Post: Er war langwierig und vielgestaltig (»tausendfältig«, sagt Nietzsche), findet seine vollendete Gestalt aber in Rom. Nietzsche sieht nun einen Teilbereich des Rechts in

5 Vgl. Martin Saar, *Genealogie als Kritik. Geschichte und Theorie des Subjekts nach Nietzsche und Foucault*, Frankfurt/M., New York 2007, S. 55.

6 Dies ist vor allem das Verdienst von Martin Saar, vgl. ebd., insbes. S. 305 ff.

7 Bei allem berechtigten Insistieren auf die spezifischen Stilmittel der Genealogie spielt man Nietzsches Geltungsanspruch daher vielleicht zu sehr herunter, wenn man die *Genealogie der Moral* nur als »Gedankenexperiment« (ebd., S. 60) begreift.

besonderem Maße für diesen Prozess verantwortlich, nämlich das Obligationenrecht, ein Kernbereich des Zivilrechts. Der Ursprung jener Entwicklung, die bis heute die okzidentale Subjektivität prägt, liegt für ihn »in dem Vertragsverhältnis zwischen Gläubiger und Schuldner, das so alt ist als es überhaupt ›Rechtssubjekte‹ giebt« (GM, S. 298 [II.4]).

Der Grund, warum das Vertragsverhältnis, also ein Versprechen, eine so tragende Rolle für die Aufrechterhaltung gesellschaftlicher Institutionen spielt, liegt darin, dass es den ökonomisch-rechtlichen Verkehr ermöglicht. Nur die Aussicht auf spätere Begleichung eingegangener Verpflichtungen lässt eine geschäftliche Transaktion lohnenswert, ja überhaupt praktikabel erscheinen. Nietzsche zeigt nun, dass deren Möglichkeitsbedingungen nicht nur in biologischen oder anthropologischen, sondern auch in sozialen Gegebenheiten liegen. Nietzsche untersucht Gedächtnis und Erinnerung darum auch nicht als transhistorische Essenzen, sondern in einer ganz spezifischen, nämlich rechtlich prozessierten Gestalt. Seine Strategie besteht dabei darin, der gemeinhin akzeptierten Idee, dass für eine Leistung eine Gegenleistung in Aussicht gestellt und dann auch erbracht wird, ihre Selbstverständlichkeit zu entziehen: Warum eigentlich vergessen die Menschen nicht regelmäßig die Erfüllung ihrer Pflichten, zumal ja das Vergessen selbst nicht lediglich ein Laster oder einen Defekt darstellt, sondern in Form des Ausblendens oder Verdrängens bestimmter Informationen und Eindrücke zum Funktionieren des menschlichen Sinnesapparats wesentlich dazugehört?

Aus Perspektive der Einzelnen gehört die Antizipation der zukünftigen Verhältnisse zur Motivation eines Vertragsschlusses: Ich werde morgen Geld haben, den heute gekauften Sportwagen abzubezahlen. Zur Logik des Vertrages hingegen gehört die Indifferenz gegenüber der Entwicklung des vertragschließenden Subjekts und seiner Umstände: Der Sportwagen muss abbezahlt werden – unabhängig davon, ob ich morgen krank werde oder den Wagen heute zu Schrott fahre.[8] Der Vertrag garantiert dann nicht nur der

8 Diese Indifferenz gegenüber den Umständen des Vertragssubjekts, die ja gar nicht selbstverständlich ist, funktioniert im Regelfall und stabilisiert das Gesamtsystem rechtlicher und ökonomischer Obligationen. Aber sie kann ins Wanken geraten, wie zuletzt etwa 2008 die Finanzkrise gezeigt hat: Wenn jemand sein ganzes Leben hart gearbeitet hat und plötzlich sein Haus verliert, so gerät die Institution

Gläubigerin, dass sie die Schulden rechtmäßig eintreiben kann; die Funktion des Versprechens besteht vielmehr darin, dass es dazu gar nicht kommen muss: Die Erfüllung des Vertrages erfolgt »freiwillig«, weil die Erfüllung eines Versprechens einen eigenen Wert für mich bekommt. Mein Wollen richtet sich nicht nur auf den Sportwagen, so dass der Vertragsschluss rein instrumentell erfolgen würde, um eben die begehrte Sache zu erlangen, sondern es richtet sich auch auf mein eigenes zukünftiges Wollen. Es zielt so, wie Nietzsche schreibt, auf ein »ein Fort- und Fortwollen des ein Mal Gewollten, ein eigentliches *Gedächtniss des Willens*: so dass zwischen das ursprüngliche ›ich will‹ ›ich werde thun‹ und die eigentliche Entladung des Willens, seinen *Akt*, unbedenklich eine Welt von neuen fremden Dingen, Umständen, selbst Willensakten dazwischengelegt werden darf, ohne dass diese lange Kette des Willens springt« (GM, S. 292 [II.1]). Das Versprechen ist somit nicht nur eine juristische Institution, sondern eine Technologie des Selbst, bzw. mehr noch: das Selbst ist für Nietzsche erst ein Resultat der historisch spezifischen soziolegalen Technologie des Vertrags.[9]

Die Erzeugung allgemeiner und gegenseitiger Erwartungsstabilität zur Sicherung der Möglichkeit ökonomischer Transaktionen, also die Möglichkeit, zwischen Vertragsschluss und Vertragserfüllung eine Zeitspanne einzufügen, ist für Nietzsche der Hintergrund der Idee der Verantwortlichkeit. Hier wird die Bedeutung der Tatsache deutlich, dass Nietzsche nicht das Zivilrecht im Allgemeinen, sondern spezifisch das Obligationenrecht als den Kern des römischen und poströmischen Subjektivierungsregimes bestimmt. Damit bringt er zum Ausdruck, dass die individuelle Zurechnung straf- oder haftbaren Verhaltens allein nicht hinreichend ist, um die Herauslösung des Individuums aus dem Familienverband zu vollziehen. Durch eine solche Adressierung bleibt der Einzelne rein passiv, Empfänger einer anderweitig vorgenommenen Zuschrei-

rechtlicher und ökonomischer Schuld in die Krise. Die Stabilität des kontraktuellen Regimes hängt dann nur noch am Erfolg oder Misserfolg der ideologischen Beschwörung des abstrakten Werts, »sein Versprechen zu halten«. Zur Krise des Versprechens und der verschuldeten Subjektivität im Postfordismus vgl. Maurizio Lazzarato, *Die Fabrik des verschuldeten Menschen*, Berlin 2012.

9 Vgl. Mariana Valverde, »Pain, Memory, and the Creation of the Liberal Legal Subject«, in: dies., Peter Goodrich (Hg.), *Nietzsche and Legal Theory. Half-Written Laws*, London, New York 2005, S. 67-88, hier S. 74.

bung. Um hingegen das Ausmaß der Umstellung von einer organischen Identität der einzelnen Menschen mit ihren ethnischen oder verwandtschaftlich definierten Verbänden hin zur Fiktion einer abstrakten Rechtsperson erklären zu können, muss ein Loslösungsprozess angenommen werden, den das Subjekt selbst innerlich affirmiert. Die Konstitution des »souveränen Individuums« ist somit paradox: Sie ist Konstitution *zugleich* einer Unterwerfung und einer Ermächtigung. Paradox ist dieser Prozess der Subjektivierung, weil Unterwerfung und Ermächtigung einander nicht zeitlich ablösen. Die Disziplinierung ist keine transitorische Phase, die schließlich in einem freien Subjekt resultiert, das sich zu seinen eigenen Entstehungsbedingungen (wie etwa bei Hegel) reflexiv verhalten könnte. Für Nietzsche besteht gerade die Unterwerfung in der Ermächtigung, das Rechtssubjekt ist *durch* die Ermächtigung unterworfen.[10]

Unterwerfend ist die Konstitution des Rechtssubjekts, weil das Konstrukt der Verantwortung die Individuen auf die Einhaltung eingegangener Versprechen verpflichtet und sie so vieler ihrer Handlungsoptionen beraubt.[11] Die Unterwerfung ist praktische Voraussetzung dafür, dass das Gemeinwesen die Individuen als

10 Hegel hatte den Prozess der Herauslösung des Individuums aus der naturwüchsigen Gemeinschaft aus Perspektive der Subjekte beschrieben. Deren Identität generiert sich aus einem Verhältnis reziproker Anerkennung, das sich unter anderem auch im abstrakten Recht ausdrückt (auch wenn diese Form der Anerkennung für sich betrachtet noch defizitär ist). Nietzsche beschreibt diesen Vorgang nicht als eine (horizontale) Dynamik zwischen zwei Subjekten, sondern als eine (vertikale) Dynamik zwischen einem Subjekt und der Gesellschaft. Andere Subjekte treten dem Einzelsubjekt immer nur als Agenten dieser Gesellschaft, das heißt als Agenten einer disziplinierenden Subjektivierung gegenüber. Den markantesten Ausdruck hat diese, ursprünglich von Nietzsche geprägte, Denkfigur der Subjektivierung in Louis Althussers Theorie der Interpellation gefunden. Dessen berühmte Anrufungsszene, in der jemand durch den Ruf eines Polizisten zum Subjekt wird, bringt die Doppelstruktur des unterwerfend-unterworfenen Rechtssubjekts gut zum Ausdruck (Louis Althusser, »Ideologie und ideologische Staatsapparate«, in: ders., *Ideologie und ideologische Staatsapparate, 1. Halbband*, Hamburg 2010, S. 37-102, insbes. S. 85 ff.; zu Althussers Theorie der juridischen Anrufung vgl. Jens Christian Müller-Tuckfeld, »Gesetz ist Gesetz. Anmerkungen zu einer Theorie der juridischen Anrufung«, in: Henning Böke u. a. (Hg.), *Denk-Prozesse nach Althusser*, Hamburg 1994, S. 182-205).

11 Zu einer ausführlichen Analyse und Kritik der Rolle von Verantwortung in den zeitgenössischen Praktikenregimen der Arbeit, der Kriminalität und der Philosophie vgl. Vogelmann, *Im Bann der Verantwortung*.

Einzelne in die Souveränität und aus der organischen Sittlichkeit entlassen kann, ohne ihre komplette Desintegration zu riskieren. Die Unterwerfung ist dabei nicht allein der durch Gerichtsvollzieher oder Polizei repräsentierte äußerliche Zwang, sondern beinhaltet die Programmierung der gesamten menschlichen Physis und Psyche durch die »Sittlichkeit der Sitte und der socialen Zwangsjacke«. Um versprechen zu dürfen, muss der Mensch gelernt haben, in der Schule und im Büro gerade zu sitzen, pünktlich zu Verabredungen zu erscheinen und sich morgens die Zähne zu putzen; all dies ist Teil des Prozesses, in dem er, so Nietzsche, durch Disziplinierung und Gewöhnung »einförmig, gleich unter Gleichen, regelmässig und folglich berechenbar« (GM, S. 293 [II.2]) gemacht wird. Die hier zum Einsatz kommenden Mnemotechniken sind keine intentional eingesetzten Instrumente, sondern vollziehen sich im Wesentlichen unbewusst und habitualisiert, vergleichbar mit Kafkas Strafkolonie, in der eine Maschine das Gesetz buchstäblich in den Körper einschreibt. Das Strafen ist auch für Nietzsche ein besonders deutlicher Fall für die der Berechenbarmachung zugrunde liegenden Gewaltakte, als Beispiel der überbordenden Grausamkeit gerade der deutschen Strafgesetzgebung nennt er den mittelalterlichen peinlichen Strafkatalog. Wie Post, so sieht auch Nietzsche die funktionale Bedeutung des Strafrechts im Schutz des Zivilrechts: Der Staat ist aus dem zivilen Verhältnis der Privatrechtspersonen zueinander, das wesentlich ein Kreditor-Debitor-Verhältnis ist, nur abgeleitet.[12]

12 Weil Nietzsche die Idee der Willensfreiheit ablehnt, ist für ihn auch das Strafrecht grundsätzlich illegitim. Vollzieht man aus der Perspektive der Täterin nach, wie es zur kriminellen Tat kam, haben die Umstände ihrer Biographie grundsätzlich entschuldigende Wirkung. Es gibt kein prinzipielles Kriterium, nach dem man etwa die Einrede der Notwehr nur auf bestimmte Situationen beschränken dürfte: »Der Mensch handelt immer gut.« (MA, S. 99 [I.192]) Vor dem Hintergrund der von Nietzsche angenommenen deterministischen »völligen Unverantwortlichkeit« (MA, S. 102 [I.105]) bekommt seine Kritik des juristischen Verantwortungsbegriffs noch einmal eine besondere Schärfe, weil der Zweck der Strafe dann wirklich nur disziplinierend und domestizierend ist. In der *Götzen-Dämmerung* (1888) erklärt er die Fiktion des »freien Willens«, die er dort als »das anrüchigste Theologen-Kunststück, das es giebt« bezeichnet, aus der Psychologie nicht des Adressaten, sondern des Zuschreibenden. Es handelt sich bei der Verantwortung um einen metaleptischen Trick, Ursache und Wirkung werden vertauscht: Die Ursache, die im Straf- und Verfolgungsbedürfnis des Richtenden besteht, wird in den »Täter« gelegt: »Die Menschen wurden ›frei‹

Die Konstitution des Rechtssubjekts ist aber zugleich ermächtigend. Denn das souveräne Individuum ist, wie der Name schon sagt, keine behavioristisch konditionierte Reiz-Reaktions-Maschine. Die Idee der Verantwortlichkeit findet ihre theoretische Legitimität und ihre praktische Stabilität hingegen nur in der subjektiven Bestätigung der jeweiligen Obligation. Diese Akzeptanz ist dem Subjekt dadurch schmackhaft gemacht, dass es das Versprechen nicht als Dressurinstrument, sondern als Erlaubnis erfährt.[13] Erst durch die ihm in der Versprechensbefugnis, das heißt in der Geschäftsfähigkeit, zugestandene Privatautonomie, die Nietzsche eben »Souveränität« nennt, kann es sich von der autochthonen Gemeinschaft überhaupt absondern und erst dadurch kann also die römische Zivilrechtsordnung überhaupt entstehen. Nietzsche erkennt, dass die Rechtsperson »von der Sittlichkeit der Sitte wieder losgekommen« und somit ein »übersittliches« (GM, S. 293 [II.2]) Individuum ist; das römische Recht erlaubt dem Einzelnen gerade auch, sich von der Sittlichkeit und somit von den Anderen zurückzuziehen und sich im Rahmen des Legalen willkürlich, das heißt »wie ein Souverän«, zu verhalten.[14] Die Analogie von privater Autonomie und der Metapher der »Souveränität« ist dadurch gerechtfertigt, dass das subjektive Recht, das in der Moderne zum Durchbruch findet, seine Wurzeln bereits im römischen *ius* als Verfügungsgewalt über andere, nämlich als »erlaubte Freiheitsbetätigung, insbesondere auch legitime Herrschaftsausübung (über Personen und Sachen)« hat.[15] Sittlich und von der Sitte wieder losgekommen zu sein sind somit nicht zwei Zustände, die zeitlich aufeinander folgen, sondern

gedacht, um gerichtet, um gestraft werden zu können – um schuldig werden zu können.« (GD, S. 95)

13 Frieder Vogelmann hat diese Analyse überzeugend dahingehend spezifiziert, dass das Subjekt im Konstrukt der Verantwortung einerseits den »Preis der Selbstobjektivierung« zu zahlen hat, dafür aber durch die Möglichkeit entlohnt wird, sich trotz seiner Unterwerfung als souverän zu verstehen, vgl. Vogelmann, »Verantwortung als Subjektivierung«, insbes. S. 161.

14 Den spannungsreichen Zusammenhang von Sittlichkeit und Übersittlichkeit – asozialer Sozialität – entwickelt Nietzsche bereits in der *Morgenröte* (1881), wo er schreibt, der (»jetzige«) freie Mensch sei »unsittlich, weil er in allem von sich und nicht von einem Herkommen abhängen will« (M, S. 21 f. [I.9]).

15 Gottfried Schiemann, »ius«, in: Hubert Cancik (Hg.), *Der neue Pauly. Enzyklopädie der Antike. Das klassische Altertum und seine Rezeptionsgeschichte*, Band 6, Stuttgart 2003, S. 89-99, hier S. 89.

bilden die paradoxe Einheit der Rechtspersonalität. Sittlich ist die Rechtsperson, insofern sie von der Sitte losgekommen ist: Sie ist ein sittlich-übersittliches Konstrukt. Dieses Verständnis von der Privatautonomie als »übersittlich« stellt sich in den Gegensatz zum kantischen Autonomiebegriff, der die Verwirklichung von Freiheit gerade in der Befolgung des moralischen Gesetzes sieht, weil es das Verhältnis von Sittlichkeit und Autonomie zu einem irreduziblen Konflikt zwischen Individuum und Gesellschaft zuspitzt, den sie zugleich auf ihre Weise, nämlich rechtlich, schlichtet.

Irreduzibel ist der Konflikt, weil die Isolierung des Einzelnen als Rechtssubjekt, das im Rahmen des Legalen souverän seinen Willen aktualisieren können soll, immer zugleich erst die Erzeugung dieses Willens ist. Hatte Hegel den Willen als unhintergehbare subjektive Kapazität voraussetzen müssen, kann Nietzsche die Entstehung des Willens selbst historisch verorten. Das Zivilrecht garantiert jeder, die über 18 ist, im Supermarkt Spirituosen kaufen zu dürfen, und zwar unabhängig davon, ob ihre Mitmenschen diesen Kauf gutheißen oder nicht. Rechtssubjekte sind in der Führung ihres Lebensstils autonom und somit »übersittlich«. Die innere Haltung aber, sich vom sittlich erzeugten Normativitätsdruck der anderen nicht beeindrucken zu lassen, entstammt selbst erst der rechtlichen Subjektivierung. Der Wille, der sich auf das Konsumgut (oder auf ein beliebiges anderes materielles oder immaterielles Gut) richtet, wird nachträglich als vorrechtlich, »natürlich« vorausgesetzt, bildet sich aber erst in Abgrenzung zu den etablierten Sitten und dem ihnen inhärenten Konformismus und Normalismus überhaupt aus. Das bezieht sich nicht allein auf die Ausbildung einer Charakterstärke, auch gegen das Missfallen der anderen auf den eigenen Wünschen, Normen und Werten zu insistieren, vielmehr, so will Nietzsches Präzisierung Posts zeigen, umfasst die rechtliche Subjektivierung die Erzeugung des subjektiven Innenraums selbst, »in« dem sich individuelle Präferenzen und Geschmäcker herausbilden.[16] Eine

16 Nietzsches Genealogie des Willens wurde in den 1930er und 1940er Jahren von Martin Heidegger zugespitzt. Der Wille, der auch für Heidegger erst das affektive Sediment einer vorgängigen juridischen Vindizierung ist, ist immer schon ein gerichtetes Begehren und somit mehr als das bloße Wünschen; denn im Gegensatz zum Wünschen impliziert das Wollen bereits die »Entschlossenheit des Sichbefehlens, die in sich schon Ausführung ist« (Martin Heidegger, *Nietzsche 1*, Pfullingen 1961, S. 50). Aufgrund dieses dem Wollen inhärenten Befehlscha-

privatrechtlich prozessierte Gesellschaft, in welcher es keinen individuellen Willen gäbe, kann es darum nicht geben. Das römische Recht ist darum Erzeugung des Willens und Erzeugung seiner Verwirklichungsbedingungen zugleich. Dies gelingt dadurch, dass der Personenbegriff individuellen Handlungsspielraum mit Erwartungssicherheit durch Haft- und Strafbarkeit verknüpft.

Die Willensgenealogien von Marx und Nietzsche ergänzen sich an dieser Stelle gut. Zwar setzen sie unterschiedliche Schwerpunkte, weil Nietzsche sich auf das römische, Marx sich auf das moderne Recht bezieht.[17] Zusammengenommen beschreiben sie jedoch treffend die fortschreitende Durchsetzung der Vorstellung von der Individualität menschlicher Bestrebungen in der europäischen Rechtsgeschichte und deren Sedimentierung in der menschlichen Psychosomatik: Das römische Privatrecht mit seinen zentralen Kategorien der *persona* und des *ius* hat zum ersten Mal einen abgeschirmten Handlungsspielraum erzeugt, innerhalb dessen die Einzelnen von der morphologischen Gemeinschaft unabhängige Willen ausbilden können, erst das moderne subjektive Recht erhebt die Ermöglichung der Aktualisierung dieser Willen jedoch zu ihrem wesentlichen Zweck. Dachte das römische Recht das *ius* noch als gerechten *Anteil* der Einzelnen an der gesellschaftlichen Ordnung, so verstehen erst die modernen subjektiven Rechte das positive Wollen der Rechtssubjekte als *Ansprüche* der Einzelnen aneinander und an die Gesellschaft. Einig sind sich Marx und Nietzsche darin, dass der Wille der Einzelnen, der zumeist ideologisch als rechtsvorgängig vorausgesetzt wird, in Wirklichkeit erst Ergebnis juridischer Subjektivierungspraktiken ist.

rakters stellt Heidegger das *ius* in die Nähe des *iubeo*, des »ich befehle«. Vgl. zu Heideggers Juridismuskritik Erich Hörl, »Römische Machenschaften. Heideggers Archäologie des Juridismus«, in: Cornelia Vismann, Thomas Weitin (Hg.), *Urteilen/Entscheiden*, München 2006, S. 236-253, sowie Daniel Loick, »Caesarisches Sehen. Heidegger über die Verrechtlichung der Wahrheit«, in: *Zeitschrift für philosophische Forschung* 68, Nr. 4 (2014), S. 495-526.

17 Dass Marx sich jedoch der Vorarbeit des römischen Rechts durchaus bewusst ist, zeigt sich daran, dass auch er mehrfach das Recht, das dem Kapitalismus zur Durchsetzung verhilft, ausdrücklich als das »römische Recht« bezeichnet (vgl. etwa MEW 3, S. 63; MEW 42, S. 50 ff. passim; vgl. hierzu Maihofer, *Das Recht bei Marx*, S. 142 ff.).

8.3 Die Doppelgestalt der juridischen Affektstruktur

Ein innerhalb des römischrechtlich geprägten Kulturkreises lebendes Rechtssubjekt zu sein, fühlt sich auf eine bestimmte Weise an. Und zwar findet das juristische Konstrukt der Rechtsperson seinen Niederschlag in der Subjektivität des realexistierenden Individuums ebenfalls in Form einer paradoxen Gleichzeitigkeit von Unterwerfung und Ermächtigung. Für Nietzsche ist die affektiv-psychische Ökonomie der Rechtsperson durch eine Verbindung von schlechtem Gewissen (Unterwerfung) und souveränem Triumphalismus (Ermächtigung) figuriert. Auch diese beiden affektiven Haltungen sind nicht als sich abwechselnde Zustände oder auf unterschiedliche Gruppen von Menschen verteilte Dispositionen zu verstehen, sondern sind, als zwei Seiten derselben Medaille, intern miteinander verzahnt.

Das schlechte Gewissen ist eine Form der psychosomatischen Organisation der menschlichen Wesenskräfte. Es ist Ausdruck und Resultat einer spezifischen gesellschaftlichen Praxis. Für Nietzsche ist eindeutig, welche Praxis die menschliche Geschichte von Beginn an wesentlich bestimmt hat: die (»ökonomische«) Praxis des Tauschens und Kaufens, der bereits bestimmte (»rechtliche«) Vertragsverhältnisse entsprechen. Mit der Zirkulation von Waren und Geld bilden sich zugleich Frühformen der Kreditwirtschaft und somit auch Frühformen des Versprechens, der Verpflichtung und der Verantwortung heraus. Ein schlechtes Gewissen verspüren Menschen aber nicht nur dann, wenn das Konto überzogen ist oder eine Leistung an eine Vertragspartnerin aussteht, sondern es ist innerhalb des europäischen Rechtskulturkreises zu einem universellen Grundgefühl geworden. Die juridisch-ökonomische Ordnung des Westens knüpft jede Leistung an eine Gegenleistung, ihr Mitglied zu sein und die Vorteile dieser Mitgliedschaft zu genießen bringt somit bereits unweigerlich die Erwartung einer Anstrengung durch die Einzelne und bei ihr eine entsprechende psychische Reaktion mit sich. Es ist für Nietzsche daher kein Wunder, dass die Menschen dieses allgegenwärtige Schuldgefühl, das sie durch die spezifische Art ihrer Vertragsverhältnisse selber erzeugt haben, metaphorisch auf andere Bereiche wie das Verhältnis zwischen den Generationen oder zu Gott übertragen haben.

Der emblematischste Ausdruck des Nexus von Ökonomie,

Recht und Subjektivität ist der Zusammenhang von Schulden und Schuld: Schuldbewusstsein bildet sich als Schuldenbewusstsein, dies ist genau die Weise, mit der ein soziales Regime das »Fort- und Fortwollen des ein Mal Gewollten« durch das einzelne Individuum garantiert. Die Ursprünge des »schlechten Gewissens« als affektive Disposition des europäischen Menschen – wie ja auch das Versprechen und die Verantwortung – liegen für Nietzsche also länger zurück als die römische Antike; er bezeichnet es als Ergebnis der ursprünglichen Trennung des Menschen von der Natur und folglich als »das Leiden des Menschen am *Menschen*, an sich« (GM, S. 323 [II.16]). Der Mensch und sein Leiden an sich sind gleichursprünglich. Aber ein entscheidendes Datum markiert auch hier das römische Recht und die Erfindung des Schuldstrafrechts: In enger Anlehnung an Post stellt Nietzsche klar, dass die Richter jahrhundertelang nur das Verursachen einer Tat, nicht jedoch die Schuld im Sinne der Vorwerfbarkeit eruierten und der Täter die Strafe als »Naturereignis«, nicht jedoch als »innere Pein« erlebte (vgl. GM, S. 320 [II.14]).[18] Die Entstehung des schlechten Gewissens ist allerdings nicht so zu verstehen, als würde das Gewissen erst durch die Praxis des Versprechens »schlecht« und sei vorher »gut« oder »neutral« gewesen. Die Psyche mit der ihr eigentümlichen Topologie, die es überhaupt erst ermöglicht, metaphorisch von »innen« und »außen« zu reden, entsteht überhaupt erst mit der Erzeugung des schlechten Gewissens. Nietzsche stellt sich vor, dass die Subjektivität des Menschen zu Beginn seiner Natur- und Kulturgeschichte noch zweidimensional war: »Die ganze innere Welt, ursprünglich dünn wie zwischen zwei Häute eingespannt [...] hat Tiefe, Breite und Höhe bekommen« (GM, S. 322 [II.16]). Das Gewissen, heißt das, ist immer schon schlecht (ein »gutes Gewissen« zu haben ist nur eine temporäre Entlastung davon, ein Gewissen zu haben).

Trotz dieser anthropologischen Vorgeprägtheit bleibt auch diesbezüglich das römische Recht eine wichtige Etappe. Das wird

18 Nietzsche paraphrasiert Post auch bereits in Abschnitt 4 der Zweiten Abhandlung, wo er darauf hinweist, dass das Prinzip der strafrechtlichen Vorwerfbarkeit »tathsächlich eine überaus spät erreichte, ja raffinirte Form des menschlichen Schließens und Urteilens« ist: »Es ist die längste Zeit der menschlichen Geschichte hindurch durchaus nicht gestraft worden, *weil* man den Übelanstifter für seine That verantwortlich machte, also *nicht* unter der Voraussetzung, dass nur der Schuldige zu strafen sei« (GM, S. 298 [II.4]).

daran deutlich, dass Nietzsche sein Argument vor allem dadurch plastisch macht, dass er die römische mit der griechischen Subjektivität kontrastiert.[19] Bei den Griechen, notiert Nietzsche, war die »Menschenkenntniß« noch »gehemmt«, was sich auch daran zeige, dass sie ihr »agon« durch äußere Wettkämpfe statt durch innere Auseinandersetzungen auslebten (NF 10, S. 337).[20] Dieser Befund wurde bekanntlich durch Michel Foucault sekundiert, für den die Griechen noch keine »Geständnistiere« waren und ihnen auch die Dramen fremd blieben, die sich heutzutage auf den inneren Bühnen des Menschen abspielen.[21] Nietzsche weist auch darauf hin, dass die griechischen Götter noch nicht zur Ver-, sondern zur Entschuldung dienten: »es muss ihn wohl ein Gott bethört haben« ist ein »typischer Ausweg« der Griechen, »um sich das ›schlechte Gewissen‹ vom Leibe zu halten und ihrer Freiheit der Seele froh bleiben zu dürfen« (GM, S. 333 (II.23]). Sobald es den Menschen aber aufgrund der Stabilitätsanforderungen einer staatlich-politischen Ordnung verstellt ist, ihren Wettkampf und ihre Wildheit, ja überhaupt ihre »Instinkte der Freiheit« nach außen auszuagieren, richten sie sich nach innen. Nietzsche schreibt in einer bereits stark an Freuds spätere Beschreibung desselben Prozesses erinnernden Formulierung: »Die Feindschaft, die Grausamkeit, die Lust an der Verfolgung, am Überfall, am Wechsel, an der Zerstörung – Alles das gegen die Inhaber solcher Instinkte sich wendend: *das* ist der Ursprung des ›schlechten Gewissens‹.« (GM, S. 323 [II.16]) Er lässt keinen Zweifel daran, dass er die innere Aggressivität für ebenso schlimm hält wie die äußere, er redet von einer »tiefe[n] Erkrankung (GM, S. 321 [II.16]) und einer »entsetzliche[n] Schwere«, von

19 Auch Hegel hatte bereits darauf hingewiesen, dass den Griechen das Gewissen als eigenständige psychische Instanz unbekannt war. Er sieht diesen Zustand ausdrücklich als einen der Freiheit an: »Von den Griechen in der ersten und wahrhaften Gestalt ihrer Freiheit können wir behaupten, daß sie kein Gewissen hatten; bei ihnen herrschte die Gewohnheit, für das Vaterland zu leben, ohne weitere Reflexion. Die Abstraktion eines Staates, der für unseren Verstand das Wesentliche ist, kannten sie nicht, sondern ihnen war der Zweck das lebendige Vaterland: dieses Athen, dieses Sparta, diese Tempel, diese Altäre, diese Weise des Zusammenlebens, dieser Kreis von Mitbürgern, diese Sitten und Gewohnheiten.« (VPhG, S. 209)

20 Vgl. dazu Stegmaier, *Nietzsches »Genealogie der Moral«*, S. 157.

21 Vgl. Michel Foucault, *Der Wille zum Wissen. Sexualität und Wahrheit 1*, Frankfurt/M. 1987.

einem »Elends-Gefühl« und »bleierne[m] Missbehagen« (GM, S. 322 [II.16]), wie es auf der Erde noch niemals zuvor existiert habe.

Auch Freud, dessen Anleihen bei Nietzsche hier offenkundig sind, untersucht in *Das Unbehagen in der Kultur* (1930) das schlechte Gewissen im Zusammenhang mit der Frage, warum »wir uns in unserer heutigen Kultur nicht wohlfühlen«.[22] Freud gibt der Formierung des schlechten Gewissens und des Schuldgefühls eine biographische Lesart; die von Nietzsche geschichtlich nachgezeichnete Dynamik muss in der Kindheit eines jeden Menschen, der in eine bestehende Gesellschaft hineinsozialisiert wird, wiederholt werden. Das Kind lernt durch die Konfrontation mit einer äußeren Autorität, nicht jeden Trieb unmittelbar zu befriedigen. Diese Verhaltensänderung kann nicht dauerhaft durch äußere Sanktionsdrohung erfolgen, sondern muss sukzessive verinnerlicht werden. Der Trieb ist dadurch jedoch nicht erloschen, er bleibt vielmehr latent vorhanden und lässt sich vor dem Auge des inneren Richters nicht verbergen. Daraus folgt ein permanentes Schuldbewusstsein als Grundkonstante jedes Subjekts, das innerhalb des westlichen Kulturkreises zivilisiert wurde. Freud beschreibt das so:

> [F]ür ein drohendes äußeres Unglück – Liebesverlust und Strafe von seiten der äußeren Autorität – hat man ein andauerndes inneres Unglück, die Spannung des Schuldbewußtseins, eingetauscht. [...] Die zeitliche Reihenfolge wäre also die: zunächst Triebverzicht infolge der Angst vor der Aggression der *äußeren* Autorität [...], dann Aufrichtung der *inneren* Autorität, Triebverzicht infolge der Angst vor ihr, Gewissensangst. Im zweiten Falle Gleichwertung von böser Tat und böser Absicht, daher Schuldbewußtsein, Strafbedürfnis. Die Aggression des Gewissens konserviert die Aggression der Autorität.[23]

Er sieht diesen Prozess ebenso kritisch wie Nietzsche: Unter der Hand reproduzieren sich im Konstrukt des schlechten Gewissens genau diejenigen gewaltförmigen Interaktionsmittel, gegen die es sich eigentlich richten sollte.[24]

22 Freud, *Das Unbehagen in der Kultur,* S. 45.

23 Ebd., S. 251.

24 Die starken Formulierungen von Freud und Nietzsche scheinen nahezulegen, dass beide die Erzeugung des schlechten Gewissens und des Schuldgefühls hinsichtlich der Eindämmung von Gewalt für ein zivilisationsgeschichtliches Nullsummenspiel halten. Es klingt so, als gingen sie davon aus, dass es ein gleich-

Die Unterwerfung der Triebe durch Schuldgefühl und schlechtes Gewissen, welche die Teilnahme der Menschen als Individuen am zivilen Verkehr ermöglicht, ist aber nur eine Seite der Medaille. Ihr entspricht auf der anderen Seite die Ermächtigung. Hochmut, Stolz, Eitelkeit, Vermessenheit und Arroganz sind durchgängig Hauptmotive in Nietzsches Moralpsychologie. Bei ihm sind diese Topoi freilich nicht als eine Wiederauflage der barocken Vanitas-Klage zu verstehen, die dem Menschen die Nichtigkeit seiner eigenen Existenz angesichts der Größe und Herrlichkeit Gottes und des Kosmos vor Augen führen will – Nietzsche geht im Gegenteil davon aus, dass das triumphale Gefühl gerade das Resultat der Anerkennung der Unüberwindlichkeit der äußeren Autorität ist, die sich in der Introjektion von Aggressivität ausdrückt. Das Subjekt geht aus dem schmerz- und entbehrungsreichen Prozess der Moralgenese hervor und »belohnt« sich durch Empfindungen der Überlegenheit und des Hochmuts, die sowohl Psyche als auch Physis ergreifen, als »ein stolzes, in allen Muskeln zuckendes Bewusstsein davon, *was* da endlich errungen und in ihm leibhaft geworden ist, ein eigentliches Macht- und Freiheits-Bewusstsein, ein Vollendungs-Gefühl des Menschen überhaupt« (GM, S. 293 [II.2]). Erst durch dieses Überlegenheitsgefühl sieht sich der Mensch dazu ebenso verleitet wie berechtigt, einen Maßstab zu errichten, vor dem er auch andere moralisch evaluiert. Nur wer sich selbst bereits als souverän empfindet, maßt sich überhaupt an, andere hinsichtlich ihrer jeweiligen Souveränität zu bewerten; das Abschätzen der anderen hinsichtlich ihrer moralgenetischen Leistungen ist selbst erst Ergebnis einer Selbstüberhöhung, in der sich der Stolz auf die eigene Triebsublimierung unweigerlich entweder in Anerkennung oder Geringschätzung anderer transformiert. Das souveräne Individuum, schreibt Nietzsche, weiß, dass

> ihm, mit dieser Herrschaft über sich, auch die Herrschaft über die Umstände, über die Natur und alle willenskürzeren und unzuverlässigeren

bleibendes Maß aggressiver Energie gibt, welche sich lediglich unterschiedliche Ventile sucht. Diese Lesart, nach der Nietzsche und Freud das menschliche Streben nach einer weniger gewaltförmigen Subjektivität tragisch-pessimistisch für vergeblich halten, wird zumindest durch andere Passagen relativiert, in denen sie alternative Formen der psychosozialen Triebökonomie für immerhin hypothetisch möglich erachten. Ausbuchstabiert wurden diese – gesellschaftskritischen – Konsequenzen allerdings erst in der Kritischen Theorie der Frankfurter Schule.

Creaturen nothwendig in die Hand gegeben ist [.] Der »freie« Mensch, der Inhaber eines langen unzerbrechlichen Willens, hat in diesem Besitz auch sein *Werthmaass*: von sich aus nach den Andern hinblickend, ehrt er oder verachtet er; und eben so nothwendig als er die ihm Gleichen, die Starken und Zuverlässigen (die welche versprechen *dürfen*) ehrt, – also Jedermann, der wie ein Souverain verspricht, schwer, selten, langsam, der mit seinem Vertrauen geizt, der *auszeichnet*, wenn er vertraut, der sein Wort giebt als Etwas, auf das Verlass ist, weil er sich stark genug weiss, es selbst gegen Unfälle, selbst »gegen das Schicksal« aufrecht zu halten –: eben so nothwendig wird er seinen Fusstritt für die schmächtigen Windhunde bereit halten, welche versprechen, ohne es zu dürfen, und seine Zuchtruthe für den Lügner, der sein Wort bricht, im Augenblick schon, wo er es im Munde hat. Das stolze Wissen um das ausserordentliche Privilegium der *Verantwortlichkeit*, das Bewusstsein dieser seltenen Freiheit, dieser Macht über sich und das Geschick hat sich bei ihm bis in seine unterste Tiefe hinabgesenkt und ist zum Instinkt geworden, zum dominirenden Instinkt (GM, S. 294 [II.2]).

Es wäre an dieser Stelle ein kapitales Missverständnis, den Begriff des »souveränen Individuums« für entweder ein Synonym des »Übermenschen« oder in irgendeinem anderen Sinne für eine exzellenzethische Auszeichnung einer seltenen oder transgressiven Subjektivität zu halten.[25] Nietzsche hält ausdrücklich »Souveränität« und »Berechenbarkeit, Einförmigkeit« nicht für Gegensätze, sondern für gegenseitige Möglichkeitsbedingungen.[26] Rechtliche

25 Lawrence Hatab (Lawrence J. Hatab, *A Nietzschean Defense of Democracy. An Experiment in Postmodern Politics*, Chicago 1995, S. 37 f.) und insbesondere Christa Acampora (Christa Davis Acampora, »On Sovereignty and Overhumanity. Why It Matters How we Read Genealogy II:2«, in: dies. [Hg.], *Nietzsche's On the Genealogy of Morals. Critical Essays*, Lanham, Boulder u. a. 2006, S. 147-161) kommt das Verdienst zu, auf diesem Punkt gegen die übergroße Mehrheit der Nietzsche-Forscher*innen insistiert zu haben. Die Textlage spricht so eindeutig für die von Hatab und Acampora vorgetragene Interpretation, dass diese Mehrheitsverhältnisse schwer nachvollziehbar sind. Zu den Hauptargumenten zählen erstens, wie negativ Nietzsche in der *Genealogie der Moral* das souveräne Individuum darstellt, das für ihn die Konsequenz und Kehrseite von Einförmigkeit und Berechenbarkeit ist, und zweitens die Tatsache, dass das souveräne Individuum an keiner anderen Stelle in Nietzsches Werk überhaupt Erwähnung findet, dass vielmehr der »Übermensch« an der einschlägigen Stelle im *Zarathustra* auch mit ganz anderen Attributen versehen wird (vgl. Z, S. 356-368).

26 Dass Nietzsche schreibt, das souveräne Individuum sei erst am »Ende des ungeheuren Prozesses« (GM, S. 293 [II.2]) anzutreffen, ist nicht so zu verstehen, als sei das Individuum über Jahrhunderte hinweg ausschließlich ein Herdentier ge-

Gleichheit ist für Nietzsche notwendigerweise Ausdruck einer Hybris, welche die Gleichheit mit den einen überheblich durch die Verachtung der anderen erkauft: Gleichheit ist Gleichheit innerhalb einer Verachtungsgemeinschaft. Das ist, wie vieles aus Nietzsches Feder, übertrieben, aber man muss bei der Abwägung dieser These nicht einmal an extreme Fälle von Xenophobie oder nationalistischem Chauvinismus denken; es reicht ein Blick auf die Debatten etwa um die Militäreinsätze westlicher Länder. Schnell wird dann der hinter den regelmäßig zum Einsatz kommenden selbstgefälligen Rhetoriken liegende Eurozentrismus sichtbar, der durchaus mit einer Geringschätzung nichtwestlicher Gesellschaftsformationen einhergeht und der vor dem Einsatz der »Zuchtruthe« bekanntlich nicht zurückschreckt. In der Geschichte hat diese politische Gleichheit innerhalb einer Verachtungsgemeinschaft zahlreiche andere Formen angenommen, man denke allein an die regelmäßig biologistischen Begründungen dafür, Frauen, Armen oder Nichtweißen das Wahlrecht vorzuenthalten.[27]

Man könnte zunächst denken, dass für den Narzissmus des souveränen Individuums das Gewaltmonopol des Staates eine Kränkung darstellt. Immerhin erfährt das Individuum in der Konfrontation mit dem Staat, dass die letztliche Entscheidungsbefugnis nicht bei ihm selbst, sondern bei einer übergeordneten Instanz liegt, dass die ihm zugesprochene Souveränität also rein metaphorisch war. Das im Laufe der Moralentwicklung generierte Überlegenheitsge-

wesen und plötzlich ein völlig ungesellschaftlicher Souverän. Die vorhistorische Arbeit ist notwendig, damit die Einzelnen die Versprechenskompetenz erwerben und somit in die Privatautonomie entlassen werden können, sie dankt aber mit deren Entstehung nicht ab. Dies ist gerade die Pointe von Nietzsches Nachweis der disziplinierenden Gewaltförmigkeit in der Formation des Gewissens des souveränen Individuums. Im Nachlass vom Herbst 1887 beschreibt Nietzsche diesen Zusammenhang noch eindeutiger als strukturelles Bedingungsverhältnis. Die Stelle des »souveränen Individuums« nimmt hier der Terminus der »Solitär-Person« ein. Diese, so Nietzsche, kann sich *»am leichtesten in einer demokratischen Gesellschaft erhalten und entwickeln*: dann, wenn die gröberen Verteidigungs-Mittel nicht mehr nötig sind und eine gewisse Gewöhnung an Ordnung, Redlichkeit, Gerechtigkeit, Vertrauen zu den Durchschnittsbedingungen gehört« (NF 10, S. 159).

27 Nietzsche war zwar kein Demokrat, aber dennoch kann man seine psychologische Analyse der Legitimationen von Exklusionen aus der demokratischen Gemeinschaft auch als radikale Kritik an der realexistierenden Demokratie und ihren heuchlerischen Ausschlusspraktiken sehen.

fühl ermöglicht es den Rechtssubjekten aber, den Staat nicht als repressiven Agenten, sondern als Erfüllungsinstrument der eigenen Verachtungsaffekte gegen die anderen zu begreifen. So beschreibt Nietzsche etwa die Delegation der Strafbefugnis an den Staat nicht als Einschränkung, sondern als Ermächtigung des Individuums:

> Vermittelst der »Strafe« am Schuldner nimmt der Gläubiger an einem *Herren-Rechte* theil: endlich kommt auch er ein Mal zu dem erhebenden Gefühle, ein Wesen als ein »Unter-sich« verachten und misshandeln zu dürfen – oder wenigstens, im Falle die eigentliche Strafgewalt, der Strafvollzug schon an die »Obrigkeit« übergegangen ist, es verachtet und misshandelt zu *sehen*. Der Ausgleich besteht also in einem Anweis und Anrecht auf Grausamkeit. (GM, S. 300 [II.5])

Ganz offen zutage lag diese Lust an der Grausamkeit, die anderen zugefügt wird, im Fest der Martern (wie sie auch Foucault in *Überwachen und Strafen* ausführlich beschreibt) auf Volksfesten und Hochzeiten, aber auch heute noch, so Nietzsches These, beruht das Strafrecht auf diesem an den Staat delegierten Genuss der Rechtssubjekte am Zufügen von Leid. Der Genuss des Leidens anderer ist der Strafpraxis nicht äußerlich, sondern notwendig: Er ist die Voraussetzung dafür, dass die Individuen das Strafrecht überhaupt als Ausdruck ihrer Ermächtigung verstehen können. Das Leiden der Anderen muss gemäß dieser »fremdartigen« Logik (GM, S. 299 [II.5]) als plausibles Substitut oder als Retribution des verlorenen Gutes gelten können. Wären die Rechtssubjekte diesem Leiden gegenüber indifferent oder würden sie ihm gar mit Abscheu oder Widerstand begegnen, so würden sie die punitiven Eingriffe in das sittliche Leben immer nur als fremd und tyrannisch erleben. Weil sie aber dazu in der Lage sind, ihre emotionalen Investitionen von dem verlorenen Gut abzuziehen und auf die Aktivität einer dritten Instanz zu übertragen, kann sich bei ihnen eine Fetischisierung von Pflichtgemäßheit herausbilden, der es nicht mehr um bestimmte Güter, sondern um die Form des Gesetzes selber geht.

Nietzsche macht deutlich, dass er den Ursprung des Rechts nicht in Kontrakt oder Gottesgnadentum, sondern in schlichter Gewalt sieht. An der Gewaltförmigkeit des Rechts ändert es auch nichts, wenn es den Charakter eines Ausgleichs zwischen Gleichstarken annimmt. Es macht für Nietzsche somit prinzipiell keinen Unterschied, ob ein Staat demokratisch, aristokratisch oder monarchisch eingerichtet ist. Man könnte hiergegen richtigerweise einwenden, dass er auf diese Weise den spezifischen Charakter der Subjektivität in demokratischen Gesellschaften verkennt, in denen das Recht nicht von außen oktroyiert, sondern von den Bürger*innen selbst erzeugt wird. Betrachtet man hingegen die demokratischen Subjekte nicht in ihrer Gesetzgebungspraxis, sondern, wie Nietzsche das tut, in ihrer Strafpraxis, so bekommt seine Beschreibung gerade in demokratischen Regimen erst voll zur Geltung: Der Genuss des staatlich erzeugten Leidens anderer ist eine Form der affektiven *Teilhabe*. Sie ist nur wirksam, insofern ein Staat die Normen und Werte, ja das Handeln seiner Bürger*innen glaubwürdig *vertreten* kann, so dass sie sich in der Bestrafung einer Delinquentin – ob enthusiastisch-exaltiert oder nüchtern-rational, aber jedenfalls *aktiv* – repräsentiert sehen können. Die Demokratie, so kann man in Anschluss an Nietzsche folgern, ist die am besten legitimierte und darum die vielleicht effektivste Form der *allgemeinen*, *freien* und *gleichen* Partizipation an der gesellschaftlich prozessierten Grausamkeit.

Nietzsche zeigt hier eine Dialektik von Zivil- und Strafrecht auf: Erst durch die (zivilrechtlich) abgeschirmte Privatautonomie erfährt das Rechtssubjekt praktisch eine Überlegenheit, die es dann (strafrechtlich) auf den Staat übertragen kann. Doch der Genuss am Leiden der Anderen ist im Rechtsstaat ein Genuss mit Maß. Die Rechtsperson wird auf die Perspektive einer »unpersönlichen« Abschätzung der Tat und somit der »gerechten«, also tatangemessenen Strafe trainiert. Zwar ist der Hauptgrund der Einrichtung des Staates als Strafinstanz ja gerade, dass eben diese unpersönliche Abschätzung von der Geschädigten nicht zuverlässig erwartet werden kann, weil sie parteiisch ist. Aber die Delegation der Strafbefugnis an den Staat funktioniert überhaupt nur, wenn auch die Opfer an sich halten können und auf eine persönliche Ahndung des Verbrechens oder Delikts verzichten. Dem souveränen Subjekt, das Herr seiner Affekte ist, wird die Herkulesaufgabe zugemutet, selbst nach einem erlittenen Unrecht keine Rachegefühle oder einen blinden Sadismus gegenüber der Täterin, sondern nur deren »objektive« Äquivalente zur Geltung kommen zu lassen. Alle Rechtssubjekte sollen lernen, mindestens rudimentär so zu denken und zu handeln wie ein Gericht. Die Souveränität des Individuums bewährt sich gerade darin, sich selbst auch dann im Griff zu haben, wenn sie lädiert wird. Eine solche Selbstbeherrschung ist für die Stabilität des Rechtsstaates wesentlich, sonst würden sich unweigerlich Lynchmobs und Bürgerwehren bilden, sobald der Staat nicht jedes Opfer einer Unrechtstat ständig überwacht. Das Rechtsgefühl steht hier in der Nietzsche'schen Terminologie als ein Affekt der Stärke und Macht gegen das reaktive Ressentiment und die ressentimentalen Menschen, die zu dieser Abstraktion nicht fähig sind.

Unterwerfung und Ermächtigung, schlechtes Gewissen und Triumphalismus bilden zwei Dimensionen des Prozesses der Subjektivierung (Louis Althusser hatte den französischen Begriff des *assujettissement* zur Verfügung, um den Herrschaftscharakter der Subjektwerdung zu pointieren). Wie ist aber ihr interner Zusammenhang zu verstehen? Nietzsche scheint die Möglichkeit zuzulassen, dass sich die beiden Begriffe in Form affektiver Zustände miteinander abwechseln (ich fühle mich manchmal schuldig, manchmal stolz), dass sie angesichts unterschiedlicher Gegenüber als unterschiedliche Verhaltensregister zum Einsatz kommen (gegenüber einer Höhergestellten fühle ich mich demütig, gegenüber einer Niedrigergestellten überlegen) oder dass sie in unterschiedlichen Gruppen von Menschen unterschiedlich stark ausgeprägt sind (männliche Kapitalisten fühlen sich eher souverän als weibliche Proletarierinnen).[28] Diese möglichen soziologischen oder moralpsychologischen Differenzierungen können jedoch nie so weit gehen, dass der paradoxe Zusammenhang der beiden Elemente ganz zerrissen wird. Insofern zu den konstitutiven Merkmalen des Rechts die Gleichheit gehört, sind alle innerhalb der europäischen Rechtskultur sozialisierten Menschen darin gleich, sowohl von Triumphalismus, als auch von schlechtem Gewissen affiziert zu sein; ein Mensch, der eine der beiden Dispositionen nicht kennen

28 Es gehört zur Spezifik des Nietzsche'schen Ansatzes, Werte und Normen häufig charakterologisch, gelegentlich auch rassistisch zuzuordnen (vgl. Saar, *Genealogie als Kritik*, S. 47). Daran scheint nichts zu retten zu sein, wenn aber doch, so ist es die Erkenntnis von der Situiertheit und der konkreten Interessengeleitetheit des moralischen Bewusstseins. Die moralgenetische Forschung hat den Zusammenhang des individuellen Moralbewusstseins etwa mit den Strukturkategorien Geschlecht und Klasse inzwischen belegt (einen Zusammenhang mit »Rasse« hingegen widerlegt); zu Geschlecht vgl. exemplarisch Carol Gilligan, *Die andere Stimme. Lebenskonflikte und Moral der Frau*, München 1999; zu Klasse vgl. exemplarisch Barrington Moore, *Ungerechtigkeit. Die sozialen Ursachen von Unterordnung und Widerstand*, Frankfurt/M. 1987.

würde, wäre kein Subjekt und somit innerhalb der juridischen Matrix nicht intelligibel.[29] (Solche Menschen werden daher auch als unmündig von der Geschäftsfähigkeit ausgeschlossen.) Nietzsches moralgenetische These besagt, dass Triumphalismus und schlechtes Gewissen ebenso wie Ermächtigung und Unterwerfung eine paradoxe Einheit bilden, weil sie denselben Ursprung haben (und aus diesem Ursprung nicht zufällig, sondern notwendig folgen): das schlechte Gewissen als Introjektion natürlicher Aggression, der Triumphalismus als emotive Gratifikation für erlittenen Schmerz.

8.4 Die Transgression der Rechtssubjektivität

Ein juridisch konstituiertes Subjekt zu sein ist offenbar eine suboptimale Existenzweise. Die juridische Subjektivierung löst bei denjenigen, die sie erzeugt, Zustände existentiellen Leidens aus, elementare Formen des Unwohlseins und des psychischen und emotionalen Schmerzes. Zugleich – auch wenn dieser Punkt für Nietzsche relativ unproblematisch war – haben die auf diese Weise erzeugten Subjekte eine latente Disposition entwickelt, sich aggressiv gegen andere zu wenden, auf deren Unterordnung und Verachtung sie drängen. Das europäische Recht produziert also nicht nur gelegentlich, sondern systematisch Subjekte, die ihre ethischen Potentiale nicht ausschöpfen, die vielmehr Unglück und Gewalt verursachen. Die genealogische Exploration der Entstehungsbedingungen des »souveränen Menschen« stellt somit eine fundamentale Herausforderung des liberalen Paradigmas dar, dessen Freiheitsverständnis auf juridische Subjektivierungspraktiken angewiesen bleibt, denn diese scheinen systematisch die individuellen Lebensziele zu untergraben, zu deren Schutz das Rechtssystem überhaupt eingerichtet worden war. Dies gibt zumindest Anlass zu der Frage, ob die von Nietzsche zu Tage geförderten Konstitutionsbedingungen von Subjektivität als Teil der *conditio humana*

29 Noch einmal: Es wäre ein Fehler anzunehmen, Nietzsche wolle das souveräne Individuum beibehalten, aber ohne die Negativeffekte des schlechten Gewissens. Ohne schlechtes Gewissen gibt es keine individuelle Verantwortung und somit auch keine individuelle Autonomie. Das Subjekt, das sich souverän fühlt, ist mit dem Subjekt, das ein schlechtes Gewissen empfindet, *identisch*.

alternativlose und zu akzeptierende Übel sind, oder ob dem Menschen bessere Existenzweisen offenstehen. »Besser« ist hier kein Gerechtigkeitskriterium, sondern ein Kriterium des »menschlichen Gedeihens« (GM, S. 250 [Vorrede]), also des guten Lebens: Eine postjuridische Existenzweise wäre eine, in der die Menschen weniger leiden und eher miteinander glücklich werden würden. Sieht Nietzsche eine solche Alternative vor?

Zunächst einmal lässt er keinen Zweifel daran, dass jede alternative Existenzweise über die rechtliche hinausgehen müsste, aber nicht hinter sie zurückfallen dürfte. Nietzsche ist kein Nostalgiker. Es gibt für ihn durchaus noch schlechtere Formen der Normativität als die rechtliche, nämlich solche, die durch das Ressentiment gestützt sind. Eine ressentimentale Sklavenmoral liegt für Nietzsche bekanntlich immer dann vor, wenn die Schwachen ihre eigene Schwäche als normative Überlegenheit hypostasieren und auf diese Weise Ideale errichten, die gegen das Leben und die dem Leben inhärente Macht gerichtet sind. Der »Sklavenaufstand in der Moral«, der darin besteht, dass die Schwachen anfangen, selbst Werte zu setzen, begann für Nietzsche mit den Juden und ihrer vermeintlichen Vorstellung von einem Rachegott und hat sich mit den christlichen Idealen der Demut, der Nächstenliebe und des Mitleidens vollendet. Dieser Entgegenstellung von Recht und Liebe entspricht eine neue und geistesgeschichtlich völlig ungewohnte Positionierung des Verhältnisses von Judentum und Christentum. Nietzsche folgt nicht der paulinischen Dichotomie vom legalistischen Judentum und dem liebeorientierten Christentum,[30] sondern stellt Judentum und Christentum auf eine Seite des Ressentiments, wohingegen auf der anderen Seite die Römer und das Recht stehen. Die Unterschiede zwischen Christentum und Judentum werden von Nietzsche geleugnet, die im »Neuen Testament« beschworene Liebe ist nicht mehr als die ideologische Verkleidung der im »Alten« propagierten Rache.[31] Er bedient sich in seinem geschichtlichen Abriss

30 Vgl. dazu Anton Schütz, »Nietzsche between Jews and Jurists«, in: Peter Goodrich, Francis J. Mootz (Hg.), *Nietzsche and Law*, Burlington 2008 S. 125-148.

31 Sarah Kofman, die Nietzsche gegen jeden Antisemitismusvorwurf in Schutz nimmt, übersieht völlig die Geringschätzung, die in dieser Gleichsetzung liegt (vgl. Kofman, *Die Verachtung der Juden*). Zu einer umfassenden und differenzierten Analyse und Kritik der Stellung Nietzsches zum Judentum vgl. hingegen Yovel, *Dark Riddle*, sowie zum Zusammenhang von Nietzsches systematischen

der bewährten antisemitischen Figur von der geheimen Dominanz der Juden über die Welt, wenn er noch die Reformation – die Bewegung, mit der sich das Christentum am weitesten vom Judentum entfernt hat – als »Triumph« Judäas versteht. Für Nietzsche ist das Christentum nur »Köder« und Maske des Judentums, das er im *Antichrist* als »logisch bis zur Selbstverneinung« (AC, S. 197 [27]) bezeichnet. Die Juden schaffen es mittels einer raffinierten Scharade,[32] das Abendland und seine Hauptstadt Rom bis heute zu beherrschen. Nietzsche sieht sich darum dazu verpflichtet, sich im Kampf »Rom gegen Judäa« – es gibt, schreibt er, »bisher kein grösseres Ereignis als diesen Kampf, diese Fragestellung, diesen todtfeindlichen Widerspruch« (GM, S. 286, [I.16]) – auf die Seite Roms zu schlagen. Dazu passt, dass Nietzsche der Meinung ist, im gesamten Neuen Testament komme nur eine einzige Person vor, die man ehren sollte: der römische Statthalter Pontius Pilatus (AC, S. 225 [46]).[33]

Nietzsche figuriert Ressentiment und Recht mittels der Gegenüberstellung von Aktivität und Passivität, wobei das Recht ein errichtendes und somit aktives, das Ressentiment hingegen ein nur reaktives Vermögen darstellt. Er hält rechtliche Verkehrsformen gegenüber den priesterlichen Ressentiments für einen evolutionären, politischen und charakterologischen Fortschritt. Als Zeichen der Stärke gilt ihm, zum Richten in der Lage zu sein; wohingegen der jüdisch-christliche Egalitarismus ein Zeichen von Dekadenz und Apathie ist. Dabei ist seine Kritik am Egalitarismus wohlgemerkt

mit seinen persönlichen Ansichten über die Juden Robert C. Holub, »Nietzsche and the Jewish Question«, in: *New German Critique* 66 (1995), S. 94-121.

32 Auch im *Antichrist* bezeichnet Nietzsche die Juden als »das *verhängnisvollste* Volk der Weltgeschichte: in ihrer Nachwirkung haben sie die Menschheit dermaassen falsch gemacht, dass heute noch der Christ antijüdisch fühlen kann, ohne sich als *die letzte jüdische Consequenz* zu verstehen« (AC, S. 192 [24]).

33 Obwohl die Juden an vielen Stellen von Nietzsches Werk thematisiert werden, findet sich bei ihm eine Verdrängung der spezifisch hebräischen Erfahrung. Seine Verdrängung besteht nicht, wie etwa bei Hegel, in der Ablehnung eines vermeintlichen jüdischen Legalismus, sondern in der Leugnung von Rechtlichkeit im Judentum überhaupt – und damit die Annullierung der gesamten Differenz zwischen Judentum und Christentum, wie sie für über ein Jahrtausend etabliert worden war. Weil er das starke und aktive Moment von Rechtlichkeit im universalgeschichtlich bedeutsamen Streit »Rom gegen Judäa« für die Römer reserviert, kann er die Ansätze lebensbejahender Rechtlichkeit im Judentum nicht sehen.

dezidiert nicht politisch, sondern ethisch, Nietzsche beklagt es als Zeichen von Charakter- und Würdelosigkeit, dass »zu Sonderrechten, zu Herrschafts-Rechten, zu einem Ehrfurchtsgefühl« (AC, S. 218 [43])] heute niemand mehr die Courage habe. Umgekehrt lobt er das römische Recht nicht etwa, weil es Gleichheit impliziere, sondern weil es immerhin in begrenztem Maße charakterliche Größe erlaube. Sein Ideal entspricht Herkules, dem perfekten Richter im Dworkin'schen Sinne:

> Wenn es wirklich vorkommt, dass der gerechte Mensch gerecht sogar gegen seine Schädiger bleibt (und nicht nur kalt, massvoll, fremd, gleichgültig: Gerecht-sein ist immer ein *positives* Verhalten), wenn sich selbst unter dem Ansturz persönlicher Verletzung, Verhöhnung, Verdächtigung die hohe, klare, ebenso tief als mildblickende Objektivität des gerechten, des *richtenden* Auges nicht trübt, nun, so ist das ein Stück Vollendung und höchster Meisterschaft auf Erden. (GM, S. 310 f. [II.11])[34]

Die Römer sind für ihn das paradigmatische Volk der Vornehmen und Starken, die sich gegen den ressentimentalen Geist der »Priestervölker« gestellt haben.

Doch die Aktion schafft sich ihre Reaktion, die Starken provozieren die Schwachen, das Recht fabriziert die Rechtskritik. Wenn es stimmt, dass es in der Zweiten Abhandlung der *Genealogie der Moral* in einem wichtigen Sinn um Rom geht, dann stehen die ersten beiden Abhandlungen chronologisch gesehen in der richtigen Reihenfolge: Das römische Imperium ist historisch erst nach der Entwicklung der elementaren ressentimentalen Parameter von »gut und böse« durch das Judentum entstanden.[35] Systematisch betrachtet, müsste man die Reihenfolge der beiden Abhandlungen hingegen umdrehen: Für Nietzsche kommt »zuerst« die aktive, starke, vornehme Herrenmoral, erst als Reflex darauf kann sich die reaktive, schwache, niedere Sklavenmoral entwickeln. Die chrono-

34 Vgl. Jens Petersen, *Nietzsches Genialität der Gerechtigkeit*, Berlin 2008, S. 29.

35 Eine Möglichkeit, systematische und historische Reihenfolge zu synchronisieren, bestünde darin, den jüdischen Sklavenaufstand in der Moral erst mit der Zerstörung des Jerusalemer Tempels durch die Römer im Jahre 70 und der anschließenden Diaspora zu verorten (in diese Richtung scheint Stegmaier zu tendieren, vgl. Stegmaier, *Nietzsches »Genealogie der Moral«*, S. 110) – dann wären aber die Werte des Judentums nach denen des Christentums entstanden, was auch nicht mehr Sinn ergibt.

logische Reihenfolge ist nicht entscheidend, Rom und Judäa, Recht und das Andere des Rechts (Rache/Liebe) bilden einen Gegensatz, der struktureller und nicht bloß historischer Natur ist. Daher legt Nietzsche Wert darauf, dass Rom in Judäa sein »antipodisches Monstrum« sah (GM, S. 286 [I.16]), darum ist für ihn das Christentum nicht mehr als der »Vampyr des imperium Romanum« (AC, S. 245 [58]): der Schauplatz dieses Kampfes zwischen Rom und Judäa, zwischen dem Recht und seinem Anderen, ist Rom, ist das Recht selbst.

Eine der römischen Subjektivität überlegene Existenzweise liegt für Nietzsche also nicht in Rache oder Liebe, liegt nicht in der falschen Rechtskritik der Juden und der Christen. Sie müsste, anstatt das Recht reaktiv zu *unterschreiten*, es aktiv *überschreiten*. Es müsste noch stärker, großzügiger, lebensbejahender sein, als es selbst die Römer waren. Nietzsche gibt nur sparsame Hinweise auf die systematischen Bedingungen für eine solche Transgression. Im Bereich des Strafrechts verhandelt er sie unter dem Stichwort der »Gnade«: Eine Gesellschaft, die stark und reich genug ist, kann es sich leisten, selbst diejenigen straflos zu lassen, die ihr schaden. Nietzsche sieht daher mit zunehmendem gesellschaftlichem Reichtum eine zunehmende strafrechtliche Großzügigkeit und somit eine Humanisierung des Strafens einhergehen. Eine ausreichend starke Gesellschaft könnte dann auf Strafen irgendwann ganz verzichten, weil die Akte einzelner sie im Ganzen gar nicht mehr tangieren. Ist Strafen ein bloß reaktiver, da im Kern von Rachegelüsten geleiteter Akt, so ist der Verzicht auf Strafe ein aktiver Akt, der Macht voraussetzt. Ein solche Situation des Überflusses führt Nietzsche zufolge zur »Selbstaufhebung der Gerechtigkeit: man weiss, mit welch schönem Namen sie sich nennt – *Gnade*; sie bleibt, wie sich von selbst versteht, das Vorrecht des Mächtigsten, besser noch, sein Jenseits des Rechts.« (GM, S. 309 [II.10]) Nietzsche konzipiert den Strafverzicht nicht wie etwa das Christentum als Feindesliebe oder als Zeichen des Mitleids, der Milde oder der Demut, sondern im Gegenteil als Demonstration von Macht und Souveränität. Dies liegt auf einer Linie mit seiner generellen Kritik des staatlichen Strafens: Strafen, so stellt er fest, sind erstens ineffektiv, weil sie in der Täterin nur eine weitere Verschärfung des »Entfremdungsgefühls« (GM, S. 319 [II.14]) hervorrufen, und zweitens illegitim, weil sie die »veranlassenden Umstände« (MA, S. 81 [I.70]) einer Tat vernachlässigen, indem sie immer nur einzelne Täter*innen verantwortlich machen.[36]

Überraschenderweise stellt Nietzsche keine analoge Überlegung für das Zivilrecht an. Dabei ließe sich beides, sowohl funktionale Ineffektivität als auch normative Illegitimität von Zivilrechtsprozessen ohne weiteres parallel konstruieren. Illegitim sind Zivilrechtsprozesse dann, weil Nietzsches Argument die Täterin nicht nur hinsichtlich ihrer Schulden gegenüber dem Staat oder der Gemeinschaft, sondern auch hinsichtlich einer anderen entschuldigt. Bei gegebenem gesellschaftlichem Reichtum ist das Zivilrecht zudem auch aus Perspektive der Geschädigten irrelevant und somit dysfunktional. Nur unter Bedingungen des Mangels wird die Läsion eines Rechts überhaupt als Nachteil spürbar. Wer ausreichend viele Brote, Häuser und Autos hat, braucht sich nicht darum zu scheren, wenn ihm eines gestohlen, besetzt oder zu Schrott gefahren wird; und zwar weder hinsichtlich der Bestrafung der Täterin noch hinsichtlich eines Schadensersatzes. Es ließe sich sogar vorstellen, die Idee der Gnade als »jenseits des Rechts« nicht als punktuelle Generosität zu verstehen, sondern auf die ganze Gesellschaft auszuweiten, sofern sie reich genug ist, sofern also, wie Marx in seiner *Kritik des Gothaer Programms* sagt, »die Springquellen genossenschaftlichen Reichtums voller fließen« (MEW 4, S. 21). Ein solcher Reichtum würde bedeuten, dass die Individuen unmittelbaren Zugriff auf das gesellschaftliche Mehrprodukt hätten und somit die Notwendigkeit von Obligationen ökonomischer und juristischer

36 Die Debatte darüber, inwiefern Nietzsches Position zum freien Willen am besten als Determinismus, Teildeterminismus oder Kompatibilismus zu beschreiben ist, kann hier ausgeklammert werden (vgl. dazu die Aufsätze in Ken Gemes, Simon May [Hg.], *Nietzsche on Freedom and Autonomy*, Oxford 2009 – die Autor*innen des Sammelbandes sind sich allerdings in der falschen Annahme einig, Nietzsche würde das souveräne Individuum als Vorwegnahme des Übermenschen »loben«). Für Nietzsche ist der Nachvollzug der Biographie der Delinquentin und ihrer Umstände offenbar eine politisch-ästhetische Parteinahme, welche gegen die Degradierung des Menschen als verantwortliches Rechtssubjekt aus Perspektive der Einzelnen opponiert; in einer so mittelmäßigen Gesellschaft wie der unseren, so Nietzsche in den *Streifzügen eines Unzeitgemäßen*, muss jeder freie Geist, »der vom Gebirge her oder aus den Abenteuern des Meeres kommt, nothwendig zum Verbrecher werden« (GD, S. 147). In dieser Idee, dass nur im Verbrechen die Menschlichkeit gegen die Abstraktheit des Rechts aufbegehrt, liegt eine interessante Parallele Nietzsches zu Hegel.

Natur und somit auch die aus ihnen folgenden Subjektivierungspraktiken entfallen könnten. Beides zusammengenommen, die soziale Selbstaufhebung des Straf- wie des Zivilrechts, hätte somit große Ähnlichkeit mit einem Zustand der »zweiten Unschuld«, den Nietzsche sich nach dem »endgültigen Sieg des Atheismus« (GM, S. 330 [II.20]) erhofft.[37] Dies wäre eine Selbstaufhebung nicht nur von Recht und Gerechtigkeit, sondern auch von Gnade, von der nur punktuellen und individualisierten Suspension des Rechts durch ein Vorrecht. Mit einem Wort gesagt, bedeutet die gesellschaftliche Verwirklichung der zweiten Unschuld die Einrichtung des Kommunismus, das heißt einer Gesellschaft, die sich nach der berühmten Formulierung von Marx auf ihre Fahnen schreiben kann: »Jeder nach seinen Fähigkeiten, jedem nach seinen Bedürfnissen!« (MEW 4, S. 21). Diese Idee erscheint unrealistisch, weil es schwerfällt, sich eine Situation vorzustellen, in der einem die Schädigung des eigenen Eigentums tatsächlich gleichgültig wäre; aber abgesehen davon, dass »Realismus« für die in ihrer Reichweite keineswegs bescheidene Philosophie Nietzsches ohnehin keine interessante Skala ist, geben vielleicht aktuelle Phänomene wie die Open-Source-Bewegung und das Filesharing einen Vorgeschmack darauf ab, wie stark sich die sozialen Beziehungen ändern können, wenn der Vorteil der Anderen nicht mehr den eigenen Nachteil bedeutet. Jedenfalls ist die Marx'sche Forderung nach Selbstaufhebung der Gerechtigkeit bzw. nach Überwindung des »engen bürgerlichen Rechtshorizonts« etwas ganz anderes als die »Gleichmacherei« der von Nietzsche zutiefst verhassten Sozialist*innen, die soziale Gleichheit mittels des Rechts zu verwirklichen suchen und so die Nachteile des Rechts zu denen des Ressentiments hinzuaddieren.

Den Marx'schen Weg der Universalisierung der Selbstaufhebung des Rechts schlägt Nietzsche aber nicht ein. Stattdessen verfolgt er auch in Bezug auf die Rechtssubjektivität die für seine gesamte Philosophie typische Perspektive exzellenzethischer Überschreitung, das heißt der Transgression etablierter sozialer Zusammenhänge durch ethisch in besonderem Maße qualifizierte Akteur*innen oder Gruppen. Gegen Ende der Zweiten Abhandlung erlaubt sich Nietzsche die Aussicht auf die Möglichkeit einer neuen »Gattung«

37 Vgl. zur Perspektive eines solchen Abbruchs des Schuldzusammenhangs Loick, »Kontingente Konnektionen«.

von Menschen, die stark genug wären, die lebensfeindlichen Ideale der letzten zwei Jahrtausende zu überwinden. Die Ankunft dieses »Menschen der Zukunft« wird von Nietzsche zwar nicht prognostiziert, sie ist für ihn aber trotz der konstitutiven Bedeutung von Moral und Recht für die gegenwärtige Subjektivität immerhin vorstellbar. Das »souveräne Individuum« ist dabei keineswegs deren Antizipation, sondern gerade Ausdruck der Mediokrität und Konformität, die von Nietzsches »*anderen* Geister[n]« (GM, S. 336 [II.24]) überwunden werden soll. Was genau diese Geister (außer »ausgezeichneter Gesundheit«) auszeichnet und woher sie kommen könnten, bleibt ungesagt, aber es ist klar, dass sie postjuridische Individuen sein werden, das heißt, sie werden die rechtliche Subjektivierung überschritten haben.

Nietzsches Juridismuskritik ist exzellenzethisch respektive perfektionistisch, weil sie das Recht nicht wegen seiner Ungerechtigkeit oder Unmoral kritisiert, sondern weil es ein gutes Leben versperrt. Er verzichtet aber darauf, die Grundlagen des guten Lebens systematisch zu benennen. Die Unmöglichkeit, positiv anzugeben, wie es aussehen soll, ergibt sich schon aus der konstitutiven Fundamentalität des Nexus von Schuldbewusstsein und Triumphalismus; da Nietzsche selbst ebenso wie seine Leser*innen von der europäischen Rechtssubjektivität geprägt ist, liegt es nahe, dass die Defizite der so erfolgten Subjektivierung aus der Binnenperspektive mangels einer Vergleichsmöglichkeit gar nicht genau erfasst und somit auch ihre Negativseiten gar nicht genau in Rechnung gestellt werden können, von der Beschreibung einer validen Alternative ganz zu schweigen. Das wird auch darin deutlich, dass Nietzsches Helden, die Träger alternativer, lebensbejahenderer Attribute, regelmäßig von außerhalb kommen, aus den Bergen oder von der See. Nietzsche bedient sich genealogischer, das heißt idiosynkratischer und hyperbolischer Stilmittel, um einen Entfremdungseffekt von den immer schon vertrauten Selbstverhältnissen zu erzielen. Dementsprechend verwendet er für die Kontur einer postjuridischen Subjektivität lediglich Chiffren wie Stärke, Gesundheit, Kreativität oder Größe; damit ist auch verdeutlicht, dass alternative Existenzweisen sich nicht auf intellektuelle Erkenntnis beschränken, sondern eine physisch-affektive Dimension beinhalten müssen. Nietzsche versteht transgressive Praktiken als Arbeiten am Selbst, das heißt als experimentell-exploratives Herausarbeiten aus den routinierten Existenzweisen und als

»Einladung« zu neuen Weisen des Fühlens und Denkens.[38] Er eröffnet damit die Traditionslinie, die dann von Deleuze weitergeführt werden wird (vgl. unten Kap. 11).

Nietzsche begreift dabei allerdings ethisch-ästhetische Exzellenz nicht als allgemeine menschliche Kompetenz, sondern als beschränktes und spezifisch verteiltes Potential. Nicht alle Menschen und nicht alle Menschengruppen sind dazu in der Lage, über die Mediokrität des Rechtszustands hinauszugehen. Da Nietzsche, anders als etwa Hegel oder Marx, weder in der Liebe noch in der Sittlichkeit eine alternative Sozialitätskomponente zugrunde legen kann, wird die Überschreitung der allgemeinen Uniformität damit unweigerlich antiegalitär und aristokratisch-elitistisch:[39] Es gibt *gutes Leben* bei ihm nicht als *Zusammenleben*. Aus feministischer Sicht ist schnell die Absurdität gesehen, die darin liegt, dass Nietzsches Philosophie, die nichts höher schätzt als das Leben, die Erzeugung von Leben nicht in Gebären, Sorgen und Umsorgen sieht, sondern in der heroischen Sprengung des von Mittelmäßigkeit durchtränkten sozialen Zusammenhangs.[40] Er konzipiert die

38 Vgl. Keith Ansell-Pearson, »A ›Dionysion Drama on the Fate of the Soul‹. An Introduction to Reading On the Genealogy of Morals«, in: Christa Davis Acampora (Hg.), *Nietzsche's On the Genealogy of Morals. Critical Essays*, Lanham, Boulder u. a. 2006, S. 19-38; der experimentell-transgressive Charakter von Nietzsches Perfektionismus bleibt eher analytisch verfahrenden Ansätzen naturgemäß verborgen, vgl. exemplarisch Thomas Hurka, »Nietzsche: Perfectionist«, in: Brian Leiter, Neil Sinhababu (Hg.), *Nietzsche and Morality*, Oxford 2007, S. 9-31.

39 Einige Interpret*innen haben versucht, Nietzsches Genealogie an (radikal-)demokratische Politiken anschlussfähig zu machen. Für gewöhnlich wird Nietzsche dabei zum Stichwortgeber für agonistische Demokratiemodelle, die durch den Bezug auf energische Existenzästhetiken den demokratischen Streit vitalisiert und so die radikale Offenheit der Institutionen garantiert sehen, vgl. etwa Hatab, *A Nietschean Defense of Democracy*, Bonnie Honig, *Political Theory and the Displacement of Politics*, Ithaca 1993, David Owen, *Nietzsche, Politics, and Modernity. A Critique of Liberal Reason*, London 1995, Nathan Widder, »The Relevance of Nietzsche to Democratic Theory. Micropolitics and the Affirmation of Difference«, in: *Contemporary Political Theory* 3, No. 2 (2004), S. 188-211. Von diesen Lesarten unterscheidet sich die hier vertretene insofern, als in ihnen dem Recht und dem Rechtssubjekt als existenzästhetischen Schrittmachern eine positive Rolle zugeschrieben wird, woran aber aus den genannten Gründen einige Zweifel anzumelden sind.

40 Zu einer ausführlichen Analyse von Nietzsches Maskulinismus speziell in der *Genealogie der Moral* vgl. Patricia Purtschert, *Grenzfiguren. Kultur, Geschlecht*

transgressive Subjektivität als ungebunden, unabhängig und freischwebend, nicht als eingebunden, bedürftig und intersubjektiv. Nietzsche feiert das Leben, verachtet aber alle, die dieses in die Welt bringen und alle Umstände, unter denen es gedeihen kann. Um nur die in der *Genealogie der Moral* vorgenommene Charakterisierung zu zitieren (die sich aber in so gut wie allen Texten Nietzsches in ähnlicher Weise finden lässt): Zur Schaffung einer neuen Welt bedürfte es

> Geister, durch Kriege und Siege gekräftigt, denen die Eroberung, das Abenteuer, die Gefahr, der Schmerz sogar zum Bedürfniss geworden ist; es bedürfte dazu der Gewöhnung an scharfe hohe Luft, an winterliche Wanderungen, an Eis und Gebirge in jedem Sinne, es bedürfte dazu einer Art sublimer Bosheit selbst, eines letzten selbstgewissesten Muthwillens der Erkenntniss, welcher zur grossen Gesundheit gehört, es bedürfte, kurz und schlimm genug, eben dieser *grossen Gesundheit* (GM, S. 336 [II. 24]).

Solche Beschwörungen machen es der feministischen Kritikerin leicht: Nietzsche ruft mit Krieg, Eroberung, Schmerz und unwirtlichen Umweltbedingungen so betont lebensfeindliche Umstände auf – während er die eigentlichen lebensfreundlichen wie Fürsorge, Zärtlichkeit etc. verachtet –, dass offensichtlich ist, wie seine Misogynie hier den systematischen Gehalt seiner Rechts- und Moralkritik überformt. An dieser Stelle muss daher seine perfektionistische Kritik des Rechts scheitern, denn aufgrund ihrer elitistischen Anlage verfängt sie sich selbst in dem Widerspruch, den sie genealogisch dem Recht attestiert hatte. Nietzsche hat aufgezeigt, dass das Recht strukturell auf Subjekte angewiesen bleibt, deren Entstehungsbedingungen ein gutes Leben ausschließen. Dies gilt aber auch für jede seiner aristokratischen Überschreitungsphantasien: Die heroisch-maskulinistische Abkapselung und Abkanzelung des als medioker diskreditierten Sozialzusammenhangs unterminiert das Gedeihen des Lebens, das Nietzsche eigentlich befördern wollte. Individualistische Transgressionen versuchen Gesundheit mit gesundheitsgefährdenden Mitteln zu erreichen.

Aus Nietzsches Genealogie der Rechtssubjektivität ist dennoch

und Subjekt bei Hegel und Nietzsche, Frankfurt/M., New York 2006, S. 146 ff.; zur feministischen Kritik an Nietzsches Elitismus allgemein vgl. Ofelia Schutte, »Nietzsche's Politics«, in: Kelly A. Oliver, Marilyn Pearsall (Hg.), *Feminist Interpretations of Nietzsche*, University Park 1998, S. 282-305.

eine rechtskritische Konsequenz zu ziehen. Denn wenn es richtig ist, dass das europäische Recht nicht zufällig, sondern strukturell eine Subjektivität produziert, welche die Bedingungen eines guten Lebens unterminiert, dieses aber zugleich auch nicht in einer individuellen oder aristokratischen Überschreitung des Rechts liegen kann, so bedarf es einer perfektionistischen Veränderung des Rechts selbst, bedarf es der Perspektive auf ein Recht, das nicht nur gerechter und moralischer, sondern auch ethisch und ästhetisch überlegen ist.[41] Nur so kann sowohl die ethisch-ästhetisch defizitäre Rechtssubjektivität als auch die elitistisch-aristokratische Konzeption von Transgression umgegangen werden, denn einerseits wird auf diese Weise der Schauplatz der Überschreitung des römischen Rechts und der souveränen Individualität in die Mitte der Gesellschaft verlegt, andererseits könnte ein im perfektionistischen Sinne gehaltvolles Recht ganz andere Subjektivierungspraktiken zugrunde legen als diejenigen, welche den Nexus von Triumphalismus und schlechtem Gewissen perpetuieren. Um das Konzept eines perfektionistisch gehaltvollen Rechts überhaupt denken zu können, muss freilich die kantische Doktrin von der ethisch-ästhetischen Enthaltsamkeit des Rechts aufgegeben werden. Die kategoriale Trennung von Recht und gutem Leben würde sich dann als Kennzeichen nur eines historisch spezifischen Rechtssystems entpuppen, nicht von Rechtlichkeit als solcher.

41 Nietzsche kennt durchaus einen Rechtstext, der lebensbejahend ist und gerade darin noch dem römischen Nexus von Triumphalismus und schlechtem Gewissen überlegen ist. Im *Antichrist* nennt er als Beispiel für ein »vornehmes« Recht das indische »Gesetzbuch des Manu«, das er explizit in Opposition zur judeo-christlichen Tradition stellt. »Die vornehmen Stände, die Philosophen und Krieger, halten mit ihm die Hand über der Menge; vornehme Werthe überall, ein Vollkommenheits-Gefühl, ein Ja-Sagen zum Leben, ein triumphirendes Wohlgefühl an sich und am Leben« (AC, S. 240 [56]). Aber an diesem Recht – von dem gar nicht klar ist, ob es tatsächlich als solches bezeichnet werden kann – lobt Nietzsche gerade die aristokratischen Anteile: Das Manusmriti ist die Festsetzung des indischen Kastensystems, das die Herrschaft der Brahmanen sichert, also einer explizit antiegalitären und antidemokratischen Ordnung. Die Stärke dieser Form des Gesetzes liegt für Nietzsche gerade darin, dass sie autoritär gebietet und die Gründe ihrer Geltung nicht expliziert. Die Defizite seines elitistisch konzipierten Perfektionismus kann Nietzsche mit dieser Art des »Rechts« folglich nicht kompensieren.

9. Zwischenfazit: Genealogische Repotenzierung der Rechtskritik – und des Rechts

Hegel hatte vier problematische Dimensionen der Rechtssubjektivität aufgezeigt: Die *ideologische Verklärung* der wahren Bedingungen des Gelingens menschlichen Zusammenlebens, die *psychologische Deformation* der Individuen in Form der Herausbildung egozentrischer, unterwürfiger oder apathischer Mentalitäten, einen *Verlust kommunikativer Qualität* sowie die Gefahr der *Entstehung von politischem Despotismus.* Die Spezifik der Hegel'schen Juridismuskritik bestand darin, diese vier Dimensionen als Formen der *Trennung* zu beschreiben. Die Annahme einer unhintergehbaren Sozialität der menschlichen Subjektivität und damit zusammenhängend die Überzeugung von der Überlegenheit eines sozialen Freiheitsverständnisses lieferte Hegel dabei zugleich ein Modell eines wohlgeordneten gesellschaftlichen Lebens, das er als Sittlichkeit bezeichnet. Weil er aber innerhalb seines Sittlichkeitsmodells selbst wieder das abstrakte Recht einbauen wollte, konnte er die Erzeugung des Juridismus gar nicht mehr dem Recht selbst anlasten, sondern musste sie als Verabsolutierungen oder Vereinseitigungen verstehen, deren Ursachen er außerhalb des Rechts verorten und mystifizieren oder naturalisieren musste.

Marx und Nietzsche nehmen (mal explizit, mal implizit) zentrale Motive der Hegel'schen Kritikstrategie auf. Während Marx Hegels freiheitstheoretische Prämissen teilt, geht Nietzsche von ganz anderen und zum Teil entgegengesetzten Annahmen aus; beide teilen aber die genealogische Kritikstrategie, welche die geschichtlichen Entstehungsbedingungen der negativen Subjektivierungseffekte des Rechts aufsucht und diese somit auch weit schonungsloser und präziser darstellen kann, als Hegel es vermochte. Radikaler sind diese beiden Ansätze deshalb, weil sie das Recht nicht mehr nur durch andere Sittlichkeitssphären ergänzen wollen, sondern eine Perspektive auf die Überwindung, Überschreitung oder Zurückweisung rechtsförmiger Interaktionsweisen insgesamt erarbeiten. Dabei setzen Marx und Nietzsche unterschiedliche Schwerpunkte, die miteinander in einer gewissen Spannung stehen: Während für Marx das Recht in der kommunistischen Gesellschaft als Interaktionsmedium abzusterben beginnen wird, will Nietzsche die rechtliche Existenzweise durch Freisetzung ethisch-ästhetischer Potentiale heroisch überschreiten.

Aufgrund dieser Radikalisierung kann jedenfalls weder mit Marx noch mit Nietzsche länger von der Diagnose sozialer »Pathologien« gesprochen werden. Deren Kritiken an Gesellschaft und Subjektivität sind so grundlegend, dass sie auch jede innerhalb des gegebenen Denkhorizonts entwickelte Vorstellung von »Normalität« als defizitär oder illusorisch zurückweisen müssen. Dementsprechend lassen sich die inkriminierten Fehlentwicklungen nicht mehr als Abweichungen von einem Idealmodell diagnostizieren. Damit gehen Marx und Nietzsche allerdings notwendigerweise auch der Vorstellung einer »Therapie« verlustig, die Hegel noch zugrunde legen konnte. Ihnen fehlt nun ein Bild einer gelingenden Sozialität, das nur annähernd denselben Konkretionsgrad erreichen würde wie dasjenige Hegels: Marx beschreibt nur in Ansätzen und meistens *ex negativo*, wie der Kommunismus aussehen soll, Nietzsche hat gar keine gesellschaftspolitische Utopie entwickelt bzw. derartige Projekte sogar explizit disqualifiziert. Diese Differenzen gegenüber dem ursprünglichen Hegel'schen Ansatz – zum einen die Radikalisierung der Kritik, zum anderen der Verzicht auf ein umfassendes positives Alternativmodell – geben dabei den jeweiligen Kritikmotiven eine neue Fassung.

1. *Ideologie.* Hegels Rechtstheorie lässt sich als eine expressivistische Ideologiekritik lesen, das heißt nicht nur als eine Kritik falscher Annahmen *über* das Recht, sondern als eine Kritik des Rechts als einer Praxis, die schon *als Praxis* falsche Annahmen *verkörpert.* Indem sie rechtlich miteinander interagieren, verkennen die Menschen sowohl die Eingebettetheit und Abhängigkeit ihrer jeweiligen Subjektivität als auch die Sozialität als Bedingung ihrer Freiheit. Diese Kritik bekommt unter kapitalistischen Bedingungen besondere Prägnanz: Eine auf Privateigentum an Produktionsmitteln und somit auf allseitiger Konkurrenz basierende Produktionsweise zwingt die Subjekte real zu etwas, das im Recht nur der Form nach angelegt war, nämlich zur Gleichgültigkeit gegen die Bedürfnisse der Mitmenschen. Darum kann diese in der schon von Hegel konstatierten Immunisierungsfunktion des römischen Konstrukts der Rechtsperson in der Moderne in den subjektiven Rechten voll zum Durchbruch kommen. Ideologisch daran ist,

dass die Menschen, indem sie solche Verhältnisse miteinander eingehen, eine Form des Menschseins als anthropologische Konstante verstehen, die sie in Wirklichkeit selbst hergestellt haben: ebenden isolierten, egoistischen und kalkulierenden Menschen, wie er die bürgerliche Gesellschaft bevölkert. Marx zeigt diese Verwechslung anhand einer detaillierten Lektüre der französischen Erklärung der Menschenrechte auf: Hier wird ein Bild vom Menschen zugrunde gelegt und feierlich affirmiert, das ihn nicht mehr wie noch bei Aristoteles als politisches, sondern als genuin antipolitisches und asoziales Tier figuriert. Insofern die Menschenrechte als Rechtsinstitut auch praktisch wirksam werden, tragen sie zur realen Fabrikation solcher Subjekte dann auch selbst mit bei.

2. *Psychologie.* Subjektivität ist ein historisches Phänomen. Es gab nicht immer Subjekte und es muss nicht weiterhin welche geben. Dieser Gedanke stellt eine Radikalisierung von Sozialisations- oder Manipulationstheorien dar; ihm zufolge wird das Subjekt nicht erst nachträglich durch äußere Einflüsse geprägt und beeinflusst, sondern ist als solches, mitsamt seinem ganzen inneren und äußeren Erleben, geschichtlicher Effekt *bestimmter* Praktiken und Verhältnisse. Das moderne Subjekt entsteht spezifisch durch eine Herauslösung des Individuums aus feudalen, religiös und familial definierten Verbindungen. Damit diese Individuierung vonstattengehen konnte, müssen die Menschen zum einem ein gewisses Selbstbewusstsein, die Gewissheit der Berechtigung der eigenen individuellen Ansprüche und eine basale Ich-Stärke entwickeln, zum anderen müssen sie sich aber dennoch an gesellschaftliche Konventionen und Regeln halten; sie sind zum einen freigelassen, zum anderen aber gebunden, oder: Sie sind ist als Freigelassene gebunden. Der vor allem von Althusser geprägte Begriff der Subjektivierung bringt den doppelten Charakter dieses Prozesses zum Ausdruck: Er bezeichnet zum einen die Unterwerfung, zum anderen die Subjektwerdung, das heißt die Ermächtigung der Individuen. Beide Seiten sind untrennbar miteinander verbunden; es gibt kein Subjekt, das nur unterworfen oder nur mächtig wäre (ein solches Wesen wäre entweder Tier oder Gott). Ein wesentlicher Faktor der modernen Subjektivierung ist das Recht, dessen janusköpfige Gestalt als einerseits repressiver Zwang, andererseits als garantierter Handlungsspielraum dem Doppelcharakter der Rechtssubjektivität entspricht. Dieser Doppelcharakter findet zudem seinen Nieder-

schlag in der psychosomatischen Konstitution des Rechtssubjekts, die Nietzsche mit dem Nexus von schlechtem Gewissen und Triumphalismus aufgezeigt hat.

Den Triumphalismus des Rechtssubjekts hatte Hegel bereits mit Begriffen der Selbstsucht, des Eigensinns oder der Sprödigkeit beschrieben. Marx, der hier von »egoistischen« Sichtweisen spricht, nahm bereits davon Abstand, diese Haltungen charakterologisch zu naturalisieren, vielmehr konnte er sie als notwendige Handlungsorientierungen der bürgerlichen Gesellschaft verstehen. Den spezifischen Beitrag des Rechts zur Erzeugung triumphaler Charakterdispositionen konnte aber erst Nietzsche mit seiner Theorie des souveränen Subjekts erläutern. Nietzsche zeigt – Erkenntnisse der Psychoanalyse vorwegnehmend – auf, dass sich das Subjekt, indem es die anderen als minderwertig verachtet und sich selbst eitel zur eigenen Stärke gratuliert, emotional für die Schmerzen belohnt, die ihm im Zuge der Subjektivierung zugefügt wurden. Egoismus und Stolz sind Facetten einer narzisstischen Überhöhung, die sowohl ethisch als auch politisch gefährliche Konsequenzen haben kann, weil sie die Subjekte zu einem aggressiven Chauvinismus disponiert. (Die feministische Kritik kann solche Dispositionen als spezifisch maskulinistische Phantasmen entschlüsseln, die auf der Fiktion der Autogenese und Suisuffizienz, das heißt auf der Verdrängung der eigenen Abhängigkeit, beruhen.)

Hegel hat auch Phänomene der Unterwürfigkeit und Autoritätshörigkeit als psychische Effekte des Rechts aufgezeigt. Mit Nietzsche wird deutlich, dass diese Phänomene mit der Egozentrik des Rechtssubjekts in einem konstitutiven Zusammenhang stehen. Das »positive« Gefühl des Triumphalismus ist erkauft durch die Ausbildung »negativer« Gefühle der Schuld und des schlechten Gewissens. Nur indem das Rechtssubjekt sich selbst bindet, kann es aus äußerer Beherrschung entlassen werden. Die zivilisatorische Leistung, dass Menschen, wie es bei Nietzsche heißt, »sich auch für die Zukunft gut sagen« können, dass sie also Vereinbarungen und Verabredungen einhalten können, ist nur durch eine Internalisierung der vormals äußeren Strafinstanz möglich. Diese Internalisierung beruht, wie Marx und Foucault historisch nachgewiesen haben, auf einem Konglomerat disziplinarischer Praktiken, welches das Individuum zur Autonomie zuallererst trainiert. Gewissermaßen als Ausfallbürgschaft kennt die Rechtsgesellschaft zudem auch äußeren Zwang, der etwa in Form der Polizei immer dann eingreift, wenn jene Internalisierung versagen sollte. Auch diese Kehrseite des Triumphalismus hat ethisch und politisch prekäre Auswirkungen, nicht umsonst analogisiert Nietzsche die Erzeugung von Verantwortung mit den gewaltigen Schmerzen, welche die Verwandlung vom Wasser- zum Landtier bereitet haben soll. Der von Nietzsche eröffnete Fluchtpunkt ist daher auch einer der Überwindung der Verschuldung des Lebens und also der Ermöglichung einer »zweiten Unschuld«.

Die dritte von Hegel beschriebene Gruppe von Affekten, insbesondere Apathie und Gleichgültigkeit, findet für ihn ihre Ursache darin, dass das Rechtssubjekt sich die logisch-semantische Eigenschaft der Abstraktheit zum Merkmal des eigenen Charakters macht. Eine ganz ähnliche Intuition hat Nietzsche. Dem gesetzestreuen Menschen fehlt der Zugang zu einer spezifischen Erfahrungsqualität und existenzialen Intensität; er handelt berechenbar, opportunistisch und langweilig. Hatte schon Hegel dem Verbrecher die Rolle zugesprochen, die verletzten Ansprüche des Menschlichen gegen die abstrakte Logik des Rechts zu vertreten und somit zum Motor des Kampfs um Anerkennung zu werden, so drückt sich ein allgemeines Wissen um die Defizität des Rechts auch darin aus, dass der Figur des Verbrechers keineswegs nur moralische Verachtung, sondern oft auch Faszination oder sogar heimliche Bewunderung entgegengebracht wird; der Verbrecher hat Zugang zu Existenzästhetiken, die den meisten Menschen verwehrt sind. Nietzsche hat dieser Faszination für das Verbrechen eine allgemeine philosophische Artikulation gegeben, die aber notwendigerweise aristokratisch ist: *Per definitionem* ist die Gesetzesüberschreitung immer nur einzelnen vorbehalten. Verbindet man diese Transgressionsphantasie aber mit hegelianisch-marxistischen Prämissen, so ergibt sich möglicherweise eine Perspektive der Vereinbarkeit von Sozialität und individueller Exzentrik (durch die Hegel zufolge bereits die griechische Polis geprägt gewesen sein soll): Ist es möglich, dass Menschen auf gerechte und stabile Weise zusammenleben, ohne von ihrer je spezifischen ästhetischen Expressivität ablassen zu müssen?

3. *Kommunikation.* Hegel hat die römische Rechtssubjektivität mit Stoizismus und Skeptizismus analogisiert, um eine prinzipielle diskursive Autoreferenzialität aufzuzeigen: Das Rechtssubjekt gene-

riert die eigenen Handlungsgründe immer nur aus sich selbst und verfährt daher »dogmatisch«. Dieser universell verbreitete Dogmatismus führt zu einem allgemeinen Verfall der Qualität der im öffentlichen Diskurs zirkulierenden Argumente, was die Kommunikation unter Rechtssubjekten zum bloßen »Gezanke« verkommen lässt. Marx kann daran erinnern, dass die antikommunikativen Effekte des Rechts nicht nur Resultat der generellen privaten Struktur des Zivilrechts sind, sondern auch Ergebnis bestimmter politischer Entscheidungen, die potentielle Einflüsse anderer Rechtsbereiche, die auf die Ermöglichung von Kommunikation, Publikation und Partizipation zielen, auf das Zivilrecht beschränken. Nicht ohne Grund koinzidieren diese politischen Programme mit der Herausbildung der bürgerlich-kapitalistischen Gesellschaft. Dies zeigt Marx sowohl anhand der Ausnahmebefugnisse, mit denen der Staat schon in der Geburtsstunde des Rechtsstaats Briefgeheimnis und Pressefreiheit eingeschränkt hat, als auch anhand der »regulären« gesetzlichen Regelungen, mit denen die Assoziations- und Aktionsfreiheit der Arbeiter*innen behindert wurden. Noch augenfälliger wird dieser Zusammenhang, wenn man gesellschaftliche Teilhabe nicht nur als formales, sondern auch als soziales Recht versteht. Selbst wenn liberale Rechtsstaaten ihren Mitgliedern formal gesehen Partizipationsmöglichkeiten garantieren, werden durch den Fortbestand kapitalistischer Ausbeutung die materiellen Bedingungen für gleichberechtigte Kommunikation und Kommunikationsfähigkeit immer zugleich untergraben.

Marx hat sich in seiner politischen Kritik auf die Zerschlagung der politischen Institutionen der Arbeiterklasse durch den bürgerlichen Staat konzentriert, allerdings kann diese Tendenz durchaus verallgemeinert werden. Der bürgerliche Staat begrenzt schon aufgrund der zumeist rassistisch begründeten Beschränkung des Zugangs zur Staatsbürgerschaft die Möglichkeit politischer Teilhabe selbst für Menschen, die innerhalb seines Territoriums leben. Aber auch im Binnenverhältnis des Mitgliederverbunds neigt der Staat dazu, die politische Deliberation zu kanalisieren oder zu untergraben. So beschränkt er (etwa mittels des Familien-, Steuer-, Betreuungs- oder Adoptionsrechts) die Form legitimer Lebensgemeinschaften auf die bürgerliche Kleinfamilie und behindert so andere Beziehungsweisen, etwa Wahlverwandtschaften und Kommunen. Diese durchgehende Parzellierung des Privaten errichtet zusätzliche

Kommunikationsbarrieren, die den Austausch über öffentliche Angelegenheiten unter den Individuen noch mehr erschweren.

Dass die antikommunikative Struktur des Rechts Ergebnis konkreter politischer Entscheidungen und somit umkämpft ist, verweist aber zugleich auf dessen Transformationsmöglichkeit. Das Recht, das gegenwärtig dissoziativ und antikommunikativ angelegt ist, kann zumindest prinzipiell so verändert werden, dass es Kommunikation fördert und Partizipation ermöglicht. Die erste und naheliegendste Stoßrichtung bestünde in der Erweiterung von Inklusion, der Vermehrung von Teilhabe- und Assoziationsrechten und der Verbesserung der materiellen Bedingungen für Partizipation bei gleichzeitiger Entfernung oder Neutralisierung offen disziplinierender oder dissoziierender Elemente. Zum zweiten kann die Transformation des Rechts auch deshalb einen kommunikativen Effekt haben, weil davon auszugehen ist, dass sie in sozialen Kämpfen zu erringen und daher auf den Zusammenschluss von Akteur*innen angewiesen ist, die also die ihnen rechtlich nahegelegte Isolation überwunden haben. Allerdings wird die antikommunikative Struktur des Rechts weder durch eine Veränderung seines *Inhalts* noch durch die *Kollektivität des politischen Subjekts*, das sie erstritten hat, ganz unterbunden. Der entscheidende Punkt liegt vielmehr in der Modifikation der *Rechtsform*. Erst wenn das Recht sich nicht mehr in Form eines autoritativen und daher notwendig vereinheitlichten Imperativs an die Individuen richtet, sondern auch in der Alltäglichkeit der Rechtsbefolgung zu deliberativen Prozessen inspiriert, kann es andere als atomisierende Subjektivierungspraktiken initiieren.

4. *Politik*. Für Hegel hat der Atomismus des abstrakten Rechts deshalb gefährliche politische Konsequenzen, weil die Abwesenheit von inneren Verbindungen unter den Bürger*innen ihre Vereinigung mittels äußerer Zwangsmittel notwendig macht. Zudem führt die privativ-dekadente Orientierung der Individuen zu einem Verfall der öffentlichen Sphäre, was der Entstehung von Despotismus und Tyrannei zuträglich ist. Marx nimmt die Analyse der entpolitisierenden Effekte des Rechts auf, befreit sie aber von ihrer Zentrierung auf den Despotismus: Schon der bürgerliche Staat und das bürgerliche Recht untergraben die Möglichkeit einer tatsächlichen politischen Gestaltung des Gemeinwesens. Bürgerliche Rechte wirken zum einen aufgrund ihres ideologischen Effekts

entpolitisierend, der die bürgerlichen Subjektivitäten und die von ihnen gepflegten Interaktionsweisen naturalisiert. Zum anderen ist aber auch die Abtrennung der Sphäre des Gemeinsamen und seine Konzentration in der Sphäre des *bürgerlichen Staates* entpolitisierend, weil dies den Menschen den unmittelbaren Zugriff auf das gesellschaftliche Leben entzieht. Die Sphären der »Ökonomie« und des »Haushalts« werden nunmehr als un- oder vorpolitische Privatsachen angesehen und durch die Vorstellung subjektiver Rechte als individueller Anspruchsrechte unter die willkürliche Disposition Einzelner gestellt. Deren Willen werden hingegen als »faktische« vorausgesetzt, in welche die Politik nicht mehr eingreifen darf.

Die genealogischen Radikalisierungen von Hegels Juridismusdiagnose durch Marx und Nietzsche haben den einzelnen Kritikdimensionen jeweils eine neue Stoßrichtung gegeben. Keiner der beiden hat hingegen ein konkretes Gesellschaftsmodell entwickelt, welches Auskunft über eine mögliche Transformation des Rechts in Inhalt und Form geben könnte. Somit bleibt die Frage offen, wie die emanzipatorischen Funktionen des Rechts – die Gewährleistung von Differenz und Pluralität, Verantwortung und Rechenschaftspflicht sowie Selbstachtung und Gleichheit – gesellschaftlich garantiert werden können. Aus dem Ertrag der verschiedenen Kritikdimensionen lassen sich aber nun zunächst *politische* und *ethische* Konsequenzen formulieren, um schließlich die Konturen einer alternativen *Rechtsform* zu skizzieren.

III. Postjuridische Politik und Ethik

10. »Juristische Weltanschauung«. Vom Dilemma der Verrechtlichung zum Paradox der Rechte bei Habermas, Honneth und Brown

In seiner *Philosophischen Propädeutik* schreibt Hegel:

> Das *Familienverhältnis* ist die Natureinigkeit von Individuen. Das Band dieser natürlichen Gesellschaft ist Liebe und Vertrauen, das Wissen dieser ursprünglichen Einigkeit und des Handelns im Sinne desselben. Nach ihrer besonderen Bestimmung kommen den Individuen, die diese Gesellschaft ausmachen, besondere Rechte zu; insofern diese aber in der Form von Rechten behauptet würden, so wäre das moralische Band dieser Gesellschaft zerrissen, worin jeder wesentlich aus der Gesinnung der Liebe das erhält, was ihm an sich zukommt. (PP, S. 62 [§ 192])[1]

Diese – gegen die kantische Ehekonzeption gerichtete – Behauptung ist intuitiv plausibel: Ein gelungenes Zusammenleben in intimen Beziehungen kann es nur dann geben, wenn die Beziehungspartner*innen sich nicht nur als Rechtssubjekte begreifen und wenn ihre Beziehung durch mehr definiert ist als durch juristische Verpflichtungen. Zugleich wirft diese Passage eine ganze Reihe schwieriger Fragen auf. Denn Hegel scheint Recht und Liebe weder als reine Gegensätze noch als Komplemente zu verstehen. Gegensätzlich sind sie nicht, weil Hegel nicht sagen will, dass Recht und Liebe einander strikt ausschließen. Familienmitglieder sind als solche nicht rechtlos: Ihnen *kommen* durchaus Rechte *zu*, sie dürfen sie nur nicht *behaupten*, wenn sie nicht das moralische Band der Familie zerreißen wollen. Recht und Liebe komplementieren jedoch einander auch nicht einfach: Es ist nicht so, als würde man in der Familie die Liebe, außerhalb das Recht benötigen. Hegel sagt explizit, dass den Familienmitgliedern *besondere Rechte* zukommen, das heißt insofern sie Familienmitglieder sind. Sie haben Rechte auch gegen die anderen Familienmitglieder: Hegel misstraut also selbst der Beständigkeit des moralischen Bandes dieser Gesellschaft

1 Für eine besonders instruktive Interpretation dieser Passage vgl. Andreas Wildt, *Autonomie und Anerkennung. Hegels Moralitätskritik im Lichte seiner Fichte-Rezeption*, Stuttgart 1982, S. 104-115.

und räumt die Möglichkeit ein, dass jemand zur Behauptung seiner Rechte doch gezwungen sein könnte.

Noch komplizierter wird es, wenn man ein anderes, empirisch besser gedecktes Bild vom Familienverhältnis zugrunde legt. Welche Konsequenz ergibt sich aus dem prekären Verhältnis von Recht und Liebe in solchen sozialen Institutionen, die sich auf ein *Wissen ursprünglicher Einheit* nur berufen, faktisch aber nicht (oder wenigstens nicht vollständig) durch das *Band der Liebe und des Vertrauens* zusammengehalten werden oder wenigstens nicht vollständig, sondern durch patriarchale Unterdrückung und Ausbeutung? Was, wenn einigen Familienmitgliedern nicht nur exzeptionell, sondern systematisch und regelmäßig das vorenthalten wird, *was ihnen an sich zukommt*? Einerseits kann eine solche Situation nicht durch die Einforderung von mehr Liebe und Vertrauen kuriert werden, denn Liebe und Vertrauen sind – wie *Der Kaufmann von Venedig*, *Dogville* und *Ragtime* vorgeführt hatten – mit Ungleichheit und Bevormundung, mit Beschwichtigung und Beschlagnahme bestens verträglich. Andererseits ist auch der Gedanke vorschnell, dass die so Unterdrückten dann in einen Kampf um Anerkennung gleicher Rechte eintreten müssten – denn was sie erstreben, die Inklusion in eine *Natureinigkeit von Individuen*, kann durch Rechte nicht erreicht werden. Die Bedeutung von Rechten, so scheint es, wird von Hegel zugleich affirmiert und dementiert: Das Verhältnis von Rechtlichem und Nichtrechtlichem ist weder gegensätzlich noch komplementär, sondern paradox.

Die Familie und die Schule sind exemplarische gesellschaftliche Sphären, die von vielfältigen Herrschaftsverhältnissen durchzogen sind, in denen die Einforderung und Etablierung von Rechten aber dennoch auf irgendeine Weise zu kurz greift, defizitär oder sogar schädlich ist. Jürgen Habermas' Konzept der Verrechtlichung als Kolonisierung der Lebenswelt, wie er sie in seiner *Theorie des kommunikativen Handelns* (1981) entwickelt hat, war die erste allgemeine und soziologisch fundierte Theorie der Expansion des Rechts. Habermas begreift den Prozess der Verrechtlichung als *Dilemma*: Einerseits wird durch die Ausweitung von Rechtsstrukturen die Position gerade der Benachteiligten verbessert, andererseits wird dabei zugleich deren eigene Freiheit untergraben, weil ihr sozialer Zusammenhang erodiert. Habermas legt jedoch eine Vorstellung von Familie und Schule als kommunikativ verfassten, juristisch nicht kompromittierten Milieus zugrunde, die sich als höchst fragwürdig erweist. Betont er eher den dilemmatischen Aspekt der Verrechtlichung, so verfolgt Axel Honneth in *Das Recht der Freiheit* (2011) den Argumentationsstrang der *Komplementarität.* Vor dem Hintergrund einer Annahme über Liebe und Recht als sich ergänzende Anerkennungsdimensionen beschreibt Honneth das Problem der Verrechtlichung als soziale Pathologie, die aus einer Überbewertung und Überstrapazierung des Rechts zuungunsten anderer, eigentlich ebenso wichtiger Dimensionen der menschlichen Subjektivität und Intersubjektivität resultiert. Honneths Begriff der Verabsolutierung vermeidet viele problematische Implikationen der Habermas'schen Kolonisierungsthese, neigt aber selbst noch dazu, erstens die in den Sphären der Familie und der Schule herrschenden patriarchalen Gewaltverhältnisse zu unterschätzen und zweitens den eminent politischen Charakter des Kampfes um Rechte zu vernachlässigen. Wie Honneth selbst andeutet, ist zum angemessenen Verständnis zeitgenössischer Anerkennungskämpfe somit ein neuer Politikbegriff notwendig, der die traditionelle Staatszentrierung der politischen Philosophie überwindet. Es ist daher sinnvoll, die Perspektive auf das Phänomen der Verrechtlichung zu verschieben und es aus dem Blickwinkel der Akteur*innen, das heißt »von unten« her, neu zu betrachten. Diese Neujustierung macht es zwar nicht leichter, die Probleme der Verrechtlichung zu lösen, trägt aber immerhin zu einer angemesseneren Formulierung der Problemstellung bei: Verrechtlichung erscheint dann weder als *Dilemma* der staatlichen Implementierung gleicher Rechte noch als Störung der *Komplementarität* verschiedener Anerkennungsdimensionen, sondern als politisches *Paradox* – nämlich als das Paradox, dass die lebensweltlich situierten Akteur*innen den Staat als Garanten von Rechten zugleich sowohl anerkennen als auch nicht anerkennen müssen. Die klassische Formulierung dieses Paradoxes haben Friedrich Engels und Karl Kautsky mit ihrer Polemik gegen den »Juristensozialismus« geleistet, eine höchst produktive Weiterentwicklung dieser Idee und zugleich ihre Anwendung auf das Feld der Familie findet sich in Wendy Browns feministischer Theorie zur Paradoxie der Rechte, die wesentliche Hinweise zur Entwicklung eines *postjuridischen Politikbegriffs* gibt.

10.1 Verrechtlichung als Kolonisierung (Habermas)

Jürgen Habermas hat in seiner *Theorie des kommunikativen Handelns* erstmals eine generelle Theorie der Kolonisierung der Lebenswelt durch das Recht systematisch entwickelt und sozialwissenschaftlich geerdet. Er stellt dabei die Verrechtlichungsthese in den Zusammenhang zum einen mit Max Webers Diagnose der Rationalisierung in der Moderne, zum anderen mit einer von Marx inspirierten Theorie der Realabstraktion. Die Reichweite seiner Diagnose umfasst zunächst die Staaten Westeuropas, dann auch Nordamerikas, deren Entwicklungen von einer großen Parallelität geprägt waren.

Unter dem Begriff der Lebenswelt versteht Habermas ein Bündel implizit gewusster, vorreflexiver, sprachlich-kulturell tradierter Normen und Werte, von denen die Individuen in ihrer alltagspraktischen Kommunikation zehren. Weil die Lebenswelt der unhintergehbare Horizont für verständigungsorientiertes Handeln ist, besitzt ihre Integrität einen unbedingten Wert für die Entfaltung kommunikativer Macht. Diese Integrität ist jedoch in spätkapitalistischen Gesellschaften durch zunehmende Systemanforderungen bedroht, die Habermas als Kolonisierung bezeichnet: »die Imperative der verselbstständigten Subsysteme dringen [...] *von außen* in die Lebenswelt – wie Kolonialherren in eine Stammesgesellschaft – ein und erzwingen die Assimilation«.[2] Die auftretenden Negativeffekte ergeben sich also daraus, dass an eine Lebenswelt fremde Handlungsrationalitäten herangetragen werden, die sich in der neuen Umgebung dysfunktional auswirken. In diesem Kontext ist das die Umstellung von kommunikativen auf strategische Handlungsorientierungen.

Der zentrale Motor der Kolonisierung ist für Habermas das Recht. Zunehmend überformt es als generalisiertes Medium die jeweiligen lebensweltlichen Besonderheiten und erzwingt deren Konvertierung in macht- oder geldvermittelte Interaktionen. Dabei hat das Recht geschichtlich gesehen zunächst eine höchst emanzipative Rolle gespielt, wie Habermas anhand der verschiedenen Verrechtlichungsbewegungen in den westlichen Industrienationen demonstrieren will. Er unterscheidet vier große »Verrechtlichungs-

2 Jürgen Habermas, *Theorie des kommunikativen Handelns, Band 2: Zur Kritik der funktionalistischen Vernunft*, Frankfurt/M. 1981, S. 522, Hervorh. i. O.

schübe« der Neuzeit: 1. Die Entstehung des *bürgerlichen* Staates, 2. die des bürgerlichen *Rechtsstaates*, 3. die des *demokratischen Rechtsstaates* und 4. die des *sozialen und demokratischen Rechtsstaates*. Nachdem durch die Etablierung staatlicher Instanzen überhaupt erst einmal ein innerweltlicher Gestaltungsspielraum gegen die traditionalen Bindungen errungen wurde – wenn auch in Gestalt der staatsautoritär abgesicherten kapitalistischen Privatrechtsgesellschaft –, können der zweite bis vierte Verrechtlichungsschub als zunehmendes Zur-Geltung-Bringen lebensweltlicher Ansprüche gegen Markt und staatliche Zentralherrschaft erscheinen: Zunächst werden durch die verfassungsmäßige Einhegung des Staates den Bürger*innen subjektive Rechte zugesprochen, die sie vor willkürlichen Interventionen der Obrigkeit schützen. Mit der Demokratisierung des Rechtsstaates partizipieren sie dann selbst an der staatlichen Willensbildung, wodurch sich die moderne Lebenswelt abermals von den Imperativen der abstrakten Herrschaftsstruktur emanzipiert. Einen letzten Schritt in dieser Fortschrittsgeschichte stellt die Ergänzung der politischen durch soziale Teilhaberechte dar, wozu etwa die Arbeitszeitbegrenzung und der Kündigungsschutz, die Einführung von Sozialversicherungen oder das Recht auf gewerkschaftliche Organisation zählen, wodurch der formalen auch die materielle Partizipationsmöglichkeit zur Seite gestellt wird.

Konnte für Habermas noch Marx zu Recht gegen die erste Juridifizierungswelle auf deren ironischen Effekt hinweisen, der darin bestand, dass die abstrakte Freiheit der Arbeiter*innen durch faktische Lohnsklaverei erkauft wurde, so geht er in Bezug auf die nächsten beiden Stufen bemerkenswerterweise davon aus, sie hätten einen »unzweideutig freiheitverbürgenden Charakter«.[3] Bemerkenswert ist dieser Befund deshalb, weil andere Autor*innen in der Tradition der Kritischen Theorie hier weitaus skeptischer waren, sei es in Form der radikalen Staatskritik Walter Benjamins, der ausdrücklich alle Rechtsgewalt »verwerflich« nennt,[4] in Form der Rechtstheorie Otto Kirchheimers, der noch 1928 diagnostizierte, die Verrechtlichung des Klassenkampfs führe zur Deformation des Politischen zu mechanistisch-formalistischen Abläufen,[5] oder

3 Ebd., S. 530.

4 Benjamin, »Zur Kritik der Gewalt«, S. 203.

5 Vgl. Otto Kirchheimer, »Zur Staatslehre des Sozialismus und Bolschewismus«,

in Form von Theodor W. Adornos negativistischem Bild der »verwalteten Welt«, in der keine menschliche Spontaneität und keine unversehrte Kommunikation mehr möglich sind.

Habermas will jedoch erst im Rahmen des vierten großen Verrechtlichungsschubs der Moderne, der Entwicklung des Sozialstaats, wieder eine »dilemmatische Struktur« erkennen, da dort »die Mittel der Freiheitsverbürgung selbst [...] die Freiheit des Nutznießers gefährden«.[6] Das Recht wirkt hier nicht mehr als »Institution«, in der sich die Ansprüche der Lebenswelt manifestieren und somit inhaltlich legitimiert sind, sondern als »Medium«, das heißt als reines Organisationsinstrument des Systems. Die dilemmatischen Effekte kommen nicht kontingent, als vermeidbare Nebenwirkungen, zum Freiheitsgewinn hinzu, vielmehr lässt hier gerade die Art der Implementierung die Freiheit in ihr eigenes Gegenteil umschlagen. Angewendet auf die Subsysteme Wirtschaft, Öffentlichkeit und Politik hat nämlich die Verrechtlichung keine äußere, systemfremde Rationalität hereingetragen, sondern lediglich in Bereichen, in denen sich die Akteur*innen ohnehin schon vorwiegend strategisch verhielten, das Kräfteverhältnis zugunsten der vormals Benachteiligten verschoben. Mit der Einführung des Sozialstaats hingegen greift das Recht auf Bereiche zu, in denen vorher ganz andere Handlungslogiken vorherrschend waren. Diesen Prozess der Kolonisierung der Lebenswelt dekliniert Habermas anhand des Sozialrechts, des Schul- und des Familienrechts durch: In jedem dieser Bereiche diente die Verrechtlichung dem Schutz der benachteiligten Subjekte, zugleich wurde jedoch die kommunikative Macht derselben Akteur*innen beschnitten oder untergraben.[7]

Habermas' erstes Beispiel ist die Sozialversicherung. *Einerseits* werden hier Schwache, nämlich Alte und Kranke, sozialstaatlich

in: ders., *Von der Weimarer Republik zum Faschismus. Die Auflösung der demokratischen Rechtsordnung*, Frankfurt/M. 1976, S. 32-52, hier S. 36 f.

6 Habermas, *Theorie des kommunikativen Handelns, Band 2*, S. 531.

7 Empirische Untersuchungen zu den Verrechtlichungstendenzen in spätkapitalistischen Gesellschaften finden sich exemplarisch in den Sammelbänden von Rüdiger Voigt, *Verrechtlichung. Analysen zur Funktion und Wirkung von Parlamentarisierung, Bürokratisierung und Justizialisierung sozialer, politischer und ökonomischer Prozesse*, Königstein 1980; Friedrich Kübler (Hg.), *Verrechtlichung von Wirtschaft, Arbeit und sozialer Solidarität*, Frankfurt/M. 1985, und Gunther Teubner (Hg.), *Juridification of Social Spheres. A Comparative Analysis in the Areas of Labor, Corporate, Antitrust and Social Welfare Law*, Berlin 1987.

abgesichert und nicht mehr den Zufälligkeiten einer familiär, kirchlich oder philanthropisch organisierten Armenpflege überlassen. *Andererseits* wird die Pflege durch die Verrechtlichung ebenso monetarisiert wie bürokratisiert, womit eine ganze Reihe problematischer Effekte erzeugt wird. Zunächst kann schon die Individualisierung, die sich daraus ergibt, dass die Grammatik der Sozialgesetze Versicherungsansprüche einzelnen Privatsubjekten, nicht aber größeren Solidargemeinschaften zurechnet, zur Erosion sozialer Zusammenhänge beitragen. Durch die Notwendigkeit, die Berechtigung eines Leistungsanspruchs zu prüfen, werden die Einzelnen zudem dazu gezwungen, die Komplexität ihrer Lebenssituation in einer für die administrative Logik der Versicherungen verständlichen Weise darzustellen und sie dementsprechend auch umzudefinieren; dies ist jedoch keine einfache Übersetzung von der Semantik eines Systems in die eines anderen, sondern verlangt den Akteur*innen eine beträchtliche Abstraktionsleistung ab, die schon deshalb einen gewaltförmigen Charakter annehmen kann, weil sie im Falle des Scheiterns eine Nichtzahlung und somit eine Exklusion aus der Sozialversorgung zur Folge hat. Schließlich ist eine juridisch strukturierte Sozialversorgung noch dadurch begrenzt, dass sie die Ansprüche der Betroffenen nur durch Geldleistungen befriedigen kann, obwohl deren je besondere, in einen konkreten Kontext und eine individuelle Biographie eingebundenen Interessen, Bedürfnisse und Wünsche sich einer solchen monetären Konvertierung versperren können.[8]

Ähnliche Dilemmata lassen sich auch im Familien- und Schulrecht aufzeigen. *Einerseits* dient auch in diesen beiden Domänen die Verrechtlichung zunächst der Sicherung des Rechtsstatus gerade der zuvor benachteiligten Akteur*innen, das heißt in der Familie der Frauen und der Kinder, in der Schule vor allem der Schüler*innen. Die Intervention durch das Recht vollzieht die Emanzipation aus autoritären Abhängigkeitsverhältnissen, in denen die betreffenden Personengruppen nur informelle oder gar keine Möglichkeiten hatten, sich gegen Benachteiligungen oder Übergriffe zur Wehr zu setzen. Die Ambivalenz der in diesen Bereichen neuen Freiheitsverbürgung ergibt sich auch hier durch die juridische Form ihrer Implementierung. Denn *andererseits* hat auch

8 Vgl. Habermas, *Theorie des kommunikativen Handelns, Band 2*, S. 531 ff.

hier die Kolonialisierung der Lebenswelt eine Umstellung von informellen auf hochgradig formalisierte Handlungslogiken zur Folge. Die Emanzipation von den familialen oder schulischen Abhängigkeitsverhältnissen ist durch eine neue Abhängigkeit, nämlich die vom Staat und seinen Gewaltinstrumenten, erkauft. Diese Instrumente sind jedoch in diesen sensiblen, durch nichtreziproke Beziehungen mit entsprechenden besonderen Verletzbarkeiten gekennzeichneten Bereichen oft nicht zielführend, schon weil die Entscheidungen örtlich und emotional distanzierter Richter*innen am Manko fehlender Informationen kranken. Das Dilemma liegt auch hier darin, dass rechtliche Eingriffe den sozialen Zusammenhang schützen sollen, zugleich aber den Lebenswelten Interaktionsweisen oktroyieren, in denen sich deren Mitglieder notwendig als individualisierte, miteinander konkurrierende und daher strategisch handelnde Akteur*innen verstehen.[9]

All diese Verrechtlichungstendenzen sind für Habermas also dadurch gekennzeichnet, dass »die sozialstaatlichen Verbürgungen dem Ziel der sozialen Integration dienen sollen und gleichwohl die Desintegration derjenigen Lebenszusammenhänge fördern, die durch eine rechtsförmige Sozialintervention vom handlungskoor-

9 Vgl. ebd., S. 540 ff. Die britische Rechtstheoretikerin Carol Smart hat das Problem der Verrechtlichung aus feministischer Perspektive bearbeitet. Probleme wie häusliche Gewalt oder sexistische Ausbeutung auf rechtlichem Weg bekämpfen zu wollen, ist für sie vor allem aus vier Gründen problematisch. Erstens behandelt eine rechtliche Konfliktschlichtung die beteiligten Männer und Frauen vor allem als strukturell gleichberechtigte Gegner*innen, womit andere Aspekte ihrer Beziehung, wie etwa ökonomische oder emotionale Abhängigkeiten, verkannt werden. Ein Kind, das sexuell missbraucht wurde, kann daher zum Beispiel die Folgen einer Anzeige des Täters als noch schlimmer empfinden als die ursprüngliche Situation. Zweitens führt die Inanspruchnahme von Rechten durch das Opfer dazu, dass auch die Täter ihre Rechte in Anspruch nehmen werden; sie können zum Beispiel die Opfer zu entwürdigenden oder traumatisierenden Verhandlungen intimster Details in einem Gerichtssaal zwingen. Drittens ist die Verhandlung von Unrechtserfahrungen im Medium des Rechts grundsätzlich individualisierend, wodurch der soziale Hintergrund der Problemkonstellation ausgeblendet wird. Viertens sind auch gesetzliche Regelungen, die ursprünglich dem Schutz schwacher oder benachteiligter Gruppen dienen sollten, anfällig dafür, von den Starken und Privilegierten für ihre Zwecke verwendet zu werden. Smart zieht aus diesen Problemen den Schluss, aus feministischer Perspektive sei die Verfolgung von Rechtsansprüchen »less and less valuable« (Carol Smart, *Feminism and the Power of Law*, London, New York 1989, S. 144 ff.).

dinierenden Verständigungsmechanismus abgelöst und auf Medien wie Macht und Geld umgestellt werden.«[10] Habermas suggeriert hier, dass es sich bei der Lebenswelt um eine nichtrechtliche, bei dem Staat hingegen um eine rechtliche Sphäre handelt. Er steht damit in der jahrtausendealten, schon mit Aristoteles beginnenden Tradition, die Familie und den Haushalt als vorpolitisch zu konzipieren. Wie die Analogie mit den in eine Stammesgesellschaft eindringenden Kolonialherren nahelegt, ist der juridische Übergriff auf die Lebenswelt vor allem deshalb problematisch, weil diese nicht schon »von Haus aus« rechtlich organisiert sein soll, wie das etwa beim Arbeitsrecht durchaus der Fall ist. Diese Opposition ist aber nicht haltbar: Tatsächlich waren Familie, Bildung und Pflege schon von jeher rechtlich reguliert, man denke allein an das römische *vitae necisque potestas*, an das Recht des *pater familias*, über das Leben der anderen Familienmitglieder zu bestimmen, wie es bereits im altrömischen Zwölftafelgesetz kodifiziert war, bis hin zu den zahlreichen patriarchalen Regelungen im Ehe- und Familienrecht des 20. Jahrhunderts – in Deutschland beispielsweise war noch bis 1977 im Bürgerlichen Gesetzbuch geregelt, dass die Frau ihren Ehemann um Erlaubnis fragen musste, wenn sie einer Erwerbstätigkeit nachgehen wollte, und das körperliche Züchtigungsrecht der Eltern gegen ihre Kinder wurde erst im Jahr 2000 abgeschafft.[11] Familie und Schule sind nicht »weniger« juristisch – das Recht diente nur dem Schutz anderer Interessen, die im Übrigen ihrerseits keineswegs »konsensorientiert« waren.[12] Ein rein quantitativer Begriff von Verrechtlichung, der diese als Ergebnis eines Zuviel an Regulierung oder gar einer »Normenflut« versteht, ist zudem weder in rechtshistorischer noch in rechtsvergleichender Hinsicht zu halten.[13]

10 Habermas, *Theorie des kommunikativen Handelns*, Band 2, S. 534.

11 Zu dieser Kritik vgl. systematisch Ulrich K. Preuß, »Rationality Potentials of Law. Allocative, Distributive and Communicative Rationality«, in: *German Law Journal* 1 (2011), S. 488-515. In Bezug auf das Bildungswesen vgl. Sönke Abeldt, *Erziehung – Moral – Recht. Moralische Spannung und institutionelle Vermittlung des Erzieherhandelns*, Münster 2001, insbes. S. 181 ff.

12 Zur Kritik des *gender bias* von Habermas' Einteilung von System und Lebenswelt vgl. den klassisch gewordenen Text von Nancy Fraser, »Was ist kritisch an der Kritischen Theorie? Habermas und die Geschlechterfrage«, in: dies., *Widerspenstige Praktiken. Macht, Diskurs, Geschlecht*, Frankfurt/M. 1994, S. 173-221.

13 Vgl. Gunther Teubner, »Verrechtlichung – Begriffe, Merkmale, Grenzen, Auswe-

Ein weiteres Problem der Habermas'schen Verrechtlichungskonzeption ist die Deartikulation der politischen Kämpfe, die überhaupt erst zu den Phänomenen geführt haben, die er als Beispiele anbringt. Indem er die Verrechtlichungsbewegungen als »Schübe« bezeichnet, suggeriert Habermas, sie seien einfach die Resultate einer den systemischen Apparaten inhärenten Expansionslogik. Aus Perspektive der in den Milieus der Lebenswelt situierten Akteur*innen erscheinen sie so als Naturgewalten, die ohne eigenes Zutun über sie hereinbrechen und ihre autochthonen Interaktionsweisen verdrängen. Gerade die von Habermas als Beispiele für die Kolonisierung der Lebenswelt angeführten rechtlichen Maßnahmen im Sozial-, Schul- und Familienrecht in der zweiten Hälfte des 20. Jahrhunderts sind jedoch Ergebnis von sozialen und politischen Auseinandersetzungen, seien es die Umstellung vom Schuld- auf das Zerrüttungsprinzip bei Ehescheidungen, die Möglichkeit weiblicher Erwerbsarbeit ohne Zustimmung des Ehemanns, die gerichtliche Anfechtbarkeit schulischer Entscheidungen, die Abschaffung körperlicher Züchtigung oder das Recht auf gewaltfreie Erziehung – all diese Maßnahmen wären ohne die Kämpfe der Gewerkschaften und der Frauen-, der Schüler*innen- und Studierendenbewegung, ohne also die politische Aktion der Betroffenen selbst, niemals umgesetzt worden.

Weil Habermas aber das Problem der Verrechtlichung als Überformung einer gesellschaftlichen Sphäre durch eine andere begreift, vermag auch sein Lösungsvorschlag nicht zu überzeugen. Die Auflösung des Dilemmas der Verrechtlichung kann für ihn freilich nicht darin liegen, einfach wieder zum vorrechtlichen patriarchalischen Gewaltverhältnis zurückzukehren und für die familialen und schulischen Lebenswelten eine Art Nichteinmischungsgrundsatz zu deklarieren. Für die Familie ist Habermas aber durchaus der Meinung, rechtliche Eingriffe sollten auf ein »Mindestmaß« reduziert,[14] zu starke Justizialisierungen und Bürokratisierungen rückgängig gemacht werden.[15] In der Schule tritt er für die Entwicklung und Erprobung neuer, sphärenangemessener Konfliktschlichtungsmechanismen ein. »An die Stelle des als Medium benutzen Rechts«,

ge«, in: Friedrich Kübler (Hg.), *Verrechtlichung von Wirtschaft, Arbeit und sozialer Solidarität*, Frankfurt/M. 1985, S. 289-344, hier S. 294ff.

14 Habermas, *Theorie des kommunikativen Handelns, Band* 2, S. 543.

15 Ebd., S. 546.

schreibt er, »müssen Verfahren der Konfliktregelung treten, die den Strukturen verständigungsorientierten Handelns angemessen sind – diskursive Willensbildungsprozesse und konsensorientierte Verhandlungs- und Entscheidungsverfahren.«[16] Dem liegt die richtige Idee zugrunde, dass ein Teil des Problems der Kolonisierung darin besteht, dass die Verrechtlichung nicht die Selbstvertretung der Betroffenen fördert, sondern eine paternalistische Protektion von außen initiiert und so entmündigende Wirkungen hat. Eine interne Demokratisierung könnte demgegenüber dazu beitragen, dass die Akteur*innen sich als Subjekte verstehen, die ihre Lebensumstände autonom gestalten, und nicht als Objekte, die von dritter Seite zu schützen sind.

Zugleich bleibt diese Lösung jedoch aus zwei Gründen unbefriedigend. Erstens ist nicht ganz nachzuvollziehen, wie eine Demokratisierung der Lebenswelt ohne gleichzeitige Verrechtlichung zu institutionalisieren wäre. Wie niemand besser weiß als Habermas, sind Rechtsstaat und Demokratie intern aufeinander verwiesen: Die Partizipationsmöglichkeiten gerade der Benachteiligten müssen ja, um nicht der Willkür der jeweiligen Autoritätsfiguren anheimzufallen, einklagbar und durchsetzbar sein, was nur durch gesetzliche Regelungen, judikative Interpretation und exekutive Durchsetzung möglich ist. Somit ist aber die Lebenswelt vom systemischen Zugriff nicht verschont, sondern nur anders, wenn auch emanzipatorischer konfiguriert.[17] Der Nebeneffekt, dass sie damit auf die für rechtliche Verfahren typische strategische Handlungsrationalität umgestellt werden, wird dadurch aber keinesfalls vermieden. Dies verweist bereits auf den zweiten Punkt: Familie und Schule sind in hohem Maße durch asymmetrische Beziehungen und intensive Abhängigkeiten wie etwa die des Kleinkindes von den Eltern geprägt. Diese Macht, die sich aus dem Entwicklungsunterschied ergibt, kann besonders leicht missbraucht werden, zumal auch in heutigen Gesellschaften noch immer die Tendenz vorherrscht, Kindererziehung und Pflege zur Privatsache zu erklären und so allgemeinen Rechtfertigungsansprüchen zu entziehen. Gegenüber derartigen fundamentalen Abhängigkeitsverhältnissen

16 Ebd., S. 544.

17 Vgl. etwa Jürgen Habermas, »Über den internen Zusammenhang von Rechtsstaat und Demokratie«, in: ders., *Die Einbeziehung des Anderen. Studien zur politischen Theorie*, Frankfurt/M. 1999, S. 293-308.

ist die Idee demokratischer Mitwirkung aber bestenfalls abstrakt, schlechtestenfalls ideologisch; denn ebenso wie das Recht trägt sie den Betroffenen eine fremde Logik an, die ihren konkreten Bedürfnissen überhaupt nicht Rechnung trägt. Vorenthaltene oder falsch verstandene Pflege, Fürsorge, Liebe und Bildung können durch Demokratie ebenso wenig substituiert werden wie durch das Recht, zumindest dann nicht, wenn sie selbst institutionell verstanden wird. Habermas' Kritik der Verrechtlichung, so kann man zusammenfassend sagen, ist selbst noch zu sehr vom Standpunkt des Rechts aus gedacht und versäumt es, gerade die nichtrechtlichen Bedingungen des Rechts in die Analyse mit einzubeziehen.

Habermas hat seine Verrechtlichungskonzeption später einer grundlegenden Revision unterworfen. In *Faktizität und Geltung* (1992) hat er die Entgegensetzung von »Recht als Institution« und »Recht als Medium« explizit zurückgenommen und die Idee, an die Stelle paternalistisch-sozialstaatlicher sollten demokratisch-prozedurale Regeln treten, verallgemeinert.[18] Habermas hat so einerseits versucht, der feministischen Kritik an seinem früheren Ansatz, wie sie prominent von Nancy Fraser vertreten wurde, Rechnung zu tragen, zugleich aber radikalere Thesen vom strukturell maskulinistischen Charakter des Rechts zurückgewiesen. Seit *Faktizität und Geltung* sieht er somit kein Problem mehr mit der Verrechtlichung als solcher, sondern nur mit der Implementierung falscher, nämlich autoritärer Rechtsstrukturen. Zwar vermeidet er auf diese Weise den Fehler einer Romantisierung der Lebenswelt, schüttet aber das Kind mit dem Bade aus: Er gibt so jede Möglichkeit auf, die rechtliche Regulierung in intimen Beziehungen als solche zu kritisieren.[19] Einen alternativen Weg schlägt hingegen Axel Honneth ein: Er versucht, an Habermas' Einsicht in die problematischen Effekte der Verrechtlichung festzuhalten, sie aber konzeptionell anders zu fassen. Um die grundlegende Ambivalenz der Rechtsförmigkeit zu ermessen, integriert er sie in eine allgemeine Theorie demokratischer Sittlichkeit.

18 Habermas, *Faktizität und Geltung*, S. 502.

19 Zu einem Überblick über die Entwicklung der Rechtstheorie bei Habermas vgl. Mathieu Deflem, »The Legal Theory of Jürgen Habermas«, in: Reza Banakar, Max Travers (Hg.), *Law and Social Theory*, Oxford 2013, S. 70-95.

10.2 Verrechtlichung als Verabsolutierung (Honneth)

Honneth ist sich mit Habermas grundsätzlich darüber einig, dass das moderne Recht eine wichtige freiheitsverbürgende Funktion ausübt, dass es aber dann zur Ausbildung sozialer Pathologien neigt, wenn es allzu expansiv wird; das Recht spielt also für beide eine wichtige, aber begrenzte Rolle. Honneth gibt seiner Verrechtlichungskritik jedoch eine andere Fassung als Habermas, weil er sie im Rahmen einer hegelianischen Gesamtarchitektur formuliert. Die Verrechtlichung stellt sich so nicht so sehr als *Kolonisierung* einer gesellschaftlichen Sphäre durch eine andere denn als Vereinseitigung oder *Verabsolutierung* einer Dimension personaler Identität zuungunsten der anderen dar.

Honneth hat mit *Das Recht der Freiheit* das ambitionierte Projekt einer »Reaktualisierung der Hegel'schen Rechtsphilosophie« fortgesetzt. Er übernimmt im Großen und Ganzen die Architektur von Hegels Sittlichkeitssystem und folgt ihm auch darin, den Grund für gesellschaftliche Fehlentwicklungen in einer Störung des Gleichgewichts zwischen den einzelnen Sittlichkeitsdimensionen zu sehen. Den Daseinsgrund rechtlicher Freiheit hatte er bereits in *Kampf um Anerkennung* intersubjektivitätstheoretisch aufgeschlüsselt. Rechtliche Anerkennung, so Honneth, ist für eine gelungene Selbstbeziehung notwendig, weil sie die gesellschaftliche Zurechnung individueller Verantwortung zum Ausdruck bringt.[20] Indem er das Recht als eine Dimension der Entwicklung eines affirmativen Selbstbezugs begreift, ist das Recht nicht wie in den klassischen Vertragstheorien ein nachträglich addierter Stabilitätsfaktor, sondern Ausdruck einer ursprünglich sozialen Komponente menschlicher Subjektivität. Bereits in dieser Grundanlage seiner Rechtsphilosophie wird deutlich, dass Honneth über die Habermas'sche Sphärentrennung hinausgeht: Wenngleich sich auch Liebe, Recht und Solidarität in Form voneinander getrennter gesellschaftlicher Bereiche ausdifferenziert haben, ist es doch nicht so, als würde man zu Hause die Liebe brauchen und »draußen« dann das Recht; vielmehr müssen alle Elemente im Rahmen einer gelungenen Identitätsentwicklung zusammenkommen.

Eine Spannung entsteht nun aber schon dadurch, dass sich diese

20 Vgl. Honneth, *Kampf um Anerkennung*, S. 129.

soziale Komponente gerade durch die Möglichkeit des Rückzugs vom Sozialen ins Werk setzt. Denn die Positivierung der Rechtsordnung im Europa des 17. und 18. Jahrhunderts schafft mit der Etablierung subjektiver Rechte die Voraussetzungen für Privatautonomie, das heißt für eine individuelle Entlastung von den kommunikativen Anforderungen der öffentlichen Deliberation. Honneth reformuliert hier die Hegel'sche Rechtsbegründung, wonach das Recht vor allem die Möglichkeit des persönlichen Erwerbs von Eigentum und somit der individuellen Selbstverwirklichung an einem Gegenstand absichern soll, indem er den Eigentumserwerb vor allem als Recht auf Privatheit deutet. Das formale Recht und die materielle Möglichkeit auf Privatheit schaffen zusammengenommen die Voraussetzungen dafür, dass die Individuen ihre jeweiligen, willkürlich festgelegten Handlungsziele realisieren können. Dieser Zweck bringt allerdings für Honneth nicht die abstrakten Rechte des Individuums gegen die Zwänge der Gesellschaft in Anschlag, sondern bleibt von sich aus auf diese bezogen: Nur durch die Möglichkeit, sich für einen Moment »hinter alle konkreten Bindungen und soziale Rollen zurückziehen zu können, um auf der eigenen Offenheit und Unbestimmtheit zu insistieren«,[21] kann es zu einer Selbstvergewisserung der Einzelnen über ihre Interessen und Meinung und somit zu einer pluralen und somit vitalen Öffentlichkeit und Politik kommen. Zugespitzt gesagt ist der Daseinsgrund der Privatheit die Öffentlichkeit und nicht etwa, wie es die Tradition der Vertragstheorie will, umgekehrt: Nur wenn die Bürger*innen vor dem Zugriff des Staates (oder der Wirtschaft) geschützt ihre Werte und Ideale befragen können, ist eine wirklich demokratische gemeinsame Gestaltung der Gesellschaft möglich.

Seine konstitutive Rolle für die gelingende Ausbildung von Identität kann das Recht aber also nur dann erfüllen, wenn die durch es eingeführte Absonderung wieder sittlich eingeholt und aufgehoben wird. Wenn Rechte die Struktur eines »Moratoriums« oder eines »temporären Ausnahmezustands« haben,[22] der es den Einzelnen erlaubt, lebensweltlich eigentlich etablierte Handlungsverpflichtungen abzulehnen und Kommunikationsvollzüge abzubrechen, so können sie ihren Sinn als Freiheitssphäre nur dann behalten, wenn die Akteur*innen zu einem bestimmten Zeitpunkt den

21 Honneth, *Leiden an Unbestimmtheit*, S. 59 f.

22 Honneth, *Das Recht der Freiheit*, S. 153.

Boden des Rechts wieder verlassen [...]; denn zu einer Abwägung unserer Lebensziele, zu einer tatsächlichen Vergewisserung über das Gute können wir nur in einer Einstellung gelangen, die von der des Rechts dadurch unterschieden ist, dass wir die anderen gedanklich oder real in unsere Abwägungen als ihrerseits ethisch motivierte Subjekte einbeziehen.[23]

Das Recht hat also, wie schon bei Hegel, einen Wert nur als relative und begrenzte Komponente menschlicher Interaktion; zu individuellen und sozialen Störungen kommt es immer dann, wenn es »überstrapaziert« und verabsolutiert wird.

Das Defizit, das die Verrechtlichung erzeugt, begreift Honneth als »soziale Pathologie«. Als Pathologien sollen dabei solche gesellschaftlichen Prozesse bezeichnet sein, »die zu einer nennenswerten Beeinträchtigung der rationalen Fähigkeiten der Gesellschaftsmitglieder führen, an maßgeblichen Formen der sozialen Kooperation teilzunehmen«.[24] Bei einer Pathologie handelt es sich also nicht um eine Form von Ungerechtigkeit oder moralischer Verletzung, sondern um eine Art ethischer Beschädigung oder Verzerrung, die den Einzelnen einen aneignenden Nachvollzug der etablierten Sozialpraktiken verunmöglicht. Rechtlich erzeugte Pathologien können unterschiedlich zum Ausdruck kommen, etwa in der überzogen »verbissenen« Verteidigung vermeintlicher oder realer Rechte,[25] einem situationsblinden und starren Formalismus, der Kalkulation zwischenmenschlicher Beziehungen ausschließlich in Hinblick auf eine spätere Beurteilung durch ein Gericht, dem unendlichen »Aufschub von Handlungsverpflichtungen«[26] oder einem »Leiden an Unbestimmtheit«, also der Unfähigkeit zur Ausbildung sozialer Sensibilität oder einer qualifizierten persönlichen Präferenz unter den Auspizien des Rechts.

Im *Recht der Freiheit* stellt Honneth zwei Typen von Verhaltens-

23 Ebd., S. 151.

24 Ebd., S. 157.

25 Ein aktuelles Beispiel für die Verabsolutierung der Rechtsform in der politischen Sphäre ist die dogmatische Verteidigung des *second amendment* im US-amerikanischen Diskurs. Chad Kautzer hat die hier zugrunde liegende Pathologie sehr treffend als »self-defensive subjectivity« beschrieben, vgl. Chad Kautzer, »Self-defensive Subjectivity. The Diagnosis of a Social Pathology«, in: *Philosophy & Social Criticism* 8 (2014), S. 743-756. – Zur Kritik am »Legalismus« als Ideologie vgl. auch bereits Judith Shklar, *Legalism. Law, Morals, and Political Trials*, Cambridge 1986.

26 Honneth, *Das Recht der Freiheit*, S. 160.

weisen bzw. Charakterdispositionen ausführlicher vor, die beide aus einer Verabsolutierung rechtlicher Freiheit resultieren und denen er eine »endemische Ausbreitung« diagnostizieren zu können glaubt. Zum einen gibt es Formen der Erstarrung des Sozialverhaltens, wofür Honneth das Beispiel einer Scheidungsauseinandersetzung anführt: Sobald sich die Partner*innen primär auf ihre Rolle als Rechtssubjekte kaprizieren und somit als Akteur*innen mit vornehmlich strategischen Zielsetzungen verstehen, ist es nicht mehr möglich, eine beschädigte Vertrauensbasis wieder zu reparieren. Eine andere, bislang in der Sozialphilosophie noch stark unterbelichtete Pathologie sieht Honneth in Phänomenen der Unentschlossenheit und Willenlosigkeit. Entsprechende Subjekte sind nicht dazu in der Lage, Verbindlichkeiten einzugehen und Verantwortungen zu übernehmen, weil sie Entscheidungen immer wieder aufschieben und das eigene Leben unter permanenten Vorbehalt stellen. Der Zusammenhang solcher »Stimmungen« mit dem Recht besteht darin, dass die Subjekte hier eine Eigenschaft des Rechts zu einem Bestandteil ihres eigenen Charakters machen: Sie werden allem konkreten weltlichen Stoff gegenüber indifferent und somit »leer«. Diesen beiden Varianten juridifizierter Subjektivitätsformen ist gemeinsam, dass sie den Ausnahmecharakter der rechtlichen Freiheit missverstehen und sich dauerhaft hinter die Maske der Rechtspersönlichkeit zurückziehen. Die damit korrespondierenden Selbst- und Weltbilder verunmöglichen in letzter Konsequenz die Teilnahme am sozialen Leben, weil dies das Abstreifen der Hülle der Rechtsperson und das Zulassen der gesamten Bandbreite intersubjektiver Beziehungsqualitäten voraussetzt. Bestand für Hegel das Heilmittel für Gleichgewichtsstörungen unter den einzelnen Sittlichkeitssphären darin, mögliche Verabsolutierungstendenzen durch eine Intervention des Staates zu unterbinden und die einzelnen Momente wieder auf ihren Platz zu verweisen, so sieht auch Honneth die Lösung für die Pathologien der Verrechtlichung in einer Depotenzierung des Rechts zu einer relativen Freiheitsdimension innerhalb eines übergeordneten Systems der Sittlichkeit, das er freilich aber als demokratisches verstehen will.

Honneth löst sich da von Hegel, wo dieser die Tendenz hat, sich das gelungene Gesamtsystem der persönlichen Identität bzw. der Gesamtgesellschaft nur als ein richtiges Mischungsverhältnis vorzustellen. Für Honneth liegt die ganze Pointe des rekonstruktiven

Verfahrens gerade darin, in den bereits existierenden gesellschaftlichen Institutionen einen normativen Überhang zu entdecken, der noch der Verwirklichung harrt. Für die Bereiche der Familie und der Schule heißt das, für eine Realisierung jener spezifischen Potentiale einzutreten, die in diesen Bereichen normativ latent vorhanden sind, also vor allem die der einzigartigen bedürfnisorientierten Liebe und Fürsorge respektive der gewaltfreien Erziehung und Bildung, wobei Honneth im Gegensatz zu Habermas nicht darauf angewiesen ist, die Form dieser Realisierung institutionalistisch zu verkürzen.[27]

Honneths Konzeption der Verrechtlichung ist der Habermas'schen in zwei Punkten überlegen. *Erstens* ist der Begriff der sozialen Pathologie – so problematisch er aufgrund seiner normalisierenden Implikationen ist – ethisch reichhaltiger als der von Habermas zugrunde gelegte des Freiheitsverlusts. Zwar ist das Problematische an einer Pathologie für Honneth auch, dass sie zum Verlust einer bestimmten, nämlich sozial verstandenen, Freiheit führt; indem er deren Entstehungsort hingegen in das soziale Gewebe der Gesellschaft verlegt, muss er aber zur Frage »guter« Pflege, Fürsorge, Liebe und Bildung zumindest nicht schon aus kategorialen Gründen schweigen.[28]

Zweitens hat Honneth schon mit *Kampf um Anerkennung* entschieden auf die Besonderheit der Anerkennungsbeziehungen hingewiesen, die in der Familie vorherrschen. Deren Wert besteht gerade im emotionsgebundenen und bedürfnisorientierten Charakter; die Menschen können nur dann die für soziale Interaktionen notwendige Sensibilität entwickeln, wenn sie selbst einmal jene Liebe und Sorge erfahren haben, die etwa für die Beziehung zwischen den Eltern und dem Kind kennzeichnend ist. Der leibhafte Charakter dieser ersten Anerkennungsbeziehung stellt dabei zudem den latenten Rationalismus der Habermas'schen Verständi-

27 Vgl. dazu bereits Axel Honneth, »Zwischen Gerechtigkeit und affektiver Bindung. Die Familie im Brennpunkt moralischer Kontroversen«, in: ders., *Das Andere der Gerechtigkeit. Aufsätze zur praktischen Philosophie*, Frankfurt/M. 2000, S. 193-205, hier insbes. S. 205.

28 Zu diesen Pointen der Anerkennungstheorie vgl. exemplarisch Honneth, »Zwischen Gerechtigkeit und affektiver Bindung«; Axel Honneth, »Das Gewebe der Gerechtigkeit. Über die Grenzen des zeitgenössischen Prozeduralismus«, in: ders., *Das Ich im Wir. Studien zur Anerkennungstheorie*, Berlin 2010, S. 52-77.

gungskonzeption in Frage. Die Lösung des Dilemmas der Verrechtlichung kann daher keinesfalls in einem »konsensorientierten« Verfahren liegen, sondern nur in der Restauration, Aufrechterhaltung oder Herstellung von Bedingungen, in denen sich gewaltfreie Fürsorgepraktiken ins Werk setzen können. Diese Idee hat durchaus eine – potentiell radikale – politische Implikation, wobei Honneth den Begriff von Politik jedoch nicht staatszentriert denken muss, sondern auch die staats- und rechtsjenseitigen Bewegungen mit einbeziehen kann, die in den letzten fünfzig Jahren eine weitreichende Veränderung des gesellschaftlichen Bildes der Familie und persönlicher Intimbeziehungen erreicht haben. Honneth kann, etwa nach Vorbild der Hegel'schen Korporationen, auch zivilgesellschaftlichen Institutionen und Gruppierungen einen politischen Status zuschreiben; für jede konstitutive Anerkennungssphäre gibt es demzufolge je angemessene politische Forderungen und Handlungsweisen.[29]

Trotz dieser Vorzüge teilt jedoch Honneth mit Habermas auch zwei gravierende, miteinander zusammenhängende Probleme. Das erste liegt in der Tendenz zur Verharmlosung familiärer und schulischer Herrschafts- und Gewaltverhältnisse, das zweite im Ausblenden der politischen Logik von Verrechtlichungsbewegungen. Zwar stellen erstens sowohl Habermas als auch Honneth durchaus in Rechnung, dass der Grund der Verrechtlichung in der Verbesserung der rechtlichen Situation gerade der Frauen und der Kinder lag. Beide eint jedoch eine gewisse Neigung, Familie und Schule als vorrechtliche Idyllen zu sehen, deren Integrität gegen den allzu expansiv-imperialistischen Zugriff einer kalten Bürokratie zu verteidigen ist. Habermas nennt diese Sozialisationsinstanzen »kommunikativ strukturierte Handlungsbereiche«,[30] die »funktional notwendig auf Verständigung als Mechanismus der Handlungskoordinierung ausgelegt«[31] seien.[32] Auch Honneth spricht, hier noch ganz

29 Vgl. Axel Honneth, »Umverteilung als Anerkennung. Eine Erwiderung auf Nancy Fraser«, in: ders., Nancy Fraser, *Umverteilung oder Anerkennung? Eine politisch-philosophische Kontroverse*, Frankfurt/M. 2003, S. 129-224, hier: S. 139 ff., 198 ff., 221 ff.; Honneth, »Das Gewebe der Gerechtigkeit«, S. 68.

30 Habermas, *Theorie des kommunikativen Handelns, Band 2*, S. 544.

31 Ebd., S. 541.

32 Diese Vorstellung wurde bereits von Nancy Fraser hinreichend demontiert, vgl. Fraser, »Was ist kritisch an der Kritischen Theorie?«, insbes. S. 183.

in Anlehnung an Habermas, von einer »zunehmenden Verrechtlichung von vormals noch weitgehend kommunikativ organisierten Lebensbereichen«,[33] die von »individualisierte[n] Bedürfnissen«, »eingespielte[n] Normen und Werten« und »kommunikative[n] Konfliktregelungen« bestimmt gewesen seien.[34] Diese optimistische Etikettierung hat bei Habermas und Honneth jeweils auch einen systematischen Grund; bei Habermas liegt er darin, dass er die persönlichen Nahbeziehungen als das Milieu der Lebenswelt betrachtet, das von einer mindestens basalen kommunikativen Rationalität gekennzeichnet ist, bei Honneth darin, dass er die Sphäre der Liebe, also die Intimbeziehungen, Familie und Freundschaft, im Rahmen seiner hegelianischen Gesamtarchitektur bereits unter den Begriff der Sittlichkeit rubriziert, so dass sie von einer Gefahr der Vereinseitigung oder Verabsolutierung, wie er schreibt, »vollkommen unbehelligt« seien.[35] Auch wenn sowohl Habermas als auch Honneth vermutlich ohne weiteres zugeben würden, dass diese Sichtweise eher kontrafaktischen Charakter hat bzw. einen normativen Geltungsüberhang besitzt, der von der sozialen Realität noch nicht ganz eingeholt ist, bekommen ihre Kritiken am Recht doch eine deutliche Schlagseite. Jedenfalls sind beide bereit, den Sphären der Familie und der Schule ungeachtet ihrer realen Gestalt einen sehr viel höheren normativen Kredit zu geben als dem Recht. In Wirklichkeit aber waren diese Sphären vor dem Prozess, den Habermas als den vierten Verrechtlichungsschub der Moderne bezeichnet hat, also der Durchsetzung des Sozialstaats, weder kommunikativ noch vorrechtlich, sondern juristisch abgesicherte Institutionen patriarchaler Herrschaft und ökonomischer Ausbeutung weiblicher Reproduktionsarbeit – und sind es in signifikantem Maße noch immer.[36]

Das zweite Problem, das die Honneth'sche mit der Haber-

33 Honneth, *Das Recht der Freiheit*, S. 162.

34 Ebd., S. 164.

35 Ebd., S. 125.

36 Honneths leicht romantisiertes Bild der Familie ist bereits verschiedentlich Gegenstand feministischer Kritiken geworden; vgl. exemplarisch Iris M. Young, »Recognition of Love's Labor. Considering Axel Honneth's Feminism«, in: Bert van den Brink, David Owen (Hg.), *Recognition and Power. Axel Honneth and the Tradition of Critical Social Theory*, Cambridge 2007, S. 189-212; Amy Allen, »Recognizing Domination. Recognition and Power in Honneth's Critical Theory«, in: *Journal of Power* 1 (2010), S. 21-32.

mas'schen Verrechtlichungskonzeption teilt, ist die Tendenz zur Entpolitisierung der im Medium des Rechts geführten Emanzipationskämpfe. Wie Habermas, so neigt auch Honneth dazu, die Verabsolutierung der Rechtsform eher als Resultat einer übergreifenden gesellschaftlichen Dynamik denn als Ergebnis der Handlungen der Beteiligten zu verstehen; was aber zunächst den Sinn hatte, die Einzelnen vom Vorwurf eines bloß individuellen Fehlverhaltens zu entlasten,[37] verkennt im Kontext der Verrechtlichungskritik auch leicht den eminent politischen Charakter der entsprechenden Auseinandersetzungen. Ganz deutlich wird dies bei Honneths erstem Beispiel für eine Pathologie rechtlicher Freiheit, der Versteifung auf die Rolle des Rechtsträgers, die er exemplarisch am Fall eines Sorgerechtsstreits vorführt, wie er in Robert Bentons Film *Kramer gegen Kramer* dargestellt wird. Es gelingt Honneth damit zwar zu zeigen, wie sich die Handlungsweisen negativ verändern, sobald sie nur noch nach einer rechtlichen Rationalität ausgerichtet werden, jedoch blendet das Beispiel aus, aufgrund welcher politischen Kämpfe sich ein solcher Konflikt erst ergeben kann. Denn wo hier immerhin ein Konflikt möglich ist, wurde vorher automatisch zugunsten des Ehemanns entschieden: Erst mit der feministischen Bewegung der 1960er und 70er Jahre wurden (kulturell) das Emanzipationsbestreben der Frau, (ökonomisch) die materielle Möglichkeit, eine Ehe zu beenden und (rechtlich) die Chance, dennoch das Sorgerecht über das gemeinsame Kind zu behalten, überhaupt erkämpft.

10.3 Verrechtlichung als politisches Paradox (Brown)

Die von Habermas und Honneth als Verrechtlichungsbewegungen rekonstruierten Entwicklungen in den westlichen Industrienationen müssen also zumindest *auch* als politische Erfolge verstanden werden. Diese Erkenntnis bedeutet aber nicht, dass die problematischen Effekte, die Habermas und Honneth aufgezeigt haben, nicht existieren würden. Die Perspektive auf die Ambivalenzen der Verrechtlichung muss dann aber verschoben werden: von einer *staatszentrierten* zu einer *lebensformzentrierten* Perspektive. Ein solcher

37 Honneth, *Das Recht der Freiheit*, S. 157 und S. 166.

Perspektivwechsel gibt auch der Analyse der ambivalenten Effekte von Verrechtlichungen eine andere Fassung: Statt als *Dilemmata*, die sich aus der Umsetzung staatlicher Maßnahmen ergeben, erscheinen sie als *Paradoxien*, die daraus resultieren, dass die lebensweltlich situierten Akteur*innen Rechte zugleich sowohl fordern als auch zurückweisen müssen. Diese Paradoxie lässt sich dabei auch nicht einfach in eine Pluralität gleichberechtigter politischer Praktiken auflösen.

Um dieses Paradox besser zu verstehen, bietet es sich an, zunächst die Verrechtlichungskritik der sozialistischen Tradition zu konsultieren. In ihrem 1886 erschienenen Artikel »Juristensozialismus« nennen Friedrich Engels und Karl Kautsky die »juristische Weltanschauung« die »Weltanschauung der Bourgeoisie«, welche als solche die Religion ersetzt, dabei aber ebenso dogmatisch auftritt. Sie beobachten mit Sorge, dass sich diese Ideologie auch in der Arbeiter*innenbewegung zu verbreiten droht, wodurch sich deren Kampfposition nachhaltig schwächen würde. Darunter fallen die Tendenzen, politische Auseinandersetzungen zu sehr im Medium des Rechts führen zu wollen, etwa indem an den Staat die Forderung nach einem »Recht auf den vollen Arbeitsertrag« gerichtet wird. Dies ist jedoch wohlgemerkt keine rein »strategische« Frage; für Engels und Kautsky liegt in der juristischen Weltanschauung vielmehr eine spezifische Weise, ein strukturelles Problem kommunistischer Politik misszuverstehen bzw. auf eine falsche Weise aufzulösen. Es ist wichtig, dass es für Engels und Kautsky hier nicht um die Frage des Radikalitätsgrads geht; sie kritisieren Rechtsforderungen nicht deshalb, weil darin »zu wenig gewollt« wird oder weil sie unvollständig sind. Vielmehr beschreiben sie ein Paradox der politischen Perspektivität. Dieses Paradox besteht darin, dass die sozialistische Partei den Staat gleichzeitig anerkennen und nicht anerkennen muss. *Einerseits* muss sie ihn anerkennen, und zwar nicht nur deshalb, weil ihr das die Möglichkeit eröffnet, kurzfristige Verbesserungen zu erkämpfen, sondern auch, weil der Staat die einzige Möglichkeit bietet, ein universalistisches politisches Programm zu entwerfen. Unter kapitalistischen Bedingungen konstituiert nämlich Marx' Analyse zufolge nur der Staat eine Allgemeinheit, während der Rest der Gesellschaft in isolierte und atomisierte Privatsubjekte zerfällt. Die sozialistische Partei muss daher, wie Engels und Kautsky schreiben, »ihren Ansprüchen allgemeine Geltung in Form von Gesetzen verschaff[en]« (MEW 21, S. 509). Der Klassenkampf ist, wie Marx und Engels bereits im *Kommunistischen Manifest* (1848) gesagt hatten, immer auch ein politischer Kampf. Damit ist erstens gemeint, dass Forderungen wie die nach starker Progressivsteuer, Nationalisierung des Transportwesens oder Bereitstellung freier Bildung (vgl. MEW 4, 481) die Lage der arbeitenden Klasse objektiv verbessern können, zweitens – und vielleicht wichtiger – dienen solche reformerischen Ansprüche aber auch dazu, die Gemeinsamkeit der Interessen des Proletariats überhaupt zu artikulieren.

Zugleich aber dementiert die materialistische Geschichtsauffassung *andererseits* das Primat des Staates und verlagert den Ort politischer Auseinandersetzungen in die Sphäre der Ökonomie. Die sozialistische Partei muss daher zugleich gegen die Rechtssphäre indifferent sein, weil ihr politisches Begehren, die Aufhebung der Klassengegensätze, *per definitionem* nicht durch staatliche Maßnahmen erreicht werden kann. Marx und Engels haben damit den Handlungsraum des Politischen vergrößert, denn eine politische Handlung ist nicht mehr nur dadurch definiert, dass sie sich an den Staat oder staatliche Institutionen richtet. Klassenkämpferische Aktionen wie die Sabotage, der Streik oder der Boykott können so überhaupt erst als politische Handlungen begriffen werden, ja sie machen sogar die *eigentlichen* politischen Handlungen aus, während staatliche Maßnahmen als bloße Überbauphänomene zu sekundären Widerspiegelungen untergründiger materieller Prozesse relativiert werden.[38] Engels und Kautsky diagnostizieren der Arbeiter*innenbewegung ihrer Zeit, dass die staatsorientierte Komponente kommunistischer Politik die ökonomieorientierte Komponente zu verdrängen droht. Die Arbeiter*innenklasse, schreiben die beiden, könne aber ihre

38 Einige der mit diesem grundlegenden Paradox verbundenen Probleme hat Étienne Balibar herausgearbeitet (Étienne Balibar, »›Klassenkampf‹ als Begriff des Politischen«, in: Rahel Jaeggi, Daniel Loick [Hg.], *Nach Marx. Philosophie, Ökonomie, Politik*, Berlin 2013, S. 445-462). Balibar ist aber insofern zu widersprechen, als er den Klassenkampf nur als Ausdruck einer »Heteronomie des Politischen« versteht. Vielmehr lässt sich der Klassenkampf – als Kampf – auch als kontingenter Prozess und somit als Ausdruck einer *Autonomie des Politischen* begreifen, welche wiederum auf die politische Gestaltbarkeit der Klassenverhältnisse verweist.

Lebenslage nur vollständig selbst erkennen, wenn sie die Dinge ohne juristisch gefärbte Brille in ihrer Wirklichkeit anschaut. Hierzu aber verhalf ihr Marx mit seiner materialistischen Geschichtsauffassung, mit dem Nachweis, daß alle juristischen, politischen, philosophischen, religiösen etc. Vorstellungen der Menschen in letzter Instanz aus ihren wirtschaftlichen Lebensbedingungen, aus ihrer Weise zu produzieren und die Produkte auszutauschen, abgeleitet sind. (MEW 21, S. 494)

Die Erkenntnis, dass der Klassenkampf immer auch ein politischer Kampf ist, darf also nicht zu einer zu starken Fokussierung auf staatliche Maßnahmen führen; denn was immer durch sie zu erreichen ist, ist mit einem Abzug der politischen Aufmerksamkeit von der eigentlich wichtigeren Produktionssphäre erkauft. Die »juristische Weltanschauung« wird dann zur Ideologie.[39]

Indem sie die Ökonomie gegenüber allen anderen gesellschaftlichen Sphären priorisieren, argumentieren Engels und Kautsky hier freilich noch klassisch ökonomistisch und reduktiv. Sie legen eine Hierarchie von Herrschafts- und Unterdrückungsverhältnissen zugrunde, die insbesondere der Feminismus und der Antirassismus nachhaltig in Frage gestellt haben. Heute noch interessant an dieser Argumentationsweise ist hingegen, dass sie aus Perspektive der Lebensform der Akteur*innen (das heißt in diesem Zusammenhang die Lebensrealität an den Produktionsstätten, der Fabrik) inklusive deren realer politischer Kämpfe formuliert ist: gewissermaßen »von unten«. Wenn man der Ökonomie ihren Status als gesellschaftliche Determinante raubt und sie stattdessen als eine unter mehreren gleichberechtigten Politiksphären versteht, so kann man den Ansatz von Engels und Kautsky auf andere Bereiche übertragen. In der Tat lässt sich ein großer Teil der radikalen feministischen, queeren und antirassistischen Politiken und ihrer jeweiligen Theoretisierungen als Versuch verstehen, dem Paradox der Rechte zu be-

39 Dies ist genau der Kontext, in dem der Begriff der Verrechtlichung von Otto Kirchheimer ursprünglich ins Spiel gebracht wurde. In seiner Dissertation *Zur Staatslehre des Sozialismus und Bolschewismus* beklagt Kirchheimer, die Reduktion politischer Konflikte auf Rechtsfragen würde die Arbeiterklasse radikalerer Aktionsformen berauben. Indem dem Tarifkonflikt eine rechtliche Form gegeben wird, wird der Klassenkampf pazifiziert und entpolitisiert: »Man schritt auf allen Gebieten zur Verrechtlichung, jeder tatsächlichen, jeder Machtentscheidung wird auszuweichen versucht [...] alles wird neutralisiert dadurch, dass man es juristisch formalisiert.« (Kirchheimer, »Zur Staatslehre des Sozialismus und Bolschewismus«, S. 36)

gegnen und produktive Umgangsweisen mit ihm zu finden.[40] Dies lässt sich mit Wendy Browns feministischer Rechtskritik anhand eines Beispiels vorführen, dem sowohl Habermas als auch Honneth große Aufmerksamkeit gewidmet haben, nämlich der Familie.

Wie die feministische Kritik gezeigt hat, ist die Familie keineswegs eine Institution, in der kommunikative oder gar konsensorientierte Handlungsorientierungen vorherrschend sind, sondern noch immer ein Ort der Ausbeutung weiblicher Reproduktionsarbeit sowie sexueller, symbolischer und emotionaler Gewalt. Dennoch kann, aufgrund der Besonderheit des entsprechenden Terrains, die Befreiung nicht allein darin bestehen, dass allen Beteiligten etwa ein Recht auf körperliche Unversehrtheit und ein Lohn für Hausarbeit garantiert werden. Der Grund dafür liegt aber nicht darin, dass die Familie, wie bei Habermas, als vorpolitisches Milieu unter Artenschutz steht, sondern darin, dass das Recht zum einen die Trennung von Öffentlichkeit und Privatheit voraussetzt, die seit jeher geschlechtlich markiert ist, und dass es zum anderen auch auf einer Subjektvorstellung beruht, die ausschließlich an traditionell männlichen Sozialisationserfahrungen modelliert ist, während es weibliche Handlungsmuster und normative Orientierungen tendenziell ausschließt. Aus Sicht der in dieser Ausgangslage Unterdrückten und Benachteiligten, das heißt vor allem der Frauen und Kinder, ergibt sich somit ein paradoxes Verhältnis zu Rechtsforderungen. Das heißt, dass der Feminismus das Recht nicht nur fordern, sondern seinen Einfluss zugleich zurückweisen muss, dass er den Staat nicht nur an-, sondern zugleich nicht anerkennen muss.

Einerseits muss er ihn anerkennen, weil Rechte für den feministischen Kampf unabdingbar sind: Erstens, weil sie die Rahmenbedingungen für reale politische, soziale und kulturelle Verbesserungen schaffen, wie die Erfolge der langen Geschichte der Frauenbewegung gezeigt haben. Zweitens, weil das Erheben einer politischen Forderung in der Sphäre der Öffentlichkeit ein universelles Interesse artikuliert und die Gemeinsamkeit vereinzelter Erfahrungen bekräftigt. »Rechte«, schreibt Brown, »erlauben die Artikulation eines Bedürfnisses, eines mangelhaften Zustandes oder einer Verletzung, denen durch Rechte nicht vollständig Abhilfe geschaffen werden kann oder die sie nicht tiefgreifend ändern kön-

40 Exemplarisch versuchen das die Aufsätze in Brown/Halley (Hg.), *Left Legalism/Left Critique*.

nen und für die doch innerhalb des bestehenden politischen Diskurses keine andere Form der Bezeichnung zur Verfügung steht.«[41] *Andererseits* verweist diese Formulierung aber auch bereits auf das zentrale Manko der Forderung nach Rechten. Engels und Kautsky hatten darauf hingewiesen, dass die juristische Weltanschauung die Weltanschauung der Bourgeoisie ist. Das bürgerliche Privatrecht hatte diese der noch theologisch gestützten feudalen Monarchie abgetrotzt. Wenn sich das Proletariat nun darauf einlässt, den politischen Kampf im Medium des Rechts zu führen, zeigen Engels und Kautsky, so ist das aus zwei Gründen problematisch: Erstens strategisch, weil es damit ein Kampffeld akzeptiert, mit dem der Gegner besser vertraut ist. Zweitens aber auch prinzipiell: Was auf diesem Feld zu erreichen ist, wird ohnehin nie das sein, was das Proletariat wirklich erreichen will: die Abschaffung der Klassengegensätze. Wie die feministische Rechtskritik gezeigt hat, ist die juristische Weltanschauung zugleich aber auch eine maskulinistische Weltanschauung. Der Maskulinismus der Rechte betrifft erstens den *Inhalt* bestimmter Gesetze, etwa zu Fragen des Zugangs zu Schwangerschaftsabbrüchen und reproduktiven Rechten, zur Ahndung sexualisierter und häuslicher Gewalt oder zur Diskriminierung auf dem Arbeitsmarkt. Aber auch die *Form* des bürgerlichen Rechts selbst orientiert sich an der seit der griechischen Polis fortgeschriebenen Einteilung in Öffentlichkeit und Privatheit, die weiterhin vergeschlechtlicht ist. Das Argument von Engels und Kautsky gilt darum analog: Politische Forderungen in Form von Rechten zu artikulieren, zwingt den Frauen erstens die Übernahme eines Handlungsregisters auf, aus dem sie traditionell ausgeschlossen waren. Zweitens ist das Ziel des Feminismus, die Abschaffung der Unterdrückung der Frauen, der feministischen Rechtskritik zufolge rechtlich ohnehin nicht zu erreichen, weil das bürgerliche Recht aus maskulinistischen Grundbegriffen gebildet ist. Wendy Brown formuliert den aus diesem Zusammenhang folgenden Vorbehalt gegen die Inanspruchnahme von Rechten folgendermaßen:

Als liberale Subjekte anerkannt zu werden, verlangt von Frauen, dass sie von ihrem alltäglichen Leben im Haushalt abstrahieren und die soziale

41 Wendy Brown, »Die Paradoxien der Rechte ertragen«, in: Christoph Menke, Francesca Raimondi (Hg.), *Die Revolution der Menschenrechte. Grundlegende Texte zu einem neuen Begriff des Politischen*, Berlin 2011, S. 454-472, hier S. 472.

Konstruktion der Weiblichkeit, die aus dieser Alltäglichkeit resultiert, überschreiten oder leugnen. Solche Anforderungen sind nicht nur normativ problematisch, sie sind auch – wie jede arbeitende Frau weiß – niemals ganz realisierbar. Nicht nur die Struktur und der Diskurs, auch das Ethos des liberalen Staates scheint also sozial maskulin zu sein: Seine diskursiven Währungen sind Rechte statt Bedürfnisse, Individuen statt Beziehungen, Autogenese statt Interdependenz, Interessen statt geteilte Umstände.[42]

Auch wenn es nicht sofort auffällt, ist die feministische Rechtskritik an diesem Punkt durchaus anschlussfähig an Honneths Anerkennungstheorie; denn ebenso wie Honneth verweist auch Brown auf die Gefahren der Verdrängung und Unterordnung von bedürfnis-, beziehungs- und abhängigkeitsorientierten Einstellungen durch die Überstrapazierung rechtlicher Freiheit.

Feministische Politik muss also schon der Form nach anders verfasst sein als die traditionellen, auf den Staat als Umsetzungsagenten fokussierten liberalen Politikkonzepte. Dies ist bereits im klassischen Slogan der Frauenbewegung, *Das Private ist politisch*, ausgesprochen; denn diese Erkenntnis geht nicht vom Standpunkt des Privaten aus, bewegt sich dann in die Sphäre der Öffentlichkeit, um so den Staat zu bewegen, von oben wieder auf das Private zuzugreifen,[43] sondern macht von vornherein das Private selbst zum Schauplatz politischer Auseinandersetzungen.[44] Hatte die Arbeiter*innenbewegung den unmittelbar politischen Charakter von klassenkämpferischen Aktionsformen herausgestellt, so hat auch die Frauenbewegung neue Handlungsweisen entwickelt, die erstens unmittelbar politisch und zweitens dem Terrain der Intimbeziehungen angemessen sind. Dazu gehören etwa die im amerikanischen Radikalfeminismus entwickelte Praxis des *consciousness raising* – der Auseinandersetzung mit der eigenen, oft von Gewalt

42 Brown, *States of Injury*, S. 184 (meine Übersetzung, D. L.). Vgl. zur feministischen Souveränitätskritik Loick, *Kritik der Souveränität*, Kap. II.5.

43 So stellt es sich aber Habermas (*Faktizität und Geltung*, S. 382) vor – den Begriff der »Verrechtlichung von unten« verwendet hingegen schon Honneth (»Umverteilung als Anerkennung«, S. 223), ohne jedoch die daraus folgenden paradoxen Konsequenzen auszubuchstabieren.

44 Honneth hat überzeugend den Zusammenhang der Staatszentrierung des liberalen Prozeduralismus mit einem »distributiven« Gerechtigkeitskonzept rekonstruiert, das die Empfänger*innen der zu verteilenden »Güter« zugleich individualisiert und atomisiert, vgl. Honneth, »Das Gewebe der Gerechtigkeit«; in diese Richtung geht auch schon Habermas in *Faktizität und Geltung*, S. 504 ff.

und Entmündigung geprägten Biographie in autonomen Frauengruppen –, das Ausüben von moralischem Druck von Frauen auf ihre männlichen Lebenspartner, um eine gerechtere Aufteilung der Haushaltsarbeiten zu erreichen, sowie die Einrichtung von antiautoritären Kinderläden und Experimente mit freier Liebe. Diese Herangehensweise fordert keinen Bestandsschutz der Familie als lebensweltliches Milieu gegen den Assimilierungsdruck des Systems, sondern hat ganz neue Formen der Politisierung entwickelt, die nicht im Geringsten auf monetäre und bürokratische Implementierung angewiesen sind.

Engels und Kautsky hatten befürchtet, dass eine zu einseitige Konzentration auf die staatszentrierte Komponente sozialistischer Politik zum Untergang der ökonomieorientierten Komponente führt. Wollte man in Bezug auf das Geschlechterverhältnis eine analoge Warnung aussprechen, so könnte man von einem *Juristinnenfeminismus* sprechen, einem Feminismus also, der die Befreiung der Frau ausschließlich durch die konsequente Anwendung von Rechten und die Intensivierung staatlicher Schutzmaßnahmen zu realisieren versucht (in der US-amerikanischen Diskussion wurde etwas vorschnell vor allem Catherine MacKinnon mit dieser Position identifiziert[45]). Die Paradoxie der Rechte ergibt sich aber auch hier nicht daraus, dass deren Einfluss begrenzt ist, weil sich in ihnen nur eine kurzfristige Verbesserung, nicht aber eine grundsätzliche Abschaffung des Patriarchats erreichen lässt. Der Juristinnenfeminismus ist vielmehr vor allem deshalb problematisch, weil er die politische Aufmerksamkeit vom Schauplatz des Alltags abzieht, die Herrschaft des Staates ratifiziert und politische Kritik domestiziert.[46] Die juristische Weltanschauung wird so abermals zur Ideologie.

45 Vorschnell ist diese Charakterisierung, weil es MacKinnon nicht nur um eine Anwendung und Ausweitung des Rechts geht, sondern darum, dem Recht überhaupt erst einmal die Erfahrungen von Frauen einzuschreiben. Zu MacKinnons Utopie einer feministischen Jurisprudenz vgl. MacKinnon, *Towards a Feminist Theory of the State*, insbes. S. 237-249.

46 In ihrem programmatischen Aufsatz »Die Paradoxien der Rechte ertragen« zählt Brown weitere Paradoxien progressiver Rechtspolitiken auf: »Rechte sichern unsere Geltung als Individuen, verschleiern aber zugleich die tückischen Wege, auf denen diese Geltung erlangt und reglementiert wird; sie müssen spezifisch und konkret sein, um die Unterordnung von Frauen sichtbar zu machen und ihr Abhilfe zu schaffen, können aber durch diese Bestimmtheit unsere Unterordnung

In Browns Ansatz der politischen Verrechtlichungskritik sind die Vorteile von Honneths Kritik der Pathologien rechtlicher Freiheit erhalten: Erstens geht es nicht allein um das Maß an realisierter Freiheit, sondern auch um die sozialen Defizite der rechtsförmig erzeugten Subjektivitäten. Zweitens kann auf diese Weise den jeweiligen Besonderheiten der entsprechenden gesellschaftlichen Sphäre Rechnung getragen werden. Zusätzlich vermeidet eine solche politische Kritik von Verrechtlichung beide Fehler der Habermas'schen und der Honneth'schen Juridismuskritik: Weder verharmlost sie die Herrschafts- und Gewaltverhältnisse, die in dem jeweiligen Bereich herrschen, noch blendet sie die politische Logik rechtlicher Emanzipationsbestrebungen aus.

Ausbeutung und Gewalt überwinden zu wollen und *zugleich* sich den Setzungen des etablierten Rechts und seinen juridischen Domestizierungstechniken zu verwehren, zwingt die Akteur*innen dazu, ihre politische Aufmerksamkeit auf paradoxe Weise aufzuteilen: Solche Politiken müssen immer zugleich sowohl Kämpfe *um* das Recht darstellen als auch Vorbehalte *gegen* das Recht artikulieren.[47] Das heißt *einerseits*: Es sind solche *besonderen Rechte* zu

befestigen; sie versprechen eine Steigerung individueller Souveränität, aber um den Preis der Stärkung der Fiktion souveräner Subjekte; sie emanzipieren uns und ermöglichen uns so, andere politische Ziele zu verfolgen, unterwerfen diese Ziele aber zugleich dem liberalen Diskurs; sie bewegen sich in einem übergeschichtlichen Register, obwohl sie aus spezifischen geschichtlichen Umständen erwachsen; sie versprechen, unserem Leiden als Frauen Abhilfe zu schaffen, tun dies aber nur, indem sie dieses Leiden – und uns – in einzelne Bestandteile aufsplittern, eine Aufsplitterung, die einem Leben, das bereits durch die Verflechtung der Mächte von Rasse, Klasse, Sexualität und Gender verletzt ist, weitere Verletzungen zufügt.« (Brown, »Die Paradoxien der Rechte ertragen«, S. 469 f.)

47 Dass es sich hier um eine *Paradoxie* handelt, heißt, dass sich das »einerseits – andererseits« nicht einfach in Form einer Arbeitsteilung aufspalten lässt. Die beiden Seiten widersprechen sich: Man kann nicht widerspruchsfrei zugleich die Vermehrung von Rechten und die Deprivilegierung des Staates fordern. Gleichzeitig handelt es sich bei der von Engels/Kautsky und Brown beschriebenen Paradoxie nicht um eine *tragisch-aporetische* Auffassung des Rechts. Es geht vielmehr um die Reflexion einer Widersprüchlichkeit, die sich unter gegebenen Bedingungen für den politischen Kampf ergibt. Dieser politische Kampf zielt jedoch letztlich auf die Etablierung von nicht wiederum tragisch entwerteter Gerechtigkeit, Freiheit und Gleichheit. So sind die Fragen gegen Ende von Browns Aufsatz zu deuten: »Wie mag die Paradoxie an politischem Gehalt gewinnen, wenn man sie als Bekräftigung der Unmöglichkeit von Gerechtigkeit in der Gegenwart auffasst und zugleich als Artikulation der Bedingungen und Umrisslinien von Gerechtig-

vermehren und zu befördern, welche die Gleichheit und Inklusion derjenigen stärken, die bislang von ihnen oder durch sie ausgeschlossen oder unterdrückt wurden – das heißt in diesem Zusammenhang vor allem der Frauen und der Kinder; das sind zuerst das Recht auf körperliche Unversehrtheit, umfassende reproduktive Rechte, Rechte auf sexuelle Selbstbestimmung, das Recht auf Bildung, gewaltfreie Erziehung und auf demokratische Partizipation. Der Paradoxie der Rechte entspricht aber *andererseits* eine Deprivilegierung des Staates als Gravitationszentrum der Politik und deren Verlegung auf ökonomische, zivilgesellschaftliche und subinstitutionelle Schauplätze. Konkret geht es um die Herstellung von Bedingungen, um auf die Inanspruchnahme von Rechten verzichten zu können; die Etablierung von – wenn auch nicht *Natureinigkeiten*, so doch – sozialen Einigkeiten von Individuen; die Konstruktion neuer Beziehungsweisen und das Experiment mit Lebensformen; die Veränderung des Alltags und die Entwicklung von Sensibilitäten für die Besonderheit spezifischer Bedürfnisse, Situationen und Kontexte; sowie das Eintreten für Solidarität, Fürsorge und gegenseitige Hilfe, das heißt der Kampf für *Vertrauen und Liebe* – aber auch der Kampf gegen Vertrauen und Liebe überall dort, wo sie eine beschwichtigende, beschlagnahmende, erdrückende, einengende oder verdinglichende Wirkung entfalten[48] und also überall dort, wo sie im Dienste einer erpressten Versöhnung stehen.

keit in der Zukunft? Wie mag die Aufmerksamkeit auf die Paradoxie uns dabei helfen, einen politischen Kampf um Rechte zu formulieren, in dem diese weder als Hilfsmittel noch als Ziele an sich begriffen werden, sondern, vermittels ihrer Umsetzung von Fall zu Fall, als Artikulation dessen, was über sie hinausgeht und für Gleichheit und Freiheit konstitutiv sein mag?« (Ebd., S. 473.) Im Folgenden wird versucht, einen Beitrag zur Beantwortung dieser Fragen zu leisten.

48 Honneth argumentiert, dass mit der allmählichen Verbreitung des Liebesideals der Romantik eine Zunahme von Freiwilligkeit und Gleichheit einhergeht: Heutzutage sind weder die Idee der Familie als Naturnotwendigkeit noch eine Ehe aus puren ökonomischen Interessen mehr weitverbreitete Ideale. Die Geschichte der Intimbeziehungen stellt sich so als lineare Fortschrittsgeschichte dar. Dieses Bild verkennt aber, dass auch die Liebe eine ideologische Funktion annehmen kann, dass sie also familiäre Ausbeutungs- und Unterdrückungsstrukturen verschleiern oder sogar begehrenswert erscheinen lassen kann. Dies bringt treffend Silvia Federici zum Ausdruck: »Sie nennen es Liebe. Wir nennen es unbezahlte Arbeit.« (Silvia Federici, »Wages against Housework«, S. 14.)

11. »Grunzen, wühlen, grinsen«. Gilles Deleuze' postjuridische Ethik

Das erste Resultat der Analyse juridischer Subjektivierung war eine grundlegende Neukonzeption des Begriffs des *Politischen*. Wird der Politikbegriff von seiner Zentrierung auf den Staat und das Recht befreit, so werden die lebensweltlichen Milieus einer direkten Veränderung durch die Akteur*innen zugänglich. Triebe, Affekte, Haltungen, Beziehungsweisen und Lebensformen bekommen dadurch einen politischen Status. Dies verweist bereits auf einen zweiten Bereich, der durch die Kritik des Juridismus berührt wird, nämlich den der *Ethik*. Auf diese Weise werden die Kategorien der Ethik und der Politik zwar nicht deckungsgleich, aber sie nähern sich an: Sich der juridischen Subjektivierung zu verweigern heißt, eine Lebenskunst zu entwickeln, die den Domänen des Politischen und des Ethischen gleichermaßen angehört.

Das Werk von Gilles Deleuze bietet sich in besonderer Weise an, um eine solche mikropolitische Lebenskunst zu umreißen. Während der postjuridische Politikbegriff im Dialog mit Autor*innen gewonnen wurde, die sich mehr oder weniger in der Tradition des (Post-)Marxismus verorten lassen, wird damit zur Entwicklung einer postjuridischen Vorstellung von Ethik ein Philosoph zu Rate gezogen, der sich eher in der Tradition Nietzsches sieht. Die Spannung zwischen einem sozialen und einem transgressiven Freiheitsbegriff setzt sich damit weiter fort, wenngleich sich auch Deleuze durchaus positiv auf Begriffe wie Kollektivität und Solidarität bezieht. (Diese Spannung direkt zu konfrontieren, kann erst im nächsten Kapitel geleistet werden.)

11.1 Das Gericht gegen das Leben

»Und es gibt kein anderes Mittel, der Schmach zu entkommen, als zum Tier zu werden (grunzen, wühlen, grinsen, sich auf dem Boden wälzen): Das Denken selbst ist manchmal einem verendenden Tier näher als einem lebenden Menschen, und sei er Demokrat.« (WiP, S. 125) Die Handlungsaufforderung, zu grunzen und sich auf dem Boden zu wälzen, ist für einen rechtstheoretischen Kontext ungewöhnlich. Dennoch ist sie, wie im Folgenden gezeigt werden soll, keineswegs so absurd, wie sie sich auf den ersten Blick darstellt. Das Zitat stammt aus Gilles Deleuze' und Félix Guattaris Buch *Was ist Philosophie?* und steht im Zusammenhang mit einer Reflexion über die Menschenrechte. Die »Schmach«, von der hier die Rede ist, ist die Schmach, ein Mensch zu sein. Angesichts der Erfahrung der Konzentrationslager verbieten sich für Deleuze und Guattari die feierlichen Proklamationen des Humanismus, die im Menschen die Krone der Schöpfung sehen. Statt über die abstrakten »Rechte« des Menschen, so Deleuze und Guattari, müsste man zunächst über seine immanenten Existenzweisen sprechen, über die konkreten Formen, in denen der Mensch historisch erscheint. Durch die Scham gegenüber den Opfern der Geschichte erschließt sich für Deleuze und Guattari, dass »der Mensch« keine gute oder gelungene, sondern eine schlechte und eben schmachvolle Existenzweise ist. Mehr noch: An der Fabrikation genau dieser Existenzweise war das Recht (auch das so genannte Menschenrecht) nicht unschuldig.

Deleuze und Guattari nähern sich dem Problem der Rechtssubjektivität also nicht, wie es gewöhnlich geschieht, von der Seite des Rechts, sondern von der Seite der Subjektivität. Diese Argumentationsweise fällt damit unter die Kategorie der Ethik: Deleuze und Guattari begreifen das Recht und dessen Subjektivität als ein Hindernis einer ethisch guten Lebensweise. Dabei stützen sie sich zum einen auf einen von Nietzsche und Spinoza inspirierten Vitalismus, der das Recht als »lebensfeindlich« versteht, zum anderen auf eine spezifische Faschismustheorie, die den Nukleus des Faschismus in jeglicher Form von Organisation sieht. Der juridischen Existenzweise stellen sie eine neue, postjuridische Ethik entgegen, die es den Menschen ermöglichen soll, sich aus ihre juridischen Subjektivierung experimentell herauszuarbeiten und die damit als »antifaschistisch« zu qualifizieren ist.

Der kurze und dichte Essay »Schluss mit dem Gericht«, der in Deleuze' letztem zu Lebzeiten veröffentlichten Buch *Kritik und Klinik* (1993) erschienen ist, bündelt viele Motive, die für seine Kritik des Juridismus kennzeichnend sind. Deleuze spitzt hier die (schon von Heidegger vertretene) These vom Juridismus in der Philosophie zu der Behauptung zu, die gesamte abendländische Geschichte sei bereits seit der griechischen Tragödie von einer »Lehre vom

Gericht« bestimmt,[1] die im »phantastischen subjektiven Gerichtsverfahren« (KuK, S. 171) Kants kulminiert. Mit Juridismus bezeichnet Deleuze hier nicht nur eine Gruppe philosophischer Ansätze, sondern auch ein Ensemble von Praxisformen, die in Europa hegemonial geworden sind und sich keineswegs auf die im engeren Sinne rechtlichen Praktiken beschränken, sondern bis in den Bereich des Moralischen und des Epistemischen hineinreichen. Gemäß der Doppelbedeutung des französischen *jugement*[2] ist das Gericht zum einen eine gesellschaftliche Institution (das »Recht«), zum anderen ein Grundmodus der europäischen Subjektivität selbst (das »Urteil«), wobei beide Dimensionen im Spannungsfeld politisch-sozialer, epistemischer, ästhetischer und religiöser Diskurse miteinander verkreuzt sind. Der wichtigste Philosoph, der sich dieser ebenso geistes- wie kultur- oder sozialgeschichtlichen Tradition entgegenstellt, ist für Deleuze Spinoza,[3] der im 19. und 20. Jahrhundert vier wichtige Schüler gefunden habe: Nietzsche, Lawrence, Kafka und Artaud (wie Deleuze herausstellt, sind das alles Denker, die auch persönlich auf die eine oder andere Weise regelmäßig mit fremden

1 Schon im zehn Jahre zuvor verfassten Vorwort zu Antonio Negris großer Spinozamonographie *Die wilde Anomalie* (1982) hebt Deleuze vor allem Negris Verdienst hervor, Spinozas »Anti-Juridismus« herausgearbeitet zu haben. Dabei definiert Deleuze die »juridische Konzeption der Welt«, die vor allem die großen Staatstheoretiker Hobbes, Rousseau und Hegel geprägt habe, wie folgt: »1. Daß die Kräfte einen individuellen oder privaten Ursprung haben; 2. daß sie vergesellschaftet werden müssen, um die ihnen entsprechenden adäquaten Verhältnisse hervorzubringen; 3. daß es also Vermittlung einer Macht (›potestas‹) gibt; 4. daß sich der Horizont nicht von einer Krise, einem Krieg oder einem Antagonismus trennen läßt, als deren Lösung die Macht sich präsentiert, jedoch als deren ›antagonistische Lösung‹« (SuG, S. 181). Deleuze rekonstruiert zwei Traditionslinien, von denen die juridische auf eine Vertragsidee gegründet ist und sich irreduzibel auf ein »Sein-Sollen«, eine Vermittlung oder eine Finalität beruft, während die antijuridische, der er neben Spinoza noch Machiavelli und Marx zurechnet, von einer »unmittelbaren Produktion« und einer »physikalischen oder dynamischen Zusammensetzung« (SuG, S. 182) ausgeht.

2 Der französische Originaltitel des Textes lautet »Pour en finir avec le jugement«, in Anlehnung an Artauds *Pour en finir avec le jugement de dieu*, so dass man den Titel auch als »Schluss mit dem Urteil« übersetzen könnte. Das »Gericht« ist für Deleuze also vorwiegend durch die Praxis des Urteilens definiert – bzw. andersherum ist auch unser alltägliches praktisches Urteilen strukturell ein juridisches Urteilen.

3 Zu einer systematischen Erläuterung des Spinozismus für die politische Philosophie vgl. Martin Saar, *Die Immanenz der Macht. Politische Theorie nach Spinoza*, Berlin 2013.

Urteilen in Konflikt gerieten). Deleuze macht hier keinen kategorialen Unterschied zwischen Literatur und Philosophie und verwebt auch selbst immer wieder literarische mit politisch-philosophischen Ausführungen.

Deleuze' Aufsatz ist entlang einer Opposition figuriert, in der dem transhistorisch wirkenden »Gericht« die »Existenz« oder auch das »Leben« gegenübersteht. Diese Opposition dekliniert Deleuze anhand von vier[4] Motiven durch: Die »unendliche Pein« gegen die »Grausamkeit«, der »Traum« gegen den »Schlaf«, die »Organisation der Körper« gegen die »Vitalität« und schließlich der »Krieg« gegen den »Kampf« (wobei der erste Begriff jeweils dem Gericht, der zweite der Existenz zugeordnet ist). Die Eigenschaftspaare unterscheiden sich allerdings nicht hinsichtlich ihres konkreten Inhalts, sondern hinsichtlich ihrer Einbettung in einen bestimmten politisch-ethisch-ästhetischen Kontext, welcher der jeweiligen Kategorie erst ihre Bedeutung verleiht. Dieser Kontext, so scheint Deleuze nahezulegen, ist entweder durch die unmittelbaren Eigenkräfte des Lebens bestimmt oder durch die juridischen Prozeduren, die dem Leben wie ein Parasit aufsitzen und es zu organisieren und zu beherrschen versuchen. Diese Analyse folgt dem Modus der atheistischen Kritik an der jahrhundertealten Dominanz der Theologie im Leben der Menschen. Bereits im Titel spielt Deleuze auf Antonin Artauds Radiostück *Schluss mit dem Gottesgericht* an; die Tatsache aber, dass Deleuze nicht nur mit dem Gottesgericht, sondern mit dem Gericht im Allgemeinen Schluss machen will, darf man als einen Hinweis darauf verstehen, dass er mit Marx der Meinung ist, die Kritik des Himmels müsse sich in die Kritik der Erde und die Kritik der Religion also in die Kritik des Rechts verwandeln (MEW 1, S. 379).

1. Mit der Gegenüberstellung von *unendlicher Pein* und *Grausamkeit* verfolgt Deleuze ein ebenso genealogisches wie programmatisches Interesse. Das genealogische Interesse besteht im Aufweis historischer Alternativen zum Gericht und in der Rekonstruktion seiner Entstehungsbedingungen, das programmatische Interesse besteht darin, aus den Rudimenten jener geschichtlich vorgefundenen

4 Deleuze selbst spricht gegen Ende seines Aufsatzes resümierend von »fünf Eigenschaftspaare[n]« (KuK, S. 182), hat im Laufe des Textes aber nur vier tatsächlich entwickelt. Das fehlende fünfte, Beherrschenwollen vs. den Willen zur Macht, behandelt er gemeinsam mit dem dritten, Organisation vs. Vitalität.

Alternativen das Potential für transgressive Lebensformen zu generieren, die den juridischen Lebensformen entkommen könnten.

Hatte Deleuze das Leben zunächst mit Spinoza als immanentes Feld bestimmt, das aus unmittelbarer Produktion und dynamischen oder physikalischen Verbindungen besteht, so konstituiert sich ein Gericht durch die Einführung einer transzendenten Position, die dem vitalen Spiel der Kräfte enthoben ist. Die horizontale Geometrie des Lebens verwandelt sich in eine vertikale Geometrie, so dass nicht mehr die Kräfte der Menschen direkt aufeinander wirken, sondern sich jeweils auf die dritte Position des Richters beziehen. Weil Deleuze die Ebene des Lebens als primär bestimmt, erscheint die Position des Richters genuin als dem Leben entgegengesetzt und ihm feindlich. Damit die Etablierung dieser Position gelingen kann, so Deleuze, muss in das Verhältnis der Individuen untereinander ein zeitlicher Aufschub eingeführt werden, der die Kräfte und Gegenkräfte immer wieder staut und kanalisiert (so wie in Kafkas *Prozess* der Urteilsspruch immer wieder verschleppt wird). Die Unendlichkeit ist der unendlichen Pein wesentlich, weil auf diese Weise die Legitimität des Gerichts niemals erlischt; Deleuze spielt hier auf Nietzsches Analyse der verschuldeten Subjektivität an, die das Privileg, über andere urteilen zu dürfen, in jedem einzelnen Rechtssubjekt an das niemals endende »bleierne Missbehagen« des schlechten Gewissens knüpft. Im Gegensatz zum Wechselspiel der Kräfte, das sich zwischen den Körpern entfaltet, richtet sich die christlich-rechtliche Verschuldung auf die Seele oder auf die Psyche des Menschen; die Entgegensetzung zwischen unendlicher Pein und Grausamkeit ist daher zugleich die zwischen verschuldeter Seele und affiziertem Körper.

Den Begriff der Grausamkeit übernimmt Deleuze ebenso wie den Titel seines Aufsatzes von Artaud. Entgegen seiner alltagssprachlichen Konnotation ist mit Grausamkeit demnach nicht unbedingt eine Rücksichtslosigkeit oder Brutalität gemeint – obwohl sie diese durchaus einschließen kann –, sondern im allgemeineren Sinne das reziproke Einwirken menschlicher Körper aufeinander. Artaud geht es darum, die Produktivität des gesellschaftlich Unbewussten dadurch zu demonstrieren, dass er die Beteiligten auf existenzielle Weise mit Obsession, Schmerz und Ekstase konfrontiert. Grausam ist diese Konfrontation deshalb, weil sie auf die schockhafte Überwindung psychischer Schutzmechanismen zielt, um auf diese Weise bei den Beteiligten intensive Zustände hervorzurufen und die Normalität der affektiven Ökonomie zu unterbrechen. Für Artaud ist das Theater der Grausamkeit ein Gegenbegriff zum konventionellen dramatischen Theater: Statt auf der Bühne nur ein Geschehen zu repräsentieren, geht es ihm um die direkte Einwirkung auf die Affekte der Zuschauer*innen, aber auch der Schauspieler*innen – und somit um eine Dekonstruktion des Gegensatzes von Zusehen und Teilnehmen und somit von Aktivität und Passivität im Theater. Die gesamte Handlung spielt sich auf einer Ebene der Immanenz ab, in die alle Beteiligten – das Publikum wie die Darsteller*innen – gleichermaßen einbegriffen sind: »Alles, was handelt«, schreibt Artaud in seinem programmatischen Text, »ist eine Grausamkeit.«[5] Diese Dekonstruktion hat prekäre Konsequenzen für das ästhetische Urteilen, denn niemand kann mehr eine dem Geschehen transzendente Perspektive einnehmen. Eine solche Suspension der Urteilskraft ist, wie Deleuze eingesteht, riskant, weil sie das Denken an den Rand des Wahnsinns führt – und wie im Falle Artauds darüber hinaus.

Die Zurückweisung von Transzendenz ist ein Grundmotiv bei Deleuze, der damit jede Referenz auf »ewige Werte« meint, eine fixe Menschform oder einen sinnhaften Vollzug von Geschichte.[6] Diese Zurückweisung beruht auf einer rückhaltlosen Affirmation der Immanenz, die sich philosophisch in der Tradition des Spinozismus und des Hume'schen Empirismus verortet. Deleuze' Auseinandersetzung mit Artaud reicht bereits bis zu seinen frühen Schriften aus den 1960er Jahren zurück.[7] Schon in *Differenz und Wiederholung* (1968) und in *Logik des Sinns* (1969) versucht er in Anlehnung an Artaud das Konzept eines »Denkens ohne Bild« zu entwickeln, das sich jeder transzendenten Repräsentation verweigert.[8] Hier steht

5 Antonin Artaud, »Das Theater und die Grausamkeit«, in ders.: *Das Theater und sein Double*, Berlin 2012, S. 110-115, hier S. 111.

6 Vgl. Paul Patton, »Immanence, Transcendence, and the Creation of Rights«, in: Laurent de Sutter, Kyle McGee (Hg.), *Deleuze and Law*, Edinburgh 2012, S. 15-32, hier S. 15.

7 Einen guten Überblick zu Deleuze' Rezeption Artauds bietet Catherine Dale, »Cruel. Antonin Artaud and Gilles Deleuze«, in: Brian Massumi (Hg.), *A Shock to Thought. Expression After Deleuze and Guattari*, London, New York 2002, S. 85-101.

8 *Differenz und Wiederholung* lässt sich auch als eine Kritik des Juridismus im Denken verstehen. Deleuze stellt hier ein in der Geschichte des Abendlandes

Artaud auch bereits der Idee des »Körpers ohne Organe« Pate, eines Körpers vor oder jenseits jeder sozio-somatischen Organisation, der dann in der gemeinsam mit Félix Guattari ausgearbeiteten Psychoanalysekritik eine tragende Bedeutung annehmen wird.

Die Kritik des Repräsentationsgedankens taucht in Deleuze' Kritik des juridischen Urteilens wieder auf. Zentral ist dabei die Ablehnung der Etablierung einer Differenz zwischen der eigentlichen Existenz und einer externen Instanz, welche diese Existenz im Nachhinein beurteilt. Die Grausamkeit ist dabei nicht einfach ein Modell, das Deleuze gegen die unendliche Pein als mögliche Alternative in Anschlag bringt, sondern auch geschichtlich die dem Gericht vorhergehende Form. Nietzsche hat Deleuze zufolge gezeigt, dass es eine vorjuridische Form von Gerechtigkeit gab, die noch nicht der Rationalität des unendlichen Aufschubs folgte. Deleuze hat hier die Blutrache vor Augen, mit der die Familien unmittelbar auf ein Unrecht reagieren, ohne den Umweg über ein Gericht zu gehen. Gerechtigkeit war hier ein unmittelbares Verhältnis zwischen zwei Parteien, ohne Bezug auf eine dritte Position und somit auch ohne Urteil, eine Gerechtigkeit also, »die sich jeglichem Gericht entgegensetzt, eine Gerechtigkeit, derzufolge die Körper sich wechselseitig markieren und die Schuld sich direkt in den Körper

dominantes »Bild des Denkens«, das dogmatisch oder orthodox verfährt, einem »Denken ohne Bild« gegenüber, das sich auf die Abgründe und Risiken des Denkens einlässt. Das Bild des Denkens impliziert ein »Denken de jure«, bei dem der »gesunde Menschenverstand« beständig seine eigene Universalität voraussetzt. So verdankt sich die Gültigkeit der cartesianischen Meditation beispielsweise der Tatsache, dass jedermann immer schon im Vorhinein zu wissen scheint, dass das Ich, das denkt, und das Ich, das ich bin, dasselbe Ich ist. Herausgefordert wird dieses Denken de jure immer von jemandem, der es nicht schafft, davon Kenntnis zu erlangen, was alle Welt weiß, der also die Orthodoxien des gesunden Menschenverstands in Frage stellt. Nur durch solche Momente der Problematisierung oder Erschütterung ist es überhaupt möglich, Neues und Anderes zu denken. Bereits in *Differenz und Wiederholung* gibt Antonin Artaud das Beispiel für eine solche Zurückweisung des juridischen Denkens ab (vgl. DW, S. 170 f.). Deleuze betont allerdings nachdrücklich, dass diese Kritik des Denkens im Namen des Denkens selbst vorgebracht wird: Problematisch am Denken de jure ist gerade, dass darin verspielt ist, worum es im Denken eigentlich gehen müsste. Daher, so Deleuze, muss die Kritik »auf der Ebene des Rechtsanspruchs selbst« ansetzen. Unklar bleibt allerdings, ob Deleuze den Begriff des Juridischen in *Differenz und Wiederholung* als eine Metapher oder Analogie verwendet oder ob er von einem Prägungsverhältnis des Denkens durch das Recht ausgeht.

einschreibt – *endlichen Blöcken* folgend, die in einem Territorium zirkulieren.« (KuK, S. 173, Hervorh. i. O.)[9] Deleuze ist es wichtig, dass sich vor Erfindung des tribunalen Urteilens die Parteien nach Maßgabe »endlicher« Relationen affizierten und noch nicht die Perspektive einer transzendenten Unendlichkeit einzunehmen versuchten. Gegenüber diesem »System der Grausamkeit« (auch im wörtlichen Sinne) zeigt sich die Instituierung des Gerichts nicht als weniger sadistisch. Die Vorstellung, die Übertragung der Straf- oder Schlichtungskompetenz an eine unabhängige Instanz, die vom Eigeninteresse der Akteur*innen nicht befangen ist, würde das Gesamtausmaß der gesellschaftlichen Gewalt mindern, lässt Deleuze nicht gelten. Zwar besteht die Schuld nun nicht mehr gegenüber dem Anderen, sondern gegenüber einem Dritten, aber diese gerichtliche Registratur von Schuld und Schulden blockiert bloß die Möglichkeit der Befreiung, der Möglichkeit also, jemals ganz ohne Schuld zu sein. Die Etablierung des Blickwinkels eines göttlichen Tribunals kann nur durch die Einführung einer unendlichen Schuld funktionieren. »Die Bücherdoktrin vom Gericht«, schreibt Deleuze, »ist nur scheinbar sanft, weil sie zu einer endlosen Unterwerfung verdammt und jeden Befreiungsprozess unterbricht.« (KuK, S. 173 f.)

Indem Deleuze die Schuld(en)-Inventarisierung durch das Gericht eine »Bücherdoktrin« nennt, spielt er auf die paulinische Opposition von tötendem Buchstaben und lebendig machendem

9 In seinen Vorlesungen *Die Wahrheit und die juristischen Formen* (1974), in denen sich Foucault dem Zusammenhang von Wahrheitssuche, Gerichtsverfahren und Subjektivierung widmet, kontrastiert er die moderne Form der Wahrheitssuche als Prüfung (*examen*) u. a. mit der mittelalterlichen germanischen Praxis der Probe. Die Probe ist ein Verhältnis zwischen zwei Parteien, die durch Anwendung sprachlicher Formeln, physischer Gewalt oder durch Aufbieten der jeweiligen persönlichen Reputation ihre Kräfte messen. Die Probe kam noch ohne Referenz auf einen höhergestellten Dritten aus. Erst im 12. und 13. Jahrhundert verwandelt sich durch die Einführung des Richters als Stellvertreter des Fürsten das Verhältnis von zwei in ein Verhältnis von drei Instanzen. Dieser Vorstellung zufolge wird nun durch den Gesetzesverstoß nicht mehr nur eine Gegenpartei, sondern der Staat als Ganzes lädiert, so dass auch der Staat eigenständig eine Wiedergutmachung verlangt. Auf diese Weise verwandelt sich das horizontale Verhältnis zwischen den Parteien in ein vertikales zwischen den Parteien und der Macht, welche die Wahrheit beurteilt, vgl. Foucault, *Die Wahrheit und die juristischen Formen*, Frankfurt/M. 2003, insbes. Kap. III.

Geist an (2 Kor 3,6): Das Artaud'sche System der Grausamkeit bilde eine »Schrift aus Blut und Leben, das sich der Schrift des Buches entgegensetzt – wie die Gerechtigkeit dem Gericht« (KuK, S. 174). Richtete sich die paulinische Kritik aber gegen die jüdische »Buchstabengerechtigkeit«, ist für Nietzsche und Deleuze gerade das Christentum zentrales Vehikel der Verschuldung des Lebens. In der frühen Antike waren die Götter noch keine Richter – allenfalls Prozessbeteiligte, die aber noch keine abschließende Urteilskompetenz hatten. Aus dem Schicksalszusammenhang, in dem es noch kein Urteil gab, erhoben sich die Menschen für Deleuze zunächst dadurch, dass sie ihr von den Göttern ausgegebenes Los abzuschätzen lernten und sich ihm entweder unterwarfen oder sich dagegen auflehnten. Erst mit dem Christentum – und nicht mit dem Judentum – gelingt für Deleuze die vollständige Etablierung eines Gottesgerichts, das in seinem Spruch strukturell unanfechtbar ist. Die Verinnerlichung und somit die Universalisierung dieses göttlichen Gerichtshofes führt dazu, dass das Urteil eine Grundkonstante der europäischen Subjektivität geworden ist: »Es gibt nur noch Urteilen, und jedes Urteil bezieht sich auf ein Urteil.« (KuK, S. 175)

Dieses Urteil über das Urteil impliziert wie gesagt nicht nur eine Kritik an bestimmten sozialen Institutionen. Das Tribunal ist eine phantasmatische Position, die jedes einzelne im westlichen Kulturkreis lebende Subjekt einzunehmen gelernt hat. Das ganze Leben ist dann wirklich, wie bei Kafka, ein Prozess, der gegen uns geführt wird. Insofern Deleuze mit dem Gericht eine gelebte Subjektposition bezeichnet, ist sein Einsatz ein *ethischer*: Die Konstruktion einer solchen Position des Außen ist für ihn eine Verdrängung der Kräfte, die dem Leben selbst immanent und in ihm präsent sind.[10]

2. Am schwierigsten zu verstehen ist in der Reihe von Entgegensetzungen, mit der Deleuze das Gericht gegen das Leben antreten lässt, die zweite: *Traum* versus *Schlaf*. Entgegen dem spontaneisti-

10 Dass wir dergestalt über uns und andere ständig zu Gericht sitzen, ist dann für uns, psychoanalytisch gesprochen, eine Möglichkeit der Abwehr gegenüber der affektiven und bedrohlichen Anwesenheit des Anderen. Dies kann man sich vielleicht daran veranschaulichen, dass man gewohnt ist, über das eigene Leben von dessen Rand oder Ende her nachzudenken. Für eine faszinierende psychoanalytische Diskussion des Exzeptionellen als Abwehrmechanismus vgl. Eric L. Santner, *Zur Psychotheologie des Alltagslebens. Betrachtungen zu Freud und Rosenzweig*, Berlin 2010.

schen Vokabular, mit dem im Umkreis der 1968er Bewegung die Macht der Phantasie gegen die erstarrten gesellschaftlichen Strukturen aufgerufen wurde, spielt für Deleuze der Traum gerade keine positive und der Schlaf keine negative Rolle, sondern genau umgekehrt. Der erste Grund, warum Traum und Gericht eine Affinität unterhalten, liegt für Deleuze darin, dass sich das Gericht im Traum etablieren kann, ohne auf den Widerstand anders gearteter Wahrheiten oder Erfahrungen zu stoßen (vgl. KuK, S. 175). Deleuze hat hier vor allem den Tagtraum vor Augen, eine Art von Bewusstseinszustand, in dem man in der Außenwelt durchaus noch funktionieren, ihr aber keinerlei Energie oder Eigensinn mehr entgegensetzen kann. Der Traum fungiert dann sozusagen als trojanisches Pferd, durch das sich das Juridische in den mentalen Raum einschmuggelt.

Damit hängt der zweite, entscheidendere Punkt zusammen, mit dem Deleuze die juridische Struktur des Traums erklären will. Er leitet nämlich die juridische Affinität des Traumes aus dem Erkenntnisinteresse derjenigen her, die sich besonders für ihn interessieren: der Surrealismus und die Psychoanalyse. Deren Anhänger*innen, schreibt Deleuze, seien nicht aus Zufall immerzu »sogleich bereit, Tribunale zu eröffnen, die richten und strafen: eine widerliche Manie, die man oft bei Träumern findet« (KuK, S. 176). Deleuze spielt hier auf Artauds Kritik an seinen surrealistischen Zeitgenoss*innen an und wiederholt zugleich seine eigene radikale Kritik an der Psychoanalyse, die er zuvor gemeinsam mit Félix Guattari formuliert hatte. Die Gemeinsamkeit dieser beiden Ansätze ist dabei, dass sie die Traumdeutung als eine Urteilspraxis verstehen, die eines innersten Kerns des Denkens habhaft zu werden vermag, den Deleuze (mit Artaud) aber gerade vor dem Zugriff durch eine äußere Evaluation schützen will. Deleuze scheint hier auf einen dynamischen Begriff des Denkens abzuheben, der durchaus ekstatisch oder exzentrisch sein kann, sich aber aufgrund seiner eigenen Renitenz der Verrechtlichung sperrt. Ebenso kontraintuitiv wie seine Ablehnung des Traums ist dann allerdings Deleuze' Definition des dazu passenden Gegenmittels, des Schlafs. Obwohl der Schlaf traumlos sein soll, ist er nicht durch Passivität und Ruhe, sondern durch Trunkenheit und Rausch gekennzeichnet. »Schlaf« heißen können solche dionysischen Zustände freilich nicht aufgrund irgendeiner phänomenologischen Nähe mit dem Schlaf, wie wir ihn tatsächlich schlafen, sondern nur aufgrund ihrer gemeinsamen Verwandtschaft zum Motiv der Nacht, die aber ja gerade nicht mit dem Schlafen verbracht wird; in einer letzten virtuosen Drehung, die alltagssprachlich kaum mehr nachvollziehbar ist, bezeichnet Deleuze einen solchen Schlaf daher paradoxerweise auch als »Schlaflosigkeit schlechthin« (KuK, S. 176).

3. Auf etwas vertrauterem Terrain bewegt sich Deleuze mit der dritten Gegenüberstellung, in der er die *Vitalität* gegen die *Organisation der Körper* antreten lässt. Mit der Organisation der Körper ist hier nicht nur die von Foucault untersuchte disziplinierende Anordnung der Körper im Raum gemeint, wie sie in den Einschließungsmilieus der bürgerlichen Gesellschaft vollzogen wird, sondern schon das Arrangement der einzelnen Körperteile zu einem »Organismus«. Deleuze und Guattari haben bereits im *Anti-Ödipus* (1972) die paranoide Struktur dieser Form von Verkörperung beschrieben und dagegen die Figur des vitalen Körpers ohne Organe gestellt, der jedem Organisationsversuch vorausgeht und sich ihm beständig zu entziehen versucht. Der Säugling ist noch ein organloser Körper, zu dem man darum auch zunächst ein »affektives, athletisches, unpersönliches, vitales Verhältnis« (KuK, S. 181) hat, während die Subjektivität des Kleinkindes bereits eine organisierte ist. Wenn Deleuze nun schreibt, die Organe seien Richter und Gerichtete zugleich (KuK, S. 177), so ist damit gemeint, dass zunächst eine judikable Körperform produziert werden muss, damit Menschen Objekte oder Subjekte sozialer Urteilspraktiken werden können. Man muss sich selbst beherrschen, seinen eigenen Körper im Griff haben, um am Spiel der wechselseitigen Evaluation teilnehmen zu können.

Deleuze verwandelt diese Beobachtung in eine ethische Aufforderung: Sich dem Gericht entgegenzustellen bedeutet auch, sich der Organisation des eigenen Körpers ein Stück weit zu verweigern. Deleuze nimmt Beispiele klinischer Schizophrenie, aber auch Figuren aus der Literatur von Lawrence, Artaud und Kafka, um zu zeigen, dass organlose Körper nicht juridisch intelligibel sind und daher nicht gerichtet werden können. Nietzsche geht Deleuze zufolge noch einen Schritt weiter: Er versteht die Produktion von nichtjudikablen Körpern als ethisch-ästhetische Aufgabe: »Sich einen organlosen Körper machen, seinen organlosen Körper finden – auf diese Weise entkommt man dem Gericht. Das war bereits

Nietzsches Projekt: den Körper im Werden und durch Intensität definieren, und zwar als Vermögen zu affizieren und affiziert zu werden, d.h. als *Willen zur Macht.*« (KuK, S.178, Hervorh. i.O.) Deleuze versteht Nietzsches Willen zur Macht also als Aufforderung zum Experiment mit alternativen Formen, den eigenen Körper zu leben.[11] Die Produktion eines organlosen Körpers bedeutet die Suspension aller Kategorien, welche die juridische Organisation einer Gesellschaft sicherstellen: Verantwortung, Schuld, Obligation. Der organlose Körper ist daher gegenüber der gerichtlichen Zurechnung nicht responsiv.

4. Daraus folgt bereits, dass sich der organlose Körper gegenüber der etablierten Gesellschaftsordnung, aber auch gegen die anderen Individuen agonistisch verhält, da er sich gegen jeden Versuch der normativen Fixierung sperrt. Diesen Agonismus nennt Deleuze den *Kampf*, den er in seinem vierten und letzten Gegensatzpaar dem *Krieg* gegenüberstellt. Der Kampf ist nicht nur ein Kampf gegen die Instanzen des Gerichts und deren Agenten (»Kampf gegen«), sondern zunächst und vor allem eine Auseinandersetzung um das Rearrangement der Kräfte in den Kämpfenden selbst (»Kampf zwischen«). Damit meint Deleuze kein intrasubjektives Ringen mit den eigenen Trieben, sondern eine Relation zwischen zwei (oder mehreren) Kämpfenden, in der sich die Kräfte innerhalb des einen mit denen eines anderen Körpers auf produktive Weise verbinden. Deleuze unterläuft hier die vorherrschende Unterscheidung zwischen Freund und Feind, indem er auf die agonistische Dimension auch intimer Beziehungen verweist. Das beste Beispiel für diese Art von Kampf ist die Liebe, wie sie in den Texten von Deleuze' Lieblingsautoren dargestellt wird. Deleuze enthält sich jeder romantischen Verklärung der Liebesbeziehung; die Liebe ist keine harmonische Verschmelzung zweier Kräfte, sondern impliziert Elemente des mit-, aber auch des gegeneinander Kämpfens, wobei die Kräfte der Liebenden einander bemächtigen, aber sich auch einander vorenthalten können. Dieser Kampf ist für Deleuze die genaueste Beschreibung dessen, was Nietzsche mit dem Willen zur Macht gemeint hat. Der Gegenbegriff des Krieges hingegen bezeichnet eine Form der Auseinandersetzung, bei der die rezip-

11 Insofern begeht Deleuze auch nicht denselben Fehler wie Hegel, den Willen bzw. den Wunsch als vorpolitisch zu naturalisieren. Im Gegenteil geht es ihm (und Félix Guattari) ja gerade um eine »Mikropolitik des Wunsches«.

roke Destruktion nachträglich für »gerecht« erklärt wird, bei der also die Praktiken des Gerichts zur ideologischen Flankierung eines Beherrschenwollens zum Einsatz gebracht werden. Der Krieg ist somit eine Art Degenerierung des Willens zur Macht, in der nur die agonistische Konstellation, nicht aber die Produktivität und Transgressivität des Kampfes erhalten bleiben.

Das Urteil ist für Deleuze nicht einfach eine Kompetenz des autonomen Subjekts, sondern die seit Jahrhunderten dominante Form, die Psychosomatik des abendländischen Menschen zu organisieren. Die Organisation ist dabei niemals vollständig abgeschlossen und auch nicht abschließbar, sondern ein Prozess, in dem die Kräfte der Ordnung mit vorgängigen Kräften der Vitalität in Widerstreit treten. Die Organisation des Menschen folgt demselben Muster wie die Organisation eines Gebiets: So wie der Versuch, die Erde zu einem Territorium zu formieren (Territorialisierung), beständig auf geologische, biologische und politische Fluchtlinien stößt (Deterritorialisierung), so stößt die Formierung des Menschen zum Urteilssubjekt immer auf die Renitenz überschüssiger Energien und Begierden. Das Spiel von Territorialisierung und Deterritorialisierung hatte Deleuze in Bezug auf das Urteil anhand der Oppositionen von unendlicher Pein versus Grausamkeit, Traum versus Schlaf, Organisation versus Vitalität und Krieg versus Kampf exemplifiziert, wobei sich die erste auf die juridisch-politische Grundkonstellation, die zweite auf die psychisch-seelische, die dritte auf die somatisch-biologische Konstitution einer tribunalen Subjektivität und die vierte schließlich auf die intersubjektiven Verhältnisse bezieht.

Deleuze begnügt sich nicht damit, diesen Widerstreit philosophisch zu beschreiben, sondern ergreift in ihm Partei, und zwar für die Seite der Existenz und somit gegen die Instanzen des Gerichts. Michel Foucault war der erste, der in seinem mittlerweile berühmt gewordenen Vorwort zum *Anti-Ödipus* Deleuze' Einsatz darum treffend als einen ethischen beschrieben hat, genauer: als eine »Einführung in das nicht-faschistische Leben«.[12] Diese Ethik kann dabei freilich nicht die Form einer Normativität annehmen, die beständig Triebe, Wünsche oder Handlungen evaluiert und so

12 Michel Foucault, »Vorwort zu G. Deleuze und F. Guattari, Anti-Oedipus. Capitalism and Schizophrenia«, in: ders., *Dits et Ecrits. Schriften,* Band III, Frankfurt/M. 2003, S. 176-181, hier S. 179.

neue Tribunale errichtet (sei es auch das Tribunal des eigenen Über-Ich). Eine solche Ethik darf sich nicht außerhalb, sondern muss sich innerhalb der Immanenzebene des eigentlichen Lebens situieren. Das bedeutet aber, dass Deleuze das Leben nicht holistisch oder pantheistisch, nicht als in einen übergreifenden Sinnzusammenhang einbegriffen verstehen kann, sondern dass er die Immanenz des Lebens als intern differentiell denken muss. Das Leben ist als solches schon von einer irreduziblen Mannigfaltigkeit und einer Vielzahl von Möglichkeiten geprägt.

Das Hauptargument, das Deleuze in »Schluss mit dem Gericht« gegen das Urteil vorbringt, ist, dass es alles wahrhaft Neue ausschließt. Damit wendet er sich gegen die intuitive Vermutung, die Überwindung des Urteils würde jegliche Unterscheidungsmöglichkeiten (etwa: zwischen Bösem und Gutem, Falschem und Wahrem, Hässlichem und Schönem) preisgeben. Gerade das Urteil ist es, das keine Entwicklung und darum auch keine echte Differenz zulassen kann, weil es alles aufs Bekannte hin kommensurabilisiert, indem es immer nur bereits etablierte Kriterien zur Anwendung bringt. Das gilt für das Erkenntnisurteil und das moralische Urteil ebenso wie für das Expertenurteil der Kunstkritik.[13] Das wirkliche Unterscheiden und Entscheiden kann daher nur im Leben selbst stattfinden, wofür aber ein anderer als ein richterlicher Modus gefunden werden muss. Das Hauptmerkmal wünschenswerter Affekte und Handlungen ist für Deleuze ihre Kreativität: Statt Existierendes zu beurteilen, sollten wir Neues kreieren. Gut für mich sind dabei solche Existenzweisen, in denen ich meine Kräfte produktiv vermehren kann und die für grundlegende Transformationen offen sind. Dieser Modus verfährt nicht mehr in Form vorgefertigter Kriterien (immer wenn x, dann y), sondern muss sich ganz auf die Evidenz der Produktivität bestimmter Verbindungen verlassen: »Das ist vielleicht das Geheimnis: existieren machen und nicht richten [...] Wir brauchen die Existierenden nicht zu richten, sondern bloß spüren, ob sie zu uns passen oder nicht, d.h. ob sie uns Kräfte herbeibringen oder uns in das Elend des Kriegs, in die Armseligkeiten des Traums, in die Unerbittlichkeit der Organisation stürzen.« (KuK, S. 183) Dass wir »spüren« sollen, ob die Anderen zu

13 Zur Debatte um die ästhetische Urteilskraft vgl. Daniel Birnbaum, Isabelle Graw (Hg.), *The Power of Judgment. A Debate on Aesthetic Critique*, Berlin 2010.

uns passen, heißt, dass nichtjuridische Lebensweisen experimentell vorgehen müssen: Sie müssen ohne Programm und normativen Kompass die Fruchtbarkeit bestimmter Allianzen austesten.

Mit dem lapidaren Hinweis, es sei gerade das Gericht, das Neues verhindere, ist freilich das Bedenken, mit der Suspension des Urteils jeder Distinktionsmöglichkeit verlustig zu gehen, nicht ausgeräumt. Der Vorschlag, die praktische Beantwortung ethischer Fragen von einem individuellen Kompatibilitätsempfinden abhängig zu machen, provoziert die notorische Frage, was denn mit denen passieren soll, die nicht zu uns passen. Deleuze' riskantes Manöver begegnet hier zwei entgegengesetzten Gefahren. Die erste ist die des entfesselten, weil normativ nicht mehr kritisierbaren Kampfes von »uns« gegen »die anderen«, etwa in Form der nationalistischen Formierung, die zweite ist demgegenüber die der Explosion der Gesellschaft in vereinzelte Individuen, die keine intrinsische Motivation zur gesellschaftlichen Kooperation oder Koordination mehr haben. Philosophisch gesprochen lautet die Frage, worin genau das Demarkationsmerkmal des differenztheoretischen Vitalismus von Deleuze von einem völkischen Vitalismus auf der einen und einer kompletten Dissoziation auf der anderen Seite besteht. Die Antwort liegt im unscheinbaren »d. h.« des soeben zitierten Satzes: Das Menschen zueinander passen *heißt* für Deleuze, dass sie einander nicht in Krieg, Traum oder Organisation stürzen, dass sie also einander nicht uniformisieren, evaluieren oder programmieren. Deleuze schiebt also der Definition des Zueinanderpassens selbst ein Kriterium unter, das sein Umkippen in eine völkische oder gar faschistische Gemeinschaftsidee von vornherein unterbindet. Er kann, den Empirismus Humes, die Affekttheorie Spinozas und eine bestimmte Interpretation des Vitalismus Nietzsches im Rücken, auf einen externen Urteilsmaßstab verzichten, weil der Eigenlogik des Lebens eine Schranke gegen die Gewalt sozialer Vereinheitlichung eingeschrieben ist:[14] Unendliche Pein, Traum, Organisation

14 Deleuze kann sich hier u. a. auf Nietzsche berufen, der in den 1880er Jahren notierte, dass gerade die Pluralität und nicht die Vereinigung zu einer Vermehrung von Kraft führt: »Das Schwächere drängt sich zum Stärkeren aus Nahrungsnot; es will unterschlüpfen, mit ihm womöglich *eins* werden. Der Stärkere wehrt umgekehrt ab von sich, er will nicht in dieser Weise zugrunde gehen; vielmehr, im Wachsen, spaltet er sich zu zweien und mehreren. Je größer der Drang ist zur Einheit, um so mehr darf man auf Schwäche schließen; je mehı der Drang

und Krieg sind nicht deshalb schlecht, weil sie normative Maßstäbe verletzen würden, sondern weil sie letztlich lebensfeindlich sind. Die Formulierung, wir sollten, anstatt über die Anderen zu urteilen, einfach »spüren«, ob sie zu uns passen, darf also nicht so missverstanden werden, als ob Menschen komplementäre Puzzleteile wären, die entweder passen oder nicht. Deleuze denkt das Empirische nicht als transparente Präsenz, sondern als Potenz und Virtualität. Er dynamisiert so die Idee der Gemeinschaft zu einer fluiden Assoziation, indem er Präsenz in Alterität auflöst. »Nicht das, was wir sind«, schreiben Deleuze und Guattari in *Was ist Philosophie?* (1991), »vielmehr das, was wir werden, was wir dabei sind zu werden, das heißt das Andere, unser Anders-Werden, ist das Aktuelle.« (WiP, S. 130)[15]

Mit seiner differenztheoretischen Definition des Zusammenstimmens von Individuen wendet sich Deleuze gegen alle kontraktualistischen, kommunitaristischen oder republikanischen Versuche, die Idee der Gemeinschaft auf einer Gemeinsamkeit von Interessen oder Identitäten zu gründen. Was uns füreinander interessant macht, ist gerade unsere Differenz: Wir können unsere Kräfte gegenseitig nur dann vermehren, solange wir unterschiedlich bleiben und uns also allen Uniformisierungstendenzen verwehren. Genau hierin liegt zugleich die Vorkehrung gegen die zweite Gefahr, die des Zerreißens jeglicher Sozialität und des Aufsprengens der Gesellschaft in vereinzelte Atome. Denn Deleuze kann darauf bauen, dass er für das Zusammenkommen einen außerordentlich starken Motivationsgrund anzubieten hat: Die exponentielle Vermehrung von Vermögen und die Intensivierung von Erfahrungen machen die Verbindung mit anderen zu einem ungeheuer attraktiven Unterfangen. Darum ist Deleuze ein Vertreter transgressiver Freiheit, nicht einfach einer liberalen negativen Freiheit. Der von ihm angeführte Grund, Sozialität auf Differenz zu gründen, konstituiert freilich nur einen hypothetischen, keinen kategorischen

nach Varietät, Differenz, innerlichem Zerfall, um so mehr Kraft ist da.« (NF 11, S. 284)

15 Zu einer ausführlichen Rekonstruktion von Nietzsches Machtkonzeption und ihrer Bedeutung für Deleuze vgl. Paul Patton, *Deleuze & the Political*, London, New York 2000, Kap. 3; zu einer Ausräumung der Missverständnisse des Monismus, des Aktivismus und der Amoralität des Deleuze'schen Vitalismus vgl. Friedrich Balke, *Gilles Deleuze*, Frankfurt/M., New York 1998, S. 99-104.

Imperativ; aber Deleuze könnte hier mit gutem Recht darauf verweisen, dass auch die zwingendsten Argumente die soziale Integration bislang auch nicht gerade erfolgreich gesichert haben.

11.2 Illegale Existenzweisen

Marx und Nietzsche hatten gezeigt, dass die Einrichtung des Privatrechts »egoistische« und »stolze« Subjektivitäten erzeugt. Das römische *ius* stellt einen abgeschirmten Handlungsspielraum dar, innerhalb dessen sich die Individuen *wie Souveräne* verhalten können. Diese Abschirmung trennt die Einzelnen polizeilich und psychologisch von den anderen Gemeinschaftsmitgliedern, deren Ansichten ihnen opak und deren Bedürfnisse ihnen gleichgültig werden. Damit sie aus der »Sittlichkeit der Sitte« in diese private Souveränität entlassen werden konnten, mussten sie zunächst durch die Entwicklung von Schuldgefühl und schlechtem Gewissen berechenbar und verantwortlich gemacht werden, wofür sie sich emotional durch einen arroganten Triumphalismus belohnten. Das moderne Rechtssubjekt, dessen Genealogie Marx und Nietzsche freigelegt haben, ist genau das Subjekt, das Deleuze und Guattari in ihrer gemeinsamen Arbeit als ein *majoritäres Subjekt* bezeichnet haben. Dessen Beherrschungswillen beantworten sie frontal mit einer konsequent antiherrschaftlichen Lebenskunst, deren Losung sich direkt an die Individuen selbst richtet: »Laßt keinen General in euch aufkommen!« (TP, S. 41)

Deleuze und Guattari geht es um das experimentelle Herausarbeiten aus juridischen Existenzweisen durch die explorative Erschließung neuer Welt- und Selbstbeziehungen. Hinter der Strategie, auf der Ebene des Subjekts selbst anzusetzen, steckt eine grundsätzliche Skepsis gegenüber allen – und somit auch den politischen – Formen der Organisierung. Dem liegt eine spezifische Faschismustheorie zugrunde, wonach die organisierende Formierung eines der Hauptprinzipien des Faschismus gewesen sein soll. Deshalb kann der Faschismus nicht effektiv durch Gegenorganisierung bekämpft werden, sondern nur durch Entwicklung »anti-organisierender« Trieb- und Denkstrukturen.[16] Die von Deleuze und

16 Dieser Faschismustheorie folgend sprechen Deleuze und Guattari von »Mikrofaschismen«. Es ist daher möglich, dass sich auch in Organisationen, die dem Na-

Guattari entwickelte *ethische* Perspektive ist also somit immer auch eine genuin *politische* Perspektive. Diese Verschmelzung von Ethik und Politik nennen die beiden *Mikropolitik* und sprechen somit von politischen Praktiken, die nicht auf der Ebene des Staates oder des Rechts, sondern im Alltag und bei den den Alltag konstituierenden Relationen verortet sind.[17] In Bezug auf die Entwicklung postjuridischer Existenzweisen heißt das, zentrale Herrschaftsachsen der Gesellschaft zu identifizieren und in ihnen die Position gerade nicht des beherrschenden, sondern des beherrschten Parts einnehmen zu wollen.

Der zentrale Begriff ist in diesem Zusammenhang der des *Minoritärwerdens*. Deleuze und Guattari verstehen Minorität und Majorität nicht als quantitative Kategorien, sondern als spezifische ethisch-politische Subjektivitäten. Die Majorität ist eine Subjektivität, die den unsichtbaren Maßstab einer Gesellschaft abgibt, weil sie ihre Werte erfolgreich als allgemeingültig ausgibt. Sie impliziert daher eine Feldherrenperspektive: den Drang und den Willen, zu herrschen und zu beherrschen. »Minorität und Majorität«, heißt es also in *Tausend Plateaus*,

men nach antifaschistisch sind, solche Mikrofaschismen entwickeln, wenn und weil sie mit dem Prinzip organisierender Formierung nicht brechen. Dies betrifft für Deleuze und Guattari, die sich hier gegen die leninistischen Anwandlungen der Kommunistischen Partei Frankreichs auf die Seite des Antiautoritarismus schlagen, auch die Organisation der politischen Linken: »Es ist allzuleicht, auf molarer Ebene ein Antifaschist zu sein, ohne den Faschisten zu sehen, der man selber ist, den man unterstützt und nährt und an dem man selber mit persönlichen und kollektiven Molekülen liebevoll hängt.« (TP, S. 239)

17 Für Michel Foucault folgt die Notwendigkeit, Widerstandshandeln mikropolitisch zu konzipieren, aus der Mikrophysik der Macht: Weil das soziale Feld insgesamt von Machtbeziehungen durchzogen ist, ist es auch von Widerstandspraktiken bevölkert. »Machtbeziehungen«, sagt Foucault in einem Interview, »gibt es zwischen Mann und Frau, zwischen Wissenden und Unwissenden, zwischen Eltern und Kindern, in der Familie. Es gibt Tausende und Abertausende von Machtbeziehungen in der Gesellschaft, also auch Machtverhältnisse, kleine Konfrontationen und gleichsam Minikämpfe. [...] Überall ist Kampf – zum Beispiel die ständige Revolte des Kindes, das bei Tisch den Finger in die Nase steckt, um seine Eltern zu ärgern.« (Michel Foucault, »Macht und Wissen«, in: ders., *Dits et Ecrits,* Band III, Frankfurt/M. 2003, S. 515-534, hier S. 524 f.) Deleuze und Guattari stimmen mit dieser Machtanalyse überein, begründen die Mikropolitik aber stärker in Form einer expliziten Kritik an den konventionellen linken Politikformen wie etwa der Organisierung in der Partei.

sind nicht nur in quantitativer Weise entgegengesetzt. Majorität impliziert eine Ausdrucks- und Inhaltskonstante, die so etwas wie ein Maßstab ist, anhand dessen sie bewertet wird. Nehmen wir an, daß die Konstante oder der Maßstab der männliche-weiße-erwachsene Mann wäre, der die Städte bewohnt und irgendeine europäische heterosexuelle Standardsprache spricht [...]. Es ist offensichtlich, daß »der Mann« die Majorität hat, auch wenn er weniger zahlreich ist als Mücken, Kinder, Frauen, Schwarze, Bauern, Homosexuelle etc. [...]. Die Majorität setzt einen Zustand der Macht oder der Beherrschung voraus und nicht umgekehrt. (TP, S. 147, vgl. auch S. 396)

Auch die Minorität ist somit nicht quantitativ bestimmt, sondern durch die Beschaffenheit einer Subjektivität: Minoritäten sind all solche Existenzweisen, die sich dem Beherrschenwollen versagen. Das paradigmatische Beispiel für eine Minorität sind für Deleuze und Guattari die Frauen: Unabhängig davon, wie viele Männer und Frauen es zahlenmäßig auf der Welt gibt, repräsentiert die männliche Perspektive die »Mehrheit«, indem sie den impliziten Bewertungsmaßstab einer Situation definiert. Hieraus folgt auch, dass die majoritäre Perspektive eine Konstante impliziert, während die minoritäre inhärent dynamisch ist: Sie beinhaltet einen Transformations- oder Transgressionsdrang. Deshalb gibt es kein Minoritär*sein*, sondern nur ein Minoritär*werden*. Zugleich steht das Werden auch *nur* minoritären Subjektivitäten offen: Es gibt kein Majoritär*werden*, sondern nur ein Majoritär*sein*. Der Grund dafür, das Schöpferische für die Minderheit zu reservieren, kann auch wieder durch Deleuze' Gegenüberstellung von Existenz und Urteil erläutert werden: Nur minoritären Existenzweisen ist die Allianz mit den Kräften des Lebens und der unmittelbaren Produktion möglich, während die majoritäre, das heißt die juridische Perspektive diese Kräfte immer nur unterdrücken, kanalisieren oder abschöpfen kann.

Das Werk Kafkas eignet sich gut, um Deleuze' und Guattaris Begriff des Minoritärwerdens zu veranschaulichen. In ihrem *Kafka*-Buch nennen Deleuze und Guattari drei Kennzeichen einer minoritären oder »kleinen« Literatur: die *Distanz zur eigenen Sprache*, der *unmittelbar politische Charakter individuellen Handelns* und die *Kollektivität der Aussage*. Erstens befand sich Kafka als deutschsprachiger Prager Jude in einer Situation der doppelten Heterogenität (und war somit, wie Deleuze und Guattari schreiben, von einem »starken Deterritorialisierungskoeffizienten« [K, S. 24] geprägt):

Einerseits war er aufgrund der fehlenden Identifikation mit dem tschechischen Staat auf die deutsche Sprache verwiesen, zugleich stand er als Jude auch in Distanz zur deutschen Minderheit. Diese Position des doppelten Ausgeschlossenseins prädestiniert die Prager Juden für Deleuze und Guattari besonders zu einer minoritären Schreibweise. Bereits hier können sie ihre These vom kreativen Charakter minoritärer Perspektiven mit dem Verweis auf die ungeheure Produktivität und den hohen sprachlichen Innovationsgehalt der Literatur gerade von ethnischen Minderheiten bekräftigen. Das zweite Merkmal der minoritären Literatur besteht darin, dass in ihr »alles politisch« ist. Während für die Feldherrenperspektive der majoritären Literatur das soziale Milieu nur als Hintergrund oder Rahmen relevant, das heißt prinzipiell verzichtbar ist, ist in der kleinen Literatur alles miteinander verknüpft, so dass jedes individuelle Handeln unmittelbare politische Auswirkungen hat. Der Vater, die Geliebte, die Polizisten und das Gericht werden zu Instanzen von gleicher politischer Valenz. Aus dem unmittelbar politischen Charakter der in der minoritären Literatur verhandelten Lebenswelt folgt direkt ihr drittes Merkmal, die Kollektivität der Aussage. Minoritäre Literatur ist keine Literatur der großen Meister, sondern eines Kollektivs. In der doppelten Ausgeschlossenheit ist es unmöglich, das Schöpferische als Ausdruck individueller Kompetenz (eines »Genies«) zu verstehen. Vielmehr verknüpft die kleine Literatur mehrere deterritorialisierte Stimmen zu einem Ensemble von Ausdrucksweisen, die sich zwar widersprechen können, aber dennoch (»solidarisch«, wie Deleuze und Guattari schreiben) aufeinander bezogen bleiben. Die minoritäre Perspektive ermöglicht so gerade aufgrund der Abwesenheit einer positiven Gemeinschaft das Denken einer anderen Form von Gemeinschaft, einer Art negativer Universalität.

Minoritärwerden ist keine notwendige Eigenschaft und nicht einmal ein Privileg einer zahlenmäßigen Minderheit. Die drei Merkmale, die Deleuze und Guattari aufzählen, um minoritäre Literatur zu charakterisieren, sind keine Gattungseigenschaften von »Sonderliteraturen«. Vielmehr verallgemeinern Deleuze und Guattari sie zu Bedingungen jeder revolutionären Literatur. Hieraus folgt die Aufforderung, sich zunächst von den vertrauten Denk-, Fühl- und Ausdrucksweisen zu des-identifizieren und der eigenen Sprache fremd zu werden. Eine minoritäre Perspektive zu entwickeln, bedeutet in der Literatur, »in seiner Sprache [zu] schreiben wie ein tschechischer Jude im Deutschen oder ein Usbeke im Russischen: schreiben, wie ein Hund sein Loch buddelt, wie eine Maus ihren Bau gräbt. Dazu ist erst einmal der Ort der eigenen Unterentwicklung zu finden, das eigene Kauderwelsch, die eigene Dritte Welt, die eigene Wüste.« (K, S. 27) Weil Minorität kein Defizit mehr kennzeichnet, sind es nicht die Minoritäten, die sich an die Majoritäten angleichen sollen, sondern umgekehrt die Majoritäten, die die Minorität in sich selbst entdecken sollen. Der Hass auf die Herren bedeutet, dass man nicht selbst Herr werden wollen sollte – dass man die Herren weder imitieren noch von ihnen inkludiert werden wollen sollte, sondern stattdessen wie Kafka die Seins- und Ausdrucksweise der Herren als defizitär desavouieren muss: »klein werden können, ein Klein-Werden schaffen« (K, S. 39).[18]

Die drei Merkmale »kleiner« Literatur, die Deleuze und Guattari anhand von Kafka rekonstruiert haben, lassen sich verallgemeinern und auf die politische Ebene übertragen. Zunächst kann der wesentliche Akt der politischen Subjektivierung als der einer Des-Identifikation (»fremd-werden«) mit dem eigenen sozialen Status bestimmt werden. Deleuze und Guattari können sich Marx' Begriff des Proletariats zum Vorbild nehmen: Zum Proletariat wird die Arbeiterklasse erst, wenn sie von einer Klasse *an sich* zu einer Klasse *für sich* geworden ist, wenn sich also die Arbeiter*innen ausgehend von ihrem soziologischen Status in politische Subjekte verwandelt haben. Wohlgemerkt ist das Ziel dieser Des-Identifikation mit dem eigenen sozialen Status nicht die Einnahme des entgegengesetzten Pols; es geht Marx nicht darum, dass die Arbeiter*innen zu Kapitalist*innen werden sollen. Im Gegenteil: es ist das Proletariat, das den ungeheuren Reichtum der Gesellschaft produziert und dem somit eine Verbindung mit den schöpferischen Energien des Lebens offensteht. Zudem antizipiert das Proletariat bereits im Kapitalismus die Abwesenheit des Eigentums an Produktionsmitteln,

18 In *Tausend Plateaus* verweisen Deleuze und Guattari wiederholt auch auf Virginia Woolf als Beispiel minoritären Schreibens. Woolf ging es nicht darum, »als Frau« zu schreiben, sondern darum, schreibend Frau zu *werden* (vgl. etwa TP, S. 376). Für eine Erklärung von Deleuze' und Guattaris Konzept molekularer Politik ausgehend vom Beispiel Virginia Woolfs vgl. Claire Colebrook, »Introduction«, in: dies., Ian Buchanan (Hg.), *Deleuze and Feminist Theory*, Edinburgh 2000, S. 1-17.

die dann für den Kommunismus kennzeichnend sein wird. Nicht die subalterne, sondern im Gegenteil die dominante Position lässt sich so als die defizitäre verstehen. Deleuze und Guattari buchstabieren nun mit dem Begriff des Minoritärwerdens die Konsequenzen der Notwendigkeit der Des-Identifikation aus. Wenn Majorität und Minorität keine quantitativen, sondern qualitative Kategorien sind, dann ergibt sich die Zugehörigkeit zu einer dieser Gruppen nicht schon aus dem eigenen gesellschaftlichen (»molaren«) Status. Wenn die majoritäre Perspektive als defizitäre bestimmt ist, dann müssen zuerst und vor allem diejenigen sich verändern, die auf der molaren Ebene Mitglied einer Mehrheit sind. Wenn ihre Existenzweise nicht länger als erstrebenswert verstanden werden kann, so bedeutet das auch, dass die Politik nicht auf Inklusion in den als universell ausgegebenen majoritären Standard abzielen kann (vgl. TP, S. 147 f.) Weil aber auch der Minderheit die minoritäre Perspektive nicht garantiert ist, muss auch sie sich in gewisser Weise noch verändern: Sie muss sozusagen von einer Minderheit an sich zu einer Minderheit für sich werden (vgl. TP S. 375, S. 396).

Daraus, dass im Minoritärwerden »alles politisch« ist, folgt eine generelle Deprivilegierung des Staates als Gravitationszentrum des Politischen und eine Neuorganisation der politischen Aufmerksamkeit.[19] Wenn wie im Universum Kafkas die Küche und das Bett ebenso politisch sind wie die Fabrik und der Staat, so kann die mikropolitische Praxis an jedem dieser Punkte gleichermaßen ansetzen. Wenn es also richtig ist, dass das Gericht nicht nur eine bestimmte Instanz innerhalb des politisch-juridischen Institutionengefüges des Staates ist, sondern eine bestimmte Weise der Organisation der Psychosomatik des abendländischen Menschen bezeichnet, so muss die Entwicklung postjuridischer Existenzweisen auch die Transformation der eigenen Psyche und Physis beinhalten: Die Politik wird ethisch und die Ethik politisch. Schluss mit dem Gericht zu machen heißt dann, sich einen organlosen Körper zu schaffen, das heißt, das eigene Selbst zu zerstören: »Man erfindet Selbstzerstörungen, die man nicht mit dem Todestrieb verwechseln darf. Den Organismus aufzulösen hat nie bedeutet, sich umzubrin-

19 Zur systematischen Erläuterung der Mikropolitik bei Deleuze und Guattari vgl. Ralf Krause, Marc Rölli, *Mikropolitik. Eine Einführung in die politische Philosophie von Gilles Deleuze und Félix Guattari*, Wien 2010.

gen, sondern den Körper für Konnexionen zu öffnen, die ein ganzes Gefüge voraussetzen, Kreisläufe, Konjunktionen, Abstufungen und Schwellen, Übergänge und Intensitätsverteilungen, Territorien und Deterritorialisierungen« (TP, S. 219).[20] Deleuze und Guattari verstehen solche Selbst-Zerstörungen also nicht individualistisch, sondern explizit sozial und relational. Befreit man die von ihnen verwendeten Metaphern noch von ihrem latenten Rest an Heroismus, so wird die Anschlussfähigkeit an den von der Frauenbewegung entwickelten Politikbegriff unmittelbar augenfällig. Eine – in Form und Pathos essentiell von den Erfahrungen und Potentialen des Ereignisses »1968« bestimmte – mikropolitische Praxis impliziert die Veränderung etablierter Affektstrukturen, Haltungen und Perspektiven. Die feministische Rechts- und Moralkritik hat die Gesamtheit solcher postjuridischer (Ko-)Existenzweisen unter den Begriff der *Fürsorge* gefasst.[21]

Schließlich verweist bereits der notwendig relationale Charakter des Minoritärwerdens auf die Kollektivität mikropolitischer Praxis. Kollektivität betrifft zum einen das politische Subjekt: Mikropolitik kann nicht von einer Einzelnen betrieben werden. Die Einnahme eines exzeptionellen Status gegenüber der Masse ist gerade Kennzeichen eines majoritären Politikmodells, während mikropolitische Praktiken auf die Ermöglichung von neuen Verbindungen und Beziehungsweisen zielen. Zum anderen hat aber auch das Minoritärwerden einen universalistischen Effekt – denn potentiell alle werden adressiert und inspiriert, sich als Minorität wiederzuentdecken. Deleuze und Guattari stehen hier in der Tradition einer antietatistischen Interpretation der Kategorie des Volkes: Versteht man nämlich das Volk (im Sinne des *plebs* oder einer Multitude)

20 Das Problem, dass Selbstzerstörungen auch scheitern können, indem sie entweder in die Unlebbarkeit oder in den Faschismus führen, behandeln Deleuze und Guattari in *Tausend Plateaus* ausführlich. Sie grenzen hier den gelingenden »vollen« von einem misslingenden »leeren« organlosen Körper ab, vgl. TP, S. 206 ff. und S. 223 ff.

21 Für ihre Vorstellung des Frau-Werdens sind Deleuze und Guattari allerdings gerade aus feministischer Perspektive häufig kritisiert worden. Einer der Hauptkritikpunkte lautet, dass die Universalisierung des Minoritärwerdens die faktische Situation von Frauen, ihre tatsächliche Subjektivität und ihre realen Kämpfe unsichtbar werden lässt. Vgl. exemplarisch Rosi Braidotti, *Nomadic Subjects. Embodiment and Sexual Difference in Contemporary Feminist Theory*, New York 1994, S. 114 ff.

nicht einfach als mit sich selbst identisches Subjekt der Volkssouveränität, sondern als »Teil ohne Anteil«, dem folglich die Distanz zum Herrschen immer bereits subjektiv eingeschrieben ist, so wird deutlich, dass echte Demokratie als die Regierung von Minoritäten bestimmt werden kann.[22]

11.3 Das Recht des Lebens

Minoritäre Existenzweisen sind all jene Lebensformen, die sich den Diktaten des Juridismus widersetzen. Als mikropolitische Praktiken sind solche Existenzweisen auf der molekularen Ebene situiert. Das heißt aber nicht, dass sie auf jede Konfrontation mit gesellschaftlichen Großinstanzen verzichten würden, denn das Molare verhält sich zum Molekularen nicht wie das Große zum Kleinen; insofern geht es in der Mikropolitik immer schon um »alles«. Dieser dem Konzept des Minoritärwerdens inhärente Drang zur Konnexion, Relationalität oder sogar zur Universalisierung wirft die Frage auf, ob ein postjuridisches Zusammenleben gesamtgesellschaftlich möglich ist. Diese Frage wird umso dringender, wenn man Deleuze' und Guattaris Argumente von ihrem hyperbolischen Pathos befreit und sie dahingehend befragt, inwiefern sie für eine ethisch-politische Praxis tatsächlich handlungsleitend werden können. Denn selbst wenn man die vitalistische These annimmt, wonach nur postjuridischen Existenzweisen eine Verbindung mit den Potentialen des Lebens möglich ist, und selbst wenn man die gewagte geschichtliche These akzeptiert, dass der Juridismus bereits seit Jahrtausenden die europäische Subjektivität im Wesentlichen definiert, so ist bislang höchst fragwürdig geblieben, inwiefern sich

22 Vgl. hierzu ausführlicher Loick, *Der Missbrauch des Eigentums*, S. 108 ff. In diese Richtung gehen auch schon Michael Hardt, Antonio Negri, *Common Wealth. Das Ende des Eigentums*, Frankfurt/M., New York 2009, S. 58; zu einer deleuzianischen Demokratiekonzeption vgl. auch Paul Patton, »Becoming-Democratic«, in: Ian Buchanan, Nicholas Thoburn (Hg.), *Deleuze and Politics*, Edinburgh 2008, S. 178-195. Als *des-identifizierende*, *relationale* und *kollektive* mikropolitische Praxis ist Deleuze' und Guattaris Konzept des Minoritärwerdens gut geeignet, um die eine Seite der Paradoxie der politischen Perspektivität abzudecken, die Engels/Kautsky und Brown beschrieben haben. (Die andere Seite besteht in der Austragung des politischen Kampfs ums Recht.)

minoritäre Lebensformen zu einer stabilen, ethisch überlegenen und zudem gerechten Koexistenz zusammenschließen können.

Für das Individuum haben Deleuze und Guattari dieses Problem immerhin benannt. Der Versuch, sich einen organlosen Körper zu schaffen, das heißt ein Leben zu führen, das den Organisationsversuchen des Gerichts unzugänglich ist, läuft immer auch Gefahr, in die Selbstzerstörung oder den Faschismus umzuschlagen. Ein Beispiel ist der Drogenkonsum: Der Widerstand gegen die juridische Organisation des Körpers, der im Drogenkonsum zweifelsohne liegt, kann bestenfalls ein Experiment mit neuen Wahrnehmungs- und Denkweisen sein, das neue Wünsche und Begehren freisetzt, aber er kann auch in eine selbstmörderische Auszehrung oder in den Verlust der Widerstandskraft gegen eine faschistische Totalisierung führen. Einige Passagen in *Tausend Plateaus* lassen sich so lesen, als ginge es hier vor allem um eine »Kunst der Dosierung« (TP, S. 219), aber die Erfolgsbedingungen für das Erreichen eines organlosen Körpers sind nicht nur quantitativer, sondern auch qualitativer Art: Der Drogenkonsum des organlosen Körpers ist auch anders beschaffen als der des Junkies oder der Faschistin: Man müsse versuchen, so Deleuze und Guattari, »sich ohne Droge unter Drogen [zu] setzen, sich an klarem Wasser [zu] berauschen« (TP, S. 227). Wenn dieses Bild auch nicht den nötigen Konkretionsgrad besitzt, um als wirklicher politischer Ratschlag zu taugen, so zeigt es immerhin an, dass Deleuze und Guattari die Gefahren transgressiver Mikropolitiken bewusst sind.

Noch schwieriger wird es allerdings, wenn man diese Warnung auf die gesellschaftliche Ebene überträgt: Wie schafft man sich einen organlosen Gesellschaftskörper? In *Tausend Plateaus* streifen Deleuze und Guattari das Problem einer solchen Assoziation von Minoritäten nur und ziehen aus der notwendigen Distanz der Minoritäten zum Beherrschenwollen den Schluss, man könne »sich kaum vorstellen, wie ein Amazonen-Staat, ein Frauen-Staat, ein Staat von Gelegenheitsarbeitern, ein ›Verweigerungs-Staat‹ aussehen könnte.« (TP, S. 654) Die einzige Vereinigung, die Minoritäten untereinander möglich ist, ist darum die revolutionäre (bzw. andersherum formuliert ist jede Verbindung von Minoritäten, insofern sie Minoritäten bleiben und sich nicht als zählbare Minderheit, das heißt als taxierbare soziale Gruppe reterritorialisieren, notwendig revolutionär): nicht einen Staat zu stiften, sondern ihn zu fliehen.[23] Die Frage, wie solche »revolutionären Konnexionen« (TP, S. 655) auf Dauer gestellt werden könnten, wird damit jedoch abermals nicht geklärt.

Insofern die revolutionären Konnexionen als Verbindungen spezifisch postjuridischer Existenzweisen bestimmt werden können, ist das Recht an dieser Stelle offenbar von besonderer Bedeutung. Wenn das Gericht seit jeher die in Europa dominante Weise ist, die Psychosomatik des Subjekts zu organisieren, so stellt sich die Frage, ob es auch ein Recht geben kann, das nicht die von Deleuze herausgearbeiteten lebensfeindlichen Effekte hat: Gibt es ein »minoritäres Recht«, ein Recht im Amazonenstaat, ein Verweigerungsrecht? In dem langen Interview, das Deleuze kurz vor seinem Tod mit Claire Parnet geführt hat und das unter dem Titel *Abécédaire* als Video erschienen ist, kontrastiert er das System der Rechte mit dem Prinzip der Jurisprudenz (in der Sequenz »G comme Gauche«).[24] Mit Jurisprudenz meint Deleuze hier nicht die Lehre vom Juridischen, sondern den simplen Fakt der Veränderbarkeit der Rechtsauslegung. Als Beispiel dient ihm das Rauchen in Taxis: Während in den 1970er Jahren Taxis in Frankreich als privater Raum angesehen wurden, den man wie ein Apartment mieten kann und in dem man also rauchen darf, gelten sie nun als Teil der öffentlichen Sphäre, in der das Rauchen verboten werden kann. Diese Veränderung hat sich nicht durch eine neue Legislation, sondern durch eine neue Interpretation der Rechtslage ergeben. Diese Kapazität der Jurisprudenz, eine allgemeine Praxis im Lichte neuer gesellschaftlicher Verhältnis vollkommen umzukehren, deutet Deleuze so, dass die Jurisprudenz in der Opposition von Gericht und Leben auf der Seite des Lebens steht. Während das System der etablierten Rech-

23 Als Vorbild der des-identifizierenden Flucht erwähnen Deleuze und Guattari in *Tausend Plateaus* mehrfach den Exodus der Israeliten, siehe dazu unten Kap. 12.

24 In einem Gespräch mit Raymond Bellour und François Ewald bekräftigt Deleuze sein Interesse an der Jurisprudenz: »Was Recht schafft, sind nicht die Gesetzbücher oder Deklarationen, sondern ist die Jurisprudenz, die Rechtsprechung. Die Rechtsprechung ist die Philosophie des Rechts, und sie geht über die Singularität vor, über die Weiterführung von Singularitäten« (U, S. 223). Zur Verteidigung der Deleuze'schen Rechtskritik gegen vor allem regulative Rechtsverständnisse wie das von Claude Lefort vgl. in diesem Zusammenhang Clemens Pornschlegel, »Der Ort der Kritik. Zur Diskussion der Menschenrechte bei Gilles Deleuze und Félix Guattari«, in: Friedrich Balke, Joseph Vogl (Hg.), *Gilles Deleuze. Fluchtlinien der Philosophie*, München 1996, S. 179-197.

te fixierend, abstrakt und negativ ist, ist die Jurisprudenz kreativ, konkret und positiv. Diese Fokussierung auf das Prinzip der Jurisprudenz ist nicht so weit hergeholt, wie es zunächst scheint, da sie durchaus im Einklang mit Deleuze' allgemeinem Ansatz der Mikropolitik steht: Das Beispiel der Taxis zeigt, dass es nicht unbedingt darauf ankommt, Einfluss auf die Gesetzgebung zu nehmen, sondern dass man auch direkt auf der molekularen Ebene neue Praktiken etablieren kann. Die Jurisprudenz ist außerdem eher geeignet, der Besonderheit eines konkreten Falls Rechnung zu tragen, während das Recht als System die Singularitäten der spezifischen Situationen beständig unter eine allgemeine Regel subsumiert. Auch diese Situativität rechtfertigt für Deleuze, die Jurisprudenz der Seite des Lebens zuzuschlagen, denn sowohl das Leben als auch die Jurisprudenz verfahren, so Deleuze im Interview, »von Fall zu Fall«.[25]

Allerdings ist natürlich mit Deleuze' Fokussierung auf die Jurisprudenz die Radikalität seiner Kritik an der abendländischen Rechtssubjektivität nicht abgegolten. Denn erstens ist ja, wie auch das Beispiel des Rauchens in Taxis zeigt, die Jurisprudenz bereits das notwendige Supplement der bestehenden Rechtsordnung:

25 An dieser Stelle ist eine interessante Divergenz in der Interpretation der Deleuze'schen Rechtskritik zu bemerken. Während die deutsche Rezeption dazu neigt, die Juridismuskritik aus »Schluss mit dem Gericht« zu verabsolutieren und in Deleuze nur einen normativitätsfeindlichen Vitalisten zu sehen (eine Tendenz, in der noch immer die verheerenden Nachwirkungen der von Manfred Frank und Jürgen Habermas zu verantwortenden Fehllektüren aus den 1980er Jahren zu spüren sind), wird diese Seite im Rahmen der gegenwärtigen Deleuze-Renaissance im angelsächsischen Raum tendenziell ausgeblendet. Vor allem die US-amerikanische und australische Deleuzerezeption stützt sich sehr stark auf Deleuze' Ausführungen zur Jurisprudenz; kaum ein Text über »Deleuze and Law« kommt ohne Referenz auf das Parnet-Gespräch aus (vgl. besonders deutlich bei Edward Mussawir, *Jurisdiction in Deleuze. The Expression and Representation of Law*, London, New York 2011). Sowohl Paul Patton als auch Alexandre Lefebvre gehen sogar so weit zu behaupten, Deleuze habe gar keine prinzipiellen Einwände gegen das Recht, sondern nur gegen die ideologische Verschleierung seiner historischen Bedingtheit (Alexandre Lefebvre, *The Image of Law. Deleuze, Bergson, Spinoza*, Stanford 2008, S. 85; Patton, »Immanence, Transcendence, and the Creation of Rights«, S. 18 ff.). Beide Interpretationen sind verkürzt: Deleuze formuliert durchaus eine radikale Kritik an der juridischen Subjektivierung, deutet aber auch die Möglichkeit eines nicht mehr lebensfeindlichen Rechts an bzw. lässt den Weg zu einer Rekonzeptionierung des Rechts zumindest offen.

Ohne Rechtsprechung und somit Auslegung kann es kein Recht geben. Es ist damit unklar, inwiefern die Jurisprudenz von sich aus die Ressourcen bereitstellen können sollte, gegen die juridische Subjektivierung aufzubegehren. Zweitens ist die Jurisprudenz auch auf das etablierte Recht zurückverwiesen: Ohne Recht kann es keine Rechtsprechung und Rechtsauslegung geben. Damit ist die Frage, ob ein minoritäres Recht wenigstens prinzipiell möglich ist, noch immer relevant. Wenn auch die Jurisprudenz nicht ausreicht, um eine tragfähige Alternative zum bestehenden Regime des römischen Rechts zu skizzieren, so lassen sich aus Deleuze' Impromptu-Ausführungen dennoch Mindestanforderungen an ein solches Recht formulieren. Überträgt man die positiven Eigenschaften, die Deleuze der Jurisprudenz zuspricht, auf das Rechtssystem insgesamt, so lässt sich folgern, dass ein Recht des Minoritären erstens einen Abstand zum Staat bewahren, zweitens kreativ und produktiv und drittens kontextsensibel sein muss. Ein solches Recht wäre vielleicht, einer zweideutigen Bemerkung von Deleuze aus dem *Abécédaire* folgend, das Recht des Lebens: »il y a des droits de la vie«.[26] In Anspruch genommen werden solche Lebensrechte freilich nicht mehr von »Subjekten«, sondern von minoritären Existenzen, die sich durch ihre Lebenskunst aus ihrer juridischen Unterwerfung herausgearbeitet haben.

26 Andreas Fischer-Lescanos Vorschlag von »Kraft-Rechten« kann durchaus als Konkretisierung solcher Lebensrechte verstanden werden (obwohl er sich bemüht, seine eigene Konzeption von Deleuze abzugrenzen). Für Fischer-Lescano ist das Kraftrecht ein Recht, das im Sinne von Marx menschliche Kräfte als gesellschaftliche Kräfte freisetzt, vgl. Fischer-Lescano, *Rechtskraft*, insbes. Kap. IV.

12. Zwischenfazit: Exodus – Politik und Ethik jenseits des Rechts

Juridismus bezeichnet die Dominanz des Rechts in den zwischenmenschlichen Interaktionsweisen westlicher Gesellschaften, welche die Bedingungen eines guten oder gelingenden Lebens als Zusammenleben untergräbt. Mit Marx und Nietzsche wurden zwei genealogische Radikalisierungen dieser ursprünglich von Hegel gestellten Diagnose präsentiert: Marx hat die konkreten geschichtlichen Bedingungen der realen (polizeilichen und psychologischen) Atomisierung der Menschen in der Geburtsstunde der bürgerlichen Gesellschaft untersucht, Nietzsche die juridische Affektstruktur des europäischen Rechtssubjekts in ihrer Doppelgestalt als zugleich unterwerfend und ermächtigend zur Darstellung gebracht. Während Marx im Großen und Ganzen am sozialen Freiheitsbegriff Hegels festhält, sieht Nietzsche den Ausweg aus der juridischen Subjektivierung in einer transgressiven Überschreitung der gesellschaftlichen Normalität. Mit Habermas, Honneth und Brown wurden sodann die politischen, mit Deleuze und Guattari die ethischen Konsequenzen einer kritischen Theorie des Juridismus herausgearbeitet. Dabei stehen Habermas, Honneth und Brown eher in der Traditionslinie von Hegel und Marx, weil sie sich auf die eine oder andere Weise auf den Wert einer gelingenden Sozialität beziehen, Deleuze und Guattari eher in der Tradition von Nietzsche, weil sie die Durchbrechung sozialer Normen anstreben. Thematisch berühren sich die beiden Traditionslinien allerdings wieder. Auch der ersten geht es um Ethik: Hatte schon Marx die moralgenetischen Leistungen subjektiver Rechte hervorgehoben, indem er auf die Erzeugung egoistischer Handlungsorientierungen verwies, ist es vor allem Honneth und Brown um die Realisierung von Intimbeziehungen zu tun, die der fundamentalen menschlichen Abhängigkeit und Verwiesenheit gerecht werden können. Zugleich geht es auch der zweiten Traditionslinie um Politik: Nietzsches antikonformistische Prämissen eröffnen bereits die Möglichkeit einer agonistischen Revitalisierung der Demokratie, die dann in Deleuze' und Guattaris Konzept des Minoritärwerdens mikropolitisch ausgedeutet wurde. Nimmt man beide Ansätze zusammen, lassen sich also die

Konturen einer postjuridischen Politik und Ethik skizzieren. (Die Aufgabe, die sozialen mit den transgressiven Prämissen zu versöhnen und so die beiden Traditionslinien wieder zusammenzuführen, wird erst das Programm eines radikal transformierten Rechts angehen können, vgl. unten Kap. 13.)

Der Juridismus begreift *Politik* als die Programmierung des sozialen Lebens durch legislative Maßnahmen. Hiergegen wurde sowohl aus (post)marxistischer, als auch aus (queer)feministischer Perspektive eingewendet, dass dieser Politikbegriff die Hegemonie bestimmter, nämlich bürgerlicher und maskulinistischer Subjektivitäten zementiert. Die Inanspruchnahme von Rechten verlangt hingegen von denjenigen, die traditionell aus dem Recht ausgeschlossen waren, von der Konkretheit ihres Alltags abzusehen und sich auf ein Terrain zu begeben, auf dem sie immer schon benachteiligt sind. Konkret kann das dazu führen, dass radikale politische Forderungen pazifiziert und domestiziert werden. Sowohl die Arbeiter*innen-, als auch die Frauenbewegung haben demgegenüber einen postjuridischen Politikbegriff zur Geltung gebracht: Politische Akteur*innen haben versucht, einzelne soziale Sphären – die Ökonomie oder den Haushalt – direkt zu transformieren, ohne den Umweg über den Staat zu gehen. Sie haben Formen der Direkten Aktion entwickelt, die sich nicht an den Staat adressieren, und Forderungen aufgestellt, die sich nicht auf rechtsförmige Weise implementieren lassen. Für Marx war der Streik die politische Aktion *par excellence* und somit die Fabrik der Schauplatz der politischen Auseinandersetzung, analog dazu hat die Frauenbewegung den Bereich der Intimbeziehungen und der Familien als zentrale Politikfelder ausgemacht. Mit dieser Deprivilegierung des Staates als Zentrum der politischen Aufmerksamkeit und des Rechts als seiner Währung geht eine Repolitisierung des Sozialen einher. Zugleich beinhalten solche politischen Praktiken auch die Etablierung von Gegenmilieus und Subkulturen, in denen sich solidarische Fürsorgepraktiken experimentell entwickeln und ins Werk gesetzt werden können, sie haben also Auswirkungen auf ethische Praktiken.

Der Juridismus blockiert ein gutes menschliches Leben als Zusammenleben deshalb, weil er ein spezifisches Subjektivierungsregime darstellt: Er erzeugt Existenz- und Koexistenzweisen, die dem menschlichen Gedeihen nicht zuträglich sind. Rechtssubjekte begegnen sich auf eine egoistische, stolze und verächtliche Weise, sie leiden zugleich an permanenten Schuldgefühlen und einem schlechten Gewissen. Der Einsatz einer postjuridischen *Ethik* besteht darin, solche Charakterdispositionen und Affektstrukturen zu überwinden und andere Haltungen und Aufmerksamkeiten einzuüben. Deleuze hatte diese alternativen Denk- und Wahrnehmungsweisen unter dem Oberbegriff des »Lebens« firmieren lassen, das sich der psychosomatischen Organisierung der Individuen durch das transhistorisch wirkende »Gericht« entgegenstellt. In seiner Kollaboration mit Guattari hat er die postjuridischen Selbst- und Weltbeziehungen genauer als minoritäre Existenzweisen beschrieben. Diese umfassen all solche Ethiken, die sich dem rechtlich autorisierten Beherrschenwollen verweigern und auf kreative Weise andere, antiorganisierende Perspektiven zu entwickeln versuchen. Empirisch manifestieren sich solche Ideen in den diversen riskanten Lebensformen, die sich um das Ereignis 1968 kristallisiert haben: Transgressive ästhetische, psychedelische oder sexuelle Praktiken sind Beispiele einer solchen minoritären Lebenskunst, die den offenen Konflikt mit den eingespielten sozialen Routinen suchen. Zu Recht stellen Deleuze und Guattari diese ethischen Einsätze wiederum in einen politischen, genauer gesagt mikropolitischen Kontext.

Die genannten Ansätze beschreiben Versuche, den vier von Hegel aufgezeigten und von Marx und Nietzsche radikalisierten Negativeffekten des Juridismus praktisch entgegenzuwirken. Der bürgerlichen *Ideologie* von der monadischen Getrenntheit der Menschen setzen sie erstens die Demonstration von Konnektivität und Solidarität entgegen. Die deformierte *Psychologie* der Rechtsperson als zugleich egoistisch-souveräne, diszipliniert-verschuldete und berechenbar-abstrakte Subjektivität wollen sie zweitens durch die explorativ-experimentelle Einübung fürsorglicher, nonkonformer und intensiver Lebensweisen kurieren. Die *antikommunikativen* Effekte subjektiver Rechte versuchen sie drittens durch die Kollektivität ihrer Kämpfe zu neutralisieren. Durch die Repolitisierung des Sozialen dementieren sie schließlich viertens die potentiell *despotische* Souveränität des Staates, der als zentrale Planungsinstanz für sich die Programmierung des gesamten sozialen Lebens beansprucht.

Postjuridische Politiken und postjuridische Ethiken konstituieren zusammengenommen eine *spezifische* Praxis sozialer Transformation, denn der konventionelle Weg, eine gesellschaftliche Veränderung durch eine (reformerische oder revolutionäre) Eroberung des Staates zu verfolgen, steht ihnen nicht offen – dies würde das Recht als gesellschaftliches Steuerungsmedium ratifizieren. Stattdessen betreiben sie gerade eine Relativierung des Staates und rechtlicher Regulierungen, indem sie alternative soziale Formen an anderer Stelle praktisch ins Werk setzen. Man kann diese Praktiken als *Rückzug vom* oder *Auszug aus dem* Staat und dem Recht beschreiben. Die Arbeiter*innen- und die Frauenbewegung haben ebenso wie die diversen alternativen Lebensformen spätestens seit dem 20. Jahrhundert zahlreiche Beispiele für einen derartigen Auszug geliefert: Sie haben immer wieder und auf verschiedenen gesellschaftlichen Terrains Formen der sozialen und politischen Bezugnahme etabliert, die der bestehenden Staats- und Rechtsordnung gegenüber indifferent sind.

Das klassische Vorbild eines solchen Auszugs stellt der Exodus der Israeliten aus Ägypten dar, wie er im zweiten Buch Moses geschildert wird: Die Israeliten überwältigen nicht den Pharao und nehmen seinen Platz ein (was die pharaonische Herrschaft strukturell intakt lassen würde), sondern kündigen die etablierte Machtrelation auf, um im Gelobten Land eine neue Gemeinschaft zu gründen.[1] Während der Auszug der Israeliten eine räumliche Bewegung von einem geografischen Ort zu einem anderen bezeichnet, verweist der Auszug aus dem Staat und dem Recht auf die Möglichkeit einer Flucht nach innen. Der originäre Kontext des Exodusmotivs gibt dabei jedoch einen wesentlichen Fingerzeig, wie dieser Auszug zu begreifen ist: Die Freiheit, die die Israeliten im Gelobten Land erlangen, ist keine Freiheit *von* Gesetzen, sondern eine Freiheit *zum* Gesetz. Es ist der am Sinai gestiftete Bund mit Gott, der ihrer neuen Gemeinschaft die Verfassung gibt. Anders als die vom jungen Hegel beschriebenen frühchristlichen Gemeinden wird die Gemeinschaft der Juden nicht durch emotionale Zuneigung (wie die Liebe), sondern durch eine normative Ordnung zusammengehalten, die gesetzesförmig ist. Der jüdische Exodus ist also nicht die Aufkündigung des Rechts als solchem, sondern *eines bestimmten*,

1 Zu einer luziden Interpretation des Exodusmotivs als Prototyp radikaler gesellschaftlicher Veränderung vgl. Michael Walzer, *Exodus und Revolution*, Frankfurt/M. 1995, zu einer Adaption dieses Motivs für eine marxistische Gesellschaftstheorie vgl. Paolo Virno, *Exodus*, Wien 2010.

eines unterdrückerischen und ausbeuterischen, Rechts zugunsten eines anderen, des göttlichen Rechts. Um aber keine Wiederkehr pharaonischer Knechtschaft im Gelobten Land zu riskieren, muss das göttliche Gesetz seinem Inhalt und seiner Form nach *ganz anders* verfasst sein als das ägyptische. Postjuridische Politiken und Ethiken, heißt das, zielen nicht, wie der junge Hegel, Marx und Nietzsche gedacht haben, auf ein Leben ohne Recht – sie zielen auf ein Leben mit einem radikal transformierten, einem postjuridischen Recht.

IV. Postjuridisches Recht

13. Das »menschliche Dasein« des Gesetzes

Die Grundthese dieses Buches lautet, dass das Recht in seiner bestehenden Form systematisch auf Subjektivierungsprozesse angewiesen ist, die ein gutes oder gelingendes menschliches Leben als Zusammenleben untergraben. Hegel hatte die Defizite, die das Recht hervorruft, in vier Hinsichten ausbuchstabiert: erstens als ideologische Täuschung, zweitens als psychologische Deformation, drittens als Verlust kommunikativer Qualität und viertens als Gefahr eines politischen Despotismus. Mit Marx und Nietzsche konnten diese vier Dimensionen radikalisiert werden: Es ist nicht erst die »pathologische« Verabsolutierung des Rechts, die eine gute Sozialität blockiert, sondern das europäische Recht als solches. Daran anschließend konnten zum einen mit Habermas, Honneth und Brown die politischen, zum anderen mit Deleuze und Guattari die ethischen Perspektiven umrissen werden, die aus einer solchen Juridismuskritik folgen. Während die erste eher einem sozialen und die zweite eher einem transgressiven Freiheitsverständnis folgt, zielen beide Traditionslinien auf einen Auszug aus den etablierten juridischen Interaktionsweisen und auf die praktische Erarbeitung neuer Gemeinschaftsformen.

Zugleich wurde darauf hingewiesen, dass Recht nicht nur ein Hindernis, sondern auch eine Bedingung einer gelingenden Sozialität ist (vgl. oben Kap. 3). Der Grund dafür liegt aber nicht, wie bei Hegel, in der Notwendigkeit des Privateigentums, sondern in der positiven Funktion, die das Recht für die Artikulation der Emanzipationsforderungen traditionell ausgeschlossener oder unterdrückter Gruppen spielt. Als die ermächtigenden Eigenschaften des Rechts für das Subjekt wurden die Ermöglichung erstens individueller Differenz und somit einer Pluralität von Handlungsorientierungen, zweitens von Verantwortung und Accountability und drittens von Gleichheit und Selbstachtung verstanden. Weil das Recht nicht nur ein Hindernis, sondern auch eine Bedingung des gelingenden Lebens als Zusammenleben ist, muss der Forderung nach der Abschaffung oder Überwindung des Rechts eine Absage erteilt werden. Der Exodus aus dem Juridismus beinhaltet zugleich eine neue Gründung: die Gründung eines ganz anderen, radikal transformierten Rechts. Damit ist zugleich gesagt, dass die defizitäre (Inter-)Subjektivität Resultat nur einer bestimmten, nämlich der bisherigen, europäischen hegemonialen Rechtsform und nicht von Rechtlichkeit als solcher ist.

Die Forderung nach der Transformation des Rechts beruht also auf der Behauptung, dass ein Recht möglich ist, das die positiven ohne die negativen Eigenschaften von Rechtlichkeit besitzt. Das impliziert, dass es *nicht notwendigerweise dieselben* Eigenschaften des Rechts sind, welche die defizitären und die emanzipatorischen Effekte erzeugen. Anders formuliert lautet diese These, dass das Verhältnis von Entsetzlichkeit und Emanzipation kein tragisches ist: Es ist nicht so, dass es Emanzipation immer nur in Form der Produktion entsetzlicher Subjekte geben kann.[1] Damit ist also die Aufgabe gestellt, ein Recht zu finden, das *nicht* auf ideologischer Täuschung, psychologischer Deformation, kommunikativem Qualitätsverlust und einer Erosion politischer Gestaltungsfähigkeit beruht. Zugleich muss dies ein Recht sein, das die emanzipatorischen Funktionen der Differenzsicherung, Verantwortungszurechnung und Gleichheitsartikulation realisiert. Die wesentlichen Herausforderungen bestehen dabei darin, eine Differenz zu denken, die nicht asozial, eine Verantwortungszuschreibung, die nicht disziplinierend, und eine Selbstachtung, die nicht chauvinistisch ist.[2]

In seiner *Kritik der Hegelschen Rechtsphilosophie* spricht der junge Marx davon, dass in der Demokratie (im Gegensatz zu nicht-

1 Das heißt natürlich nicht, dass nicht auch die emanzipatorischen Eigenschaften des Rechts sich mit der Zeit als ambivalent erweisen oder sogar in ihr Gegenteil umschlagen, dass sie nicht unter Umständen dysfunktional oder kontraproduktiv werden könnten. Es wird lediglich behauptet, dass diese Anfälligkeit des Rechts, seinen emanzipatorischen Charakter zu verlieren, historisch und somit kontingent, nicht begriffslogisch-systematisch und somit notwendig ist. Ob sich die von Wendy Brown beschriebenen Paradoxien (vgl. oben Kap. 10) jemals werden auflösen lassen, wird sich *geschichtlich* erweisen müssen.

2 Im Lichte der in Kapitel 3 vorgelegten Lektüren lauten die hier aufgeworfenen Fragen also: Kann es Shylocks Widerstand gegen den Konformismus der Gemeinschaft geben, ohne die von Marx skandalisierte Gleichgültigkeit gegen die Bedürfnisse der Anderen zu autorisieren? Kann Grace die Verbrechen, die sie erlitten hat, verantwortlichen Akteur*innen zurechnen, ohne auf die von Nietzsche bemerkte »sociale Zwangsjacke« zurückzugreifen? Kann Coalhouse Walker auf die Erfüllung seiner Ansprüche als gleiches Rechtssubjekt insistieren, ohne dabei die von Hegel monierte subjektive Sprödigkeit und Versteifung an den Tag zu legen?

demokratischen Staatsformen wie der Monarchie) das Gesetz ein »menschliches Dasein« habe: »Der Mensch ist nicht des Gesetzes, sondern das Gesetz ist des Menschen wegen da.« (MEW 1, S. 231)[3] Die Qualifizierung »menschlich« verwendet der junge Marx häufig, wenn es darum geht, die kommunistische von der bürgerlich-kapitalistischen Gesellschaft zu unterscheiden: Während die Individuen unter kapitalistischen Bedingungen nur als konkurrierende Privateigentümer*innen produzieren, produzieren sie im Kommunismus »als Menschen« (MEW Ergänzungsband 1, S. 462); während die politischen Revolutionen des 18. Jahrhunderts nur eine teilweise, »politische Emanzipation« vollzogen haben, werden die sozialen Revolutionen der Zukunft eine »menschliche Emanzipation« vollziehen (MEW 1, S. 352). Auch der Ausdruck des »menschlichen Daseins« des Gesetzes in der Demokratie lässt sich in diese Reihe einordnen. Anstatt den Menschen auf die Befolgung staatlicher Imperative zu fixieren, soll das Gesetz also umgekehrt die realen Bedürfnisse des Menschen in seiner Menschlichkeit zum Maß haben. Der Marx'sche Ausdruck vom »menschlichen Gesetz« eignet sich daher gut als Bezeichnung für eine Rechtsform, welche einem guten oder gelingenden Leben als Zusammenleben angemessen ist.

13.1 Was heißt »menschlich«?

Die Besonderheit einer sozialphilosophisch operierenden Rechtskritik liegt darin, das Recht nicht hinsichtlich seiner Gerechtigkeit oder Stabilität, sondern hinsichtlich seiner Fähigkeit zu bewerten, ein gutes und gelingendes menschliches Leben als Zusammenleben zu ermöglichen. Die notorische Schwierigkeit der Sozialphilosophie besteht allerdings darin zu bestimmen, was ein gutes oder gelingendes Leben überhaupt ausmachen soll. Der aristotelische Vorschlag, als allgemein geteiltes oberstes Gut menschlichen Stre-

3 Der Ausdruck des »menschlichen Gesetzes« als »Grunddifferenz der Demokratie« stellt in doppelter Hinsicht eine Ausnahme zu Marx' allgemeiner Rechtstheorie dar: erstens durch den positiven Bezug auf Rechtlichkeit, zweitens durch den positiven Bezug auf Demokratie. Die Vorstellung, dass die soziale Revolution eher auf eine Überwindung des »engen bürgerlichen Rechtshorizonts« (MEW 19, S. 21) als auf die Einrichtung eines »menschlichen Gesetzes« zielt, entspricht eher der generellen Linie von Marx' Gesellschaftskritik.

bens die Glückseligkeit zu identifizieren, erscheint angesichts der faktischen Pluralität von Lebensformen und normativen Orientierungen aussichtslos: Jede*r versteht etwas Anderes darunter, was Glück bedeutet. Vom selben Problem scheint auch der Marx'sche Ausdruck des »Menschlichen« betroffen zu sein: Woher soll man wissen, was »der Mensch« ist, was seine »Menschlichkeit« wesentlich ausmacht? Warum sollte ausgerechnet ein noch nie dagewesenes Gesetz das Etikett »menschlich« beanspruchen dürfen, nicht jedoch sämtliche Rechtsordnungen, die bislang von Menschen erdacht und praktiziert wurden?

Rahel Jaeggi hat in ihrem Versuch der Reaktualisierung des Entfremdungsbegriffs zwei gängige Haupteinwände gegen die Entfremdungskritik rekonstruiert.[4] Zum einen verweisen (im weiteren Sinne) liberale Positionen auf den der Entfremdungskritik inhärenten Objektivismus, der in die Gefahr des Paternalismus mündet. Hiernach führt die Rede von einem »objektiv« guten oder gelingenden Leben unweigerlich dazu, die Deutungshoheit der Individuen über ihre eigene Lebenssituation zu dementieren, was dann wiederum autoritäre Einmischungen oder gar sozialtechnokratische Programmierungen auf den Plan rufen könnte. Zum anderen monieren Positionen aus dem Umfeld des Poststrukturalismus den Essentialismus, der in der Rede von einer »Natur« oder einem »Wesen« des Menschen liegt. Auch diese Kritik hat eine politische Dimension: Essentialistische Begründungsweisen beinhalten einen latenten Normalismus, indem sie die Transformations- und Transgressionsfähigkeit menschlicher Wesen beschränken. Beide Kritikpunkte ließen sich auch gegen Marx' Formulierung vom »menschlichen Gesetz« in Anschlag bringen, da diese auf einer essentialistischen Vorstellung einer »eigentlichen« Menschlichkeit zu basieren scheint, die sowohl von den geschichtlichen Emanationen des Menschlichen als auch von den Interpretationen realexistierender menschlicher Akteur*innen vollkommen unabhängig ist.

Dieses ohnehin gravierende Grundproblem der sozialphilosophischen Kritik scheint umso gewichtiger, wenn sie auf das Recht angewendet wird. Denn das Faktum der Pluralität, die evidente Anfechtbarkeit ethischer Normen und Werte, ist ja gerade einer der wichtigsten Gründe für die Einrichtung des Rechts überhaupt.

4 Vgl. Jaeggi, *Entfremdung*, S. 47 ff.

Weil sich die Zielsetzungen und Handlungsorientierungen der Individuen faktisch voneinander unterscheiden, so die einschlägige liberale Rechtsbegründung, soll das Recht dafür sorgen, dass sie ihre jeweiligen Zwecke verfolgen können, solange sie nicht die anderen daran hindern, dasselbe zu tun. Eben darum muss das Recht ethisch neutral sein. Würde es selbst einen ethischen Wert zu verwirklichen trachten, so würde es diesen nicht nur privilegieren, sondern auch den Individuen abverlangen, dem Recht eine zu große Bedeutung zuzusprechen. Für Kant ist die Triebfeder, die zur Befolgung eines Gesetzes anhält, der Hauptunterschied zwischen Moralität und Legalität: Während beim moralischen Gesetz gefordert ist, sich die Pflicht zur inneren Triebfeder zu machen, wird vom rechtlichen Gesetz nur äußerlich gesetzeskonformes Verhalten erwartet. Für Kant stellt die ethische Neutralität also auch eine Entlastung der Individuen dar; sie können im Rahmen des Erlaubten unbekümmert ihre jeweilige, sogar »pathologische«[5] Willkür verfolgen. Zugleich hat er damit definitorisch festgelegt, dass das gute Leben keine rechtliche Kategorie ist: Zwar soll das Recht persönliche Freiheit und somit auch den individuellen *pursuit of happiness* durch Privatautonomie garantieren, es darf aber nicht selbst danach streben, für die Menschen ethische Güter zu verwirklichen. Die ethische Neutralität des Rechts führt dazu, dass seine Bedeutung nicht durch ethische Anziehungskraft, sondern durch Zwang sichergestellt werden muss: Das Recht, heißt es in Kants *Rechtslehre* in der *Metaphysik der Sitten*, ist »eine Gesetzgebung, welche nötigend, nicht eine Anlockung, die einladend ist«.[6]

Rahel Jaeggi begegnet den beiden Einwänden gegen die Entfremdungskritik, indem sie den Entfremdungsbegriff *formal* rekonzeptualisiert. Der Begriff der Entfremdung bezeichnet demnach keine einfache Abweichung von einem »eigentlichen« Wesen des Menschen, sondern Störungen der *Aneignung* derjenigen sozialen Praktiken, an denen die Individuen partizipieren. Jaeggi definiert also nicht abstrakt, welche Güter Menschen brauchen, um nichtentfremdet zu leben, sondern benennt die subjektiven und objektiven Bedingungen, die gegeben sein müssen, damit Menschen selbst entscheiden können, wie sie sich selbst verwirklichen möchten. Auf

5 Kant, *Die Metaphysik der Sitten*, S. 324 (AB 15).
6 Ebd.

diese Weise kann Jaeggi beide Probleme (sowohl den Objektivismus als auch den Essentialismus) vermeiden und so auch die ihnen korrespondierenden politischen Gefahren umgehen: Weder muss paternalistisch ein »objektiv Gutes« bestimmt werden, das die Deutungshoheit der Akteur*innen ignoriert, noch wird der Mensch ein für alle Mal auf die ihm vorgeblich adäquate Form fixiert. Allerdings kommt auch die formale Neufassung des Entfremdungsbegriffs nicht ganz ohne anthropologische Vorannahmen aus. Ihr liegt nämlich die hegelianische Überzeugung zugrunde, dass Menschen *soziale* Wesen sind – und dass Menschen daher ihr Selbst nur *als* soziale Wesen verwirklichen können. Diese Anthropologie ist »schwach« in dem Sinne, dass sie durchaus eine Vielfalt von Weisen, die unhintergehbare Sozialität menschlicher Subjektivität zu interpretieren und zu leben, als legitim anerkennt, aber sie ist gesellschaftstheoretisch informativ und politisch handlungsanleitend, insofern sie ein nichtentfremdetes Leben als die Fähigkeit zur Aneignung wesentlich *sozialer* Praktiken bestimmt. Andersherum gesagt, verhindern genau solche Institutionen und Verhältnisse die Selbstverwirklichung der Individuen, die sie dazu bringen, ihre Abhängigkeit von Anderen und die ihre Freiheit ermöglichenden intersubjektiven Voraussetzungen zu vergessen oder zu verdrängen.

Bei näherem Hinsehen folgt auch Marx' Begriff des »menschlichen Daseins« des Gesetzes in der Demokratie schon einer ähnlichen Argumentationsstrategie. Denn auch Marx geht es nicht etwa darum, ein objektiv »menschliches« Leben zu definieren und dieses dann den Individuen mittels gesetzlicher Maßnahmen zu verordnen. Im Gegenteil ist es gerade Marx' Einwand gegen Hegel, dass dieser vom »wirklichen« Menschen abstrahiere, der aber vielmehr Ausgangspunkt und Maß des Gesetzes sein müsse. Die Monarchie kann nur gerechtfertigt werden, indem man den Menschen »verobjektiviert«, indem man also von seinen wirklichen, das heißt seinen empirisch vorgefundenen Bedürfnissen und Interessen absieht. Es ist die Monarchie, die paternalistisch und essentialistisch verfährt. Demokratie hingegen ermöglicht die »Selbstbestimmung des Volkes«, und zwar des »*wirklichen Volkes*« (MEW 1, S. 232, Hervorh. i. O.), eben darum ist die Demokratie die »Wahrheit« aller Staatsverfassungen (ebd.). Dass Individuen bei sich selbst sind im Anderen, das heißt ihre Kapazität, sich die sozialen Praktiken, an denen sie teilnehmen, auch anzueignen, ist nur unter der Bedingung möglich, dass die Menschen diese Praktiken selbst gestalten können. Auch Marx' Begriff des Menschlichen ist also nicht substanzialistisch, sondern formal: Was der Mensch ist, kann nicht im Vorhinein festgelegt werden, sondern ist Ergebnis menschlicher Selbstbestimmung. Zugleich ist Marx' Ausdruck vom menschlichen Dasein des Gesetzes in der Demokratie ebenfalls in einem schwachen Sinne anthropologisch (dass ein Begriff vom Menschlichen anthropologisch ist, ist ja auch eine Tautologie): Nur solche Verhältnisse ermöglichen den Menschen, in einen qualifizierten Prozess der Selbstbestimmung einzutreten, die nicht die irreduzibel sozialen Grundlagen menschlicher Subjektivität verdrängen oder subordinieren.

Dies ist nun auch der entscheidende Schritt der Marx'schen über die bürgerlichen Rechtstheorien hinaus. Denn indem er die Anerkennung von Sozialität als Bedingung gelingender Selbstbestimmung begreift, bestreitet er zumindest implizit das kantische Postulat der ethischen Enthaltsamkeit des Rechts. Erstens hat nämlich jedes Recht, auch das liberale, immer schon auch einen ethischen Gehalt, weil es spezifische Subjektformen mit korrespondierenden Werthaltungen und normativen Orientierungen fabriziert und privilegiert. Zweitens ist mit Marx die Sicherung und Pflege der intersubjektiven Voraussetzungen individueller Freiheit als *formalen Bedingungen der materialen Selbstbestimmung der Menschen* expliziert. Eine »menschliche« Demokratie, das heißt eine Demokratie, die ein »menschliches« Gesetz im Gegensatz sowohl zu einem monarchischen als auch zu einem liberalen oder bürgerlichen Gesetz einrichtet, ist eine Demokratie, welche der Sozialität des Menschen Rechnung trägt; ein »menschliches« Recht ist ein soziales Recht.

Schon für den jungen Marx war klar, dass ein solches Recht mit dem Privateigentum an Produktionsmitteln unverträglich ist: Die bürgerliche Demokratie als die der kapitalistischen Produktionsweise korrespondierende Regierungsform entzieht gerade die entscheidenden Aspekte des sozialen Lebens der Entscheidung der Akteur*innen. Demokratie ist hier auf die vom konkreten Leben abstrahierte Sphäre des Staates beschränkt. Die Menschen erfahren ihre Lebenswelt nicht als zugänglich, sondern als heteronom. Wenn Marx in der »Judenfrage« davon spricht, der Mensch solle seine *forces propres* als gesellschaftliche Kräfte erkennen und organisieren, so lässt sich das so verstehen, dass das soziale und ökonomische

Leben zum Gegenstand der kollektiven Entscheidung gemacht werden soll. Marx hat allerdings darauf verzichtet, sich ein soziales Recht näher auszumalen; stattdessen hat er seine Aufmerksamkeit immer mehr auf die wissenschaftliche Analyse und Kritik der kapitalistischen Wirtschaftsprozesse verlagert. Aus der sozialen Defizität der bürgerlichen Demokratie und des bürgerlichen Rechts hat er später den Schluss gezogen, dass eine von kapitalistischer Ausbeutung geheilte Gesellschaft überhaupt keines Rechts mehr bedürfte. Die Ausformulierung des Begriffs des »menschlichen« Gesetzes als eines sozialen Rechts steht daher noch aus.

13.2 Das Recht der Sozialität

Wenn die unhintergehbare Sozialität menschlicher Subjektivität die wesentliche Richtschnur für die Ausgestaltung eines im Marx'schen Sinne »menschlichen« Gesetzes als der formalen Voraussetzung menschlicher Selbstbestimmung abgibt, so bedeutet dies, dass die grundlegendste und dringendste Aufgabe der »menschlichen« Rechtsordnung in der Herstellung, Aufrechterhaltung und Pflege sozialer Zusammenhänge besteht. Das »menschliche« Recht richtet sich, mit anderen Worten, zunächst grundlegend gegen den Ausschluss von Menschen von der Möglichkeit, an gemeinschaftlichen Praktiken zu partizipieren.

Unmittelbar einschlägig wird diese Aufgabe der Überwindung von Exklusionsmechanismen vor dem Hintergrund des Problems der Staatenlosigkeit. In seiner Schrift *Zum ewigen Frieden* hat bereits Kant ein »Weltbürgerrecht« auf allgemeine Hospitalität gefordert, das heißt »das Recht eines Fremdlings, seiner Ankunft auf dem Boden eines andern wegen, von diesem nicht feindselig behandelt zu werden«.[7] Dieses kosmopolitische Besuchsrecht ist für Kant die direkte Konsequenz aus dem Faktum, dass es menschliches Leben nur als Zusammenleben gibt. Weil die Welt eine Kugel ist, können sich die Menschen nicht ganz aus dem Weg gehen, sondern müssen »endlich sich doch neben einander dulden«.[8] Obwohl diese Forderung – angesichts des gegenwärtigen Zustands des

7 Immanuel Kant, *Zum ewigen Frieden. Ein philosophischer Entwurf*, in: ders., *Werke*, Band XI, Frankfurt/M 1977, S. 191-251, hier S. 213 (BA 40).

8 Ebd., S. 214 (BA 41).

Asylrechts in den demokratischen Staaten – auch heute noch radikal klingt, bleibt sie einem atomistischen Menschenbild verhaftet. Die Hospitalität beinhaltet keine Verpflichtung bestehender Gemeinschaften, Fremde als Mitglieder aufzunehmen, sondern nur, sie nicht »feindselig« zu behandeln: Das kantische Besuchsrecht ist ein negatives, kein positives Recht. Kant sieht Menschen primär als isolierte Einzelne, die von sozialen Verbänden in ihrer Freiheit nicht eingeschränkt werden dürfen, nicht jedoch als soziale Wesen, die soziale Zusammenhänge wesentlich für ihre Freiheit und Selbstverwirklichung benötigen.

Ganz anders argumentiert gut 150 Jahre später Hannah Arendt in ihrer berühmten Kritik der Menschenrechte, die sie in ihrem politischen Hauptwerk *Elemente und Ursprünge totaler Herrschaft* formuliert hat. Den Anlass für ihre Reflexion gibt die Erfahrung des historisch neuartigen Phänomens massenhafter Staatenlosigkeit im 20. Jahrhundert. Arendt schreibt, dass die Menschenrechte, wie sie in den amerikanischen und französischen Menschenrechtserklärungen deklariert worden waren, genau in dem Augenblick versagen, in dem zum ersten Mal in großem Maßstab Menschengruppen auftauchen, die tatsächlich nichts Anderes als ihr schieres Menschsein vorzuweisen haben. Der Grund für dieses (bis heute anhaltende) dramatische Versagen liegt für Arendt darin, dass die Menschenrechte, die sich schon dem Namen nach auf das Nichts-als-Menschsein des Menschen beziehen, genau dasjenige zur Grundlage von Rechtlichkeit erheben, was die Staatenlosen als ihre größte Gefahr erleben, nämlich dass sie aller politischer und rechtlicher Bezüge entkleidet und somit auf ihr bloßes Leben zurückgeworfen sind. Die Menschenrechte sind, wie schon von Marx beschrieben, Rechte eines asozialen Wesens. Sie beruhen auf einem rein biologischen Begriff des Menschlichen, der das Wesentliche an der *conditio humana* aber gerade verkennt. Was den Menschen nämlich jenseits seines nackten, biologischen Lebens ausmacht, ist sein »Standort in der Welt«:[9] »in einem Bezugssystem zu leben, in dem man auf Grund von Handlungen und Meinungen beurteilt wird«.[10] Genau dies wird auch in der kantischen Begründung des Rechts auf Hospitalität ausgeblendet. Arendt knüpft demgegen-

9 Hannah Arendt, *Elemente und Ursprünge totaler Herrschaft. Antisemitismus, Imperialismus, Totale Herrschaft*, München 1986, S. 461.

10 Ebd., S. 462.

über, wie vor ihr Hegel und Marx, an die aristotelische Definition an, wonach die Fähigkeit zur Kommunikation eine konstitutive Eigenschaft des Menschseins ist; der Mensch ist von vornherein zum Zusammenleben und somit zur öffentlichen, das heißt originär politischen Gestaltung seiner Verhältnisse disponiert. Statt also die Menschenrechte gewissermaßen als Mindestrechte zu definieren, die noch Staatenlosen und Geflüchteten zukommen, welche all ihre sozialen und kommunikativen Bezüge verloren haben, gibt es für Arendt nur ein einziges Menschenrecht: ein Recht auf Mitgliedschaft in politischen Gemeinschaften, das heißt ein Recht, welches die irreduzible politische Disposition des Menschen artikuliert.

Arendts Postulat vom Recht der Mitgliedschaft in politischen Gemeinschaften wird meistens mit einem »Recht, Rechte zu haben« bzw. einem »Recht auf Rechte« gleichgesetzt und suggeriert, Arendt fordere eine Art Menschenrecht auf Bürgerrechte. Diese Interpretation ist aus zwei Gründen problematisch. Erstens basiert sie noch immer auf der Annahme eines Primats des Unpolitischen: Sie legt ein Bild zugrunde, wonach der Mensch ursprünglich außerhalb der Polis lebt, in die er dann kraft seines fundamentalen Menschenrechts Zutritt erlangt. Zweitens unterstellt sie, dass es Mitgliedschaft in *politischen Gemeinschaften* immer nur als Mitgliedschaft in *Nationalstaaten* geben könne. Arendt geht es jedoch gerade darum, beides zu bestreiten.[11]

An der vielzitierten Stelle ihres Buches, an der sie die Formel vom »Recht, Rechte zu haben« einführt, weist sie dezidiert darauf hin, dass die Gleichsetzung von Politik und Staatlichkeit gerade spezifisch modern ist. »Daß es so etwas gibt wie ein Recht, Rechte zu haben«, schreibt sie, »wissen wir erst, seitdem Millionen von Menschen aufgetaucht sind, die dieses Recht verloren haben [...] Bevor sich dies ereignete, wurde das, was wir heute als ein ›Recht‹ zu betrachten gelernt haben, eher als ein allgemeines Kennzeichen des Menschseins angesehen und die Rechte, die hier verloren gehen, als menschliche Fähigkeiten.«[12] Das entscheidende Demarkationsmerkmal des Menschseins ist nicht das Recht, sondern die

11 Zu einer detaillierten, hellsichtigen und treffenden Widerlegung der juridischen Interpretation des »Rechts, Rechte zu haben« vgl. Werner Hamacher, »The Right to Have Rights. Human Rights; Marx and Arendt«, in: *The New Centennial Review*, Vol. 14, No. 2, 2014, S. 169-214.

12 Arendt, *Elemente und Ursprünge totaler Herrschaft*, S. 462.

Sprache, das heißt die Fähigkeit, die öffentlichen Angelegenheiten ohne Einsatz von Gewalt zu regeln. Arendt geht also – mit Aristoteles und im Gegensatz zu Kant – von einem Primat des Politischen aus: Der Mensch ist ursprünglich und immer schon zur Politik ausgezeichnet. Das Bild des Menschen als eines unpolitischen Wesens, das die Menschenrechte zugrunde legen, ist erst Ergebnis der modernen Entkleidung des Menschen von seinen politischen Qualifikationen. Staatenlosigkeit ist kein Naturzustand, der durch Eintritt in den Staat überwunden wird; Staatenlosigkeit (als Produktion eines nackten, von der Politik getrennten Lebens) ist erst Ergebnis staatlichen Handelns. Diese von Arendt vorgenommene richtigstellende Umdrehung der Prämissen – von einem Primat des Unpolitischen zu einem Primat des Politischen – hat Konsequenzen für das Programm eines menschlichen Rechts. Dieses darf Sozialität nicht in der Logik des »Recht auf« denken, sie darf Politik nicht als eine Leistung denken, die für vorpolitische Anspruchssubjekte erst noch zu erbringen ist. Das menschliche Recht muss sich vielmehr als der transsubjektive Ausdruck einer originären Sozialität und Politikfähigkeit des menschlichen Lebens begreifen, als Recht *der* Sozialität.[13]

Arendts Hinweis auf die historische Relativität der atomistischen Prämissen, die den Menschenrechten zugrunde liegen, hat noch eine zweite wichtige Implikation. Es ist möglich – und war während eines Großteils der Menschheitsgeschichte der Fall –, die menschliche Fähigkeit zur kollektiven Selbstbestimmung anders zu realisieren, als es die modernen Nationalstaaten tun. Die Aufteilung des Globus in verschiedene Nationen und die Einteilung der Menschheit in unterschiedliche Völker basieren vielmehr auf Grenzziehungen, die großen Gruppen von Menschen jegliche Form gesellschaftlicher Teilhabe vorenthalten. Solange die Menschheit nicht mit dem konventionellen Konzept politischer Mitgliedschaft bricht, wird sie daher die latent katastrophale Struktur der modernen Souveränität weiter perpetuieren. Diese Einsicht ernst zu nehmen bedeutet dann, dass die Überwindung von Exklusion

13 Arendt wendet sich an vielen Stellen ihres Werkes gegen die Gleichsetzung des Politischen und des Sozialen, diese Unterscheidung ist jedoch für den vorliegenden Kontext nicht bedeutsam. Arendt stimmt mit der hegelianisch-marxistischen Traditionslinie immerhin soweit überein, dass es auch für sie ein gutes oder gelingendes Leben nur als Zusammenleben gibt.

nie einfach in Inklusion, die Lösung des Problems der Staatenlosigkeit nie in Staatlichkeit liegen kann. Arendt geht es um mehr als um die Möglichkeit des Menschen, Mitglied eines traditionellen Nationalstaats zu sein; die politischen Gemeinschaften selbst müssen verändert werden.

Die internationale Arbeiter*innenbewegung des 19. und 20. Jahrhunderts hat sich häufig unter der Losung der internationalen Solidarität versammelt. Damit war sie geschichtlich die bislang wichtigste Bewegung, die sich von der hegelianisch-marxistischen Grundüberzeugung von der irreduziblen Sozialität menschlicher Freiheit leiten ließ. Wesentlich ist dabei, dass sie ihre Solidarität nicht an die Mitgliedschaft im selben Nationalstaat, sondern an den geteilten Status als Arbeiter*in knüpfte. Damit hat die Arbeiter*innenbewegung eine Form der politischen Kollektivität produziert, die quer zu den etablierten Formen nationaler Identifikation liegt. Diese Kollektivität wurde dabei nicht in die Zukunft projiziert, als noch zu erkämpfende universelle Verschwisterung im Rahmen etwa einer »sozialistischen Weltrepublik«, sondern im Rahmen der proletarischen Kampforganisationen als Form einer neuen, der bestehenden Staatenordnung gegenläufigen Verbindung bereits praktiziert. Die sozialistische Losung der internationalen Solidarität präsentiert eine Möglichkeit, die Hegel'sche Idee der Verflechtung der eigenen Handlungsziele mit denen einer sozialen Gemeinschaft anders als (national-)staatlich zu aktualisieren. Auch wenn Arendt alles andere als eine Marxistin war, entspricht diese Form der transnationalen bzw. aterritorialen Verbindung viel eher ihrer Vorstellung der Realisierung des Menschen als *zoon politikon* als seine Mitgliedschaft in einem konventionellen Nationalstaat. Das Potential, den Übergang hin zu postjuridischen Gemeinschaften als Exodus zu denken – und nicht als Reform oder Revolution –, liegt dann in der Möglichkeit der Konstruktion transversaler Sozialitäten, die keine nationalen Grenzen kennen. Es sind plurale diasporische Gemeinschaften, die sich durch den Auszug aus den konventionellen Nationalstaaten mit ihren exkludierenden Gewaltapparaten konstituiert haben, welche eine aterritoriale Kohabitation auf dem geteilten Planeten antizipieren und auf diese Weise das fundamentale Recht der Sozialität ins Werk setzen.

13.3 Die Sozialität des Rechts I: Die Vermittlung des Willens

Der grundlegende Zug eines »menschlichen« Rechts ist also die Sicherung der Mitgliedschaft aller Menschen in sozialen und politischen Zusammenhängen jenseits des Nationalstaats, das heißt die Überwindung der Exklusion territorialer Grenzziehungen. Der Anspruch der Sozialität hat aber auch eine grundlegende Konsequenz für das Binnenverhältnis postjuridischer sozialer Zusammenhänge. Das europäische Recht trennt nicht nur die Mitglieder einer Rechtsgemeinschaft von den Nichtmitgliedern, sondern auch die Mitglieder untereinander. Seine dissoziierenden Effekte entfaltet das Recht dabei nicht vorrangig durch konkrete Inhalte, sondern durch seine *Form*. Bei der Form muss daher auch der Versuch ansetzen, ein anderes, ein »menschliches« Recht zu denken.

Bereits die im römischen Recht entwickelte Subjektkategorie der *persona*, die ihren Handlungsspielraum durch die Etablierung eines individuellen *ius* gegen die Anforderungen der Gemeinschaft immunisiert, hat eine Gesellschaft erzeugt, die nur noch die Summe voneinander getrennter Parzellen ist. Im modernen subjektiven Recht hat sich dann geschichtlich ein Rechtsverständnis durchgesetzt, das alle gesellschaftliche Teilhabe als »Ansprüche« individueller Rechtssubjekte figuriert, deren Wollen es als rechtsvorgängig voraussetzt und so naturalisiert. Dies war die Diagnose von Hegel und Marx, die Christoph Menke in seiner *Kritik der Rechte* jüngst aufgegriffen und weiter ausgeleuchtet hat. Menke hat auch einen Vorschlag unterbreitet, wie ein »Jenseits des bürgerlichen Rechts« zu denken ist, ein Recht also, das sich vom modernen subjektiven Recht der Form nach unterscheidet. An die Stelle der subjektiven Rechte setzt Menke ein »neues Recht«, das er das Recht der »Gegenrechte« nennt. Menkes Programm der Gegenrechte eignet sich gut als Ausgangspunkt einer Reflexion über die Form des »menschlichen« Rechts, weil er es vom bisherigen bürgerlichen Recht ebenso abgrenzt wie von der kommunistischen Vision einer Gesellschaft ohne Rechte; es scheint daher der Idee eines ganz anderen, radikal transformierten Rechts bereits sehr nahezukommen.

Menke begreift die Gegenrechte wesentlich als »antipositivistisch«:[14] Sie nehmen das Wollen der Rechtssubjekte nicht länger als gegeben hin, sondern greifen in es ein. Gegenrechte, heißt das, widerrufen die Willkürfreiheit. Dies impliziert, die Interessen, Bedürfnisse und Begierden der Menschen nicht länger zu naturalisieren, sondern zu politisieren. Die Form der subjektiven Rechte zu überwinden muss also damit beginnen, die Immunisierungsfunktion bürgerlicher Rechte in Frage zu stellen. Darin besteht der soziale Charakter der Gegenrechte: Sie nehmen den Rechtspersonen ihre Masken ab; die Menschen begegnen sich nicht länger in Form ihrer juristischen Avatare, sondern sind einander in ihrer existenzialen Ganzheit ausgesetzt. Gegenrechte suspendieren damit auf ganz grundlegende Weise die Trennungseffekte des bürgerlichen Rechts.

Zugleich entsteht durch diesen Eingriff in das Wollen die Gefahr der Unterordnung der Individuen unter die Gemeinschaft, das heißt die Gefahr eines Rückfalls in den konformistischen Gemeinschaftsdruck traditionaler Bindungen. Auch wenn dies gar nicht das Risiko ist, das Menke vorrangig beunruhigt (ihm geht es vielmehr um die Kritik des Kommunismus als einer »Herrenmoral«, die keine Passivität zulässt), kann er ihm auf eine geeignete Weise begegnen. Menke baut nämlich der Idee der Gegenrechte eine Sperre gegen die (»totalitäre«) Vereinnahmung der Individuen durch die Gemeinschaft ein, indem er auf dem Wert der Nichtteilnahme insistiert. Diese versteht er aber anders als der Liberalismus: Die Möglichkeit der Nichtteilnahme wird nicht durch negative Abwehrrechte eines Individuums gegen die Zumutungen der Gesellschaft gesichert, sondern ergibt sich aus der Bedeutung, die sie für den Prozess der sozialen Partizipation selbst hat. Diesen Zusammenhang erläutert Menke mittels einer Theorie des Urteilens. Das sinnliche Wollen eines Subjekts hat hier den Status eines affektiven Antriebs, der niemals ganz in sozialer Partizipation aufgehen kann. Gegenrechtliches Urteilen besteht für Menke nun darin, das sinnliche Wollen des Subjekts weder als vorsoziale Tatsache vorauszusetzen (wie es das bürgerliche Recht tut) noch als irrelevant zu exkludieren oder zu subordinieren (die Gefahr des Kommunismus ohne Rechte), sondern in die urteilsförmige Vermittlung einzubeziehen, es dabei aber zu verändern. Die »Affirmation wertbildender Leidenschaften«, sagt Menke in Form einer Montage eines Zitats

14 Menke, *Kritik der Rechte*, S. 381, passim.

von Martin Seel mit einem von Adorno, »wird zum Moment anstatt des Grundes«.[15]

Diese Formel – *Moment anstatt Grund* – ist der Schlüssel zum Verständnis des Programms der Gegenrechte. Sie erklärt die Äquidistanz, in der die Gegenrechte sowohl zum bürgerlichen Recht als auch zur kommunistischen Gleichheit ohne Rechte stehen: Das Subjekt der Gegenrechte ist anders als die Bürgerin, denn es erklärt sein Gewolltes nicht zum Gegebenen, aber auch anders als das Mitglied der kommunistischen Gemeinschaft ohne Rechte, denn es akzeptiert seine individuelle Sinnlichkeit. Das von den Rechtsgemeinschaftsmitgliedern verspürte Wollen hat keinen unmittelbaren Anspruch mehr auf Geltung, sondern wird zunächst in einen Prozess sozialer Vermittlung eingespeist und somit verändert. Zugleich wird es in diesem Prozess der Vermittlung auch nicht vollkommen getilgt, sondern bleibt in ihm als Überschuss, als Unruhemoment oder Unterbrechung, präsent. Sinnliche Affektion ist eine Dimension des Menschseins, die nicht vollständig in Form der sozialen Teilhabe zur Geltung gebracht werden kann. Aus diesem Grund gibt es keine gegenrechtliche Gemeinschaft ohne exzessive, die Sozialität überschreitende Anteile. Indem dieser exzessive Aspekt jedoch auf diese Weise verstanden wird – als notwendiges Moment der Selbstregierung der Teilnehmenden –, fallen Menkes Gegenrechte nicht in den Liberalismus zurück, sondern gehen über ihn hinaus: Sie autorisieren nicht »die Indifferenz des privaten Eigenwillens gegenüber der Normativität des Sittlichen«, sondern »ermöglichen Nichtteilnahme *in* der Teilnahme«.[16]

Grundzug der Gegenrechte ist also die Einbeziehung des Wollens in die Vermittlung: »Alles muss in der Selbstregierung durch die Vermittlung hindurch«, schreibt Menke, »nichts ist Grund, alles wird zum Moment.«[17] Die Verwandlung der affektiven Gewissheit von einem Grund in ein Moment soll sich dabei durch das

15 Ebd., S. 378 f. – Bei Adorno geht es an dieser Stelle um dialektische Erkenntnis. Er grenzt Dialektik vom »idealistischen Schein« ab, der meint, vom Unmittelbaren als Festem und Erstem aus ein bruchloses System aufbauen zu können. In der dialektischen Erkenntnis, so Adorno, ist die treibende Kraft des Sinnlichen vermittelt, nicht mehr unmittelbar. Dadurch wird das Sinnliche selbst verändert, vgl. Adorno, *Negative Dialektik*, S. 50.

16 Menke, *Kritik der Rechte*, S. 384.

17 Ebd., S. 380.

»Nachdenken« der Rechtsgemeinschaftsmitglieder vollziehen. Dieser Begriff ist missverständlich, denn er suggeriert, dass es sich bei der fundamentalen subjektiven Transformation, welche die gegenrechtliche Vermittlung instituiert, um das Ergebnis individueller intellektueller Leistungen handelt. Vermittlung kann aber nicht als individueller, sondern muss als sozialer Vorgang verstanden werden. Soziale Vermittlung bedeutet Kommunikation: Nur im Austausch mit anderen ist das Subjekt in der Lage, den sittlichen Wert des eigenen Wollens zu explorieren. Wer meint, seine Handlungsgründe allein aus dem eigenen Nachdenken generieren zu können, handelt, so hatte bereits Hegel gezeigt, »dogmatisch«. Mit Hegel lässt sich der Unterschied zwischen dogmatischer individueller und wahrer sozialer Deliberation anhand der gesellschaftlichen Sphärentrennung nachvollziehen: Während sich die Menschen in der Sphäre des Rechts auf die schiere Legalität ihres Wollens zurückziehen können, müssen sie es in der Sphäre der Intimbeziehungen (Freundschaft und Liebe) mit inhaltlichen Gründen ausweisen (eine Raucherin wird einem Fremden gegenüber das Rauchen mit Verweis auf das Erlaubtsein, einer Freundin gegenüber hingegen mit der Lust am Rauchen oder auch der eigenen Sucht rechtfertigen). Während man sich Infragestellungen des eigenen Wollens von Fremden (von anderen Menschen, mit denen man nur im Verhältnis als gleiche Rechtssubjekte steht) verbittet, sind sie von Freund*innen oder Partner*innen willkommen. Das neue Recht der Gegenrechte, wie Menke es versteht, bringt diese Sphärentrennung zum Kollabieren: Es verlangt von den Rechtsgemeinschaftsmitgliedern, ihre eigene sinnliche Gewissheit im kommunikativen Prozess zur Disposition zu stellen. Dafür ist es nötig, dass sie sich auf einen ergebnisoffenen und darum immer unsicheren diskursiven Austausch einlassen.

Zugleich sollen auch nicht die Interaktionsregeln von Intimbeziehungen auf die gesamte Gesellschaft ausgeweitet werden. Menkes Begründung der Gegenrechte definiert nämlich, welche Argumente im Diskurs über das Wollen der Rechtsgemeinschaftsmitglieder angeführt werden dürfen. Einerseits wird der Unmittelbarkeit der sinnlichen Gewissheit der Status als »autoritative Tatsache«, das heißt als letzter Handlungsgrund entzogen: »Das bloß Gegebene verdient unsere Berücksichtigung nicht.«[18] Andererseits – hier-

18 Ebd.

in unterscheiden sich die Gegenrechte von der kommunistischen Gleichheit ohne Rechte – spielen die »sinnlichen Stimmen« der Rechtsgemeinschaftsmitglieder für die kollektive Deliberation auch nicht keine Rolle. Die soziale Vermittlung bringt nicht das Wollen der Individuen vor das Tribunal der Gemeinschaft. Die Individuen lassen sich von ihrem Wollen vielmehr »an- und vorantreiben«,[19] sie wissen sich als sinnliche Wesen, deren Pluralität und Differenz kein Defizit, sondern Existenzbedingung ist.

Donna Haraways Konzept des »situierten Wissens« eignet sich gut, um das Verhältnis von sinnlicher Gebundenheit und sozialer Vermittlung in der gegenrechtlichen Selbstregierung zu veranschaulichen. In ihrem gleichnamigen Aufsatz setzt sie sich mit dem Objektivitätsanspruch der Naturwissenschaften auseinander. Der Anspruch der Objektivität, schreibt sie, beruht auf einem »göttlichen Trick« (*god trick*), auf der Fiktion eines entkörperlichten, desengagierten, allwissenden und neutralen Blicks (der für gewöhnlich der unmarkierte Blick weißer Männer ist). Der von Haraway beschriebene göttliche Trick entspricht in Menkes Terminologie die Gefahr des rechtelosen Kommunismus, die affektive Exzentrik der Individuen zu verkennen und somit ihre Differenz zu unterdrücken. Haraway kritisiert Objektivität nun jedoch nicht im Namen der Relativität von Wahrheit (übertragen auf die Frage der Rechte würde ein solcher Relativismus wieder zurück in den solipsistischen Dogmatismus der Naturalisierung des Wollens führen). Vielmehr muss es ihr zufolge darum gehen, Objektivität selbst anders zu verstehen. Interessant für die Wissensproduktion sind nur solche Perspektiven, die sich als besonders ausweisen, langweilig und leer sind hingegen alle Behauptungen, die sich als universell ausgeben und somit ihre eigene Kontextbedingtheit und soziale Verortung leugnen. Aus diesem wissenschaftstheoretischen Modell zieht Haraway prozedurale Schlussfolgerungen: Um einen rationalen Diskurs führen zu können, sind Rekurse auf universelle Wahrheiten auszuschließen. Diese radikale Disqualifizierung autoritärer Transzendenzansprüche nennt Haraway das Primat partialer Perspektiven: »Partialität und nicht Universalität [ist] die Bedingung dafür, rationale Ansprüche auf Wissen vernehmbar anzumelden […]. Nur der göttliche Trick ist verboten.«[20] Für die Gegenrechte heißt

19 Ebd.

20 Donna Haraway, »Situiertes Wissen. Die Wissenschaftsfrage im Feminismus

das, dass das Kriterium der Beurteilung des Wollens der Rechtsgemeinschaftsmitglieder nicht in ihrer Übereinstimmung mit einer universellen Wahrheit liegen kann. Es geht nicht um die Transformation menschlicher Triebe zu einem objektiv »guten Willen«. Im Gegenteil sind für die Rechtsgemeinschaft gerade diejenigen sinnlichen Stimmen wertvoll, die gebunden, partiell oder idiosynkratisch sind. Die Beantwortung der Frage »Kann ich rauchen wollen?« wird daher nicht in der Prüfung einer allgemeinen Wahrheit (wie des gesundheitsgefährdenden Charakters des Rauchens) liegen, sondern in der Prüfung dessen, was das Rauchen für die konkrete Selbstverwirklichung dieses einen besonderen Individuums bedeutet.

An dieser Stelle wird auch endlich deutlich, wie sich die hegelianische und die nietzscheanische Traditionslinie wieder zusammenführen lassen. Während Hegel gegen die atomisierenden Effekte des Rechts die therapeutische Kraft der Sittlichkeit mobilisieren wollte, ging es Nietzsche um die Entfaltung einer radikal transgressiven Ästhetik der Existenz, die etablierte Sozialzusammenhänge überschreitet. Die beiden Perspektiven, die soziale und die transgressive, lassen sich nicht miteinander vereinbaren, indem sie auf jeweils unterschiedliche gesellschaftliche Sphären verteilt werden – dies wäre selbst nur eine hegelianische Lösung. Vielmehr muss Differenz, wie Menke und Haraway vorgeführt haben, als irreduzibler Teil von Sozialität selbst verstanden werden: Das »menschliche« Recht aktualisiert Sozialität, indem es die besonderen Gewissheiten der Individuen immer zugleich verändert *und* reproduziert.

Menke hat die institutionelle Gestalt des »neuen Rechts« nicht konkret beschrieben. Dies bedeutet jedoch nicht, dass die Gegenrechte darauf verzichten könnten, sich eine institutionelle Gestalt zu geben. Ihren Charakter als Rechte können sie vielmehr nur bewahren, wenn sie eine Differenz zum Nichtrechtlichen, das heißt zur Natürlichkeit des unmittelbar Gegebenen, aufrechterhalten. Auf Institutionalisierung sind sie insbesondere deshalb angewiesen, weil dies die einzige Möglichkeit ist, der Gefahr des Konformismus und der Normalisierung im Zuge der kollektiven Vermittlung des Willens entgegenzuwirken. Wie lässt sich die Gleichzeitigkeit von Sozialität und Differenz rechtlich prozessieren?

und das Privileg einer partialen Perspektive« in: *Die Neuerfindung der Natur. Primaten, Cyborgs und Frauen*, Frankfurt/M., 1995, S. 73-97, hier: S. 89.

Menke entwickelt sein Konzept der Gegenrechte aus einer Lektüre von Nietzsches Motiv des »affirmativen Sklavenaufstands«, als dessen Akteur*innen in der *Genealogie der Moral* die Juden identifiziert werden.[21] Hierbei handelt es sich nicht um eine metaphorische Stilisierung: Es sind reale jüdische Rechtspraktiken, die sich durch den Exodus aus der ägyptischen Sklaverei konstituiert haben, von denen sich die Idee des »menschlichen« Rechts inspirieren lassen sollte. Gerade diejenige Rechtstradition, die seit Jahrhunderten als das Andere des hegemonialen europäischen Rechts (und ebenso der christlichen Liebe) konstruiert wurde, stellt also die wichtigste Ressource für die institutionelle Ausgestaltung des »menschlichen« Rechts dar.

13.4 Die Sozialität des Rechts II: Die Gemeinschaft der Interpret*innen

Die jüdische Rechtstradition ist nicht einfach eine verschüttete Wissensreserve, die (neben anderen) als Ideenquelle für eine Neukonzeption des Rechts herangezogen werden kann. Vielmehr hat ihre besondere Bedeutung für das Projekt eines »menschlichen« Rechts einen historischen Grund. Das hegemoniale europäische Recht hat nämlich seine charakteristischen Formprinzipien – und somit auch seine dissoziativen Effekte – gerade in Abgrenzung von der jüdischen Rechtsform entwickelt. Die Verdrängung der hebräischen Erfahrung ist die Voraussetzung für die Herausbildung eines dogmatischen, hierarchisch gegliederten und durch Referenz auf eine oberste Autorität gesicherten Rechtssystems. Das römische Recht ist dabei eine folgenreiche Allianz mit dem Christentum eingegangen:[22] Die Annahme der Möglichkeit einer

21 Menke, *Kritik der Rechte*, S. 364 f.

22 In seinem Aufsatz »Zur Judenfrage« hat Marx den strukturell christlichen Charakter des demokratischen Nationalstaats aufgezeigt. Obschon formal gesehen säkularisiert, konserviert dieser die spezifisch christliche Vorstellung der Jenseitigkeit des »wirklichen Lebens« in Form einer Entgegensetzung zwischen einem profan-egoistischen Leben in der bürgerlichen Gesellschaft und einem geistig-gemeinschaftlichen Leben im Staat (vgl. MEW 1, S. 360). Diese Analyse lässt sich noch spezifizieren. Wie Pierre Legendre betont, drückt sich die schon früh eingegangene Allianz zwischen dem Christentum und dem römischen Recht auch in einer besonderen juridischen Rationalität, genauer gesagt einer spezifisch christ-

innerweltlichen Präsenz Gottes legitimiert die *plenitudo potestatis* von Kaiser und Papst. Die rabbinische Tradition hingegen kennt keinerlei Instanzen, die mit derartiger Machtfülle ausgestattet wären, sondern depotenziert Gott zu einem abwesenden Gesetzgeber und versteht das Volk Israel als eine horizontale Gemeinschaft von Interpret*innen,[23] deren Sozialität sich gerade dadurch verwirklicht, dass sie miteinander in einen Auslegungsstreit eintreten.

In den letzten Jahren ist eine verstärkte Aufmerksamkeit für die vielfältigen jüdischen Rechtsdiskurse zu verzeichnen.[24] Es wird dabei häufig davon ausgegangen, dass die jüdische Rechtstradition sowohl aufgrund einiger der religiösen Motive, die man vielleicht zum theologischen Kernbestand des Judentums rechnen darf, als auch als Resultat der spezifischen religionssoziologischen Bedingungen, unter denen es sich entwickelt und weiterentwickelt hat, auch für andere Kontexte – etwa rechtswissenschaftliche, philosophische, politische und literaturwissenschaftliche – einen sehr fruchtbaren Untersuchungsgegenstand abgibt. Zu den genu-

lichen Texthermeneutik, aus, welche die Geltung eines Gesetzes immer nur in Hinblick auf seine Stellung innerhalb einer machtförmig verfassten Referenzhierarchie beurteilt (Pierre Legendre, »Die Juden interpretieren verrückt. Gutachten zu einem Text«, in: ders., *Vom Imperativ der Interpretation*, Wien 2010, S. 165-188). Und Giorgio Agamben hat in seiner Studie über die Engel als die Beamten des Himmels nachweisen können, dass selbst das Institutionendesign der modernen Bürokratie demjenigen einer spezifisch christlichen Himmelsökonomie korrespondiert (Giorgio Agamben, *Herrschaft und Herrlichkeit. Zur theologischen Genealogie von Ökonomie und Regierung*, Berlin 2010). Es spricht also einiges dafür, dass zumindest viele der prägnanten Begriffe der modernen Staatslehre säkularisierte theologische, genauer gesagt eben christliche Begriffe sind.

23 José Faur, *The Horizontal Society. Understanding the Covenant and Alphabetic Judaism. Volume 1*, Brighton 2008.

24 Vgl. zum deutschen Kontext exemplarisch: Justus von Daniels, *Religiöses Recht als Referenz. Jüdisches Recht im rechtswissenschaftlichen Vergleich*, Tübingen 2009; Eva Buddeberg, Daniel Loick (Hg.), *Judentum und Praktische Philosophie*, Schwerpunkt der Deutschen Zeitschrift für Philosophie 5 (2012); Ino Augsberg, Karl-Heinz Ladeur (Hg.), *Talmudische Tradition und moderne Rechtstheorie. Kontexte und Perspektiven einer Begegnung*, Tübingen 2013; Micha Brumlik, *Messianisches Licht und menschliche Würde. Politische Theorie aus den Quellen des Judentums*, Baden-Baden 2013; Andreas Fischer-Lescano, »Regenbogenrecht. Transnationales Recht aus den ›Quellen des Judentums‹«, in: Julia König, Sabine Seichter (Hg.), *Menschenrechte. Demokratie. Geschichte. Transdisziplinäre Herausforderungen an die Pädagogik*, Weinheim 2014, S. 163-181.

in theologischen Topoi zählt etwa die viele Jahrhunderte vor den modernen Vertragstheorien entwickelte Idee des Bundes als eines strukturell gleichberechtigten Verhältnisses von Gott und den Menschen, das auch in entsprechenden politischen und rechtlichen Arrangements unter den Menschen seine Entsprechung finden soll.[25] Vielleicht noch wichtiger für die gegenwärtig zu beobachtende Intensivierung der interdisziplinären Diskussion um das jüdische Recht ist aber die grundlegende Beobachtung, dass soziale, politische und kulturelle Verhältnisse Form und Inhalt eines Rechtssystems prägen. Für das Judentum sind dies bekanntlich Bedingungen der Diaspora; seit der Zerstörung des Tempels im Jahr 70 christlicher Zeitrechnung und verstärkt mit der Niederschlagung des Bar-Kochba-Aufstandes im Jahr 135 musste sich das jüdische Recht ohne eigene staatliche Durchsetzungsinstanzen und zumeist in einer feindlichen Umgebung konservieren. Diese Bedingungen sind es, die das jüdische Recht von den hegemonialen westlichen Rechtssystemen unterscheiden. Gerade aus dieser Situation der Vertreibung und der Exklusion heraus haben sich einige Merkmale spezifisch jüdischer Rechtsdiskurse entwickelt, die es für eine Bezugnahme im Rahmen des Projekts eines »menschlichen« Rechts attraktiv erscheinen lassen.[26]

25 Wie es u. a. Daniel Elazar und David Novak in jüngerer Zeit herausgearbeitet haben. Vgl. Daniel J. Elazar, *Kinship and Consent. The Jewish Political Tradition and Its Contemporary Uses*, New Brunswick 1997; Daniel J. Elazar (Hg.), *The Covenant Connection. From Federal Theology to Modern Federalism*, Lanham 2000; David Novak, *Covenantal Rights. A Study in Jewish Political Theory*, Princeton 2005.

26 Als entspräche es einer besonders ironischen List der Geschichte, lässt die aktuelle weltpolitische Lage das jüdische Recht gerade aufgrund dieser Inkompatibilität mit konventionellen Vorstellungen politischer Herrschaft als ein interessantes Integrationsmodell der Weltgesellschaft erscheinen. Gerade weil Juden über Jahrhunderte hinweg aus den klassischen Nationalstaaten und ihren etablierten Repräsentationsinstitutionen ausgeschlossen waren, befanden sie sich schon in einer Situation, die für die meisten Menschen erst heute, im Zeitalter des Endes der westfälischen Weltordnung und damit einhergehend des allgemeinen Niedergangs nationalstaatlicher Institutionen, erfahrbar werden. Das jüdische Recht, das ohnehin seit 1900 Jahren dem Paradigma eines – in den Worten von Andreas Fischer-Lescano – »exterritorialen Weltrechts« (Fischer-Lescano, »Regenbogenrecht«, S. 165) unterliegt, bietet sich somit besonders an, weil es ganz andere, nicht auf Zwang gestützte Konfliktschlichtungsverfahren hat entwickeln können. Wie Thomas Vesting schreibt, ist hier »die Geltung des Rechts von

Dies betrifft sowohl die Frage der Rechts*interpretation* als auch die Frage der Rechts*exekution*.

Das für die *Rechtsinterpretation* im Rahmen eines »menschlichen« Rechts entscheidende Merkmal der jüdischen Rechtspraxis ist das des *interpretativen Pluralismus*. Die Basis des interpretativen Pluralismus ist die Anerkennung der irreduziblen Polysemie von Rechtstexten einschließlich der fundamentalen jüdischen Rechtsquelle, der Thora. Dass die Polysemie der Thora irreduzibel ist, heißt erstens, dass sie nicht durch nachträgliche Intervention des Gesetzgebers, das heißt Gottes, etwa in Form von Macht- oder Wahrheitsdemonstrationen aufgelöst werden kann. Hieraus folgt wiederum zweitens eine Eliminierung der Autorintention als Argument im Prozess der Rechtsauslegung (wobei diese Neutralisierung Gottes das jüdische Recht zudem in besonderem Maße für eine säkulare Aneignung anschlussfähig macht). Und drittens liegt der Textinterpretation ein genuin kommunikatives Verständnis des exegetischen Verfahrens zugrunde, wonach das Lesen eines Textes nicht vom Schreiben und das Schreiben nicht vom Lesen getrennt werden kann (analog dazu ist das Studium der Thora immer schon eine Lehre und umgekehrt).[27] Aus diesem spezifischen Verständnis

vornherein an eine netzwerkartige diffuse anonyme Autorität gebunden« (Thomas Vesting, »›Zuhören ist Lesen mit dem Ohr‹. Zur einmaligen Allianz von Schrift und Sprache im jüdischen Recht«, in: Ino Augsberg, Karl-Heinz Ladeur (Hg.), *Talmudische Tradition und moderne Rechtstheorie. Kontexte und Perspektiven einer Begegnung*, Tübingen 2013, S. 181-196, hier S. 186). Das jüdische Recht bietet somit eine vielversprechende Alternative zu unitarisierenden, kosmopolitischen Entwürfen, die auf die Errichtung eines Weltstaates zielen. Statt plurale Rechtsquellen auf diese Weise zu vereinheitlichen, könnten Konflikte legaler Normordnungen kollisionsrechtlich geschlichtet werden (zum jüdischen Kollisionsrecht vgl. auch von Daniels, *Religiöses Recht als Referenz*, Kap. 3), was dem Faktum polyzentrischer und heterogener Rechtsproduktion durch ein Konzept von »Interlegalität« (Fischer-Lescano, »Regenbogenrecht«, S. 176) Rechnung tragen könnte. Dabei soll nicht einfach nach Art der römisch-christlichen Instanzenhierarchie ein bestimmtes Gesetz weltweit implementiert, sondern es sollen plurale Rechtsquellen miteinander verbunden werden (ebd., S. 177). Damit wird auch die von Arendt formulierte Einsicht unterstützt, dass das Problem der Exklusion von Staatenlosen nicht einfach durch Inklusion in einen konventionellen Nationalstaat gelöst werden kann, sondern nur durch eine grundsätzliche Neukonzeption politischer Gemeinschaften und ihrer Mitgliedschaft.

27 Wer die Thora lernen will, so Emanuel Lévinas, muss sie auch lehren, das heißt er muss erkennen, »dass das ›Ich denke‹ gesellschaftlich ist, dass diese Mitteilung

von Textexegese folgt auf einer grundlegenden Ebene eine besondere Wertschätzung des Dissenses, die sich auch in Form der Pflege einer konfliktuellen diskursiven Kultur ausdrückt. Gegensätzliche Textauffassungen können nicht und sollen auch nicht miteinander versöhnt werden, denn die göttliche Wahrheit drückt sich nicht in einer einzigen Meinung aus, sondern im Widerstreit der Meinungen.[28] »Alle Worte sind von *einem* Hirten gegeben [...]«, heißt es in der Tosefta, »mache dein Herz zu lauter Kammern und führe darin ein die Worte der Schule Hillels und die Worte der Schule Shammais, die Worte derer, die für unrein erklären und die Worte derer, die für rein erklären.« (Tosefta Sota 7, 11-12) Es gibt weder eine universell richtige Rechtsauslegung, noch sind alle individuellen Rechtsauslegungen gleich richtig. Richtig ist vielmehr der Streit der Rechtsauslegungen selbst.

Die in einem spezifischen Verständnis der juristischen Hermeneutik begründete Wertschätzung des Dissenses hat verschiedene, weitreichende institutionelle Konsequenzen. Zunächst wird die *Teilnahme am Auslegungsprozess* entschränkt. Potentiell jede*r kann die Thora verstehen und das Thorastudium ist allen aufgegeben.[29] Als spezifische Form von Wissen hat es nicht nur einen instrumentellen Wert, etwa bei der Schlichtung eines Konflikts, sondern auch einen eigenständigen Erkenntniswert.[30] Zwar liegt die Kompetenz zur Entscheidung strittiger Rechtsfälle eindeutig bei den Rabbinern, die ihre interpretative Macht auch gegen äußere Angriffe zu verteidigen versuchen; es herrscht also auch im Judentum keine ideale Sprechsituation, in dem nur der zwanglose Zwang des bes-

der Wahrheit nicht obendrein zur Wahrheit hinzukommt, sondern zur eigentlichen Lektüre und zur Sorge des Lesers gehört.« (Emmanuel Lévinas, *Stunde der Nationen. Talmudlektüren*, München 1994, S. 105 f.) In der exegetischen Sozialität des »Ich denke« ist das Subjekt noch vor jeder Erfahrung von Intentionalität und Individualität durch die Erfahrung des Anderen enteignet.

28 Zu den verschiedenen Implikationen der Wertschätzung der Kontroverse vgl. insbes. Jeffrey I. Roth, »The Justification for Controversy under Jewish Law«, in: *California Law Review* 2 (1998), S. 337-387.

29 Vgl. Moshe Halbertal, *People of the Book. Canon, Meaning, and Authority*, Cambridge 1997, S. 6 f.

30 Vgl. Chaim Saiman, »Jüdisches Recht für die moderne Law School. Kritik und Ausblick«, in: Ino Augsberg, Karl-Heinz Ladeur (Hg.): *Talmudische Tradition und moderne Rechtstheorie*, Tübingen 2013, S. 213-242, hier S. 235.

seren Arguments gelten würde.[31] Dennoch ist es bedeutsam, dass die Autorität der Rabbiner im Kern auf ihrer Gelehrtheit basiert. Rabbi ist ein akademischer, kein politischer Titel, und die wichtigsten Machtmittel im Kampf um die Kanonisierung bestimmter Rechtsinterpretationen sind nicht ökonomischer oder politischer, sondern diskursiver Art. Das führt zumindest dem Anspruch nach dazu, dass die Interpretationen älterer oder angesehener Rabbis auch von Novizen erfolgreich angegriffen werden können.[32] In Bezug auf die *Gliederung des Rechtssystems* ist dem jüdischen Recht die Instanzenhierarchie fremd, die es einem höheren Gericht erlaubt, Urteile niedriger Instanzen zu revidieren oder aufzuheben. Zwar kennt auch das jüdische Recht grundsätzlich eine Gewichtung von Autoritäten, die durch Ausbildungsgrad und Alter bestimmt ist, aber hier ist es auch einem niedrigeren Gericht möglich, die Interpretation einer höheren Instanz zu verwerfen. Jedes Gericht muss sein Urteil in einer immer neuen und eigenständigen Interpretation des Textes fundieren;[33] es gibt keine höchste Position wie einen Kaiser oder Papst, deren Urteil bestandskräftig bliebe und welche die Wahrheit der Interpretationen letztinstanzlich verwaltet. Auch in der Jurisprudenz, das heißt der *Rechtsauslegung*, schlägt sich die Wertschätzung des Dissenses und des Widerstreits nieder. Die erste Konsequenz ist hier die grundsätzliche Protokollierung auch der Minderheitenmeinung und der ihr zugrunde liegenden Argumente. Da rechtliche Geltung nur interpretativ generiert wird, kommt es außerdem zu einer internen Amalgamierung von Gesetz und

31 Vor allem Daniel Boyarin weist darauf hin, dass auch der interpretative Pluralismus auf die Rabbiner beschränkt war und daher nur der Absicherung der rabbinischen Kontrolle über das religiöse Leben diente (Daniel Boyarin, *Den Logos zersplittern. Zur Genealogie der Nichtbestimmbarkeit des Textsinns im Midrasch*, Frankfurt/M. 2002, S. 27). Boyarin kritisiert hier optimistischere Einschätzungen, die er früher auch selbst vertreten hatte (vgl. exemplarisch Susan Handelman, *Slayers of Moses. The Emergence of Rabbinic Interpretation in Modern Literary Theory*, Albany 1982; Daniel Boyarin, *Intertextuality and the Reading of the Midrash*, Bloomington 1990).

32 Der Laie, führt Lévinas mit Bezug auf Rabbi Meir aus, ist einem Hohepriester ebenbürtig: »So sehr läßt sich der Begriff Israel im Talmud von jeglichem historischen, nationalen, lokalen und rassischen Begriff trennen.« (Emmanuel Lévinas, *Schwierige Freiheit. Versuch über das Judentum*, Frankfurt/M. 1996, S. 35).

33 Vgl. Faur, *The Horizontal Society*, S. 76; von Daniels, *Religiöses Recht als Referenz*, S. 137.

Gesetzeskommentar.[34] Der Kommentar ist keine nachträgliche, zum eigentlichen Rechtsgeschäft hinzutretende Dimension; vielmehr schützt der Wettstreit der Interpretationen sowohl vor einer Erstarrung (etwa durch dogmatisch verhärtete Fronten) als auch einer Erschlaffung (etwa durch zu große Einigkeit) der Auslegung und ermöglicht es zugleich, neuen Sachgehalten des Lebens gerecht zu werden. Die Loslösung von jeder Autorintention, welche die Bedeutung eines Gesetzes ein für alle Mal festlegen würde, erlaubt zudem eine besondere Flexibilität und Offenheit für interpretatorische Kreativität, die es jeder Generation ermöglicht, eine neue Bedeutung des Textes zu entdecken.[35] Die Wertschätzung des Dissenses betrifft nicht allein den Deutungsprozess, sondern beinhaltet schließlich auch eine beachtliche Akzeptanz fortgesetzter dissidenter *Rechtspraktiken*. Zwar ist das jüdische Recht wie jedes Recht auf Befolgung angewiesen, da es ansonsten der Bedeutungslosigkeit anheimfallen würde, aber es kennt auch die Möglichkeit, dass eine begründete Mindermeinung zu einem vom gefällten Urteil abweichenden Verhalten motivieren kann und diese Abweichung auch von einer gemeinsamen Hintergrundkultur beherbergt wird.[36]

Aus mehreren Gründen lassen sich freilich die Regelungen des jüdischen Rechts nicht einfach in eine säkulare Rechtsordnung übersetzen. Mehr noch als der Nationalstaat ist die Weltgesellschaft multikulturell und multireligiös; es können daher von vornherein nur solche Regeln auf allgemeine Zustimmung hoffen, die nicht ihrerseits religiös gestützt, sondern prinzipiell innerweltlich einsehbar sind. Dies ist beim jüdischen Recht zunächst ebenso wenig der Fall wie beim christlichen, islamischen oder bei irgendeinem

34 Vgl. Ino Augsberg und Karl-Heinz Ladeur, »Der Buchstabe tödtet, aber der Geist machet lebendig«?, S. 452; Thomas Vesting, »›Zuhören ist Lesen mit dem Ohr‹«, S. 184 ff.

35 *Distanz zum Staat, Kreativität und Produktivität* sowie *Kontextsensibilität* waren die Anforderungen, die Deleuze, ausgehend von einer Betonung der Bedeutung der Jurisprudenz gegenüber der Legislation, an ein »minoritäres Recht« gestellt hatte.

36 Vgl. David Shatz, »Interpretative Pluralism«, in: Michael Walzer u. a. (Hg.), *The Jewish Political Tradition, vol. 1, Authority*, New Haven, London 2000, S. 339-344, hier S. 340 ff. Shatz führt das Beispiel eines Disputs über das Eherecht als Beispiel an. Einer möglichen Lesart zufolge sind nicht nur mehrere Interpretationen, sondern auch sich widersprechende Praktiken möglich, solange sie aufrichtiger Überzeugung entspringen.

anderen Rechtssystem mit Gottesbezug.[37] Die Vorbildfunktion des jüdischen Rechts für das Programm eines postjuridischen Rechts betrifft daher nicht so sehr die Rechts*inhalte* als die Rechts*form*: Es geht nicht darum, dass alle Menschen die jüdischen Reinheitsgebote einhalten sollen, sondern darum, dass potentiell auch andere Rechtsinhalte nach Vorbild eines interpretativen Pluralismus prozessiert werden könnten.[38]

Auf diese Weise liefert die jüdische Rechtstradition also wichtige Fingerzeige dazu, wie innerhalb eines »menschlichen« Rechts die Vermittlung der Willen der Rechtsgemeinschaftsmitglieder, das heißt ihre Verwandlung von einem Grund in ein Moment, vollzogen werden kann. Der interpretative Pluralismus konstituiert Gemeinschaft durch Dissens. Diesem Gemeinschaftsbegriff gelingt es also, Sozialität und Differenz miteinander zu vereinbaren, ja sogar als sich gegenseitig bedingend zu begreifen. Die Verbindung von Sozialität und Differenz wird nicht, wie bei Hegel, durch eine Sphärentrennung vorgenommen, bei der die Sozialität der Sphäre des Staates und die Differenz der Sphäre der bürgerlichen Gesellschaft zugewiesen wird. Vielmehr wird die Gemeinschaft insgesamt

37 Suzanne Last Stone hat am deutlichsten davor gewarnt, im Zuge einer Romantisierung des Judentums vorschnell den spezifisch theologischen Gehalt des jüdischen Rechts preiszugeben, in dem sie eine ganz zentrale Grenze der Neuinterpretation, vor allem aber der demokratischen Aneignung sieht. Schon allein die Notwendigkeit, den Kern der Thora auch in einer oft feindlichen Umgebung zu bewahren, erfordere eine Suspension des kritischen Urteils und der interpretativen Freiheit (Suzanne L. Stone, »In Pursuit of the Countertext. The Turn to the Jewish Legal Model in Contemporary American Legal Theory«, in: *Harvard Law Review* 106 [1993], S. 813-894). Stone führt diese Grenzen so vor, dass sie einen postmodernen Rechtstheoretiker in einen fiktiven Dialog mit einem Halachisten bringt; der postmoderne Theoretiker reibt sich angesichts des konstitutiven Konservatismus des Halachisten, schon allein in Fragen der Geschlechterverhältnisse, konsterniert die Augen.

38 Die Rolle der Thora als gemeinsamer Bezugspunkt des Auslegungsstreits kann und muss dann von einem säkularen Text übernommen werden, der somit den Charakter einer *Verfassung* erhält. Damit ein solches Dokument eine illokutionäre Bindungsenergie entfalten kann, die mit der durch religiösen Glauben erzeugten Verbindlichkeit vergleichbar ist, muss es in radikal partizipatorischen Öffentlichkeiten deliberiert und durch radikal demokratische Verfahren beschlossen worden sein, vgl. Loick, *Kritik der Souveränität*, Kap. III.3. Wie oben gezeigt, entspricht die radikale Demokratisierung der politischen Institutionen ohnehin dem »menschlichen« Gesetz im Marx'schen Sinne.

als differentiell gedacht: Gemeinschaft besteht aus und verwirklicht sich nur im Konflikt. Die Individuen bleiben aufeinander bezogen und finden ineinander ihre Freiheit, aber gerade als Individuen mit einer hochspezifischen und besonderen Perspektive.[39]

Institutionell vollzogen wird dieses Prinzip der differentiellen Vergesellschaftung im interpretativen Pluralismus durch divergierende Perspektiven auf einen gemeinsamen Text. Die Schriftform des Gesetzes durchkreuzt die unvermittelte phonozentrische Präsenz der Partizipierenden, die daher nicht mehr, wie im bürgerlichen subjektiven Recht, Souveräne ihrer Freiheitsparzellen sind: Es ist ihnen unmöglich, der Welt ungebrochen ihren Willen aufzuprägen. Das kollektive Studium ist ein (»prozeduraler«) Modus der Entscheidungsfindung, in dem die Beratschlagung der Teilnehmenden durch einen obligatorischen Textbezug unterbrochen wird. Das Primat partialer Perspektiven bleibt also nicht freischwebend, sondern kommt in der spezifischen Praxis der Auslegung des Rechts zur Anwendung. Der Wert eines bestimmten Beitrags zum gemeinsamen Auslegungsstreit besteht dann gerade in seiner Individualität und Besonderheit; wenn eine Gesprächsteilnehmerin einen »objektiven«, uniformisierenden und somit andere Perspektiven apriori ausschließenden Blick auf eine Streitfrage wirft, so ist ihr Beitrag für den Diskurs uninteressant und sogar illegitim.[40] Die

39 Das Konzept einer *intern differentiellen Gemeinschaft* entspricht auch der Vorstellung sowohl von Marx als auch von Deleuze. Marx hatte die Idee, dass die Realisierung der Besonderheit der Einzelnen Bedingung für eine gelungene Sozialität ist, als Alternative zu Hegels Aufteilung individueller und sozialer Freiheit in verschiedene Gesellschaftssphären ins Spiel gebracht. Für Deleuze ist zudem nur eine auf Verschiedenheit und nicht auf Uniformität setzende Sozialität in der Lage, die kreatürlichen Potentiale des Lebens auszuschöpfen.

40 Dies ist der Fehler, denn Rabbi Eliezer in der vielzitierten Debatte um die Reinheit des Ofens von Achnai (Babylonischer Talmud, Baba Metzia 59b) begeht. Nachdem es ihm misslingt, die anderen Rabbis von der Richtigkeit seiner Interpretation mittels rechtstext- oder fallbezogener Argumente zu überzeugen, setzt er auf die Überzeugungskraft einer Reihe übernatürlicher Machtdemonstrationen (buchstäbliche »göttliche Tricks« in Haraways Sinne). Diese werden von den anderen konsequent mit dem Hinweis abgelehnt, dass Wunder für die juristische Auslegung irrelevant sind. Was mit einer konsequenten Neutralisierung jeder außertextuellen Autorität beginnt, endet mit der Eliminierung jedes Letztinstanzlichkeitsanspruchs: Selbst die direkte Intervention Gottes zugunsten der Interpretation Rabbi Eliezers weist die Mehrheit der Rabbis mit dem Argument »Sie [die Thora] ist nicht im Himmel« zurück. Die Entfernung Gottes als finale

Exzentrik Einzelner kann so als Ausdruck der Vitalität und Schönheit eines Gemeinwesens verstanden werden. Aus diesem Gemeinschaftsbegriff, der die Qualität der Sozialität an der Individualität der Beiträge bemisst, lässt sich dann auch die Wichtigkeit der Möglichkeit des Rückzugs vom Sozialen ableiten. Nichtteilnahme wird dabei aber nicht als »Privatheit« im Sinne eines Abwehrrechtes verstanden, sondern als wesentliche Funktion der Teilnahme selbst; nur wenn die Einzelnen die Möglichkeit haben, sich vom Streitprozess zurückzuziehen, haben sie Gelegenheit, ihre eigene Perspektive auszubilden und zu formulieren. Individuelle Rückzugsmöglichkeiten sind Ausdruck einer wohlverstandenen Sozialität, nicht umgekehrt.

Die Adaption des jüdischen Prinzips des interpretativen Pluralismus im Rahmen eines »menschlichen« Rechts hat Auswirkungen auf die Subjektivierung. Eine Rechtsform, die auf dissensuelle Aktualisierung durch die Gemeinschaftsmitglieder angewiesen ist, braucht gute Leser*innen. Um die Verwandlung des eigenen Wollens vom Grund in ein Moment durch die textexegetische Kommunikation zuzulassen, bedarf es darum einer spezifischen Ethik des Lesens. Das Gesetz zwingt das Subjekt zu seiner eigenen Dezentrierung und zur Responsivität gegenüber der Alterität der Anderen (Anwesenden und Abwesenden), wenn es gelernt hat, sich auf den Text einzulassen und dafür den eigenen Willen zu suspendieren.[41] Auf der einen Seite unterläuft die Teilnahme am sozialen

Referenz im Auslegungsstreit schlägt sich in der *Form* der Rechtsauslegung nieder; ihr entspricht ein rein immanent-prozeduralistisches Vorgehen, das Wahrheit nicht durch außertextuelle Evidenzerfahrungen, sondern nur durch Teilnahme an einem Diskurs zu ermitteln können glaubt (vgl. Ronen Reichman, *Abduktives Denken und talmudische Argumentation. Eine rechtstheoretische Annäherung an eine zentrale Interpretationsfigur im babylonischen Talmud*, Tübingen 2006). Die Gemeinschaft der Interpret*innen kennt nur die Teilnehmerperspektive; niemand, nicht einmal Gott, verfügt über ein privilegiertes Wissen, das über dem Wissen der anderen steht. »Sie ist nicht im Himmel« bedeutet allerdings nicht, dass *jedes* Argument gerechtfertigt ist, sondern gerade, dass bestimmte, nämlich autoritäre Argumente auszuschließen sind. In gewissem Sinne wird die interpretative Freiheit hier also sogar eingeschränkt (vgl. Boyarin, *Intertextuality and the Reading of the Midrash*, S. 35), allerdings mit dem Ziel, Interpretationsfähigkeit für die Zukunft offen zu halten. Verboten sind nur solche Argumente, die auf Schließung des Diskurses abzielen.

41 Vgl. Spivak, »Righting Wrongs«, S. 532.

Auslegungsprozess damit von vornherein alle egoistischen oder triumphalistischen Privatwillkürphantasien, wie sie vom bürgerlichen subjektiven Recht autorisiert werden. Zum anderen schließt die Notwendigkeit der immer neuen Interpretation, die sich aus der Polysemie des Rechtstexts ergibt, auch eine knechtische, unterwürfige und gehorchende Haltung zum Gesetz aus. Der Pluralismus der *Interpretation* verweist damit auch bereits auf die Frage der Rechts*exekution*, die zugleich die Frage nach dem ethischen Gehalt des »menschlichen« Rechts aufwirft.

13.5 Die Sozialität des Rechts III: Recht als anlockende Einladung

Hegel hatte in seinen geschichtsphilosophischen Vorlesungen in der römischen Welt einen Zusammenhang zwischen der aus der Dominanz des Privatrechts resultierenden Atomisierung und der Angewiesenheit des Staates auf imperiale Gewaltmittel nachgewiesen. Eine Gesellschaft, die keine sozialen Bindungskräfte mobilisieren kann, muss durch äußeren Zwang zusammengehalten werden. Im Umkehrschluss heißt dies, dass desto weniger auf gewaltförmige Rechtsdurchsetzung zurückgegriffen werden muss, je belastbarer die allgemeinen sozialen Beziehungen sind. Hegel selbst konnte dieser Erkenntnis nicht nachgehen; da er seiner eigenen Sittlichkeitskonzeption ein Privatrecht nach römischem Vorbild einbauen wollte, musste er die somit erlaubten gesellschaftlichen Zentrifugalkräfte wieder durch einen starken Staat einhegen. Damit hat er die Heteronomie des Rechts, die er an der römischen Gesellschaft kritisierte, selbst reproduziert. Dies ist der Einwand, den Adorno gegen Hegels Rechtsbegriff formuliert: »Sieht tatsächlich das individuelle Gewissen die ›wirkliche Welt des Rechts und des Sittlichen‹ als feindselig an, weil es in ihr nicht sich selbst erkennt, so wäre darüber nicht beteuernd hinwegzugleiten. […] Wäre nicht dem Subjekt die Rechtsordnung objektiv fremd und äußerlich, so ließe der für Hegel unausweichliche Antagonismus durch bessere Einsicht sich schlichten […]«.[42] Ob sich ein subjektiv empfundener Antagonismus durch bessere Einsicht schlichten lässt, ist die

42 Adorno, *Negative Dialektik*, S. 303.

Nagelprobe dafür, ob eine Rechtsordnung objektiv feindselig ist oder nicht. Der Begriff der »Einsicht« ist dabei nicht als rein intellektuelle Leistung zu verstehen, sondern als Konglomerat frei affirmierender Haltungen und Praktiken der Rechtsgemeinschaftsmitglieder. (Nur ein solches Recht ist »menschlich«, das von Menschen – den empirischen Menschen, nicht den von paternalistischen Philosoph*innen erdachten idealen Menschen – faktisch bejaht wird). Die Pointe der spezifisch sozialphilosophischen Kritik des Rechts besteht darin, das Recht daraufhin zu befragen, ob es zu einem guten oder gelingenden menschlichen Leben als Zusammenleben beiträgt. Aus sozialphilosophischer Sicht hat also ein solches Recht Aussicht auf die Zustimmung der Rechtsgemeinschaftsmitglieder, das *ethisch attraktiv* ist.

Auch was den ethischen Gehalt des Rechts und dessen Konsequenzen für die Rechtsexekution angeht, kann die jüdische Rechtstradition – die der junge Hegel verachtete – weiterhelfen. Der Dreh- und Angelpunkt der Alternative, die sie im Gegensatz zum hegemonialen europäischen Recht präsentiert, liegt im Verzicht auf Zwang als Mittel zur Rechtsdurchsetzung. Aufgrund der Diaspora-Bedingungen konnte das jüdische Recht nicht auf einen staatlichen Gewaltapparat zurückgreifen und hat aus diesem Grund ganz andere Persuasionsressourcen – Argumentationstechniken, hermeneutische Verfahren, philosophische Diskurse, kulturelles Hintergrundwissen – entwickeln müssen, welche der hegemonialen Tradition gar nicht zur Verfügung standen.[43] Damit hängt zusammen, dass sich das jüdische Recht nicht als Befehl, sondern als *Lehre* versteht, sich also immer wieder neu rational ausweisen muss. Seinen »Sitz im Leben« hat es darum nicht in Gerichtshäusern oder Polizeiwachen, sondern in den Schulen und Akademien. In diesem

43 Die schon im Begriff »Talmud« angelegte Idee des nicht mehr (weil nicht mehr gewaltförmig) angewandten, sondern nur noch »studierten« Rechts als »Pforte der Gerechtigkeit« hat in Anschluss an eine Bemerkung Walter Benjamins am Deutlichsten Giorgio Agamben ausbuchstabiert (Giorgio Agamben, *Ausnahmezustand. Homo sacer 2.1*, Frankfurt/M. 2003, S. 77; passim; zu einem Versuch der Konkretisierung dieser Idee vgl. Daniel Loick, »Von der ~~Gesetzes~~kraft zum Gesetz~~eskraft~~. Studium, Spiel, Deaktivierung. Drei Strategien zur Entsetzung der Rechtsgewalt«, in: ders. (Hg.), *Der Nomos der Moderne. Die politische Philosophie Giorgio Agambens*, Baden-Baden 2011, S. 194-212; sowie Loick, *Kritik der Souveränität*, Teil III).

Aspekt verbindet sich die Abwesenheit von Exekutivagenturen mit der schon in der Bibel angelegten Vorstellung, dass die Menschen ihre Rechtsauslegung vor Gott vertreten müssen, was ein rein passiv-gehorchendes Verhalten ausschließt.

Weil es sich somit nicht autoritativ an seine Mitglieder wendet, sondern auf Mündigkeit abzielt, hat Emanuel Lévinas das Judentum treffend als eine »Religion für Erwachsene« bezeichnet.[44] Nicht ohne Grund wendet sich die Thora an das jüdische Volk mit den Worten »Höre Israel«, nicht etwa mit »Gehorche Israel«. Lévinas widerspricht der paulinischen und Hegel'schen Behauptung vom »knechtischen« Charakter des Gesetzes, weil er dessen »wunderbaren«, numinosen Charakter bezweifelt. Er grenzt die Mündigkeit dabei gegen den Enthusiasmus ab: Quelle der Religion ist nicht Begeisterung und Schwärmerei, sondern im Gegenteil rationale Entzauberung. Die jüdischen Gesetze sind, weil sie eine Lehre sind, eben nicht sakral, denn die »sakramentale Macht des Göttlichen erscheint dem Judentum als ein Anschlag auf die menschliche Freiheit und der Erziehung des Menschen zuwiderlaufend, die Einwirken auf ein freies Wesen bleibt.«[45] Ein Gesetz darf nie schon deshalb befolgt werden, weil es vom sakralen Schein Gottes bestrahlt wird – darum kann der Unwissende niemals fromm sein: »Das Heilige, das mich einhüllt und entrückt, ist Gewalt.«[46] In der Zerstörung des numinosen Glanzes – und nicht etwa in der Unterwürfigkeit und Demut gegenüber Gott – liegt auch die Bedeutung der Zerstörung der Götzenbilder durch Moses und des jüdischen Bilderverbotes.[47]

44 Lévinas, *Schwierige Freiheit*, S. 21.

45 Ebd., S. 25.

46 Ebd.

47 Der junge Hegel hatte im jüdischen Bilderverbot einen Ausdruck von Unterwürfigkeit gesehen; an der Abwesenheit des Bildes zeige sich, dass sich die Juden nur an die Form, nicht an den Inhalt eines Gesetzes klammerten. Das Gegenteil ist der Fall: In der Zerstörung der Götzenbilder liegt eine Entmystifizierung und Entzauberung des Universums. Damit grenzt Lévinas das Judentum zum einen gegen den Katholizismus ab, der die vielen »rührenden« mystischen Hausgötter hierarchisiert und so in sein eigenes System integriert, zum anderen verteidigt er die »Kälte« des Rationalismus gegen technikfeindliche Angriffe etwa durch Heidegger. Das Judentum, schreibt er in einem Text über Jurij Gagarin, hat »durch seine abstrakte Universalität Phantasien und Leidenschaften [verletzt]. Aber es hat den Menschen in der Nacktheit seines Gesichts entdeckt.« (Lévinas,

Die Adressierung der Rechtsgemeinschaftsmitglieder als mündige Subjekte beinhaltet unweigerlich die Gefahr der Abweichung. Es gereicht Gott nur dann zur Ehre, wenn man ihn aus freiem Entschluss ehrt, erpresste oder ideologisch erschlichene Verehrung ist wertlos. Für Lévinas ist der Atheismus daher eine Position, die man auf dem Weg zur mündigen Bejahung des Gesetzes durchlaufen muss, der Monotheismus ist unvollendet, wenn er nicht zuvor angezweifelt wurde. Die Option der Dissidenz muss in der Gesetzeslehre folglich lebendig bleiben: Hierin liegt ein nicht zu leugnendes Risiko, aber es muss – gerade im Namen des Gesetzes – eingegangen werden. Ohne Freiheit zum Verbrechen kann es auch keine Freiheit zum Gesetz geben, denn ohne Mündigkeit gibt es keine echte Verantwortung: Verantwortung kann nur entstehen, wenn sie nicht an einen imperativischen Staat (oder eine autoritative Kirche) delegiert wird. Der »Legalismus«, der dem Judentum oft vorgeworfen wird, befreit also in Wirklichkeit das Subjekt *vom* Recht, indem er den unbefangenen Zugriff des Rechts auf das Subjekt, die juridische Subjektivierung, blockiert. Auf diese Weise wird es auch möglich, ein Recht zu denken, das, obwohl es Recht bleibt, den herrschenden Juridismus überwindet – ein postjuridisches Recht also.

Wenn das Recht seine eigene Relevanz im Leben der Rechtsgemeinschaftsmitglieder nicht durch Zwang sichert und zudem die Möglichkeit der Dissidenz zur Bedingung der eigenen Legitimität erhebt, so stellt sich die Frage, was seinen Verfall oder seine Bedeutungslosigkeit verhindert. Wie kann das Recht, um Kants Vokabular zu verwenden, die Menschen zu seiner Befolgung anlocken? Lévinas widerspricht der Annahme, die distanzierte Treue zum Gesetz enthalte den Menschen die Sinnlichkeit oder das Gefühl vor: »Das Gesetz«, schreibt er, »ist für den Juden niemals ein Joch. Es enthält seine eigene Freude.«[48] Diese Formulierung wider-

Schwierige Freiheit, S. 176) Auch in seinen Talmudlesungen konstatiert Lévinas, die Thora sei das »Buch des Anti-Götzendienstes, d[er] absolute Widerspruch zur Idolatrie« (Lévinas, *Stunde der Nationen*, S. 94). Als Argument fügt er hier noch hinzu, dass das Bilderverbot auch den Sinn hat, eine Beendigung des Studiums und somit eine hermeneutische Schließung des interpretativen Streits zu verhindern. Das Studium nimmt liturgische Bedeutung an; es darf nie aufhören, weil die ethische Verpflichtung gegenüber dem Anderen nie aufhört.

48 Lévinas, *Schwierige Freiheit*, S. 31.

spricht diametral der kantischen Doktrin von der ethischen Enthaltsamkeit des Rechts. Sie ist auch für einen antieudämonistischen Denker wie Lévinas überraschend: Ist die Pointe des Gesetzes nicht gerade, die Gerechtigkeit gegenüber den anderen über die eigenen Neigungen zu stellen?[49] Die Freude, die das Gesetz enthält, könnte man vielleicht als eine »Freude zweiten Grades« verstehen, denn sie besteht ja nicht in einem unmittelbaren Genuss, auch nicht in der Hoffnung auf spätere Kompensation, sondern im Genuss des Gesetzes selbst bzw. im Genuss der Distanz des Gesetzes zum Alltag. Diese »Freude« soll dabei aber zugleich keine masochistische Unterwürfigkeit sein, die sich an die Form des Gesetzes klammert statt an seinen konkreten Regelungsgehalt (das war ja das Ergebnis von Lévinas' Kritik am Enthusiasmus). Vielmehr *lernt* der Mensch im Studium der Thora, dass Glück in der Öffnung gegenüber dem Anderen liegen kann, der hingegen kein konkreter Anderer sein muss.[50] Die Öffnung gegenüber den Anderen, die das Gesetz ermöglicht, ist keine mentale oder emotive, sondern eine äußere, sie spielt sich nicht im *forum internum* des Gewissen ab, sondern in der Exteriorität der Welt.

Catherine Chalier hat dies so erläutert, dass in der alltäglichen Erinnerung des Gesetzes ein Abstand zwischen Selbst und Natur eingeschoben wird: Die rituellen Vorschriften regulieren im Alltag die Gesten und Handlungen gegenüber der Menschheit in einer Dringlichkeit, die es verbietet, sie der Willkür der einzelnen zu überlassen.[51] Lévinas stellt sich das so vor, dass das Gesetz das Subjekt zu seiner Dezentrierung und zur Responsivität gegenüber der Alterität der Anderen zwingt, indem es durch die Observanz etwa der Essensvorschriften und des Feiertagskalenders seinen Tages- und Jahresablauf transformiert. Das ist etwas anderes, als das

49 Dieser von Lévinas beschriebene Punkt des freudvollen Charakters der Gesetzesbefolgung ist ein weiteres Argument gegen die häufig vertretene Annahme einer Strukturähnlichkeit des Judentums mit der Philosophie Kants. Dass das Gesetz seine eigene Freude enthält, ist für dessen erlösenden Charakter wesentlich: Es darf trotz seiner rituellen Rigidität nicht als tyrannisch oder despotisch erfahren werden. Solche Überlegungen verbieten sich aber einer deontologischen Moralphilosophie, die sich motivationstheoretische Abstinenz verordnet (vgl. zur Rolle des Glücks bei Kant und Lévinas auch Catherine Chalier, *What Ought I to Do? Morality in Kant and Levinas*, Ithaca 2002, S. 132 ff.).

50 Ebd., S. 150 f.

51 Ebd., S. 167 f.

Gesetz zu internalisieren, denn eine solche Einverleibung würde genau den Abstand zwischen Gesetz und Subjekt eliminieren und so wieder der egologischen hegemonialen Perspektive verhaftet bleiben. Indem es das Subjekt vielmehr aus sich selbst heraustreten lässt, entlastet das Gesetz auch vom bedrohlichen Druck der Anwesenheit des Nächsten und öffnet es auf nichtunterwürfige Weise für die Bejahung der Bedingungen, die seiner Existenz erst Sinn verleihen. Gerade das Rituelle der Thora erzeugt eine Aufmerksamkeit dafür, dass Glück nicht narzisstisch und dass das, was narzisstisch ist, kein Glück sein kann. Der rituelle Charakter der Thora nimmt somit die Hegel'sche Erkenntnis der Abhängigkeit meines Glücks von der nichtegoistischen Anteilnahme am Schicksal anderer auf, übersetzt sie aber in das Recht und befreit sie so von ihrem Präsentismus, das heißt ihrer Fokussierung auf meine Nächsten.[52]

Das »menschliche« Recht will die Atomisierung des bürgerlichen Rechts dadurch überwinden, dass es die private Willkür der Rechtssubjekte zurücknimmt und deren Wollen von einem

52 Das Rituelle der Thorabefolgung stellt demnach eine dritte Alternative zu römischem Recht und christlicher Nächstenliebe dar. Das Problem des römischen Rechts ist, dass es zur Indifferenz gegenüber dem Leiden anderer zwingt, das Problem der Nächstenliebe ist, dass sie auf eine kleine Gruppe beschränkt bleibt. Das jüdische Recht hingegen öffnet die eigene Aufmerksamkeit für die Bedürfnisse der Anderen, ohne dabei präsentistisch zu sein. Es ist daher besser geeignet, sowohl auf die Bedürfnisse der Nächsten als auch der abwesenden Dritten einzugehen. Dies kann man sich anhand der Auseinandersetzung Jesu mit den Pharisäern um das Händewaschen verdeutlichen, die dem jungen Hegel Anlass für seine Polemik gegen das »Joch des Gesetzes« gab (GdCh, S. 321): Für Jesus hat das Händewaschen vor dem Essen als rein äußere, rituelle Handlung keine Bedeutung, wichtiger als die äußere sei die innere Reinheit (etwa Markus 7,20-23). Jesus spielt also die Wendung zur Nächsten gegen die liturgischen Gesetze aus. Lévinas hingegen rehabilitiert die Ritualität als Rücksicht auf den Dritten: »Der Hunger des anderen – materieller Hunger, Hunger nach Brot – ist heilig; nur der Hunger des Dritten schränkt seine Rechte ein; es gibt keinen schlechten Materialismus außer dem unseren. Diese erste Ungleichheit definiert vielleicht das Judentum. [...] Daher der Ritualismus, der den Juden zum Dienst ohne Entschädigung, zu einer auf eigene Kosten übernommen, auf eigene Gefahr zu erfüllenden Pflicht bestimmt. Das, was im ursprünglichen und unwiderlegbaren Sinn des Terminus das griechische Wort Liturgie bedeutet.« (Lévinas, *Schwierige Freiheit*, S. 10) Lévinas geht also davon aus, dass der »Ritualismus« zum Ausdruck bringt, dass der Dienst am Hunger der Anderen mich selbst zuletzt begünstigt. Dies ist aber zugleich etwas Anderes als Dienst am Anderen aus Liebe, denn dies würde den Rechten des Dritten widersprechen.

letzten Grund in ein Moment der kommunikativen Vermittlung verwandelt. Diese Vermittlung wird durch eine kollektive Textexegese prozessiert. Die Transformation der Sinnlichkeit der Rechtsgemeinschaftsmitglieder ist dabei selbst sinnlich verfasst. Das Recht stellt den Rechtsgemeinschaftsmitgliedern die beglückende Veränderung der ansonsten bloß gegebenen Triebe in Aussicht. Damit ist auch ein Beurteilungskriterium dieser Rechtspraxis geliefert: Damit die Transformation des Wollens gewollt werden kann, damit die Transformation des eigenen Affekts affektiv attraktiv ist, muss die Rechtsauslegung ein eigenes eudämonistisches Versprechen beinhalten. Man könnte das »menschliche« Recht daher als eine *Eu-Nomie* bezeichnen, als eine Rechtsordnung, die nicht nur im politischen Sinne *gerecht*, sondern auch im ethischen Sinne *gut* ist. Indem es »Freude« verspricht – aber eben eine ganz bestimmte, nichtegoistische Freude –, wird das Recht zu dem, was Kant *per definitionem* ausschließen wollte: einer anlockenden Einladung. Erst mit der Eliminierung der Zwangsbefugnis und der Bereitstellung anderer, rationaler oder affektiver, Befolgungsgründe kann die Marx'sche Forderung erfüllt werden, der Mensch solle nicht des Gesetzes, sondern das Gesetz solle des Menschen wegen da sein.

14. Zwischenfazit: »Menschliches« Recht schaffen

Die Spezifik einer sozialphilosophischen Rechtskritik besteht darin, das positive Recht nicht aufgrund seines Abweichens von moralischen oder naturrechtlichen Grundsätzen, sondern als Blockade eines guten oder gelingenden menschlichen Lebens als Zusammenleben zu kritisieren. Ein gutes oder gelingendes Leben gibt es nur als Zusammenleben, weil der Mensch ein *zoon politikon* ist. Diese anthropologische Bestimmung ist informativ in Bezug auf die formalen Bedingungen der materialen Selbstbestimmung der Menschen: Die Möglichkeit der Selbstbestimmung ist von der Anerkennung und Pflege der sozialen Bedingungen menschlicher Freiheit abhängig. Diese sozialen Bedingungen werden in europäisch geprägten Gesellschaften durch die Dominanz des hegemonialen Rechts untergraben, weil dieses Recht auf atomisierende Subjektivierungsprozesse angewiesen ist. Die Effekte dieses Subjektivierungsregimes, das also ein grundlegendes Hindernis eines guten oder gelingenden Lebens als Zusammenleben darstellt, wurden unter dem Oberbegriff des Juridismus zusammengefasst. Ein Recht, das den Juridismus überwindet und damit die Bedingungen menschlichen Gedeihens herstellt, muss also die originäre Sozialität des Menschen zur Geltung bringen. In diesem Sinne verdient es den Marx'schen Titel des »menschlichen« Rechts.

Das »menschliche« Recht richtet sich gegen die dissoziierenden Effekte des hegemonialen Rechts nach außen und nach innen. Es versucht zunächst die Trennung zu überwinden, welche die Aufteilung der Welt in getrennte Nationalstaaten installiert hat, welche regelmäßig zur Produktion eines vollkommen seiner Sozialität entkleideten, nackten Lebens führt, indem es neue politische Gemeinschaften etabliert, welche die Mitgliedschaft nicht an nationale Zugehörigkeiten binden. Im Binnenverhältnis suspendiert das »menschliche« Recht die Trennung der Menschen in isolierte Rechtssubjekte, die ihre jeweilige Privatwillkür gegeneinander spröde abschirmen, indem es das Wollen der Rechtssubjekte in einen Prozess kommunikativer Vermittlung und so von einem Grund in ein Moment verwandelt. Dabei zielt es nicht auf eine

Vereinheitlichung der Präferenzen der Rechtsgemeinschaftsmitglieder, sondern schätzt gerade situierte, besondere und exzentrische Perspektiven. Eine Möglichkeit, eine solche intern differentielle Gemeinschaftsform zu prozessieren, besteht in der Praxis der pluralistischen kollektiven Rechtsauslegung. Das gemeinsame Studium des Rechts impliziert, dass es sich einer zwangsförmigen Durchsetzung enthalten muss und nur auf die eigene ethische Attraktivität zählen darf. Wenn die Attraktivität des Rechts aber nicht wie im Judentum religiös, sondern säkular generiert werden soll, besteht die einzige Chance auf Erzeugung eines Rechts, das die Menschen nicht als feindselig ansehen, in seiner radikalen Demokratisierung, und zwar nicht nur einer Demokratisierung der Rechtsschöpfung, sondern auch der Rechtsprechung und der Rechtsumsetzung. Das »menschliche« Gesetz nimmt mit anderen Worten Marx' Einsicht in den Charakter der »Grunddifferenz der Demokratie« ernst – dass in ihr das Gesetz für den Menschen, nicht der Mensch für das Gesetz da ist –, indem es die wirklichen, empirischen Menschen nicht nur an der Legislation, sondern auch an der Interpretation und der Exekution des Rechts teilhaben lässt.

Das im Marx'schen Sinne »menschliche« Gesetz, wie es hier konturiert wurde, soll ein *Recht* sein, das heißt, es soll die drei (in Kapitel 3 herausgearbeiteten) emanzipatorischen Eigenschaften von Rechtlichkeit erhalten bzw. überhaupt erst realisieren.

1. *Differenz und Pluralität* werden im »menschlichen« Gesetz nicht mehr in Form der Erlaubnis der Privatautonomie und Willkürfreiheit erzeugt, sondern als Ergebnis des interpretativen Pluralismus im Auslegungsstreit. Abweichung wird so nicht durch die Möglichkeit des Rückzugs vom Sozialen generiert, sondern gerade als Ausdruck des Sozialen. Die Bandbreite individueller Handlungsorientierungen und normativer Überzeugungen rechnet sich das Gemeinwesen als Reichtum an, statt sie als persönliche Kaprizen Einzelner zu privatisieren. Institutionell ergeben sich auf den ersten Blick ähnliche Konsequenzen wie diejenigen, die auch schon der liberale Rechtsstaat gewährleistet, wie etwa in Form der Gewährleistung privater Räume, Nichteinmischung in Intimbeziehungen, geschützte Kommunikation oder die Möglichkeit des Kommunikationsabbruchs. Indem aber das Soziale intern differentiell gedacht wird, erscheint nicht mehr nur das Private als Reich der Freiheit. Wenn die Individuen materiell dazu in die Lage

versetzt werden, ihre individuelle Freiheit in der Polis zu verwirklichen, kann ihnen vielmehr der Status des Privaten als abgeleitete Funktion des Öffentlichen besser bewusst werden.

2. Für Gewährleistung von *Verantwortung und Accountability* bietet das »menschliche« Gesetz bessere Voraussetzungen als die gegenwärtigen Mittel der Disziplinierung. Nur solche Regeln lassen sich verantworten, deren Sinn rational einsehbar ist. Eine pluralistische Auffassung von Textinterpretation setzt darauf, dass die Rechtsgemeinschaftsmitglieder eine eigene exegetische Position herausbilden und auch diskursiv vertreten können. Durch die Eliminierung des Rechtszwangs wird zudem die rationale Einsehbarkeit des Gesetzes zur empirischen Nagelprobe seiner Legitimität erhoben. Das Prinzip des interpretativen Pluralismus sowie die zwangsfreie Weise der Rechtsexekution setzen somit konsequent den demokratischen Gedanken um, dass man Subjekten nur den Bruch solchen Rechts vorwerfen kann, an dessen Gestaltung sie auch selbst beteiligt waren. Die institutionelle Herausforderung, die sich an dieser Stelle ergibt, besteht in der Etablierung juristischer Instanzen, die dem berechtigten Bedürfnis der Opfer nach Widergutmachung und nach öffentlicher Missbilligung eines Rechtsbruchs Rechnung tragen können, ohne auf die archaischen Gewaltinstrumente des Strafens zurückgreifen zu müssen.

3. Die Herstellung der universellen Möglichkeit der Mitgliedschaft in politischen Gemeinschaften durch die Konstruktion aterritorialer Verbindungen verbessert radikal die Chance auf das Erreichen von *Selbstachtung und Gleichheit*, indem der systematischen massenhaften Exklusion etwa von Staatenlosen und Geflüchteten entgegengetreten wird. Der Zusammenhang von Selbstachtung und Gleichheit ist ein expressiver: Individuen entwickeln Selbstachtung, weil die anderen Gemeinschaftsmitglieder ihnen rechtlich signalisieren, dass sie sie als gleich ansehen, und weil sie ihnen so die Möglichkeit einräumen, sich im Konfliktfall auf diese Gleichheit zu berufen. Auf die gewaltförmige Durchsetzung des Rechts ist die im Recht angelegte Gleichheitsartikulation hingegen nicht nur nicht angewiesen, sie steht ihr sogar im Weg: Ich habe nur dann Anlass, mich von den Anderen authentisch als gleich anerkannt zu fühlen, wenn diese Anerkennung nicht durch Sanktionsandrohung erzwungen ist.

Neben der Realisierung der in der Rechtlichkeit angelegten

emanzipatorischen Potentiale soll das »menschliche« Gesetz in der Lage sein, alle vier der von Hegel attestierten und von Marx und Nietzsche radikaler analysierten Defizite zu vermeiden, indem es die Sozialität der menschlichen Subjektivität besser zur Geltung bringt.

1. Der wesentliche *ideologische* Effekt des bürgerlichen Rechts besteht darin, dass es den Menschen ein falsches Verständnis von Freiheit nahelegt, weil es die sozialen Bedingungen individueller Freiheit leugnet, verdrängt und zersetzt. Ein soziales Recht vermeidet *per definitionem* diese Individualisierung von Freiheit, weil es sich ja gerade aus der Annahme von der Sozialität des Menschen und somit aus der Erkenntnis der Überlegenheit eines sozialen Freiheitsbegriffs herleitet. Insofern es sich wesentlich als Lehre und nicht als Befehl versteht, ist es zudem in besonderer Weise gegen ideologische Verfestigungen gefeit, weil es von sich aus zur kritischen Stellungnahme und demokratischen Transformation einlädt.

2. Ein in diesem Sinne »menschliches« Gesetz darf hoffen, die *psychologischen* Defizite rechtlicher Dissoziation zu kurieren. Die horizontale Gemeinschaft der Interpret*innen ist nicht auf die Fabrikation einer unterworfen-unterwerfenden Rechtssubjektivität, sondern auf das Entgegenkommen guter Leser*innen angewiesen. Dies schließt erstens einen souveränistischen Triumphalismus aus, weil sich das exegetische Subjekt immer schon als Teil eines kommunikativen Prozesses und die eigene Positionierung somit immer schon als abhängig erfährt. Die dem Gesetz eigene »Freude« erzeugt eine Responsivität gegenüber der Anderen und hält es zugleich für die zukünftigen Ansprüche abwesender Dritter offen. Zweitens kann das Gesetz auch nicht in Form einer knechtischen Unterwürfigkeit aktualisiert werden, da sein Charakter als Lehre eine rein passive Befolgung ausschließt. Die eigene Interpretation des Gesetzes muss verantwortet werden können. Zudem enthält sich das Recht auch der autoritären Gewaltmittel, die das Subjekt zu seiner Internalisierung disziplinieren sollen. Schließlich belohnt das Recht drittens nicht länger Indifferenz, sondern individuelle Exzentrik, und bietet somit bessere Voraussetzungen für die Überwindung von Erfahrungsarmut und das Ausschöpfen existenz-ästhetischer Potentiale.

3. Das »menschliche« Gesetz ist inhärent *kommunikativ*. Die Notwendigkeit der Kommunikation folgt schon aus dem demo-

kratischen Charakter der politischen Gemeinschaft; die kollektive Selbstbestimmung der Menschen ist auf öffentliche Deliberation angewiesen. Vor allem jedoch wird der Gegenstandsbereich der gemeinsamen Beratschlagung radikal entschränkt, indem die private Willkürfreiheit der Rechtssubjekte dementiert und deren Wollen in die soziale Vermittlung eingespeist wird. Die gemeinsame pluralistische Interpretation des Gesetzestextes durchkreuzt dabei jeden Versuch einer dogmatischen Generierung von Handlungsgründen, die vielmehr die Gelegenheit erhalten, sich in der intersubjektiven Auseinandersetzung zu transformieren.

4. Nach Hegels Diagnose resultiert die Gefahr des *politischen Despotismus* aus der Atomisierung des Gesellschaftskörpers; ein starker Staat wird deshalb notwendig, weil die Einzelnen verlernt haben, sich auf die *res publica* als kollektives Projekt zu beziehen. Daraus lässt sich der Umkehrschluss ziehen, dass ein Gemeinwesen, das durch den kollektiven Bezug auf einen gemeinsam verfassten Text konstituiert ist, auf externen Zwang und daher auch auf den souveränen Staat als Durchsetzungsinstanz sukzessive verzichten kann. Den Beweis für die Möglichkeit einer nichtdespotischen Polis als Resultat einer nicht auf Zwang gestützten Rechtshermeneutik liefern die jüdischen Gemeinden der Diaspora. Zudem bietet die Umstellung der Rechtsinterpretation von der Uniformität zur Pluralität auch eine bessere Voraussetzung, die Besonderheit der eigenen Situation im öffentlichen Diskurs zu thematisieren und sie somit zu politisieren, so dass die domestizierenden Effekte der Inanspruchnahme von Rechten zumindest abgeschwächt werden können.

15. Schluss: Anders als entsetzlich

Das im Marx'schen Sinne »menschliche« Gesetz impliziert eine fundamentale Umwälzung der Gesellschaft und scheint schon allein deshalb, von möglichen Stabilitätsproblemen und anderen realpolitischen Schwierigkeiten ganz abgesehen, dem Bereich der Utopie anzugehören. Aus der Perspektive einer kritischen Theorie – das heißt einer Theorie, die vor der Radikalität der Konsequenzen ihrer Kritik nicht zurückschreckt – noch schwerer wiegt aber das Problem, dass sich bereits an den Konturen des Systems des »menschlichen« Gesetzes spezifische Gefahren erkennen lassen, die neue Ideologien, psychologische Deformationen, Kommunikationsdefekte und politische Probleme an die Stelle der alten treten lassen könnten. Die Hauptursache besteht hier in der grundlegenden Angewiesenheit eines sozialen, demokratischen und pluralen Rechts auf *diskursive Verfahren*. Diskursiven Verfahren wird im Rahmen des »menschlichen« Gesetzes sowohl die Rolle zugesprochen, die Möglichkeit von Differenz und Pluralität zu sichern, als auch diejenige, persuasive Ressourcen freizusetzen, um die Attraktivität des Rechts als Interaktionsmedium auch ohne Zwang zu erweisen. Zum einen ist damit aber noch nichts über die Pflege der ökologischen, generativen und emotionalen Bedingungen eines solchen Diskurses gesagt, was beträchtliche Implikationen für die Frage der Geschlechterdifferenz hat. Sie scheint zum anderen auch die bürgerliche Trennung von Hand- und Kopfarbeit zu perpetuieren und somit direkt einer rationalistischen Akademikerphantasie zu entspringen, die unweigerlich bestimmte Subjektformen privilegiert und andere auf mehr oder weniger subtile Weise unterordnet oder ausschließt. Das größte Risiko der Eu-Nomie besteht somit in der Entstehung oder Verfestigung diskursiver Herrschafts- und Exklusionsmechanismen.

Die Entstehung neuer Risiken bei der Einrichtung eines Rechts, das doch für sich das Adjektiv »menschlich« in Anspruch nimmt, beweist noch einmal, dass anthropologische Kategorien der Gesellschaftstheorie nur basale Auskünfte geben können. Es lässt sich aus der unhintergehbaren Sozialität des Menschen zwingend eben nur ableiten, dass Sozialität für menschliches Leben notwendig ist und dass sie also rechtlich erlaubt und ermöglicht werden muss. Die eigenen Vorschläge, *wie* dann aber diese Sozialität interpretiert und ausagiert werden soll, kann sie nicht direkt aus einem angenommenen »eigentlichen Wesen« des Menschen generieren, sondern nur aus der Diagnose und Kritik bereits bestehender Institutionen ableiten. Als immanente Kritik konfrontiert sie diese Institutionen mit den in ihnen selbst angelegten normativen Ansprüchen und demonstriert, warum sich diese Ansprüche nicht auf die bisherige Weise realisieren lassen. Im Falle des Rechts heißt das zu zeigen, dass es die Sozialität des Menschen immer nur in Form der Dissoziation und Atomisierung ins Werk setzt. Der Gegenvorschlag, die Sozialität des Menschen vor allem als diskursive Praxis verwirklichen zu wollen, bietet zwar überzeugende Aussichten, die Defizite des strukturell dissoziativen Rechs zu vermeiden, ist aber selbst historisch situiert und somit ebenso perfektibel wie fallibel.

Sozialphilosophische Kritik, heißt das, kann nur *experimentell* politisch handlungsanleitend werden. Eine experimentelle Rechtstransformation ermöglicht die spezifische politisch-ethische Strategie des Exodus. Dass sich ein postjuridisches Recht nicht mittels einer reformerischen oder einer revolutionären Umwälzung aktualisieren kann, liegt daran, dass es soziale Verhältnisse nicht mittels juridischer Gesetze oder Verordnungen programmieren will. Es ist daher darauf angewiesen, sich von den ihnen zugewiesenen Subjektivitäten zu des-identifizieren, die bestehenden Sozialformationen hinter sich zu lassen und eigenständig neue gemeinschaftliche Verbindungen zu gründen. Wie die wichtigsten Strukturmerkmale des »menschlichen« Rechts – das Prinzip des interpretativen Pluralismus und das der zwangsfreien Exekution –, so stammt auch dieses Transformationskonzept aus dem Kontext des Judentums. In seiner Lektüre des Exodusnarrativs hat Michael Walzer auf die wesentliche Bedeutung des *Murrens* hingewiesen: Der Ankunft im Gelobten Land geht eine lange Phase des Wanderns in der Wüste voraus, das von einem ständigen Hadern und der ständigen Versuchung, nach Ägypten zurückzukehren, begleitet wird.[1] Die Israeliten sind gegenüber den Versprechungen ihres Führers Moses zögerlich und müssen immer wieder neu mobilisiert werden. Postjuridischen Gemeinschaftsformen ist damit eine De-

1 Vgl. Walzer, *Exodus und Revolution*, Kap. 2.

monstrationslast aufgegeben: Wer andere davon überzeugen will, die Fleischtöpfe Ägyptens hinter sich zu lassen, muss glaubwürdig eine attraktivere Alternative aufzeigen. Hierin liegt die Chance, eine Sensibilität für die möglichen Defizite des postjuridischen Rechts auszubilden. Der neue Bund wird nur dann halten, wenn er die Verbindung der Menschen nicht substituiert oder fingiert, sondern *wirklich* artikuliert. Das Murren – das heißt die immer neue Befragung und Verbesserung einmal etablierter Institutionen – ist die Voraussetzung dafür, dass die Menschen sich ein Gesetz geben und zugleich frei bleiben können.

»[D]ie Gewohnheit«, schreibt Hegel in der *Rechtsphilosophie*,

> macht das unsichtbar, worauf unsere ganze Existenz beruht. Geht jemand zur Nachtzeit sicher auf der Straße, so fällt es ihm nicht ein, daß dieses anders sein könne; denn diese Gewohnheit der Sicherheit ist zur anderen Natur geworden, und man denkt nicht gerade nach, wie dies erst die Wirkung besonderer Institutionen sei. Durch die Gewalt, meint die Vorstellung oft, hänge der Staat zusammen; aber das Haltende ist allein das Grundgefühl der Ordnung, das alle haben. (GPhR, S. 413 [§ 268 Z])

Ihre Wirkung entfalten *besondere Institutionen* gerade da, wo man sie nicht sieht. Nicht und nicht einmal vorrangig das Parlament, der Gerichtssaal oder die Polizeiwache sind die Orte, an denen sie ein allgemeines *Grundgefühl der Ordnung* erzeugen, sondern die *Straße zur Nachtzeit*. Was Hegel hier beschreibt, ist das Resultat juridischer Subjektivierung: Das Interaktionsmedium Recht hat in modernen Gesellschaften eine so große Bedeutung für das Selbst- und Weltverhältnis der Individuen, dass ihnen die *Gewohnheit der Sicherheit* zur *anderen Natur* geworden ist; *unsere ganze Existenz* beruht, wie Hegel erkennt, auf den in einer bestehenden Gesellschaft etablierten Macht- und Herrschaftsverhältnissen. Hegel vermochte es, das zu seiner Zeit vorherrschende Grundgefühl zu beschreiben, weil er selbst in einem modernen Staat mit Rechtsgesetzen lebte. Diejenigen, die einen Auszug aus diesem Staat und diesem Recht wagen, kennen das Grundgefühl des Gelobten Landes hingegen nicht: Niemand weiß, wie es sich anfühlt, wenn den Menschen auffiele, *dass dieses anders sein könne*. Eine kritische Theorie des Rechts hofft, dass *das Haltende* des »menschlichen« Gesetzes nicht einfach anders entsetzlich, sondern anders als oder zumindest weniger entsetzlich sein wird.

Siglen

Gilles Deleuze

Schriften von Deleuze werden mit folgenden Siglen + Seitenzahl zitiert:

DW:	*Differenz und Wiederholung*, München 2007
K:	*Kafka. Für eine kleine Literatur*, Frankfurt/M. 1976 (zusammen mit Félix Guattari)
KuK:	*Kritik und Klinik*, Frankfurt/M. 2000
TP:	*Tausend Plateaus. Kapitalismus und Schizophrenie 2*, Berlin 2005 (zusammen mit Félix Guattari)
SuG:	*Schizophrenie und Gesellschaft: Texte und Gespräche von 1975 bis 1995*, Frankfurt/M. 2005
U:	*Unterhandlungen*, Frankfurt/M. 1993
WiP:	*Was ist Philosophie?*, Frankfurt/M. 2000 (zusammen mit Félix Guattari)

Georg W. F. Hegel

Schriften von Hegel werden in der von Eva Moldenhauer und Karl Markus Michel edierten Werkausgabe des Suhrkamp Verlags (Frankfurt/M. 1986) mit den folgenden Siglen + Seitenzahl zitiert:

GdCh:	*Der Geist des Christentums und sein Schicksal*, in *Frühe Schriften* (Werke 1)
N:	»Über die wissenschaftlichen Behandlungsarten des Naturrechts«, in *Jenaer Schriften* (Werke 2)
VSP:	»Verhältnis des Skeptizismus zur Philosophie«, in *Jenaer Schriften* (Werke 2)
PhG:	*Phänomenologie des Geistes* (Werke 3)
GPhR:	*Grundlinien der Philosophie des Rechts* (Werke 7)
PP:	*Philosophische Propädeutik*, in *Nürnberger Schriften* (Werke 10)
VPhG:	*Vorlesungen über die Philosophie der Geschichte* (Werke 12)
VGPh II:	*Vorlesungen über die Geschichte der Philosophie II* (Werke 19)

Karl Marx

Schriften von Marx werden nach den im Dietz-Verlag (Berlin 1956ff.) herausgegebenen Marx-Engels-Werken (MEW) mit Bandangabe und Seitenzahl zitiert.

Friedrich Nietzsche

Schriften von Nietzsche werden nach der von Giorgio Colli und Mazzino Montinari im Deutschen Taschenbuchverlag herausgegebenen Kritischen Studienausgabe mit folgenden Siglen + Seitenzahl zitiert:

MA: *Menschliches, Allzumenschliches* (KSA 2)
M: *Morgenröte* (KSA 3)
Z: *Also sprach Zarathustra* (KSA 4)
JGB: *Jenseits von Gut und Böse* (KSA 5)
GM: *Zur Genealogie der Moral* (KSA 5)
GD: *Götzendämmerung* (KSA 6)
AC: *Der Antichrist* (KSA 6)
NF: *Nachgelassene Fragmente* (mit Angabe der KSA-Bandzahl)

Nachweise

Teile dieser Arbeit basieren auf bereits veröffentlichten Aufsätzen, die jedoch jeweils stark überarbeitet wurden.

Kapitel 2: »Terribly Upright. Hegel's Critique of Juridicism«, in: *Philosophy & Social Criticism*, vol. 40, Nr. 10 (2014), S. 933-956.

Kapitel 4 und 5: »›Expression of Contempt‹. Hegel's Critique of Legal Freedom«, in: *Law & Critique*, Vol. 26, Nr. 2 (2015), S. 189-206.

Kapitel 7: »Abhängigkeitserklärung. Recht und Subjektivität«, in: Daniel Loick, Rahel Jaeggi (Hg.), *Nach Marx. Philosophie, Kritik, Praxis*, Berlin 2013, S. 296-318.

Kapitel 8: »Römische Subjekte. Nietzsches Genealogie der Rechtssubjektivität«, in: *Archiv für Rechts- und Sozialphilosophie*, Vol. 100, Nr. 1 (2014), S. 53-76.

Kapitel 12: »Juridification and Politics. From the Dilemmas of Juridification to the Paradoxes of Rights«, in: *Philosophy & Social Criticism*, Vol. 40, Nr. 8 (2014), S. 757-778, deutsch als »Verrechtlichung und Politik«, in: Uwe Bittlingmayer, Alex Demirovic und Tatjana Freytag (Hg.), *Handbuch Kritische Theorie*, Münster 2016, S. 1-26.

Danksagung

Die Freiheit, sich über mehrere Jahre hinweg mit einem wissenschaftlichen Thema beschäftigen zu dürfen, ist ein seltenes Privileg. Allen, die diese Arbeit ermöglicht haben, danke ich von Herzen.

Das philosophische Institut der Universität Frankfurt bot mir für mein Projekt das ideale Arbeitsumfeld. Axel Honneth danke ich aufrichtig für die vorbehaltlose Unterstützung und für alles, was ich von ihm lernen durfte – es hat mich, wie das vorliegende Buch, glaube ich, zeigt, nachhaltig geprägt. Julia Christ und Titus Stahl bin ich für die wunderbare Zusammenarbeit am Lehrstuhl dankbar. Christoph Menke kam gerade rechtzeitig nach Frankfurt, um für das Projekt ebenfalls ein wichtiger Gesprächspartner zu werden. Rahel Jaeggi und Martin Saar danke ich für die langen Jahre der Förderung und Forderung in wirklich allen erdenklichen Hinsichten – und für ihre Freundschaft. Dem Mahindra Humanities Center der Harvard University, all seinen Mitarbeiter*innen und meinen vier Mit-Fellows danke ich für einen rundum traumhaften Aufenthalt in den Jahren 2012/13, der VolkswagenStiftung für die großzügige Finanzierung. Der DFG danke ich ferner für die Förderung des deutsch-französischen Forschungsprojektes »Critique Actualité Société«, in dem ich ebenfalls mitarbeiten durfte.

Ich schätze mich glücklich, Teile des Manuskripts auf zahlreichen Konferenzen und Workshops vorgetragen und diskutiert haben zu können. Besonders hervorheben möchte ich vor allem das von Martin Nonhoff und Frieder Vogelmann organisierte Kolloquium »Wilde Theorie« in Bremen sowie den von Andreas Fischer-Lescano und Christoph Menke geleiteten »Rechtstheoretischen Arbeitskreis« in Berlin, denen ich wesentliche Impulse verdanke. Unverzichtbare kontinuierliche Diskussionskontexte waren auch Axel Honneths Forschungskolloquium für Sozialphilosophie sowie der Frankfurter Arbeitskreis für politische Theorie und Philosophie. Viele Inspirationen erhielt ich zudem von den Studierenden in meinen Seminaren in Berlin, Frankfurt und New York.

Julia Christ, Francesca Raimondi, Titus Stahl und Frieder Vogelmann haben Teile, Robin Celikates das ganze Manuskript gelesen und kommentiert. Von ihren Anmerkungen habe ich unschätzbar profitiert, wenn ich auch nicht alle Anregungen umzusetzen vermochte. Klaus Günther, Axel Honneth, Rahel Jaeggi, Christoph Menke und Martin Seel haben als Gutachter*innen am Habilitationsverfahren mitgewirkt und durch ihre Gutachten die publizierte Fassung dieser Arbeit vor einigen Peinlichkeiten bewahrt. Die Anzahl der Gesprächspartner*innen, denen ich ebenfalls viele Einsichten verdanke, ist so groß, dass ihre namentliche Aufzählung etwas Arbiträres hat; erwähnen möchte ich trotzdem Bini Adamczak, Amy Allen, Micha Brumlik, Jeanette Ehrmann, Sabine Flick, Robert Gibbs, Werner Hamacher, Chad Kautzer, Katharina Kellermann, Regina Kreide, Peter Niesen, Eva von Redecker, Tatjana Sheplyakova, Felix Trautmann und Katrin Trüstedt. Eva Gilmer und Jan-Erik Strasser danke ich für die Aufnahme des Buches in das Suhrkamp-Programm und für die hervorragende Betreuung, Aaron Zielinski für seine Hilfe bei der Fertigstellung des Manuskripts. Ein besonderer Dank gebührt Darja Klingenberg, die diese Arbeit von der ersten bis zur letzten Zeile begleitet hat.

Die Erfahrung, im Anderen bei sich selbst zu sein, so Hegel, kenne man schon aus der Empfindung von Freundschaft und Liebe. Das in diesen Bereichen Geleistete ist für eine wissenschaftliche Arbeit unabdingbar, in ihr aber unaussprechbar.

NF 124/2/8.12

H. L. A. Hart. Der Begriff des Rechts. Mit dem Postskriptum von 1994 und einem Nachwort von Christoph Möllers. Aus dem Englischen von Alexander von Baeyer. stw 2009. 395 Seiten

Georg Wilhelm Friedrich Hegel. Die Philosophie des Rechts. Vorlesung von 1821/22. Herausgegeben von Hansgeorg Hoppe. stw 1721. 237 Seiten

Materialien zu Hegels Rechtsphilosophie. Herausgegeben von Manfred Riedel. Band 1: stw 88. 437 Seiten

Otfried Höffe
- Gibt es ein interkulturelles Strafrecht? Ein philosophischer Versuch. stw 1396. 180 Seiten
- Kategorische Rechtsprinzipien. Ein Kontrapunkt der Moderne. stw 1170 und kartoniert. 431 Seiten
- Strategien der Humanität. Zur Ethik öffentlicher Entscheidungsprozesse. Mit einem neuen Nachwort. stw 540. 373 Seiten
- Vernunft und Recht. Bausteine zu einem interkulturellen Rechtsdiskurs. stw 1270. 296 Seiten

Herbert Jäger. Verbrechen unter totalitärer Herrschaft. Studien zur nationalsozialistischen Gewaltkriminalität. Mit einem Nachwort zur Neuauflage von Adalbert Rückerl. stw 388. 410 Seiten

Hans Joas. Die Sakralität der Person. Eine neue Genealogie der Menschenrechte. 303 Seiten. Gebunden

Wolfgang Kersting (Hg.). Gerechtigkeit als Tausch? Auseinandersetzungen mit der politischen Philosophie Otfried Höffes. stw 1297. 375 Seiten

NF 124/3/8.12

Klaus Lüderssen
- Abschaffen des Strafens? es 1914. 427 Seiten
- Erfahrung als Rechtsquelle. Abduktion und Falsifikation von Hypothesen im juristischen Entscheidungsprozeß. Eine Fallstudie aus dem Kartellstrafrecht. 259 Seiten. Gebunden
- Genesis und Geltung in der Jurisprudenz. es 1962. 365 Seiten
- Kriminalpolitik auf verschlungenen Wegen. Aufsätze zur Vermittlung von Theorie und Praxis. stw 347. 483 Seiten
- Rechtsfreie Räume? stw 2042. 694 Seiten

Klaus Lüderssen/Fritz Sack (Hg.)
- Seminar: Abweichendes Verhalten
  Band 1: Die selektiven Normen der Gesellschaft.
  stw 84. 508 Seiten
  Band 2: Die gesellschaftliche Reaktion auf Kriminalität.
  Band 1. Strafgesetzgebung und Strafrechtsdogmatik.
  stw 85. 387 Seiten

Niklas Luhmann
- Ausdifferenzierung des Rechts. Beiträge zur Rechtssoziologie und Rechtstheorie. stw 1418. 459 Seiten
- Das Recht der Gesellschaft. stw 1183. 598 Seiten

Christoph Menke/Francesca Raimondi (Hg.). Die Revolution der Menschenrechte. Grundlegende Texte zu einem neuen Begriff des Politischen. stw 1988. 498 Seiten

Bernhard Peters. Rationalität, Recht und Gesellschaft. 366 Seiten. Gebunden

Ulrich K. Preuß. Die Internalisierung des Subjekts. Zur Kritik der Funktionsweise des subjektiven Rechts. 356 Seiten. Kartoniert

NF 124/4/8.12

John Rawls
- Gerechtigkeit als Fairneß. Ein Neuentwurf. Herausgegeben von Erin Kelly. Übersetzt von Joachim Schultze. 316 Seiten. Gebunden
- Eine Theorie der Gerechtigkeit. Übersetzt von Hermann Vetter. stw 271. 674 Seiten

Karl F. Schumann. Der Handel mit Gerechtigkeit. Funktionsprobleme der Strafjustiz und ihre Lösungen – am Beispiel des amerikanischen plea bargaining. stw 214. 264 Seiten

Alexander Somek. Rechtliches Wissen. stw 1802. 240 Seiten

Rudolf Steinberg. Der ökologische Verfassungsstaat. 480 Seiten. Gebunden

Michael Stolleis. Recht im Unrecht. stw 1155. 342 Seiten

Gunther Teubner. Verfassungsfragmente. Gesellschaftlicher Konstitutionalismus in der Globalisierung. stw 2028. 291 Seiten

Rainer Wahl. Verfassungsstaat, Europäisierung, Internationalisierung. stw 1623. 442 Seiten

Uwe Wesel
- Juristische Weltkunde. Eine Einführung in das Recht. stw 467. 213 Seiten
- Der Mythos vom Matriarchat. Über Bachofens Mutterrecht und die Stellung von Frauen in frühen Gesellschaften vor der Entstehung staatlicher Herrschaft. stw 333. 168 Seiten

NF 124/5/8.12